上海市第一中级人民法院
建院二十周年特辑

《审判前沿观察》编委会/编

审判前沿观察

2015年 第1辑（总第16辑）

SHENPAN QIANYAN GUANCHA

人民法院出版社

图书在版编目（CIP）数据

审判前沿观察．2015年．第1辑：总第16辑/《审判前沿观察》编委会编．—北京：人民法院出版社，2015.7
ISBN 978-7-5109-1309-9

Ⅰ．①审…　Ⅱ．①审…　Ⅲ．①审判—研究—中国—丛刊　Ⅳ．①D925.04-55

中国版本图书馆CIP数据核字（2015）第179874号

审判前沿观察　2015年第1辑（总第16辑）
《审判前沿观察》编委会　编

责任编辑　王　婷
出版发行　人民法院出版社
地　　址　北京市东城区东交民巷27号（100745）
电　　话　（010）67550617（责任编辑）　67550558（发行部查询）
65223677（读者服务部）
客服QQ　2092078039
网　　址　http://www.courtbook.com.cn
E－mail　courtpress@sohu.com
印　　刷　汉印印刷有限责任公司
经　　销　新华书店

开　　本　787×1092毫米　1/16
字　　数　523千字
印　　张　30
版　　次　2015年7月第1版　2015年7月第1次印刷
书　　号　ISBN 978-7-5109-1309-9
定　　价　69.00元

《审判前沿观察》编委会

目 录

廿年回顾

案例回顾

十佳审判长

审判实务

专题研讨

研讨纪实

廿年回顾

在上海一中院建院二十周年纪念大会上的讲话

崔亚东*

2015年6月29日

同志们：

大家好！在伟大的中国共产党诞生94周年纪念日来临之际，上海市第一中级人民法院（以下简称“上海一中院”）迎来了建院20周年！在此，请允许我代表高院党组，向上海一中院全体干警表示热烈的祝贺！向前来出席纪念大会的各位老领导、各位嘉宾表示热烈的欢迎！向获得“荣誉天平奖章”的同志表示衷心的祝愿！

刚才，立斌同志对上海一中院二十年发展历程作了简要的回顾，我深受教育，也深有感触。1995年7月上海一中院建院以来，历届党组班子和全院干警始终牢记党和人民的重托，始终坚持司法为民、公正司法的工作主线，忠实履行宪法法律赋予的职责，各项工作取得了令人瞩目的成绩，走在了全市乃至全国法院的前列，为上海经济社会发展，为平安上海、法治上海建设作出了积极贡献。一是坚持公正司法，较好地完成了审判工作任务。狠抓执法办案第一要务，认真做好各项审判工作，公正高效审结了“力拓”案、“7.10”专案等一大批具有较大社会影响的案件，较好发挥了人民法院维护社会公平正义最后一道防线的作用。二是围绕中心、服务大局，为上海经济社会发展营造了良好的法治环境。制定出台了关于应对金融危机、涉自贸区案件审判指引等司法意见；设立涉自贸区案件专项合议庭，集中审理相关案件；连续两年与最高院、上海财经大学共同举办自贸区制度建设与司法保障研讨会，为自贸区建设等大局工作提供了有力服务保障。三是践行司法为民宗旨，积极有效回应了人民群众关

* 上海市高级人民法院院长。

切。以人民群众的司法需求为出发点，制定了关于加强民生案件审理、推进司法公开等意见，率先推出“远程审判”“在线诉讼服务”网络平台、“庭审网络直播”等便民利民举措，为群众提供了高效便捷的诉讼服务。四是积极参与社会治理创新，有力促进了社会治理法治化。特别是加强未成年人司法保护工作，在全国法院率先创新少年审判工作体制机制，强化未成年人审判专业化建设，为社会和谐稳定作出了积极贡献。五是坚持从严治警、从严治院，队伍建设取得了新的进步。注重抓好班子建设，营造了风正气顺的良好氛围。建立健全专家型法官和后备人才联动培养模式，先后涌现出了以屠美莉、黎淑兰等同志为代表的一大批先进人物。加强法院文化建设，培育了“实干、廉明、严谨、好学、进取、团结”十二字院风，为法院长远发展提供了强大的精神动力。二十年来，上海一中院先后获得了“全国文明单位”“全国司法公开示范法院”“全国法院文化建设示范单位”“全国法院知识产权审判工作先进集体”“全国法院少年法庭工作先进集体”等荣誉。

这些优异成绩的取得是市委的坚强领导、最高院的有力指导、市人大及其常委会的有力监督，市政府、市政协和社会各界的大力支持关心的结果，是上海一中院历届党组班子团结拼搏、艰苦奋斗的结果，也是上海一中院广大干警上下一心、齐心协力、无私奉献的结果。借此机会，我代表市高院党组向上海一中院历届党组班子成员表示衷心的感谢！向长期以来坚守岗位辛勤工作的全体干警致以崇高的敬意！

当前，党正领导全国人民深入推进“四个全面”战略布局，上海正致力于加强“四个中心”建设、中国（上海）自由贸易试验区建设，加快建设具有全球影响力的科技创新中心，上海法院的司法体制改革也已全面推开。新的形势、新的任务对人民法院的工作提出了新的更高的要求。希望上海一中院全体干警在传承优良传统的基础上，继续保持勇于担当、务实开拓的奋斗精神和昂扬奋发、勇于进取的精神状态，坚持司法为民、公正司法，公正高效办理好每一起案件，守好维护社会公平正义的最后一道防线。坚持围绕中心、服务大局，在法治上海、平安上海建设中积极作为，为上海经济社会发展作出更大贡献。坚持积极稳妥推进司法体制改革，按照当好先行者、排头兵的要求，坚决完成好审判权力运行机制改革、人员分类管理制度改革等任务，让人民群众对司法改革有更多获得感。坚持践行司法为民根本宗旨，不断提升司法服务的质量和水平，努力构建开放、动态、透明、便民的阳光司法机制，推进“阳光司法，透明法院”建设，不断提升司法公信力。坚持建设高素质法院队伍，精心组织开展好“三严三实”专题教育，努力造就一支忠于党、忠于国家、忠于人民、忠于法律的高素质法院队伍。

同志们，纪念是为了更好地出发。希望上海一中院在新的历史起点上，凝心聚力、奋发有为，推动各项工作取得新的更好成绩。最后，衷心祝愿上海一中院全体干警工作顺利、生活顺心！谢谢大家！

在上海一中院建院二十周年纪念大会上的致辞

陈立斌*

2015 年 6 月 29 日

各位领导、各位来宾，同志们：

在伟大的中国共产党诞生九十四周年纪念日到来之际，我们也迎来了建院二十周年纪念日。今天，我们欢聚一堂，用既朴素又隆重的方式纪念上海一中院二十岁生日。在此，我首先代表上海一中院全体干警向前来出席纪念大会的各位领导、各位来宾表示热烈的欢迎！

二十年前，上海老中院撤一建二，由此诞生了上海第一和第二中级人民法院。在第一任院长乔宪志同志带领下，第一代一中法院人庄严宣誓，从此开启了上海一中院争创一流法院的奋斗历程。二十年风雨兼程，二十年光荣梦想。这二十年，是上海一中院艰苦奋斗、挥洒汗水的二十年，是凝心聚力、负重前行的二十年，是改革创新、锐意进取的二十年。二十年来，我们上海一中院干警在历届党组的带领下，坚守法治信仰，依法公正履职，团结拼搏，不断进取，干在实处，走在前列，取得了追求卓越、争创一流的一系列荣誉。借此机会，我代表院党组向二十年来为上海一中院的建设、发展付出辛劳的全体干警，向为上海一中院的创建、进步作出重要贡献的老领导、老同志，向始终关心、支持上海一中院工作的各级各界领导、社会各界友好人士，致以崇高的敬意和衷心的感谢！

上海一中院建院二十年，正值我国迈入依法治国征程、上海经济社会发展日新月异之际。这为上海一中院的成长、发展创造了良好的外部环境。在这样一个充满机遇和挑战的时代，上海一中院的一代又一代新老干警在市委和市高院党组的领导下，始终牢记党和人民的重托，依法充分履行司法审判职责，为建设平安上海、法治上海和现代化国际大都市的上海作出了积极

* 上海市第一中级人民法院院长。

贡献。

二十年来，我们始终坚持公正司法，努力抓好执法办案第一要务。我们把定分止争、维护社会公平正义作为法院人的神圣天职，恪尽职守成为我们的职业习惯。我们始终保持高昂斗志，经受住了日益加重的办案压力的考验，圆满完成各项审判任务，20年里共收结案件近35万件。我们始终追求确保严格司法，从率先探索审判流程管理到建立健全全程管控、有机环扣的审判质量保证体系，努力确保审判质效始终保持在稳定良好水平。我们始终全力维护社会稳定，依法审结一大批关系国家安全、社会稳定、百姓民生的重大案件。如上海社保资金系列案、力拓案、莲花河畔“倒楼”案、乙肝歧视案、全国首例在华外国人非法获取公民个人信息案、本市首例民营上市公司破产重整案等。我们始终注重培育精品案件，至今有28件案件入选《最高人民法院公报》案例，4件案件入选最高人民法院指导性案例，精品案件数量居全国法院前列。

二十年来，我们始终坚持司法为民，努力让人民群众切实感受到司法的温暖。我们秉持“人无我有、人有我优”的豪迈志气，坚持不懈努力，倾力打造具有系统化司法为民、便民机制措施的服务型法院和“阳光透明”法院。我们不断完善窗口接待服务功能，通过设立“诉讼事务中心”“执行事务中心”，为诉讼当事人提供便捷、贴心的“一站式”法律服务；我们始终关注弱势群体，开辟民生案件立、审、执绿色通道，完善司法救助机制，让确有经济困难的群众打得起官司；我们率先推出“远程审判”，方便远郊或出行困难的群众参与诉讼；我们率先创设“在线诉讼服务平台”，被境外媒体誉为中国首家“网上法院”，并与时俱进率先建立“移动在线诉讼服务平台”；我们开通“院长在线”网络平台，坚持定期与网民“键对键”的沟通；我们逐年更新《司法公开全方位落实一百则》，在构建过程中不断升级优化开放、动态、透明、便民的阳光司法机制；我们主动适应新媒体时代需求，加强互联网站、微博和微信公众号等自媒体建设，推出“法眼观象”公益性原创法制宣传微视频，在践行“全国文明单位”社会责任，推进法治社会建设上主动作为。

二十年来，我们始终坚持改革创新，努力走在时代的前列。积极回应经济社会发展和人民群众日益增长的司法需求，主动率先推出法院工作的创新举措，是上海一中院的光荣传统。我们以改革精神探索保证公正司法之路，早在世纪之交上海一中院就在全国法院率先探索审判方式改革和审判流程管理，建立合议庭负责制，突出法官的主体地位和作用，由此成为探索符合司法规律的审判权力运行机制的先行者。我们以改革精神大力推进阳光司法，从在全国率先电视直播知识产权案件庭审，到率先微博直播国内首例外国人犯罪案件庭审，让人民群众近距离感受司法、了解司法。我们以改革精神积极推进能动司法，自觉服务大局。作为自贸区所在地的中级法院，及时建立自贸区司法问题应对和研究机制，设立自贸区专项合议庭；及时发布《涉中国（上海）自贸区案件审判指引》；与高校合作建立自贸区司法研究中心，举办自贸区司法论坛。我们以改革精神积极推进现代化法院建设，在法院信息化建设上争当先行者，先后自主研发50余项应用系统，其中8项获国家版权局版权认证。

二十年来，我们始终坚持从严治院，努力建设一支堪负使命的高素质法院队伍。坚持严管厚爱、打造过硬队伍始终是历届党组的基本遵循和追求。我们坚持注重思想引领，重视“精神家园”建设，增进干警的价值认同、情感认同、行为认同，提升干警的归属感和幸福感，增强队伍的凝聚力和战斗力，培育“实干、廉明、严谨、好学、进取、团结”的良好院风，成功争创“全国文明单位”。我们坚持注重制度建设，建院二十年历程，也是制度建院、从严治院过程。我们积极探索队伍科学管理手段，首创“法官（干部）业绩档案系统”，在司法警察警务管理中首创“警长制”，完善各项廉政监督机制，实现各项管理的制度化、规范化、精细化。我们坚持注重人才培养和队伍职业化、专业化建设，打造“书香法院”，活跃法官沙龙，承接最高法院重大招标课题，创立多渠道多形式的人才培养和业务培训模式，着力提升队伍整体素质。目前，硕士、博士占全院干警51.3%、占法官人数的67.4%。20年来先后涌现出以屠美莉、黎淑兰、周欣等同志为代表的一大批先进人物。

各位领导、各位来宾，同志们！回首往事，我们心潮澎湃，豪情满怀；展望未来，我们责任在肩，信心百倍。随着依法治国和司法体制改革的全面加速推进，人民司法事业将越加崇高而神圣，人民法院干警的责任和使命将越加重大而光荣。如果说“团结拼搏，不断进取，干在实处，走在前列”是过去二十年一中法院人精神风貌和干事创业的生动写照，那么我相信，在走向未来的新的征程中，一中法院人这一前行在法治路上的优秀团队，依然会薪火相传，坚持“团结拼搏，不断进取，干在实处，走在前列”，这就是我们上海一中院的最大特点。

让我们共同祝愿上海一中院的明天更加灿烂美好！

传承改革　全面推进上海一中院以审判为中心的各项改革

——上海一中院审判权运行机制改革二十年记

上海一中院自1995年建院以来，就解放思想，大胆实践，大力推进以审判为中心的各项改革，在审判权运行机制方面积极探索，为建设成上海地区的一流现代化法院而努力。

一、上海一中院建院以来审判权运行机制改革历程回顾

（一）推进改革期间（1995年～2002年）

1995年，上海一中院把审判方式改革作为加强法院自身改革，提高司法水平的一个重要突破口，加强领导，稳步发展，取得了较为明显的成效。一是成立了审判方式改革指导小组，明确改革的目标和要求，着手研究和制定上海一中院审判方式改革的实施规划，提出来近阶段改革的三个主要环节，即强化庭审功能，强调当事人举证责任，逐步加强合议庭的职责，并要求以强化庭审功能为核心，全面贯彻执行诉讼法，保证高质量、高效率、廉洁公正地审理案件；二是确定改革的试点部门，以点带面，逐步推广。审判方式改革主要在经济庭、民庭、知产庭进行试点。试点内容主要是强化当事人举证责任，推行以分阶段式认证为重点的庭审方式。试点过程中，审判方式指导小组多次召开庭审现场观摩和专题研讨会，通过边研究，边实践，边完善，促进审判方式改革不断发展和完善；三是审判方式改革取得了初步成果。普遍施行了诉讼通知书（或举证通知书）的方法，集指导举证和限期举证为一体，告知当事人举证责任，强化当事人举证意识；采用庭前当事人交换证据的方法，增加了证据的透明度，缩短了当庭质证的时间；当庭质证引进图示表达的方法，简明扼要，便于明辨；采用分阶段认证方法，提高庭审质证的

透明度。

1996年～1997年，上海一中院继续1995年的改革方式，进一步加大审判方式改革力度，重点抓了强化庭审功能、强调当事人举证责任，逐步加强合议庭职责等工作，并采取了边实践，边探索，边完善的方法，取得了一定的突破：一是上海一中院民一庭经过探索实施的调查令制度、民二庭进行审结报告的改革，经过一年的实践，都取得了良好的效果，对进一步提高办案质量和效率都起到了重要作用。二是修改后的《刑法》《刑事诉讼法》（以下简称"两法"）实施后，上海一中院即制定了"刑事一审普通程序开庭规范"等有关规定，刑庭积极组织审判人员认真学习。三是各审判庭编写的"审判规范"，对进一步提高办案质量和效率起了重要作用。

1998年，上海一中院积极探索、大胆实践，从组织上，探索新的合议庭运行机制。为了加强合议庭工作，使法律规定的合议制的优越性发挥出来，上海一中院改建了合议庭，全院成立了27个合议庭，任命了审判长38人，从10月1日起按新机制运作。三个月的合议庭新机制运转产生了良好的效果。一是转变了观念。认识到只有强化合议庭负责制才能保障司法公正；二是提高了审判效率和质量。试行新机制后，审判人员投入审判业务的时间和精力多了，开庭效果好了，办案效率也提高了，实施新机制运转后的四季度结案率比前三季度分别上升了64%、45.7%、23.8%，比去年同期上升了15.17%。特别是庭领导担任审判长后亲自开庭，亲自把关，大大提高了审判质量；三是合议庭成员的责、权、利捆在一起，加强了工作责任心；四是形成了讲学习的良好氛围，审判人员都能认真钻研业务。三是实施流程管理，改变了审案无序化的状况。为了从机制上解决案件流程无规则、超审限问题长期无法解决等问题，上海一中院从1997年7月1日立案庭成立开始加强了流程管理，8月份下发了《案件审理流程管理规程（试行）》，即明确案件的流程主要由立案庭负责，现在8个合议庭实施流程排期试点，取得了明显的效果。四是强化庭审功能，把审判工作重点转移到法庭上来。原来庭长不开庭，现在庭长又出现在法庭上，一些承办人过去怕开庭，拣容易案件开庭完成指标。现在越是复杂案件越想开庭，以便搞清事实。开庭审判不仅有助于法官水平提高，也有利于诉讼秩序好转。

1999年，上海一中院以合议庭机制改革改革为核心，全面加强合议庭建设。上海一中院在合议庭机制改革上主要实施了三大步骤：一是全面规范合议庭的运作。召开了第二次合议庭工作会议，及时就合议庭的基本运作模式作了明确。在此基础上，先后修改制定了《合议庭工作规则》《合议庭组成办法》等规范性文件，进一步理顺了合议庭与审委会、审判庭的关系和合议庭内部关系，为合议庭独立行使审判权创造了良好的条件。二是实行合议庭专业分工，从培养专家型法官、树立合议庭审判权威出发，在3月实行了合议庭专业分工，按照法律法规的类别分工，指定了25个专业合议庭，审理各类专业性较强的案件，如期货、票据、金融纠纷等案件。三是健全合议庭考核制度。由原来考核到办案法官的结案数，这一制度的改变充分发挥了合议庭负责、共同把关的作用。四是开展优胜合议庭活动，表扬先进，鞭策落后。年初，制定了评选优胜合议庭的标准，从办案数量、质量效率、作风等方面作出规范，推动了合议庭负责制的健全和完善，共评选了10个优胜合议庭。一年来，合议庭负责制得到了良好的运作，成效比较明显：一是法官责任得到了增强，共同负责人的意识得到强化，基本上克服了“一人审，二人陪”的情况，探索了合议庭共同办案的新路子；二是探索了符合法院特点规律的新的法院管理模式，长期以来司法行政化而形成的审者不判、判者不审、审判分离的弊端得到了有效克服，有36%的案件由庭长、副庭长担任审判长，98%的案件由合议庭独立作出判决，当庭宣判率10.6%；三是法官工作责任心加强，独立意识、公正意识以及自我加压、自觉学习、自我约束、自我完善的意识明显加强。

2000年，上海一中院进一步深化审判权运行机制改革：一是完善合议庭负责制，推出了《合议庭组成办法》对合议庭进行重组，并择优选任了62名审判长及3名代理审判长。继续深化庭审方式改革。二是继上半年实施《案件当庭裁判规则》之后，下半年上海一中院又出了《庭审规则》和《证据规则》两项重要规定，结合司法的理论与实践为规范庭审提供了有力的支撑。三是完善审监、执行工作的听证制度。在1999年试点的基础上，上海一中院在民事、经济申请再审和刑事自诉申诉案件中全面推行复查听证制度，并通过审判法官参与案外人听证等措施提高了执行异议审查的质量。四是深化书记员改革，为更好地发挥书记员在审判工作中的作用，上海一中院共推书记员办案辅助、参议、撰写法律文书及附署签名等四项制度，使书记员在审判工作中的地位和作用得到了进一步的明确。

2001年，上海一中院的主要改革措施包括：探索庭前解决纠纷的诉讼机制，深化审判流程管理；完善审判、合议庭工作规制，试行审判长资格制度；推行申诉复查制度，实行繁简分流；采取“集中、分类”的办法，探索减刑假释案件的高效便捷审理；推出专业组执行、财产调查、债权凭证和集中专项执行等执行改革新措施。同时，根据市委和最高人民法院的要求，上海一中院对原审判机构的设置和职能作了调整，并建立了大民事审判的新格局。特别在三个方面有所突破：一是举行审判流程管理三周年系列活动。在此基础上，上海一中院实行以庭前解决10%的一审案件、30%的二审案件、70%的申诉案件为目标的“1—3—7”机制，对审判流程管理发展和深化进行了新的探索。二是总结合议庭改革。上海一中院召开第三次合议庭工作会议，并以“完善运作机制，改进工作方式，进一步落实合议庭负责制”为主题对上海一中院的合议庭改革进行回顾，并提出新的要求。会后，上海一中院对原有的关于合议庭工作的5个规范性文件进行了补充、修改、吸收和兼并，从而形成了新的《合议庭工作规制》。三是进一步深化审判文书改革。根据院党组在第六次工作会议上提出的“巩固和提高一审判决书质量，重点提高二审、申诉和执行裁判文书质量”的要求，上海一中院制定了《2001年裁判文书改革工作实施意见》，并将抓好裁判文书薄弱环节和加强文书制作繁简分流作为工作的两个重点，从而使裁判文书改革逐步由面到点，又以点带面。

2002年，上海一中院深化法院改革，进一步探索完善审判工作机制，主要措施有：一是以点带面实行案件繁简分流。在2001年下半年立案庭率先试点的基础上，2002年上海一中院将案件繁简的范围由立案庭进一步扩大到审判庭、合议庭和主审法官，并将繁简分流贯穿于立案排期、庭前准备、庭审及文书制作等审判的各个环节。据统计，通过探索简繁分流，立案庭全年共结案2812件，分流了全院19.5%的案件，其中包括32.6%的二审民商事案件和63.5%的申诉案件；刑二庭通过推行刑事二审案件的简化审理，以简化审方式审结的案件已占该庭二审结案的55.7%，民四庭的试点合议庭在对庭审和文书制作两个环节进行探索实践后，亦在适当简化庭审步骤积累了有益的经验，并形成了多份简审案件的裁判文书样式。二是不断完善合议庭工作机制。在9月份召开的民事审判合议庭工作会议上，总结了四年来合议庭改革的经验，对合议庭工作中尚存在的问题进行了分析。会上提出了建立合议庭每周例会制度、建立规范的合议庭案件管理制度等完善合议庭工作机制的建议，并对审判庭庭长、合议庭审判长、合议庭成员的职责和工作要求作了进一步明确。三是探索建立案件质量评估体系。为规范全院的案件质量管理，促进审判质量的整体提高，院里制订了《上海市第一中级人民法院审判质量评估体系》，从结案、信访、申诉、文书差错、超审限及二审、再审改判、发回重审情况等方面对各审判、业务庭、各合议庭乃至各审判人员审判各类案件的质量进行综合评估比较，以切实推进审判工作质量与效率的不断提高。

（二）巩固改革期间（2003 年～2012 年）

2003 年，上海一中院完善机制，努力提高办案质量，始终把抓办案质量作为重中之重，针对管理中存在的薄弱环节，不断强化办案质量的监控机制，以培训、调研等手段促进审判质量不断提高。强化案件质量三级把关机制。在合议庭集体负责的基础上，强化审判长的质量责任意识，在庭审、评议、签发裁判文书等各个环节上对案件质量进行把关。在审判庭层面上，强化庭长的质量管理意识，对疑难案件、新类型案件等及时召开审判长联席会议讨论，各庭庭长对本庭审结的部分案件以及超审限案件进行了检查分析。

2005 年，上海一中院理顺审判工作机制，有力推动案件质量效率提高。当年施行的六项新修订审判管理规定，较好地起到了规范管理、提高效率、调节力量的作用。排期工作和简繁分流进一步体现立审分开原则，规范了流程管理；民商事一审案件集中进行庭前准备，为庭审阶段工作奠定了基础；各庭通过快审分流案件，办案效率大大提高，确保了审判任务的完成。在质量管理上，合议庭、审判长联席会议的运作机制进一步规范，审判长和庭长的把关作用进一步体现。

2008 年，上海一中院着力推进“机制创新”举措，是有效保障审判质量效率的重要途径。在审判质量方面，审委会加强指导，通报案例 4 件，听取了庭前准备工作、劳动合同法、物权法适用等专题汇报。职能部门修改了《审判长联席会议工作规则》和《财产保全若干规定》，规范工作流程。在审判效率方面，审判管理小组根据新《民事诉讼法》及时改进管理方式，加强管理的针对性。繁简分流机制有效分流简案审理，月人均结案 33.6 件，平均审理周期为 33.5 天。加强审限较长案件的管控，严格报批审限延长，超过 18 个月未结案件年末减少至 24 件。此外，还主动接受人大、高院，以及社会各界的监督，加大交办案件的管理力度，全年交督办案件的办结率为 110%。

2012 年上海一中院夯实基础落实制度，公开便民取得新发展。一是全院围绕“合议庭建设年”活动，广泛参与讨论，达成建设共识。修订出台审委会案件讨论规则，提高案件讨论质效。重新制订《审判长联席会议规则》，理顺合议庭和审判长联席会议关系。重新制定《合议庭工作规则》，健全合议庭长效运作机制。在这些工作机制推动下，审判长的作用进一步发挥，合议庭运作机制更加科学，合议庭评议质效进一步提高，立案庭、民四庭规范合议庭内部分案机制，申诉庭建立二次合议制。全院确定指标的 47 个合议庭中有 43 个合议庭超额完成人均结案数指标；9 成以上合议庭开庭数量超过 2010

年。二是认真落实司法公开的有关规定，二审开庭率达51.15%，同比上升了11.85个百分点；申诉听证率达到95.09%，同比上升了17.93个百分点；一审陪审率为46.16%，同比上升了26.08个百分点。公民旁听案件庭审近6万人次，网络直播庭审案件106件，判决书上网7631篇，生效判决书上网率为89.32%。判决书附录条文率为100%。举办公众开放日4次，共有130余名公众代表参加。人大代表、政协委员和特邀监督员参与信访、院长接待、旁听案件庭审、申诉听证、案件评查等104人次。三是落实司法便民工作举措，认真做好立案信访窗口和诉讼事务中心的相关工作，成立集受理督办等为一体化的执行事务中心，加强辖区执行巡回研判。远程审理案件447件。对69件案件中188名经济困难的刑事被害人和申请执行人进行司法救助。减、免、缓交诉讼费403件354.22万元。

二、上海一中院自2013年以来全面推进司法改革工作

（一）上海一中院先期探索推进审判权运行机制三项改革

上海一中院积极开展了司法改革的探索工作，① 先期探索推进审判权运行机制“三项”改革。上海一中院根据中央的有关文件精神以及最高人民法院发布的《人民法院第四个五年改革纲要（2014～2018）》和上海市高院下发的《上海法院司法改革试点工作实施方案》，结合本院工作实际制定了《上海市第一中级人民法院2014下半年司法改革工作的总体方案》《关于审判人员权力清单规定（试行）》《合议庭运行机制若干规定（试行）》等三份规范性文件，以上级文件精神确保改革探索的正确方向，以本院制定的规范性文件作为改革探索的具体操作依据。上海一中院健全审判权运行机制先期推行“三项”改革，具体是指建立审判人员权力清单制度、完善合议庭运行机制、优化审判委员会工作机制等三项内容。具体内容如下：

① 2014年6月6日，中央全面深化改革领导小组第三次会议审议通过了《中央关于司法体制改革试点若干问题的框架意见》和《上海市司法改革试点工作方案》，7月8日，最高人民法院发布了《人民法院第四个五年改革纲要（2014～2018）》。7月9日，上海市委召开了全面深化改革领导小组第二次会议审议通过了《〈上海市司法改革试点工作方案〉实施意见》。7月30日，上海市司法改革试点推进小组第二次会议审议通过了《上海法院司法改革试点工作实施方案》。7月31日，上海全市法院召开司法体制改革试点工作动员大会。这一系列重大举措和重要会议，表明了中央、市委，以及最高人民法院和市高级人民法院对推进司法体制改革的高度重视，以及推进改革的决心和力度。我院虽然并非上海司法改革的试点法院，但我院有着积极探索改革的优良传统。

一是建立审判人员权力清单机制。上海一中院于2014年9月2日制定颁布了《上海市第一中级人民法院关于审判人员权力清单规定（试行）》（以下简称“权力清单”）。该权力清单根据《人民法院组织法》《法官法》及相关改革文件制定，主要目的就是界定好审判权、审判管理权和审判监督权的权力边界和行使方式，理顺司法权责，使三种权力各归其位，各司其职，形成以审判权为核心、以审判管理权与监督权为保障的审判人员权力体系。在改革中，一方面，以规范权力运行切实支持和保障审判权依法独立行使，去行政化；另一方面，不放弃管理监督、制约，明确院庭长与其职务相适应的审判管理监督职责，通过加强和改进审判管理监督，实现管理监督不越位、不缺位、监督必留痕、监督必担责。其主要特点是：（1）探索界定“审判权、审判管理权、审判监督权”三权。概言之，审判权是指对案件审理和裁判的权力。审判管理权是指为保证审判权的运行而进行直接或间接管理的权力。审判管理的具体内容包括制订各种规章制度，落实各项工作措施，建立和调整审判工作运行机制，管理案件审判和执行的质效工作等。审判监督权是指对审判权的运行进行制约与监督的权力。审判监督的具体内容包括依照法定程序对已决案件的监督、对审判人员的职业道德与纪律作风的督察等。（2）权力清单以正面清单、负面清单的方式列举了审判人员的审判权、审判管理权、审判监督权的具体内容；审判人员包括院长、副院长等只有在参加合议庭或者参加审判委员会议的时候才是行使审判权。院长、庭长、审判长是审判管理权的主体。而审判监督权的主体则是涵盖了几乎所有的审判人员。院长、庭长对全院、全庭的案件及审判行为进行监督，而在合议庭内部，合议庭成员之间应当互相制约、监督，保证案件审理的公正与高效。（3）明确合议庭成员、庭长、院长所享有的审判权力，完善办案机制，落实审判责任制。（4）明确院长、庭长、审判长所享有的审判管理权和审判监督权，以及行使管理监督权不应有的相关行为，明确权力行使边界；院长、庭长、审判长是审判管理权的主体。而审判人员均享有审判监督权，相互制约监督。

二是完善合议庭运行机制。上海一中院从上世纪九十年代后期起就积极开展了审判方式和合议庭运行机制方面的改革，在最高人民法院、上海高院推动的前三个五年改革中，形成了一套基本符合审判规律的审判权运行机制。但合议庭运行仍然存在一定程度的行政化、合而不议、权责不完全清晰、还权和监督不到位等问题，需要改进，以真正实现合议庭负责制，推动建立新型的法官制度，构建现代化的审判运行机制。为此，上海一中院制定出台了《上海市第一中级人民法院合议庭运行机制若干规定（试行）》（以下简称“合议庭运行机制”)。“合议庭运行机制”在六个方面对原有的合议庭运行工作规则有所突破：(1)合理界定合议庭内部关系与责任。审判长参与合议庭案件审理时，与其他合议庭成员权力平等，但负有主持庭审活动等岗位职责。落实合议庭作为法定审判组织对案件审理共同负责的法律属性，着力消除合议庭运作中“合而不议”“形合实独”等问题，解决“还权于合议庭”“最后一公里”的问题，真正实现“让审理者裁判，由裁判者负责”的目标。(2)完善案件的分配方式。案件的分配主要应当根据案件类型，由电脑随机分配到各审判庭、各合议庭，在合议庭内部一般按照案号顺序轮转方式进行分配。对个别重大敏感、疑难复杂案件则辅以庭长或审判长调控。(3)改革法律文书的签发方式。合议庭成员应当对法律文书的制作共同负责，共同签发，改变以前仅由审判长签发的做法。(4)完善审判长联席会议的工作机制。明确了审判长联席会议结论属于咨询意见，供合议庭参考，并限制了提交审判长联席会议的案件范围。(5)确定了审判庭、合议庭先行试点。通过先行先试为面上进一步健全规范合议庭运行机制积累经验。(6)庭长在改革中应发挥中坚作用。建立庭长合议庭，庭长办案数量不得少于所在审判庭指标的20%，建议庭长多办重大、疑难、复杂及对适法统一有指导意义的案件。

三是优化审判委员会工作机制。优化审判委员会工作机制，是为了充分发挥审判委员会在总结审判经验，指导审判工作，促进适法统一，审理疑难、复杂、重大案件等方面的重要作用，实现审判委员会工作机制和工作程序的科学化、规范化。首先，完善审判委员会工作机制，充分发挥审判委员会在总结审判经验，指导审判工作，促进适法统一，审理疑难、复杂、重大案件等方面的重要作用，实现审判委员会工作机制和工作程序的科学化、规范化。其次，加强审判委员会的专业化建设，提高审判委员会委员的政治素质和法律专业素质；第三，明确审判委员会的职权和职责，建立审委会讨论案件过滤机制，合理限缩审判委员会讨论案件的范围；第四，探索审判委员会讨论案件公开机制和审委会委员回避制度；第五，完善审判委员会例会制度和议事规则，细化审判委员会讨论案件的汇报、讨论和表决规则，规范会议记录、签名和归档制度。

上海一中院先期推行的审判权运行机制“三项”改革取得了一定工作成效：

一是审判人员权力清单制度得到贯彻。各试点审判庭、合议庭以先行先试的改革精神为抓手，全面贯彻“权力清单制度”，努力实现审判权力规范运行。一是落实合议庭办案责任的主体地位。进一步凸显合议庭的主体地位，法官主体地位提升，法官责任制度得到落实。各试点合议庭增强依法独立办案的责任意识，形成共同参审、团队配合的工作氛围，使各成员全面参与案件审理过程，并减少对庭务会、审联会的依赖。二是庭长办案机制发挥了庭长的中坚作用。庭长皆为审判经验丰富的资深法官，在促进适法统一工作中具有中坚作用。在改革试点过程中，特别强调了庭长的办案任务。在第四季度试点期间，劳动争议庭庭长担任审判长审理案件 9 件，其中作为主审法官审结案件 5 件，其余 4 件作为参审法官参加合议庭审理案件。刑二庭积极探索建立庭长巡回办案制，倡导庭长在一、二审合议庭承办重大、疑难、复杂及具有适法统一价值的案件，以此为类似案件树立标杆，并减少提请审判长联席会的案件数量。三是各试点合议庭、试点审判庭的审判管理质效得到提升。各试点合议庭借助案件信息管理系统，合理规划工作安排，全面把控案件进度，实现审判精细化管理。在案件审理中做到查明事实到位、诉讼程序透明、适用法律准确，有的试点合议庭还采取了疑难案件开庭前评议、提前制定审理方案等措施，提升开庭效果、确保审判质量。庭长的审判管理权并未受到削弱，在质量上反而得到了加强。

二是合议庭运行机制进一步健全。在改革试点工作中，各试点单位着力突出合议庭在审判工作中的主体地位，全面落实“让审理者裁判，让裁判者负责”的改革要求。一是规范案件分配程序。各试点合议庭做到由审判长随机分案，个别重大、疑难案件由审判长根据实际情况进行调整。有的合议庭落实快审案件预选机制，先由审判长资格选取适于快审程序的案件，再由审判长随机分案，承办人发现不适宜快审程序的案件，在收到案件后三天内退回。二是规范合议庭评议制度。各试点合议庭积极落实庭审后五个工作日内进行评议的要求，并采取创新措施规范评议程序。如劳动争议庭作为试点审判庭推行合议庭评议时同步录音做法，有的合议庭在审理后即审即评，有效避免了合议庭“合而不议”“形合实独”的现象。三是落实裁判文书由合议庭共同签发负责制。各试点合议庭落实文书会签制度，形成承办法官撰写、参审法官审核、审判长签发、书记员校对的协同工作机制。裁判文书注重体现审理程序各环节，全面记录当事人诉辩意见，详细阐述判决理由，不断提升文书的规范性和说理性。四是限定审联会讨论案件的范围。各试点合议庭有效减少提交审联会讨论的案件数量，在讨论前做好材料梳理工作，提升讨论效果，并在讨论后再次评议案件，避免简单地以审联会意见作为办案依据。如试点合议庭的承办人在审联会讨论前两天，撰写案情报告并整理合议庭讨论意见交审联会参阅，审联会讨论后，合议庭再次评议案件，审联会的意见仅作为参考意见。2014年经审联会（不完全统计）讨论案件521件，占全年结案数的2.3%，其中经过审联会讨论的案件，最终仍由合议庭复议后作出裁判，故由合议庭直接评议后裁判的案件比例为99.4%。

三是审判委员会讨论的案件质量提升。各庭提交审判委员会讨论的案件，都集中在涉及法律适用统一、重大、复杂、疑难的案件中，使得审委会讨论的案件质量得到较大提升。2014年上海一中院全年结案总数22319件，其中经审委会讨论案件139件，比例为0.6%，使得审委会讨论的案件更多地集中在具有典型代表性的案件及死刑案件，进一步加强了审委会在法律适用统一方面的核心权威作用。

（二）审判权运行机制改革的配套改革

1. 全面深化司法公开工作

司法公开是保障人民群众对人民法院工作的知情权、参与权和监督权，维护当事人合法权益，提高司法民主水平，规范司法行为，促进司法公正的重要途径。上海一中院在2013年11月26日推出的《上海市第一中级人民法院司法公开全方位落实一百则》（2.0版）的基础上，又根据最高人民法院、高院对司法公开的工作新要求，结合上海一中院工作实际，研究制定本规则草案，经上海一中院审判委员会第35次会议讨论通过，对《司法公开全方位落实一百则》作了全面修订，升级形成《司法公开全方位落实一百则（2015年）》，也就是3.0版的司法公开具体细则，并于2015年1月4日发布之日起施行，并向社会公开，在上海一中院因特网自贸区专栏法规政策上可以查阅，扎实推进司法公开工作。

上海一中院《司法公开全方位落实一百则（2015年）》是在去年上海一中院司法公开全方位落实一百则的基础上，结合上海一中院今年司法公开工作检查所反映出的问题予以修订。修订过程中征求了本院各部门的意见，修订坚持以下原则：（1）落实最高人民法院、高院对司法公开的工作要求；（2）吸收司法公开的新举措；（3）吸收兄弟法院的先进经验；（4）整合2014年上海一中院司法公开的措施，明确牵头部门，把责任落实到位；（5）司法工作举措充分体现“人无我有、人有我优”的特点。司法公开全方位落实一百则（2015年）总共修订67条，在立案及审判流程公开、执行公开、审务公开方面都有重大改进。

上海一中院司法公开工作的主要内容共分六大公开：（1）立案及审判流程公开；（2）庭审公开；（3）执行公开；（4）听证公开；（5）文书公开；（6）

审务公开。每项司法公开内容都有相应的工作措施，上海一中院即将制定任务分解表，把相关司法公开工作落到实处。

上海一中院升级版的司法公开制度具有以下特点：

第一，司法公开工作标准更高。上海一中院司法公开制度全面覆盖最高人民法院对审判流程公开、裁判文书公开、执行信息公开这三大平台的要求，及市高院在前三大平台建设外的12368诉讼服务平台、知识产权保护平台、新闻信息公开平台、监督联络信息服务平台的建设要求，以高标准来要求上海一中院的司法公开工作。主要体现在：

建立健全第三方参与的化解涉讼信访矛盾工作机制。邀请律师、人大代表、政协委员、特邀监督员、人民陪审员、心理咨询师、不同审判专业的庭长、审判长等，共同参与涉讼信访矛盾化解。每天安排一名庭长或审判长等审判业务骨干接待来访群众，上海一中院官网预告每日值班的审判业务骨干姓名及其接待案件类型；

全程记录并依法公开庭审过程。所有审判法庭均配备同步录音、录像功能，每个庭审案件都有庭审光盘附卷。庭审结束后，当事人及委托代理人申请查阅录音录像的，经合议庭准许，可以提供查阅。积极开展网络庭审直播；

加强执行网上平台建设。推行网上办案，自动生成执行案件电子卷宗，电子卷宗正卷经当事人申请及时提供查阅。执行事务中心网上辅助系统定期更新，向社会公众公开执行流程、执行裁判文书、执行信息公开范围和查询方法等执行信息。

在涉自贸区案件中充分发挥专家陪审员和陪执员的作用。在涉中国（上海）自由贸易实验区案件及其他案件审理和执行过程中，邀请专家陪审员和陪执员参与案件审理和执行，提高案件审执的专业化程度和民主参与性。

第二，司法公开工作更加强化主动性、互动性。上海一中院司法公开不仅仅是被动地向当事人、社会进行审判流程公开、裁判文书公开、执行信息公开，而且是主动向当事人公开和推送相应的信息，并实现司法公开的互动化。主要表现在：

加大司法文书电子送达力度。为有条件的案件当事人设置诉讼电子邮箱，以电子邮件形式向当事人及诉讼代理人送达开庭通知、传票等民事诉讼文书，方便当事人便捷高效参与诉讼活动。

主动推送审判流程节点信息。以手机短信、电子邮件等渠道，将案件审理的审判组织、节点信息、案件进展状态等向当事人及委托代理人进行信息推送；

主动推送执行进程信息。对暂缓执行、中止执行、执行期限、执行结案、执行标的物拍卖变卖、执行款项发放等信息，以手机短信、电子邮件等形式及时主动向当事人进行推送。执行组询问当事人、执行听证和重大执行活动进行录音录像，经当事人申请及时提供查阅；

建立法院与社会各界的沟通联系。进一步完善社会与上海一中院的交流。通过"公众开放日"、新闻发布会、通气会、报刊法治宣传栏目、网络微视频、公开课等形式进行法制宣传。官网开设院长信箱，并建立相应的回复机制，主动听取社会各方意见；通过举办适法统一法官沙龙、疑难问题研究小组等形式加强与专家学者的联系及理论研究；为高校开设法律课程，增强审研互动。加强与公安、检察、司法、监狱、仲裁机构、社会团体及相关行政主管部门等的沟通联系，认真听取上述单位对法院工作的意见和建议，探索与行业主管部门等建立长效联动机制；

向社会发布社会责任报告。作为全国文明单位，每年以社会责任报告的形式，公布社会责任履行情况，主动接受社会监督；

第三，司法公开工作更加凸显创新性。上海一中院司法公开工作在制度设计上注重体现创新性，积极探索建立司法公开的新举措、新模式。主要体现在：

落实变立案审查制为立案登记制的改革要求。为了贯彻十八届四中全会提出的改革法院案件受理制度的精神，上海一中院推出立案登记规则，探索变立案审查制为立案登记制的方法与路径，确立"法院不得拒收诉状"的硬性要求，将立案程序仅仅作为形式审查的立案登记程序，对依法应当受理的案件有案必立、有诉必理，有效保障当事人诉权。

加大自贸区司法保障的公开力度。推进加强网站自贸区专栏维护，增进公众对自贸试验区审判工作的了解、信赖和监督；出版总结上海一中院审判经验，展示调研成果。每年编辑出版《自贸区司法评论》等刊物。

司法公开作为一项重要的法治原则，伴随司法工作的始终。司法公开工作没有最好，只有更好。上海一中院将根据最高人民法院、高院的部署，着力在巩固深化上下功夫，在落实完善上见成效，在创新拓展上求提高，努力实现上海一中院司法公开工作的新发展。

2. 上海一中院颁布保障律师执业权利规定，促进职业共同体建设

2015年4月16日，上海一中院颁布《关于依法保障律师执业权利的规定（试行）》，以进一步保障律师的合法执业权利，构建法官与律师相互尊重的法律职业共同体，促进司法公正。该规定同时也是上海一中院完善司法改革配

套规章制度的内容之一。

2014年3月，上海一中院与上海市律师协会签订的《关于建立沟通交流协作机制备忘录》，同年12月，上海一中院与上海市律师协会召开工作例会，听取市律协对保障律师权利的意见与建议。2015年初，应上海一中院要求，市律师协会向上海一中院书面提交了保障律师执业权利的拟定意见。根据市律协这些意见，上海一中院研究室草拟了《关于依法保障律师执业权利的规定》（草案），并再次征求市律协、上海一中院各审判庭的意见。根据反馈意见，形成了上海一中院《关于依法保障律师执业权利的规定（试行）》的讨论稿，并于2015年4月8日院审判委员会第8次会议讨论通过，自发布之日起施行，并向社会公开，律师和社会公众在上海一中院因特网站可以查阅。

《关于依法保障律师执业权利的规定（试行）》全文总共二十一条，根据我国《刑事诉讼法》《民事诉讼法》《行政诉讼法》《律师法》等相关法律法规而制定，包括了依法保障律师执业权利的基本原则，保障律师依法立案的权利，申请诉讼保全的权利，使用在线诉讼服务平台的权利，对案件审判流程信息的知情权，对执行案件的知情权，依法参与案件调解的权利，在刑事案件中会见被告人的权利，阅卷权，调查取证权，申请证人出庭的权利，申请调查令的权利，庭审中的诉讼权利，法官遵守司法礼仪，充分考量律师辩护、代理意见，上海一中院为律师参加辩护代理等诉讼活动提供便利，提供必要的庭审程序便利，畅通律师与法官工作联系渠道，建立作风投诉反馈机制，建立法律适用统一交流机制等内容。

该规定具有以下特点：（1）针对性强。规定的具体内容都是来自上海市律师协会所反映的律师执业中突出需要予以保障的相关权利和需要解决的问题。（2）具有可操作性。规定的各项条款在遵循法律法规的基础上，进一步明确了实践中律师执业权利保障的具体方式和操作流程，让权利保障落在实处。（3）具有改革探索性。该规定系上海一中院司法改革配套规定，是对建立新型法官与律师关系的制度性探索，有利于促进诉讼制度完善和实现司法公正。

三、上海一中院制定《司法改革试点工作实施方案》全面推进司法改革

为贯彻党的十八大、十八届三中、四中全会以及《最高人民法院关于全面深化人民法院改革的意见——人民法院第四个五年改革纲要（2014～

2018)》要求，进一步深化司法体制改革，更好地遵循司法规律、优化队伍结构、凸显职业特点、落实司法责任，根据《上海市司法改革试点工作方案》《上海法院司法改革试点工作实施方案》，结合本院实际，上海一中院制定《司法改革试点工作实施方案》。

（一）上海一中院司法改革工作试点方案的基本原则

上海一中院司法改革坚持六大基本原则：一是司法改革坚持正确的政治方向，坚定不移地走中国特色社会主义法治道路。二是司法改革坚持法治先行原则，坚持在法律框架内，按照法定程序和权限推进改革试点工作，实施的各项改革举措做到于法有据，符合宪法和法律规定，改革中形成的新举措都应制定相应的规章制度。三是司法改革坚持遵循司法规律，突出审判在诉讼制度中的中心地位，使改革成果能够充分体现审判权的独立性、中立性、程序性和终局性特征。四是司法改革坚持实事求是，一切从实际出发，确保改革方案符合中央改革精神、符合司法规律、符合法院实际。五是司法改革坚持积极稳妥推进，统筹协调好改革试点整体推进和重点突破的关系，妥善处理好积极与稳妥的关系，保持审判工作稳定、队伍思想稳定，在保持工作稳定性、连续性、开拓性的基础上推进改革试点。六是司法改革坚持改革审判两手抓，辩证理性地把握改革与审判的关系，既全力抓好司法体制改革，又抓好执法办案第一要务，做到两手抓两手硬，确保司法改革和审判工作两不误、两促进。

（二）上海一中院司法改革人员分类管理

上海一中院按照《上海法院工作人员分类管理办法》，明确法院工作人员分类管理与岗位职责。根据审判工作规律和岗位职责，将法院工作人员划分为三类职务序列：法官、审判辅助人员、司法行政人员，实行员额制管理。计入各序列员额的人员应当在相应岗位工作，履行相应工作职责。

上海一中院根据司法职业特点，建立员额管理制度，科学设置员额比例，逐步优化法院队伍结构。根据高院统筹管理，上海一中院三类人员分别按下列员额比例试行：法官 33%、审判辅助人员 52%、司法行政人员 15%，根据各部门工作职能、人员结构、审判任务配置法官员额。根据高院制定的《上海法院司法改革试点工作实施方案》及配套套改方案统一实施各类人员的等级套改，以 2013 年 12 月 31 日的职级职务为基础，对现有人员根据岗位类别分别套定相应的专业等级，之后根据各类别职务序列新的等级管理办法执行。

（三）上海一中院审判权运行机制改革

1. 建立完善审判人员职责制度

通过建立完善审判人员工作职责，合理界定审判权、审判管理权、审判监督权的权力边界，形成既权力分立、各司其职，又有机关联、良性互动的审判权规范化运行方式。以审判权为核心，明确合议庭各成员、院长、副院长、审判委员会委员、庭长、副庭长的审判权力，完善办案机制，落实审判责任制；以审判管理权、审判监督权为保障，明确院长、副院长、庭长、副庭长的审判管理和审判监督职责，健全审判权监督制约机制，形成审判权与审判监督权、审判管理权的相互监督、相互制约，确保司法公正与高效。

2. 完善合议庭运行机制

在原有合议庭建设的基础之上，进一步构建更加科学的合议庭运行机制，落实合议庭作为法定审判组织对案件审理共同负责的法律属性，实现合议庭机制真正有效运转，解决“还权于合议庭”落实还不到位的问题，逐步消除合议庭运作中“合而不议”“形合实独”等问题，真正实现“让审理者裁判，由裁判者负责”的目标。完成对《合议庭工作规则》《审判长（主审法官）联席会议规则》等规章制度的修订。合议庭成员在审判长（主审法官）的主持下分工配合，平等参与阅卷、庭审、评议和裁判等各个审理环节；完善合议庭成员的相关制约监督机制；科学界定合议庭成员的职责，明确审判长（主审法官）、承办法官、参审法官、法官助理、书记员的职责；主审法官联席会议的讨论结果仅供合议庭参考，案件处理结果最终由合议庭确定并负责。改革裁判文书签发机制，裁判文书由合议庭成员共同签署。

3. 完善审判委员会工作机制

合理限缩审委会讨论案件范围，除根据法律、司法解释等规定应当提交讨论的案件外，一般仅讨论合议庭对法律适用意见有较大分歧的重大疑难复杂及新类型案件。建立审判委员会讨论案件过滤和预先研讨机制，对拟提交案件是否属于讨论范围进行预先筛查，并对法律适用问题提出研讨意见，供审判委员会讨论时参考。探索建立专业委员会讨论案件机制，提升审判委员会讨论案件效率和专业化程度。探索审判委员会讨论案件公开机制，对拟提交讨论的案件，合议庭应提前告知当事人申请审判委员会回避的权利，并设计审判委员会委员回避决定程序。贯彻直接、言词审理原则，探索建立审判委员会委员直接参与案件审理机制。完善审判委员会例会制度，优化审判委员会议事程序，完善审判委员会会议记录签名、归档、查阅制度。进一步加强审判委员会通报工作，充分发挥审判委员会总结审判经验、法律适用统一、指导审判工作的职能。加强审判委员会决议事项的督办，强化审判委员会决议的效力和权威。探索遴选非领导职务的资深法官担任审判委员会委员。强化审判委员会的业务学习。

4. 明确审判庭的功能定位

修订《审判庭工作规则》，对审判庭的审判管理职责采取“清单管理”的模式，明确庭长、副庭长的审判管理、审判监督职责，健全内部制约监督机制。针对重大疑难复杂案件的监督指导与法律适用统一问题，应当通过主审法官联席会议，以组织化、规范化的方式进行，应当如实记录会议讨论内容并归档，切实做到审判庭案件管理与案件监督的“全程留痕”。探索建立院长、副院长、审判委员会委员参与办案机制，所审理的案件纳入所在审判庭的监督与管理。

5. 优化审判管理机制

探索建立符合司法规律的科学审判管理机制，形成司法改革后审判管理的新常态。把审判管理指标分为约束性指标、指导性指标、参考性指标，进行分层管理，确保关键指标良性运转。

6. 建立健全司法责任制

制定《司法人员管理考核办法》《案件差错和违法审判责任追究规定》，明确司法人员的岗位职责，健全差错案件与违法审判的责任追究机制，明确法官办案差错责任的认定标准和责任范围，合理区分一般差错责任与重大差错责任。探索建立符合司法规律的法官业绩评价体系，逐步实现法官评价机制、问责机制、惩戒机制与退出机制的有效衔接。加强对法官履职能力的综合考评，将职业道德、审判技能、审判绩效的考评情况及案件差错责任的认定结果纳入业绩档案，与法官的考核、职务任免等相挂钩。科学界定合议庭成员的责任，建立公开、公正的违法审判责任追究程序，对于实施违法违纪行为的司法人员依照相关法律和纪律规定予以处理，构成犯罪的移送其他司法机关处理。

7. 深化司法公开

继续深化司法公开，依托现代化信息技术，扎实推进审判流程公开、裁判文书公开、执行信息公开等司法公开平台建设，拓宽司法公开的渠道，提升司法公开的质量，以公开促公信。加强对司法公开工作的跟踪和监督，对《司法公开全方位落实一百则》实施情况进行检查，并根据最高人民法院的最新工作要求，及时修订完善相关内容。同时，积极探索司法公信力第三方评估机制，对上海一中院的司法公信力进行科学规范、客观公正的独立评价。继续完善与市律师协会长效沟通交流机制。

8. 推进自贸区司法保障工作

紧密结合司法改革探索建立与自贸区建设相适应的审判机制，促进自贸区法律适用的统一，为实现自贸区建设国际化、法治化的营商环境目标提供有力的司法服务和保障。准确适用法律，把握好先行先试与依法司法的关系，做好涉自贸区案件的立案、审理和执行等工作，公开、公正、高效地审理涉自贸区案件，形成合理的审判规则，引导市场秩序的建立；加强对专家陪审员、陪执员、仲裁前保全、多元纠纷解决机制等新机制的探索，建立符合自贸区改革创新定位的审判执行工作机制；注重对《涉自贸区案件审判指引》实施过程中问题的搜集和反馈，并结合《自贸区司法保障推进工作任务分解表》，推动相关规则的落实；做好涉自贸区精品案件的培育，深化对自贸区司法保障的理论调研与经验总结工作。

四、司法改革成效的检验

如何检验司法改革的最终成效？习近平总书记在中共中央政治局今年3月24日就深化司法体制改革、保证司法公正进行第二十一次集体学习中强调指出，“司法体制改革必须为了人民、依靠人民、造福人民。司法体制改革成效如何，说一千道一万，要由人民来评判，归根到底要看司法公信力是不是提高了。深化司法体制改革，要广泛听取人民群众意见，深入了解一线司法实际情况、了解人民群众到底在期待什么，把解决了多少问题、人民群众对问题解决的满意度作为评判改革成效的标准。”今年上海一中院委托上海社科院法学所对上海一中院进行司法公信力第三方的评估，对上海一中院司法公信各个环节和保障机制进行评价、监测，定期形成报告。司法公信力评估对内可以了解上海一中院工作的实际效果，为进一步改进上海一中院工作提供数据支撑，对外可以了解全社会对上海一中院工作的客观评价。通过司法公信力评估是对上海一中院司法能力和司法水平的客观反映，能够对上海一中院工作起到检校机制的镜子作用，正确地检验法院审判权运行机制改革的成效，找准问题，明确方向，科学安排，大胆实践，注重总结，逐步完善，把司法公信力评估常态化，正确地检验司法改革的成效，构建出符合法治国家要求的审判权力运行机制。

严管厚爱 规范建设 努力打造高素质法院队伍

——上海一中院二十周年队伍建设总结回顾

建院以来，上海一中院始终将队伍建设放在重要位置，结合实际，健全机制，严管厚爱，凝心聚力，注重长远，努力建设一支信念坚定、司法为民、严格司法、公正廉洁的高素质法院队伍，为以审判为中心的法院工作提供有力组织保障。二十年来，队伍建设取得较大成绩，干警队伍整体素质明显提高，涌现出了以“全国优秀法官”“全国办案标兵”“全国法院党建工作先进个人”“上海市优秀法官”“上海市三八红旗手”等一批先进典型群体，上海一中院也获得“全国文明单位”“全国法院文化建设示范单位”“全国司法公开示范法院”等多项荣誉。

一、创新管理理念，健全考核机制，提高干部管理科学性

加强干部管理，提高队伍建设水平是法院开展各项工作的基础。上海一中院始终坚持“从严治院”方针，建立健全管理机制，不断提高干部管理水平。(1) 注重政治建院，推动工作全面开展。加强思想政治教育，提高队伍政治素质，以组织开展“公正廉洁为民，服务创新发展”“践行核心价值观，立足岗位建新功”“为民务实清廉”、党的群众路线和“中国梦与法官使命”等实践活动抓好专项主题教育，引导教育干警树立正确的指导思想和社会主义法治理念，践行司法核心价值观。确定管理主题，统领全年工作。自2008年以来先后以“合议庭建设”“作风建设”“能力建设”“审判质量保证体系建设”“精神家园建设”等为主题开展专项活动，以队伍建设推动法院工作全面发展。(2) 注重治长为先，发挥领导干部示范引领作用。始终将领导班子建设置于队伍建设的核心地位，曾专门制定下发了《关于院庭两级领导干部转变作风、提高领导水平的意见》，通过抓班子带队伍，逐步形成了两级班子、三级管理的管理模式。历

届党组都十分重视自身建设，多次结合形势和政策要求，修订和落实《进一步加强党组自身建设意见》，坚持党组中心组学习制度、民主生活会制度，提高党组决策能力和决策水平，通过党组的示范作用带动全院的队伍建设。强化中层领导“一岗双责”意识，定期组织开展党支部书记和政治协理员培训班，提高思想政治工作和队伍建设水平。建立审判长、科组长以上干部年初制定任职目标、签订党风廉政建设责任书，年中动态考核，年末述职述廉述学制度，加强监督考核。实行审判长三年任期制，自 2001 年起每三年开展一次审判长续任选任工作，激发审判长队伍的工作积极性。制定《加强审判长队伍建设实施意见》，组织审判长培训班，不断提高审判长履职能力。（3）注重实绩导向，完善考核评价体系。借助信息化手段，先后研发了“法官业绩档案”“合议庭业绩评价系统”“审判庭目标管理考核系统”“审判质效评估系统”以及“青年法官业绩展示平台”等多个队伍建设管理方面的操作系统。各系统互相衔接、相辅相成，建立起从部门到个人以及青年人才的“四位一体”的工作业绩展示评价体系，进一步提高队伍管理效率，增强队伍管理科学化水平，

二、规范选任制度，坚持用人导向，增强干部任用公信力

选好人，用准人，树立正确的选人用人导向，是加强干部队伍管理的基础和关键，直接关乎队伍建设成败。上海一中院在干部选拔任用工作中，注重抓制度落实，抓细节到位，通过公开透明的工作模式，不断提高选拔任用工作的公信力。（1）工作业绩可视化，营造公平环境。选拔任用注重个人业绩，不唯票、不唯学历、不唯资历，2007 年 1 月，上海一中院在上海法院系统中率先开发应用“法官业绩档案”系统，为测评推荐、党组决策提供直观参考。同时，在职级晋升、评比奖励、干部考核等工作中将个人工作实绩专门汇总公示，使干警的个人业绩看得见，有比较，不凭印象打分，不凭感觉打勾，树立正确导向。（2）选任过程透明化，营造公开环境。充分发挥网络平台便捷、快速、受众多的优势，将选任工作每一个程序、每一个环节都即时通知，事事公示让全院干警及时了解进度，看到结果。邀请普通干警旁听竞岗演讲、面试等程序，消除干部选任工作的“神秘感。”（3）考察监督群众化，营造民主环境。在公示业绩的基础上，职能部门测评与干警测评相结合，领导干部测评与普通群众测评相结合，通过扩大测评人员范围，增强测评结果的客观性。重视民情民意，充分了解干部群众基础。在 2013 年底的审判长、科组长续任考核中，由分管院领导带队组成 5 个考察访谈小组深入各部

门，对全院86位审判长、科组长任期内工作情况进行深入考察，访谈干警220余人。考察结束后，分管院领导又将考察结果面对面逐一向审判长反馈，取得良好效果。在每年一度的上海市市级机关开展干部选任“一报告两评议”工作中，上海一中院满意度测评始终名列前茅。

三、立足长远发展，创新培养模式，促进人才培养可持续化

人才培养是人民法院队伍“三化”建设和内涵式发展的必然要求，是队伍建设的重要内容。上海一中院结合实际，在全市法院中率先制定《人才培养规划》并抓好落实。（1）聚焦重点培养人才。重视业务骨干队伍建设，建立健全专家型法官培养对象制度，制定《审判长队伍建设规划》。选派40多名业务骨干到法官培训中心、高等政法院校进行兼职授课，促进实践与理论结合。重视后备人才培养。为青年法官搭建实践锻炼、经验传承、考核激励三大平台，不断提高青年干警业务能力。重视先进典型培养，加强对审判一线先进事迹和先进人物的挖掘宣传，先后涌现了全国审判业务专家、全国优秀法官、全国三八红旗手、全国法院党建工作先进个人、全国法院办案标兵等一批先进典型，起到了模范带头作用。（2）创新机制培养人才。建院之初，上海一中院本科以上学历人员仅占25.3%，法官中本科以上学历人员仅占31.9%，仅有2名硕士。从1999年起，上海一中院开始引进高学历人才，选送优秀青年法官到国外攻读研究生学位，并与高等院校联建合作，鼓励干警参加在职学历教育，干警学历水平显著提高。目前，上海一中院硕士以上学历人员占干警总人数的51%，其中博士20人，法官队伍中硕士以上学历人员占67%。着力加强教育培训工作。建院以来，坚持开展上下半年定期开展集中教育培训，建立并培育了“月末周五学习日”“资深法官经验谈”、法官沙龙、审判疑难问题研究小组等有一定知名度的教育培训品牌，开设“教育培训网站”，培训资源利用最大化。初步形成年初专项规划、职能部门牵头、多个部门参与，包括思想政治、业务培训、人文素养等多种内容，全院集中、条线培训、部门组织等“统分结合”形式、依专业必选与依兴趣自选相结合的“大教培”格局。仅2014年一年上海一中院共组织各类专题讲座53场，干警人均培训超过80课时。健全人才培养制度。实行“专家型法官培养对象和法官后备人才联动培养机制”，做好传帮带，促进教学相长。推出“青年法官双导师制”“青年法官业绩展示平台”“资深法官经验谈”等举措，完善青年人才培养体系。（3）立足实务培养人才。紧密结合审判工作实际，开展岗

位练兵。在上海高院组织的办案标兵、优秀裁判文书、精品案例、示范庭审等专项评比工作中，获奖数量始终位居全市法院前列。二十年来，共有 32 件案例入选最高人民法院指导性案例和《最高人民法院公报》案例。重视实践与理论结合，引导干警在审判实务中发现问题，研究问题，解决问题。连续六次中标最高人民法院重大招标课题，建院以来，公开出版书籍 80 余部，在国家级刊物发表文章 300 余篇，共有 70 余篇论文在全国法院学术讨论会和其他国家级学术论文评比中获奖。

四、注重正面引导，加强制度建设，实现干部监督常态化

廉政监督是加强干部管理的重要内容。上海一中院党组一班人充分认识到党风廉政建设的重要性和反腐工作的艰巨性，牢固树立持久作战的思想，时时抓，事事抓，建章立制，防微杜渐，切实防止出现损害法院队伍形象的人或事。（1）廉政教育正面引导。多年来坚持每年春节后上班第一天召开党风廉政建设大会，布置全年廉政工作；开展“坚持艰苦奋斗，反对享乐主义”“学规定、思廉政、严自律”“恪守职业准则，维护司法公正”等主题教育活动；坚持“三逢三上”教育制度，做到“逢进必训、逢晋必考、逢节必讲”，廉政教育内容“上网、上墙、上桌”。组织支部书记在各部门开设“微党课”“微廉课”。（2）建章立制加强保障。认真落实党风廉政建设责任制制度，根据党风廉政建设责任制要求以及审判工作的发展，不断完善责任制的内容和考核方法，重点突出一把手是党风廉政建设工作的第一责任人，并不断延伸责任制主体，从庭室领导签订责任书发展到审判长、科组长以上干部签订，直至目前发展为审判长、科组长以下人员都需要签订《廉洁自律承诺书》，从而基本形成了党风廉政建设责任制工作横向到边、纵向到底、人人有责任、人人抓落实的互动格局。重视制度建设，陆续制定相关廉政工作制度达 22 项，各项制度相互衔接，发挥立体效果，起到“隔离带”和“防火墙”作用。其中“合同管理规定”“非程序过问案件处理规定”“违纪违法发现工作实施办法”“违法审判责任追究工作联系会议制度”“特邀监督员制度”等先后被全市法院系统推广应用，相关制度规定得到市领导肯定。（3）审务督察严抓细管。坚决纠正法官行为规范和司法作风方面存在的常见病、易发病，将“庭审及执行规范、上下班考勤、窗口服务、办公内务秩序”等四方面列入常态化管理的日常督察项目。于 2013 年，根据工作需要专门成立审务督察科，强化督察职能，目前已探索建立了“日有提醒、周有检查、月有讲评、季有通报”的工作模式，取得良好效果。

五、坚持以人为本，加强文化引领，构建精神家园软环境

上海一中院党组始终把精神文化建设作为一项重要工作开展，科学规划、系统推进，除了较早制定《关于进一步加强上海一中院法院文化建设的规划意见》外，还积极开展干警精神家园建设，通过营造讲使命求奉献、倡实干求进取、重暖心求舒畅的职业环境氛围，增强队伍凝聚力和战斗力。（1）积极开展以坚定理想信念为思想内核的司法核心价值观教育实践活动。认真组织开展专项主题教育实践活动，并以月末周五学习日、红色展馆参观等活动抓好日常教育；以纪念“五·四”“七·一”“八·一”等活动不失时机地开展节点教育；以宣传宋鱼水、陈燕萍、彭文忠、邹碧华等同志优秀事迹开展先进典型示范教育，激励干警不断坚定理想信念，培树职业道德。以迎接全国文明单位复检为抓手深化精神文明建设，评选和宣传“文明窗口示范岗”“十佳审判长”“两优一先”等先进模范，让干警的精神面貌得到进一步提振。以开展志愿者服务活动为抓手铸造司法为民品格。大力推进志愿者活动规范化、常态化、长效化建设，志愿者队伍达120余人，通过法制宣传、信访志愿接待、法院公众开放日讲解等多种志愿服务，向社会公众传播司法文化。（2）积极开展以提升人文品味为主要内容的精神文化建设活动。注重法院文化环境营造，推进法院文化上“网”、上“墙”，建设局域网部门文化园地获得“全国法院文化建设特色项目”；利用法院公用区域，打造包括“法制史”“十二字”院风、“百廉墙”等在内的系列法治文化背景墙。注重提升干警文化活动的博雅趣味，定期组织新春趣味运动会、秋季智力运动会、部门乒羽联赛、迎新春联欢会等活动；邀请学者大家来院做人文素养类讲座，组织“开卷有益”读书季活动，着力提升干警人文品位；注重发展兴趣小组，形成“四队八组一角”，覆盖干警300余人，进一步丰富干警业余生活。（3）积极开展以营造“和谐家园”为事业环境的健康心态建设活动。营造干警思想交流通畅的人际沟通环境。开展干警思想动态调研，加强思想引导；开设“院长信箱”“建言献策”，组织“法官沙龙”“读者沙龙”，促进干群间、干警间和部门间的交流；利用自媒体创建一中“小法槌”微信公众号、“一中青年”等微信群，创新拓展干警沟通媒介。营造“一方有难、八方支援”的集体关爱环境。为新进外地干警提供短期宿舍，为患病干警联系医药，为家属落户提供便利，打造集体生日会、中秋联谊会，组织年度体检，口腔义诊、中医坐诊等，妥善处理多起法官受威胁和不实举报事件，切实保护法官合法权益。

上海一中院审务督察工作回顾与展望

上海一中院审务督察科自2013年8月份成立以来，本着“边学习、边工作、边完善”的工作思路，按照“有锋芒、敢督察、动真格、不护短、明是非、正院风”的总要求，实行“日有提醒、周有检查、月有动态、季有通报”工作机制，以开拓进取的工作热情，严谨细致的工作作风，高调开局大胆创新，审务督察工作呈现管理经常化、教育多样化的良好态势，使全院干警在作风建设、文明礼仪、办案规范等方面取得了明显的成效，有力地促进了上海一中院司法公开和司法为民工作的全面提升，保证了以审判执行为中心的各项任务的圆满完成。

一、审务督察的基本情况

2013年8月份上海一中院成立了审务督察科，隶属于纪检监察室，正科级部门，内设成员3人。并将全院协理员纳入（兼职）审务督察员，成立了3个审务督察小组，此外还聘请退休法官2名，专门进行每天的庭审视频检查，做到活动经常，管理有序。

审务督察的职责及工作任务：（1）制定本院审务督察制度、年度工作计划和方案，并组织实施督察工作；（2）完成本院党组交办的督察工作；（3）完成上级审务督察机构督办的工作；（4）组织开展审务督察教育培训及宣传工作。（5）实施上级法院及本院部署的审务督察工作的执行和落实情况；（6）督察本院各部门履行职责、行使职权的情况；（7）督察本院工作人员遵守规章制度、庭审和执行规范、作风形象、便民利民措施的执行和落实情况；（8）对正在发生的侵害人民群众权益、损害法院形象的行为进行现场查纠；（9）上级法院督察发现的问题整改情况；（10）协同做好法官权益保护工作。审务督察的种类根据实际工作需要开展三项督查工作：（1）日常督察，对庭审和执行规范、作风形象、窗口接待服务等工作情况进行经常性督察。（2）专项督察，对本院党组或上级法院审务督察机构重点部署工作的落实情况进行专项督察。(3)重点督察,对各部门履行职责情况,以及对投诉或举报涉及的审判或执行过程中程序违规或作风等问题进行重点督察。审务督察实行“日有提醒、周有检查、月有动态、季有通报、年有评议”工作机制,督察通常采取明察与暗访、实地与视频相结合的督察方法具体实施。日常督察实行定期督察与不定期督察相结合的方式进行,定期督察通常由审务督察小组每周开展一次,不定期督察和重点督察由专职督察员负责实施。审务督察的考评情况与政治部信息共享,作为对本院各部门及其工作人员进行考核、奖励、惩处、晋升、任免的重要内容。

二、审务督察工作回顾

(一)围绕工作重点,不折不扣抓落实

自2014年以来,该科紧紧围绕院党组工作重点,适时开展专项督察。先后开展了《司法公开一百则》、执行案件代管款专项督察,投诉信访专项督察和法官维权工作。在专项督察过程中,坚持高标准严要求,采取自查抽查相结合,在统计分析数据的基础上,找准问题,提出建议,落实整改措施。一是执行案件代管款专项督察。上海一中院按照高院的统一部署一方面通过“廉政风险管控系统”提示的信息,对已列入督察范围的111起3年以上未发放的代管款案件,进行了跟踪督促检查,经过清理和整改共发放宕帐资金970万元;另一方面为迎接高院执行案件专项督察,审务督察科还专门成立督察组抽查执行案件25件,对存在的执行文书等不规范问题进行了通报。二是《司法公开一百则》落实情况督察。《司法公开一百则》是上海一中院全面贯彻司法公开和司法为民的重要举措,也是上海一中院推出的亮点工程,包含了立案、审判、执行、听证、文书、审务等六大项司法公开项目,为使该项工作落到实处,根据院党组的要求,审务督察科协同研究室对《司法公开全方位落实一百则》落实情况进行了专项督察,通过自查与核查,司法公开到位率达97%,形成司法公开专项报告,向院党组作了专题汇报。通过督察使执行案件代管款在管理上更加规范,《司法公开一百则》也实现了两次修订升级,并形成了上海一中院司法公开的特色品牌。三是加强法官维权工作。做到组织健全,分工明确,专人负责。在处理法官维权事件工作中,实行调查处理与心理疏导相结合,做到既维护法院形象和法官尊严,又要严肃制止不法侵害,起到了当好“啄木鸟”,

做好“护林员”的双重作用。2014 年以来共受理法官维权事件 7 起 8 人（次）。

（二）认准突出问题，敢于督察

审务督察科为规范有序地开拓工作的新局面，2014 年起草制定了《审务督察工作实施细则》，日常督察重点在上下班考勤，庭审和执行规范、办公秩序、窗口服务等项目上，针对办公室内务秩序、上下班考勤等管理上“老大难”问题，组织审务督察小组定期与不定期开展督察活动，对存在问题敢通报不护短，形成了日常督察的经常化、制度化。办公室的内务和上下班迟到早退等问题，曾被认为是困扰管理难的突出问题，得到了有效整治，上海一中院考勤情况从月抽查每次 10 人以上，到月抽查实现无人迟到的可喜转变。在抓办公内务秩序方面，为推动办公秩序规范化，适时上网推出了标准化的办公示范图片，取得较好示范效应，整改成果显著。在敢抓敢管的同时，坚持有礼有节、刚柔相济，在处理偶发违规等问题时，采用“友情提醒”等方法，以个别批评教育为主，增强了干警自我管理自我约束的能力。截止目前，共检查庭审视频 1666 个、执行案件 110 件，办公秩序大检查 15 次。全院干警司法作风显著增强，上下班全勤已成常态，庭审和执行的规范率大幅提升。审务督察小组坚持每周现场查纠一次，庭审视频每日在线抽查，今年共检查庭审视频 1238 件。对督察中发现的问题，针对不同情况实行网上动态提示和电话批评教育，以及向部门填送审务督察记录单，每月以《审务督察工作动态》和每季的《审务督察通报》督促整改。

（三）瞄准风险环节，突出重点督察

该科在履行审务督察职能上，坚持找准工作重点，把风险管控做到实处，依托信息管理平台，适时开展了五个方面的重点督察。一是通过信息化管理平台进行督察。对“12368”诉讼服务平台所反映的投诉信访问题，实时进行分类排查，实行每日对信息反馈进行检查，发现问题及时予以催办，并对来电投诉及网上投诉审判或执行作风和程序等问题，认真进行查证和处理。2014 年以来共催办电话问询 493 件，对涉及庭审规范和作风的 48 件问题的投诉信访及时进行了追踪问责，与此同时，通过“案件风险管控系统”督办节点预警事项 46 个。二是开展廉政监督卡发放及廉政回访工作。廉政监督卡自 2014 年 8 月 12 日实施以来，由立案窗口实行了廉政监督卡随案向案件当事人发送，截止 2015 年 3 月，全院共发放廉政监督卡

28123份，收到廉政回访卡1188张，向诉讼当事人电话问询370人次，邀请律师60名征询对法官审判作风和廉政执纪的回访座谈4次。三是工程招投标廉政风险督察。通过对全院年度采购项目招投标（开标、评标和中标）工作，实施材料审查和现场监督共82次，审核投标金额2635万元，对于招投标过程中存在的个别公司资质材料不够规范等问题，均要求相关投标单位及时整改。四是开展了办公内务秩序及司法礼仪情况督察。审务督察科为配合2015年迎接全国文明单位复评工作，在三季度重点对全院办公内务秩序及人员着装情况进行突击检查，并以通报和网上提示督促整改。五是加强窗口服务规范化督察。在结合院开展的“文明窗口示范岗”评比活动中，对全院各对内对外服务窗口情况进行了定期与不定期巡视检查，评比推荐出“文明窗口示范岗”先进个人7名，有效促进和带动了全院服务质量全面提升。与此同时，还先后对会风会纪、《审判管理三十二条》的落实进行一系列的重点督察，取得了较好的成效。

三、司法改革中强化审务督察机制的构想

2015年是司法改革的元年，随着司法改革的不断深入，审判权、审判管理权、审判监督权的“三权”与现行管理和运行机制有了很大的变化，如何有效地发挥与相互地制衡，是我们要进一步探究的新情况、新问题。因此，审务督察工作机制要在现有基础上，完善总体机制设计，调整工作重心，更好地促进和发挥审判监督权的作用。

（一）强化监督机制

作为审判、执行系统的监督机制，审务督察应当通过对各类司法行为的规范要求，达到对司法权力的有效监督和制约。在目前阶段，可通过强力整顿司法作风，促进干警作风形象明显改善为切入口，逐步推进审务督察工作。在具体实施督察行为时，需从小处着力，从日常行为规范着手常抓不懈，注重遵章守纪的意识养成，以此逐步规范干警言行举止，保证司法行为的严谨和规范。在具体监督内容上，应与队伍现状结合，以问题为导向，制定措施，常抓不懈，定期对督察情况进行通报，对发现的违反制度的行为，严格按照规定处理，从而使法院工作人员进一步增强接受督察、自我约束的意识。同时，可以视情逐步与审判执行业务结合，以专项督查为抓手查纠问责，规范各类司法行为。

（二）发挥预警机制

审务督察的一大特点就是事前和事中的查纠。要实现这个目标，除了通过明察暗访等方式发现个案疑点及时跟进外，还应建立起更具普遍性的发现预警机制。可充分利用上海法院现有信息系统进行合理整合，加快现有信息系统升级，构筑三级法院网络体系，形成三级法院可共享的管控防范和后续跟踪平台，做到查案“一键到底”，实现看得见、弄得懂、可监督、能防控。另外，在落实具体重点防范和预警范围时，应及时领会法院总体工作意图，吃透领导精神，与条线部署相结合，力争在工作中能够抓准重点、多出亮点。

（三）完善保护机制

审务督察工作给人以专职“挑毛病”的感觉，缺乏认同度。因此，审务督察应尽可能与维护法官合法权益相结合，充分利用督察过程中多种渠道了解法院工作人员的优势，摸清底数，研究方法途径，协同做好法官维权工作，以查护并举的方式进一步完善审务督察服务审判的职能，提高督察工作的认可度。如在处理各类举报、投诉过程中，对恶意中伤、无中生有等行为，在通报督察结果的同时，有理有节地对行为人进行批评教育，维护法院形象与法官尊严。同时，在督察过程中应适时换位思考，张弛有度，管控有序，使法院工作人员能够轻装前进。

（四）加强培训机制

人的因素是督察工作能否取得实效的关键所在。审务督察工作在努力完善各项工作机制的同时，应注重通过系统培训逐步提升督察人员的督察能力，主要有三方面：一是深刻理解督察工作的重要意义。审务督察人员要清醒认识当前形势，准确把握工作任务，振奋精神状态，坚持把敢于担当作为工作原则，牢固树立事在人为，有作为才能有地位的观点，面对问题敢碰硬，不回避，不袒护，切实做到守土有责，履职尽责。二是提高分析预测能力。审务督察的职能之一是推动党组决策布署得到有效落实，因此审务督察员要努力提高自身的分析预测能力，准确领会领导意图，敢于不讲情面，协助党组执好纪、问好责、把好关，从而确保决策事项能够落实到位，有效推动各项工作顺利展开。三是提升协调配合能力。审务督察工作的顺利开展离不开各部门的理解、支持与配合。只有在法院内部及上下级法院之间保持信息畅通、

指引，明确法院审理自贸区案件的司法政策，为涉自贸区案件法律适用的规范统一打下基础。同时，也将为上级法院后续出台成熟的审判指导意见，进而形成可复制、可推广的自贸区司法保障经验，提供一线实践素材。

（二）健全组织保障，组建专门工作机制

为保障自贸区司法保障工作协调有序开展，上海一中院组建了专门工作机制，逐步形成专业的自贸区司法研判机制。

1. 成立专项应对研究机制。上海一中院于2013年10月成立自贸区司法问题应对小组和研究小组，构建形成集管理、审判、研究功能的涉自贸区案件专业研判机制。自贸区司法问题应对小组定期召开工作会议，研判涉自贸区的司法问题，负责指导协调上海一中院涉自贸区案件的审判工作。自贸区司法问题研究小组主要跟踪研究自贸区法制建设的新发展、涉自贸区案件的新问题，形成有针对性的调研成果，为案件审判提供参考。

2. 设立专项合议庭。为保障涉自贸区案件审理的法律适用统一，提升审判工作的前瞻性和能动性，上海一中院创新案件审理机制，在金融审判庭设立“自贸试验区专项合议庭”，依法集中受理自贸区相关二审案件及重大一审案件，有效、集中地指导浦东新区人民法院自贸区法庭的审判工作，更好地为自贸区的发展提供司法保障。

同时，针对不同类型案件的专业需要，还可以打破审判庭界限，“跨界”约请有专业特长的法官加入专项合议庭，审理相关案件，保障涉自贸区案件法律适用的统一。如上海一中院审理的上海法院首例涉自贸区专利权纠纷案，就是由金融审判庭法官、知识产权审判庭法官、人民陪审员组成合议庭，并由知产庭法官担任主审法官。

截至目前，上海一中院自贸区专项合议庭依法履行审判职责，妥善审理了民商事、知产、涉外金融等各类涉自贸区案件37件，审结18件，其中10件以调解或撤诉方式结案，调撤率达55.5%，实现了良好的法律效果和社会效果。

（三）着力调研先行，注重司法前沿研究

自贸区是推进改革和提高开放型经济水平的“试验田”，必然伴随着很多法律上的新情况、新问题，将给人民法院审理自贸区案件带来许多新挑战。面对新形势、新任务，上海一中院汇集调研力量，加强与最高法院、市高院、科研机构、行业组织等的合作交流，深入研究自贸区发展中出现的司法前沿问题，为全面做好自贸区司法保障工作打下了坚实的理论基础。

1. 举办中国自由贸易区司法论坛——中国（上海）自由贸易试验区制度建设与司法保障研讨会。2014 年 4 月 29 日，由最高法院民四庭、上海财经大学与上海一中院联合主办的“中国（上海）自由贸易试验区制度建设与司法保障研讨会”在上海财大召开。与会 100 余位法官、专家、学者围绕自贸区“自贸区审判理念与司法改革”等主题深入交流，有效凝聚了共识和合力。《人民日报》《法制日报》《解放日报》《人民法院报》等多家媒体作了专题报道。

2. 加强自贸区新型司法问题课题调研。自上海一中院成立自贸区司法问题研究小组以来，积极参与最高法院重大理论及实践课题《中国（上海）自由贸易试验区司法保障及相关法律问题研究》、上海高院重点调研课题《涉中国（上海）自由贸易试验区金融审判司法保障问题研究》等，目前相关课题正在积极写作过程中。

3. 与上海财经大学共建自贸区司法研究中心。为拓宽调研的深度和广度，上海一中院于今年年初与上海财经大学成立自由贸易区司法研究中心，共同研究自贸区司法保障问题。截止目前，双方已合作开展了 33 项自贸区法律适用调研课题，对自贸区金融、投资、贸易、知识产权、房地产、刑事、行政等诸多领域进行了深入研究，形成了一系列有分量的调研成果。近期，上海一中院与上海财经大学联合创办《自由贸易区司法评论》《自由贸易区法律适用》《自由贸易法治评论》等三本出版物，已由法律出版社公开出版，集中展现了上海一中院与上海财经大学就自贸区司法问题的合作调研成果。

（四）坚持改革创新，完善审判体制机制建设

自贸区是我国推进全面改革的“试验田”，也是人民法院探索审判体制机制创新的“百花园”。上海一中院始终坚持以问题为导向，先行先试，在审判体制机制改革方面甘当自贸区试验田的“耕作者”，不断推出新的司法改革举措，保证公正司法，提高司法公信力。

1. 推出电子送达制度。为提高诉讼效率，节约自贸区企业诉讼成本，上海一中院在糅合“审判管理系统”、“在线诉讼服务平台”与“12368 诉讼服务热线”等现有功能基础上，推出了全新的电子送达制度，并在自贸区案件中先行先试。今年 9 月，上海一中院在一起涉自贸区仓储合同纠纷案件中首次尝试电子送达，原告代理人直接通过手机收到了该案的传票、出庭通知书、举证通知书和案件受理通知书，从法院制作、发送诉讼文书到实际送达当事

与部委规章、司法解释、国际条约、各国（地区）市场惯例和地方法律与规章。法官可以按类别、年份、版次、标题、内容等多种条件自由组合查询，并方便地浏览和打印全文。

（2）裁判文书检索（2009年）

上海一中院于2009年7月启用裁判文书全文检索系统。该系统提供按文书内容组合查询已归档生效的裁判文书的功能，可以根据承办部门、审判长、结案日期、案件字号、文书内容这几个方面来同时查找符合检索要求的多个裁判文书。该系统的启用很好地辅助法官调研工作，保障了裁判文书制作质量。

（3）精品案例库（2011年）

上海一中院于2011年8月建立了最高人民法院、最高人民检察院公报案例库，收录了自1985年至今的两院公报案例。该案例库提供了多维度查询功能，可以快速定位到查询目标。同时，精品案例库还收录了上海一中院近年来评选的优秀裁判文书、精品案例以及外地法院公开的优秀裁判文书、精品案例等，通过与审判执行管理系统对接，在审判人员办案的过程中自动推送相关案例，加大了服务审判工作、促进适法统一的力度。

（4）案件信息智能分析系统（2014年）

上海一中院于2014年12月自主研发案件信息智能分析系统。该系统利用文本挖掘技术，从裁判文书中自动挖掘案件信息并重新组织，提供快速精确的案件检索功能。目前，系统共收录了68万篇裁判文书。该系统主要有五点特色：①类案检索快速。系统可依据案由、案件类型、援引法条等55个信息项，结合多关键词全文检索技术，快速定位类似案件和最高人民法院、最高人民检察院相关的公报案例和指导性案例。②一站式信息获取。系统整合了上海一中院的电子卷宗库、庭审录像库以及高院移送系统的接口，可在同一个工作界面中查看对应电子卷宗与庭审录音录像。对上海一中院二审案件，还提供原审裁判文书查看功能。③高效辅助调研工作。系统提供案件收藏与分组、文书段落批注、个人归纳总结等调研辅助功能，方便使用者在查看文书时，可对文书的重点内容进行标识与记录，起到调研知识过程中积累和日后再利用的作用。④实现多人协同调研。课题负责部门可通过系统组织课题组成员协同调研工作，包括创建调研小组、设定调研范围、配置调研内容、分派调研任务、整合调研结果等流程。⑤人性化设计。系统提供案由模糊检索、检索结果定制显示、文书段落导航定位、查询条件保存、调研成果与他人分享以及Excel导入导出等功能，进一步提升系统使用上的便捷性。

3. 服务案件研讨

案件审判研讨平台（2011年）。上海一中院于2011年12月启用案件审判研讨平台。该平台包括三个子系统，即审委会案件讨论管理系统、审判长联席会议管理系统和审判疑难问题研究小组管理系统。审委会案件讨论管理子系统实现了审委会案件讨论从申请、排期等提交过程中的信息化管理功能，包括申报节点、生成申请审批报告及打印功能，支持各类音视频信息存储和调阅；审判长联席会议管理子系统实现了汇报人提交、审判长审核、庭长审批、排期、讨论信息记录等功能；审判疑难问题研究小组管理子系统实现了申请、审核、研讨会、历史记录查阅和信息专家信息库、小组成员库维护等功能。该平台促进上海一中院审判委员会工作规则和审判长联席会议工作规则的落实，加强过程跟踪管理和信息共享，更好发挥合议庭、审判长联席会议和审判疑难问题研究小组在促进同类案件适法统一方面的作用。

4. 服务文书制作

（1）裁判文书评检（2001年）

上海一中院于2001年6月开发出文书检评系统。该系统有四大功能：①文书抽取。按案件类型、部门、合议庭等三种方式，随机从审判管理系统抽取所要求数量的裁判文书。②文书检评。从数据库中提取已预先抽取的文书，请专家分别对文书各部分进行检查评定，给出文书各部分具体项目的评定结果，并将检评结果输入到数据库中。③结果查询。可以按照年度、部门、合议庭、检评时间、被考核人姓名、案件类型、案号进行数据查询。④统计分析。对检评结果进行统计分析，并以报表或图形方式直观地表现出来，对各裁判文书所暴露出来的问题可以分类、总结并可打印出来。

（2）裁判文书附录法条（2009年）

上海一中院于2009年8月研发自动附录法律条文系统。该系统将法律、法规的全文按条、款、项进行拆分，覆盖刑事、民事、行政等实体法及三大诉讼法共256部法律和8000多部行政法规、司法解释、部门规章。该系统嵌入在审判执行管理系统中，在法官制作完裁判文书后，系统可以自动获取法律条文并按照要求自动排版打印。

（3）裁判文书辅助制作（2009年）

上海一中院于2009年12月启用诉讼文书辅助制作系统。诉讼文书辅助制作系统包括了五个数据库：诉讼文书样式库、裁判文书模板库、裁判文书

的电子卷宗经过一定程序后，其他法官可通过内部网络调阅卷宗、打印相关材料，其他单位，原、被告、律师及群众也可在指定的电脑上查阅、打印相关材料，有效地保护案卷卷宗，提高调卷服务效率和案卷使用效率。该系统由案卷扫描输入系统、索引系统、存储系统、内部网调阅服务系统、因特网安全调阅服务系统组成。

（二）服务干警办公

一中法综合信息网

1. 一中法综合信息网（2003年）

上海一中院于2003年10月建成综合信息网，改名为“一中网。”从2003年至2015年，上海一中院综合信息网经过多次改版，网站栏目布局更加合理，增加了首页的信息量，只需登录一次，即可进入上海一中院多个应用系统；“一中网”不仅方便干警查看各种信息，还为每位干警提供了友情提示信息，这些信息包括：案件审限提示信息、院庭长接待信息、会议安排信息、代管款确认信息、值班信息等。

2. 司法警察（2003年）

上海一中院于2003年11月启用司法警察管理系统。该系统包括警务工作管理、警政工作管理、警训工作管理、安全消防管理、警用装备管理、车辆管理和文档资料管理等七个子系统，涵盖了法警支队的管理工作。2015年3月，上海一中院对老法警管理系统进行了升级改造，新司法警察管理系统与老系统相比较具有如下特点：（1）对原有功能模块全新整合。新系统包含警务工作管理、警政工作管理、警训工作管理、安全消防管理、警用装备管理、车辆管理、高院报表等模块，完善了工作台帐、工作安排、今日警务工作安排、车辆管理、请假人员信息等功能，全面涵盖了司法警察工作的各个方面，充分体现了科学、规范的工作理念。（2）信息资源充分共享。新司法警察管理系统与审判管理系统、车辆申请系统、请假申请系统互联互通，将多个系统的数据自动采集到新系统中，实现了数据共享和综合管理。（3）技术架构先进。新系统采用了高效、稳定、成熟的开发平台，实现了对硬件系统、运行平台、应用系统的全方位监控，做到了操作留痕，事中监控、事后可溯，提升了系统安全性和可靠性。

3. 信息发布（2004 年）

上海一中院于 2004 年启用信息发布平台。通过该平台法院干警可以对发文内容进行统一管理，平台提供信息编辑、修改、发布和检索功能，能处理图片、表格、文字混排的信息，根据权限设定，各部门可自行发布和管理网站相关栏目的信息，保证了信息交流的及时和畅通。

4. 会议管理（2004 年）

上海一中院于 2004 年启用会议室登记管理系统。法院干警可以通过会议管理系统，进行各类会议的登记、会议室预订、会务准备等事项的申请、审批手续。

5. 车辆申请（2007 年）

上海一中院于 2007 年启用车辆申请系统。法院干警可以通过车辆申请系统，进行公务用车的申请、审批、提车、还车等手续。

6. 工资查询（2008 年）

上海一中院于 2008 年启用工资查询系统。法院干警可以通过工资查询系统，查询个人年度和月度的工资情况。

7. 请假申请（2008 年）

上海一中院于 2008 年启用请假申请系统。法院干警可以通过请假申请系统，进行各类假期（包括公休、调休、病假、产假、探亲假等）的申请、审批和销假手续。对于假期内需要离开上海的情况，该系统还可以进行离沪登记和申报手续。

8. 院领导信件办理系统（2010 年）

上海一中院于 2010 年 7 月启用院领导信件办理系统，该系统根据《上海市第一中级人民法院关于办理院领导转办信件的程序规定》，实现了统一规范的院领导转办信件办理流程管理功能，保障信件收转、登记、办理、跟踪与督促等相应机制的高效运转。该系统具有信件原件扫描、流程跟踪、督办管理、台账提醒和权限控制等功能。重点加强了信件办理的流程管理功能和安全保密权限控制：从信件原件扫描至信件流转的任一节点都设定了严格的时间控制，对其中超时办理的节点进行催办提醒，院、庭领导可以实时查看信

能、勤、绩、廉等各方面情况，并按照院领导、庭长、审判长、法官等四个不同的层面分别提供了不同范围的查询、统计和分析功能。该系统让每位法官方便地了解到自己历年的审判工作、调研和考核等实际情况，并通过图表直观地反映出该法官在审判工作效率和工作质量方面在法官群体中所处的位置，在辅助办公的同时起到了激励和鞭策的作用；院领导和政治部相关管理人员可以查看到所有法官的业绩档案，系统还提供了定制的统计报表和组合查询功能，领导可以多角度多层次判断出法官业绩的整体优劣，该系统为法院的综合管理工作提供了科技手段。

（2）书记员业绩档案（2007年）

上海一中院于2007年8月启用书记员业绩档案管理系统。该系统通过图表、数据、信息等形式客观记载并综合反映书记员工作状况，具有统计、分析和查询功能。内容覆盖书记员的德、能、勤、绩、廉等各方面情况，重点以反映书记员工作业绩为主，将书记员工作效率和工作质量予以量化分析。其中设有庭审记录、文书校印、案卷归档、信息输入情况等指标，各项指标通过图表形式予以细化，反映出各阶段书记员的工作效率和工作质量，以及书记员的工作业绩在本庭、本条线、本院等不同书记员群体中所处的位置。

（3）重大事项申报（2008年）

上海一中院于2008年4月开发重大事项申报信息系统。该系统具有如下功能：①申报录入功能，上海一中院干警可在网上输入本人需要申报的信息；②网上审阅流转功能，各部门领导可以审阅本部门人员的申报信息，政治部可以审阅部门已审阅的申报信息；③查询和统计功能，按不同权限可查询统计本人、本部门、全院重大事项申报情况。该系统的建立不仅方便了干警的使用，也为重大事项申报工作的管理提供了科技手段，实现网上申报和审阅流转，既节约了纸张，又提高了管理效率。

（4）动态目标管理考核（2010年）

上海一中院于2010年7月开发目标管理动态考核系统。该系统实时计算了各业务庭的审判效率、审判质量、队伍建设和行政管理等四个方面的目标管理考核指标和得分，建立了院、庭两级领导的目标管理动态考核台账。该系统主要具有四项功能：①用图形直观显示了当前季度考核总分和审判效率、质量及队伍建设和行政管理得分的动态情况，并直观显示各类得分的全院平均值和该业务庭排名值；②在台账上提供动态考核提醒，提示当天未达标的指标和该指标与达标值之间的差距；③显示本部门历史得分和排名，以曲线图显示走势；④提供了各类考核项目的定义和得分说明，并能查看与该考核项目相关的详细案件信息。

（5）青年法官业绩展示平台（2013 年）

上海一中院于 2013 年 7 月启用青年法官工作交流展示平台，进一步加强青年法官人才培养，促进青年法官能力提升。该平台为青年法官提供裁判文书、案例分析、调研文章、司法建议、调研课题和学术论文等六个单项工作情况的录入、展示、交流与量化积分功能。主要有三项特点：①展示详实全面，促进学习交流。②积分科学量化，激励争先创优。③风格清新活泼，贴近青年法官。平台整体设计旨在贴合青年法官的年龄特点，风格清新活泼，布局简约时尚，以体现青年法官朝气蓬勃、励志向上的精神风貌。

（6）网络教育培训平台（2014 年）

上海一中院于 2014 年 7 月，为抓好队伍司法能力建设，巩固与深化“能力建设年活动成果，建立上海一中院网络教育培训平台。该系统将上海一中院《月末学习讲座》《资深法官经验谈》、专题教育等多媒体材料作分类和汇总，并向全院干警提供网上学习的功能。

3. 文化建设

上海一中院综合信息网于 2011 年 8 月进行改版，增设了“一中沙龙”“干警园地”“健康一贴”等论坛，为干警提供了审判问题、读书心得、摄影知识和体会、健康娱乐等话题的讨论园地。新版网站还增设了“法院文化建设专栏”，由政治部整理提供了“红色足迹”“天平文学”“荣誉展台”等七个图文并茂的栏目，大大丰富了上海一中院文化建设的内容。

（1）网上图书馆（2006 年）

上海一中院于 2006 年 5 月开通网上图书馆。网上图书馆设有“馆藏查询”“最近新书”“新书推荐”“读者指南”“文章摘编”“数字图书馆”“读者信箱”等栏目，具有网上预约和网上续借图书等功能。网上图书馆的开通为上海一中院干警学习阅读、深入调研提供了便利条件。

（2）建言献策（2008 年）

上海一中院于 2008 年 3 月开设“建言献策”论坛，为上海一中院干警提供网上对上海一中院工作提出建议和意见的途径。该栏目细分审判业务、行政管理、信息化、队伍建设、节能降耗、其他等六个子栏目。

（3）廉政文化视窗（2008 年）

上海一中院于 2008 年 12 月正式开通“廉政文化视窗”，这是上海一中院加强党风廉政建设，唱响法院廉政文化主旋律的又一举措。“廉政文化视窗”图文并茂、资料丰富、方便实用，共设置了领导讲话、会议精神、理论学习、警钟长鸣、廉政视频、图文新闻、新风正气、廉政格言、廉政典故、廉政制度、廉政信箱、读书思廉、最新动态和廉政测试题库等内设栏目。

（4）机关党建网（2012年）

上海一中院于2012年5月正式开通“机关党建网”专栏。该网按照贴近党员、贴近群众、贴近审判中心工作的思路，分门别类开设了21个栏目，在内容上注重方向性、理论性和全面性，在功能上凸显公开性、实用性和可读性。主要包括党务指南、党建期刊检索、党史上的今天、党史知识库、主题教育、政工动态、创先争优、支部风采、工青妇动态、表扬信摘登、多媒体专区、党务公开、入党生日、入党喜报、党员信箱、红色足迹等。

（5）部门文化园地（2012年）

上海一中院于2012年8月启动部门文化园地建设，到11月全院20个局域网部门文化园地全部完成。部门文化园地的建成，进一步推动了创先争优、拉近了部门距离、深化了队伍建设，为上海一中院干警构筑活力家园、和谐家园、精神家园。

（6）网上院史展览馆（2013年）

上海一中院于2013年2月建成了“网上院史陈列馆”。“网上院史陈列馆”大力弘扬核心价值观、构筑干警精神家园，结合彰显精神、培育院风、弘扬先进等精神文化要素，在体现法院共性的基础上，结合自身实际，将上海一中院特有元素融入制作内容之中，个性鲜明地展示上海一中院的发展历程。

（7）一中法院追梦吧（2014年）

上海一中院于2014年5月正式开通“一中法院追梦吧”。“一中法院追梦吧”是配合上海一中院“中国梦与法官使命”专项教育实践活动定制而成的网上论坛。

4. 行政管理

（1）固定资产管理（2012年）

上海一中院于2012年4月启用固定资产管理系统。该系统实现对固定资产管理的流程信息化，对资产的实物状态和运作过程进行管理。通过在购置、领用、转移、盘点、清理、处置等过程监控手段，结合统一资产分类编号与条形码技术，如实登记各类固定资产，实现网络化的分级管理体制。

（2）智能楼宇节能系统（2014年）

上海一中院于2014年2月，启用智能楼宇节能系统。该系统运用物联网技术，对上海一中院电能消耗进行分散采集、集中监测和统计分析，实现楼宇用电的智能化管理。具体根据用电类别和楼层区域，针对照明、空调风机、热泵机组、电梯、锅炉以及其他特殊设备，安装数字化分项计量设备，满足能源分项计量的要求。为节能降耗提供包括线路、设备、软件和数据在内的基础平台。系统主要功能有：①能耗数据的数字化转换和实时动态采集；②可视化和远程监测用电情况；③建立能耗基准线；④能耗的构成分析与变动趋势分析；⑤能耗的预警与管控；⑥根据实际需要生成各种能耗统计、分析报表。

（四）服务社会公众

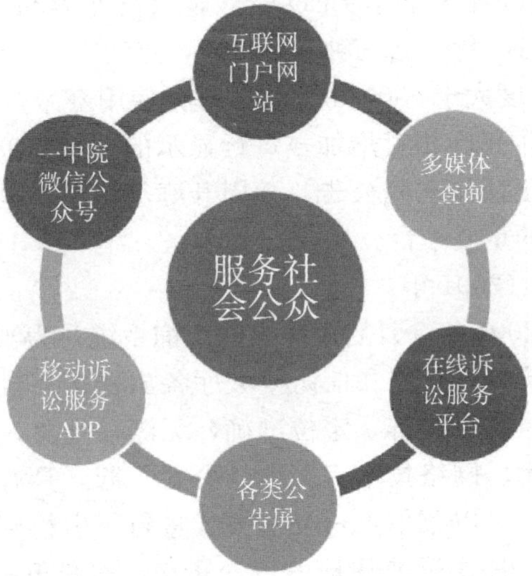

1. 互联网门户网站（2000 年）

上海一中院互联网门户网站于 2000 年 11 月正式开通，网址为 www.a-court.gov.cn。该门户网站是上海一中院与社会公众接触的窗口。从 2000 年至 2015 年，上海一中院互联网门户网站已经经过多次改版，主要栏目有一中信息、开庭排期、公告送达、法院信箱、法律文书、法律查询、法庭建设、一中介绍、审务公开、审判改革、典型案例、学术研究、法官介绍、执行曝光、诉讼事务中心、图片信息、诉讼文书格式下载、模拟法庭、法制文化等栏目。目前新版门户网站加强了便民服务的功能，增加了网上立案咨询、案件查询、当事人留言等便民项目，由诉讼事务中心工作人员每天上网查询有无当事人的查询、咨询或留言情况，并分别由诉讼事务中心、立案窗口和相关审判庭进行针对性答复。诉讼文书格式下载栏目提供了起诉状、答辩状、上诉状、回避申请书、授权委托书等填写说明和格式下载功能。新版因特网还提供了案件诉讼流程图、上海一中院公交线路指引图和上海一中院大楼法庭指引图等方便诉讼的内容。

2. 法院公告屏（2000年）

上海一中院于2000年在立案大厅和信访大厅启用电子公告屏，方便当事人和社会公众获取法院信息。2001年，上海一中院改进法院公告管理系统，为了有效管理上海一中院对外公告送达及其他公告信息，及时为上海一中院室外公告屏公告送达、因特网法院公告和多媒体查询机同步提供公告内容提供技术支撑。最近上海一中院于2011年12月室外LED公告屏改造竣工并正式启用。该室外公告屏为全彩LED屏，显示长度为8.16米、宽度为4.48米，每个像素点由红、绿、蓝三种基色组成，点间距为10mm，屏体分辨率为816列*448行，亮度大于5500cd/平方，理论使用寿命大于10万小时。该室外公告屏色彩鲜明，亮度相对增加，每行显示的文字比原来增多，显示效果明显提升，主要用于播放法院公告、一周开庭等信息，是上海一中院对外公告，落实司法公开的重要平台。

3. 多媒体查询（2001年）

上海一中院于2001年5月启用多媒体查询系统，为当事人提供更方便的服务。该系统在法院大厅两侧和信访楼大厅各放置了一台多媒体触摸屏查询机。该机采用了电阻式触摸屏，定位准确，无漂移现象，并将最先进的多媒体技术和数据库技术、网络技术完美地结合在一起，具有简洁、明快的界面风格，用户在查询时是以菜单点击交互方式进行，由粗到细，层层推进，按需所取，十分方便。提供迅速快捷的诉讼指南、案件开庭信息、案件评析、今日公告、法律宣传等查询服务，使当事人能更好、更快、更全面地了解法院有关信息。

4. 在线诉讼服务平台（2007年）

上海一中院于2007年3月启用在线诉讼服务平台，增加了案件详细信息查询和诉讼档案借阅预约两项便民功能。案件详细信息查询功能对案件当事人扩大了查询范围，在原先提供案号、当事人名称、案由、开庭信息、审判长、案件所处阶段信息的基础上，当事人凭立案时上海一中院确定的“案件语音查询流水号”为密码，可在因特网上进一步查询到案件法定事由（包括公告、委托中介等信息）、执行案件中财产查封情况、执行案件结案时被执行人的履行情况等信息。诉讼档案借阅预约功能在因特网上为借阅人提供了预约登记功能，并对诉讼档案借阅注意事项做了提示。2009年6月，上海一中院对诉讼服务平台进行了升级，增加了在线咨询、证据交换、文书送达、判后答疑、委托机构联系等功能。

5. 移动诉讼服务 APP（2013 年）

上海一中院于 2013 年 12 月开发了“移动在线诉讼服务平台。”该平台具有如下特点：一、适用广泛，服务便捷。该平台在上海一中院自主研发的互联网“在线诉讼服务平台”基础上，以移动互联网为载体，增加了无线访问应用服务功能，可适用于 iOS 和 Android 系统的主流移动设备，实现了上海一中院在线诉讼服务在移动客户端的延伸与拓展。公众只需触动指尖，就可随时随地获取诉讼服务。二、功能明晰，操作简便。平台涵盖案件信息查询、诉讼材料收转、联系法官、诉讼指南、公交线路查询以及诉讼费计算共六个功能项。公众可在上海一中院门户网站、安卓市场或苹果应用商店进行下载安装，即可获取相应服务，操作简便。三、加强防护，确保安全。为了确保平台的信息安全，(1) 在前端应用与后台系统之间部署了专用防火墙，用以控制来自外部网络的非法访问，实现边界防护作用；(2) 针对当事人服务功能，通过验证为诉讼当事人提供的服务密码来防止个人信息的泄漏；(3) 在平台推出运行之前进行了必要的安全测试，检查是否存在漏洞和缺陷，并及时实施安全加固。四、便民利民、双向沟通。平台为上海一中院司法公开载体的创新、审判信息化水平的提升，提供了新的有效途径。同时，也大大加强了法院与公众的互动交流，公众可随时进行信息查询、材料提交和沟通联系，上海一中院配备专人对平台进行监督与管理，每日及时进行前端应用与上海一中院内网系统的数据交换，确保诉讼服务事项及时、有效处理。

6. 上海一中院微信公众号（2015 年）

上海一中院于 2015 年 1 月启用上海一中院微信公众号，拓宽人民群众了解司法、参与司法、监督司法的渠道。这是上海一中院继开通网上诉讼服务平台、微博、手机 APP 之后又一项司法公开、司法为民重要举措。该微信平台包含“诉讼服务”“司法公开”“一中动态”三大模块和九个子模块，涵盖立案、审判、执行等各个工作环节，可以为用户提供诉讼指南、费用计算、公交查询、案件查询等功能。主要具有以下三个特点：(1) 司法公开内容全面，覆盖上海一中院案件的审判流程公开、裁判文书公开和执行信息公开三大公开内容。通过案件查询子模块，向当事人和社会公众公开了案件立案、庭审、调解、宣判等诉讼过程；通过裁判文书子模块公开了上海一中院在中国裁判文书网上所有公开的裁判文书；通过执行公开子模块，公开了曝光台、失信被执行人名单、限制出境、限高令、网上追查等执行信息。(2) 司法为民主旨突出，提供了诉讼指南、诉讼费计算和公交线路查询功能，方便当事人和社会公众了解诉讼知识和法院办事指南，并能提供实时电子地图查询提供到达上海一中院的交通线路。（3）使用便捷，只需通过手机扫描二维码，或在微信公众号中搜索"上海市一中法院"，即可关注上海一中院微信公众服务号，关注成功后，用户可获取有关开庭公告、裁判文书、执行等方面的信息，了解上海一中院最新动态；当事人可以及时地关注具体案件的审判进程，享受阳光司法带来的便利。

三、上海一中院信息化工作展望

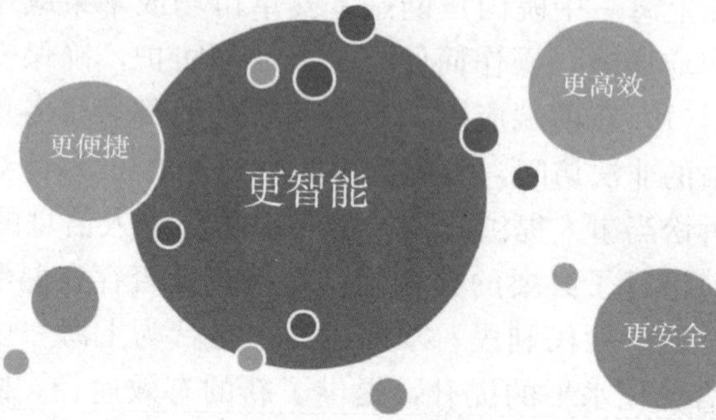

（一）更智能

1. 大数据智能分析技术，辅助审判管理和决策支持

结合上海一中院的实际工作，在已有的案件质效评估、法官业绩档案、案件信息智能分析等系统的数据分析基础上，利用大数据智能分析技术，辅助审判管理和决策支持。具体来说，有以下几个方面：

（1）构建上海一中院案件数据中心。数据中心不是简单的数据的汇集，是在汇集的基础上，对数据进行合理分类和组织。如核心审判数据归审判数据，庭审录像数据归为多媒体数据，裁判文书归为文本数据。数据中心是大数据分析的基础。

（2）优化案件质效分析方案与指标库建设。法院的审判管理最终是为提升案件质效服务，通过建设指标库，保证数据的唯一性和准确性，发挥案件质效数据辅助审判管理的作用。

（3）构建互动展现平台，方便领导辅助决策。构建辅助决策平台，具备互动、智能、简介明快等特点，方便领导通过访问该平台即可了解全院动态情况并作出决策。

2. 文本模糊智能分析，辅助法官办案和调研

法院案件信息数据库中存有裁判文书等文本信息，裁判文书中包含的案件信息远远超过案件基本信息库中的基本信息。对案件信息智能挖掘分析需采用 Hadoop 文本模糊智能分析技术，旨在把最有价值的裁判文书这一数据纳入到数据分析的体系中去，更好地实现为社会服务的价值，如：辅助司法建议、社会矛盾焦点趋势变化分析等。

Hadoop 是由 Apache 基金会开发，能够以一种可靠、高效、可伸缩的方式对大量数据进行分布式处理的软件框架。它以一种可靠、高效、可伸缩的方式进行处理的。可靠是因为它维护多个数据副本。高效是因为它以并行的方式工作。可伸缩的是因为其计算能力完全可以依赖低端的刀片服务器，因此成本比较低。

采用了 Hadoop 文本模糊智能分析技术之后，可以按照时间分类、案件类型分类、案件关键字分类等等，进而可以分析不同时间的社会矛盾焦点是什么，随时间变化的趋势如何，现阶段的社会矛盾焦点在哪里等等。更进一步，Hadoop 还可以给法院带来司法效用的社会延伸。对于热点的社会问题，通过 Hadoop 技术可以将热点的核心要件按照法官设定的要求抽取出来，通过查看系统智能产生的统计信息，可以为法官提供关联信息，为社会提供更多的司法延伸服务。

3. 自学习智能知识库，汇聚办案经验

针对法官在审判工作中要面对不断更新变化的法条、司法解释和纷繁复杂的海量案例的情况，建立自学习智能知识库，通过人工智能的方式，将法条、司法解释与案例合理组织起来，通过筛选、分类、聚合，辅助法官进行审判工作，提高法官办案的速度与准度。

Mahout 是机器学习的具体实现，是人工智能的一个分支。它允许计算机根据之前的经验改善以后的分析结果，具体使用包括统计学、概率论和模式识别等数学技巧。未来上海一中院的自学习精品案例辅助库将会更加智能，更加精准，具体来说，可分成三个方面来实现。

首先，精品案例的汇聚。让机器智能的将案件进行筛选，将经典的案件综合入最终法官知识库的案件库中，是 Mahout 的智能筛选可以解决的问题。

其次，精品案例的分类。对于筛选后的精品案件，从不同的维度，每个维度再细分多个角度去聚集，给现有的案件贴上不同的标签，提升法官的查询效率。

最后，新案件的辅助办案。法官若是想了解是否有什么案例可以参考，

就对这个新案件进行适当分类。正确分类之后，就可以调出相关分类中的精品案件和援引的法条，以辅助法官办案。

总结来说，办案经验的汇聚，是一个长时间的迭代过程。智能化的手段可以有效缩减这个迭代过程的时间和服务的质量。

（二）更便捷

上海一中院2014年改造审判执行管理系统采用SOA技术实现模块化业务总线功能，可以方便地实现部署其上的应用之间的数据共享与协同。SOA技术中有一个数据共享机制，其原理类似于单位的收发室。只要填快递单子，就可以寄收的各种货物（在我们系统中就是数据）。SOA技术中还有一个应用协同机制，其原理类似于单位的总机办公室。需要找一个人的时候（在我们系统中就是定位应用），不用知道这个人的分机，总机会帮你转过去。可见，SOA技术屏蔽了软件开发过程中数据共享与应用协同的细节实现，可以轻松实现应用间无缝互通数据与协同。对上海一中院已经建成的诸多系统而言，它的优点是可以在不改变现有基础结构的情况下让不同系统实现互操作，可以在几乎不更改代码的情况下，以一种非侵入方式使已有的系统具有全新的服务接口。上海一中院未来将进一步细化落实不同应用间的协同共享，具体的方案可以分为几个步骤来实施。

1. 更好地实现上海一中院不同应用系统互联。如审判管理系统与案件质量保证系统的连接，法官业绩档案与人事系统的连接等等。这样任何一个系统的数据变化都能自动关联到其他相关系统，不再需要职能部门人工反复核对数据。

2. 更好地实现与高院和辖区法院不同应用系统的互通。通过SOA技术，实现上海一中院同上海法院系统案件等信息“一条龙”处理流转。对于上诉案件、诉讼费、庭审录音录像、电子卷宗等数据，三级法院间可以方便地流转与共享。

3. 更好地实现上海一中院与外部单位的信息共享。上海一中院同检察院、监狱、房产交易中心、银行等系统的信息共享也能够通过在公务网架构SOA系统得以实现。

（三）更高效

利用组件化开发技术，实现系统快速响应业务需求变化。组件化软件开发技术的原理是通过积木式的架构设计，让软件开发中对某一块积木的改变，不影响其他积木的使用。响应需求变化的软件更新开发就变成在原有系统的基础上，尽量不碰固定的积木，只更换需要更换的积木。如果要对系统重新架构，也无需从头开始对整个系统重新开发，只需要将积木推倒，按照新图纸拼接就行了。组件化软件开发可以大大提高信息化部门对于审判部门需求变化响应能力。以前对审判部门关于一个功能性的软件更改，快则3个月慢至1年乃至更多的时间来实施，如果采用组件化软件开发技术，对于较小的更改，用一至两周时间就可以实现。从而最终带来的价值是审判部门对于信息化工作的满意度提升，真正贴近法院信息化为司法服务的理念。

（四）更安全

上海一中院网络和信息安全保障体系随着上海一中院信息化的深入发展，必须有相应的支撑体系，以保证网络和信息安全，包括物理层面的网络、机器、设备安全，以及信息、系统、保密层面的安全。因此上海一中院未来信息化建设一项重要建设任务是建立安全监管机制，保障信息化应用系统的安全可信。

目前上海一中院很多项目都外包给第三方合作伙伴。如何对日常工作和项目建设中产生的大量文档进行访问控制和监管？如何做到既能让外包人员高效地为法院服务，又不会过多泄露法院内部信息？这些都是案件信息管理系统建设过程中面临的问题。因此，安全不是单一的技术，安全是一系列技术组成的一体化集约式监管机制。具体来说，可以分为以下几个建设目标：

1. 建设上海一中院的灾备中心、病毒防范中心、法院信息监管安全应急中心等信息安全基础设施，形成具有主动防护能力的信息安全保障体系，加强信息系统安全防护及紧急和恶劣事件的响应能力

2. 建立重要文档、应用访问受控机制。集中管控上海一中院核心业务应用系统，包括审判管理系统及数据库。通过审计、过滤、拦截等多项措施最终实现跨不同安全区的综合后台应用访问，减少具体数据交换。

3. 利用网络安全监管平台。上海一中院可以借助于上海市智慧城市网络安全监管监察支持系统，通过它提供的安全认证平台来提高信息系统登录、信息共享、信息传输等过程的安全。

依法履职护知产　能动司法助创新

——上海一中院二十载知识产权司法保护之路

随着知识经济时代的来临，科学技术上升为第一生产力，世界各国纷纷把知识产权保护制度作为推动技术创新、参与全球竞争的基本法律制度和重要政策手段。近二十年来，从加入 WTO 到创新型国家战略的确立，从国家知识产权战略纲要发布到系列司法解释与司法政策的明确，司法保护在我国知识产权战略体系中逐渐发挥主导作用。伴随着这一历程，上海一中院知识产权审判事业亦得以不断成长和发展。

一、知识产权审判概貌

上海市高中级人民法院知识产权审判庭于 1994 年 2 月同时成立，依法集中审理民事知识产权案件。1995 年 7 月，原上海市中级人民法院撤销，成立上海市第一、第二中级人民法院，上海一中院设立知识产权审判庭，审理辖区（浦东新区除外）一审民事知识产权案件及浦东新区法院的知识产权上诉案件。① 自 2010 年 1 月起，管辖范围扩至民事、刑事和行政知识产权案件。2011 年 4 月，上海市徐汇区、闵行区人民法院分别设立知识产权审判庭后，②上海一中院知识产权庭承担了更多的二审职能，一审案件管辖范围变更为专利、植物新品种、集成电路布图设计纠纷案件、涉及驰名商标认定纠纷案件、垄断纠纷案件以及标的额较大的其他类型知识产权案件。2014 年 12 月 28 日，上海知识产权法院成立，上海一中院不再受理新的民事、行政知识产权案件，保留刑事知识产权案件的管辖权。

---

① 上海市浦东新区人民法院于 1994 年 6 月设立知识产权审判庭，管辖浦东新区一审知识产权案件。

② 其中徐汇区人民法院知识产权审判庭管辖在徐汇区、松江区、金山区内的一审知识产权案件，闵行区人民法院知识产权审判庭管辖在闵行区、长宁区、奉贤区内的一审知识产权案件。

二十年间，上海一中院面对知识产权案件数量递增、审理难度加大、审判力量不足的局面，在高级法院的指导下，在历任院领导的带领下，始终坚持公正司法、为民司法，通过履行审判职能有效维护权利人合法权益和社会公共利益，妥善调节知识产权关系，严厉制裁侵犯知识产权违法犯罪行为，为“亚太知识产权中心城市”的创建及经济社会发展大局营造了良好的司法保护环境。在此过程中，也逐步建立了比较完善的专业化审判机构和审判机制，探索出适应知识产权审判需要的专业化审判方法，涌现出一批专家型审判人才，如“全国知识产权工作先进个人”孙爱民，“全国优秀法官”“全国三八红旗手”黎淑兰，“上海法院优秀共产党员”“2010年世博会知识产权保护专项行动先进个人”刘军华，“上海法院调研标兵”唐震、胡震远，“上海法院办案标兵”徐燕华等。知识产权庭也多次荣获“全国法院知识产权审判工作先进集体”“上海市新长征突击队”“上海市巾帼文明岗”“上海市市级机关系统先进党支部”“上海法院系统青年文明号”“迎世博600天行动优质服务贡献奖”等多项荣誉称号。

二、知识产权审判业绩

（一）精心审判，发挥典型案例示范作用

知识产权庭成立以来，共有6起案件入选《最高人民法院公报》；11起案件入选历年中国法院知识产权保护10大案件和50件典型案例；1起案件入选2013年度中国法院知识产权司法保护8起典型案例；1起案件入选2014年度人民法院十大民事案件；8篇裁判文书入选全国知识产权优秀裁判文书；8起案件入选历年上海法院知识产权司法保护十大案件（2012年首次评选）；在上海法院系统近五年“四个一百”评选活动中，18起案件分别被评为精品案例、优秀裁判文书和示范庭审。

典型案例的评选不仅是对上海一中院知识产权审判水平的肯定，更重要的是，通过发挥在先判决的示范作用在同类案件中明确法律适用尺度，以达成“同案同判”、适法统一。上述案件中，上海避风塘美食有限公司诉上海德荣唐美食有限公司不正当竞争纠纷案确定了知名服务特有名称的认定要件，划定了企业名称权合理使用的范围；北京精雕科技有限公司诉上海奈凯电子科技有限公司计算机软件著作权侵权纠纷案清晰界定了数据文件的属性以及恶意技术规避行为的内涵；翁立克诉上海浦东伊维燃油喷射有限公司职务发

明设计人报酬纠纷案树立了尊重科技人员创新积极性的正确导向；拉科斯特股份有限公司诉上海龙华服饰礼品市场经营管理有限公司侵犯商标专用权纠纷案确立了未尽注意义务的市场管理方对其商铺售假行为承担间接侵权责任的规则；大宇资讯股份有限公司与上海盛大网络发展有限公司商标侵权纠纷上诉案提出了商标合理使用的判定标准；王群诉上海世博会法国馆等侵犯发明专利权纠纷案则准确限定了专利权的保护范围，防止专利权不当扩张。这些案件在审理过程中社会影响较大、公众关注度较高，判决结果也获得普遍好评。

（二）善用新法，树立新型案件裁判标准

知识产权司法领域新情况、新问题层出不穷，相关法律法规的修订也较为频繁，对此，上海一中院知识产权庭尤其重视知识更新，及时学习掌握新法律法规，不畏难，敢争先，在充分调研的基础上谨慎下判，力图为新型案件的审理树立裁判标准。

在适用新法方面，知识产权庭创造了较多的全国“首例”判决，并在各地得到较广泛的认同。2011年4月，审结衣念（上海）时装贸易有限公司与浙江淘宝网络有限公司等侵犯注册商标专用权纠纷上诉案，该案系全国首例判决大型网络交易平台淘宝网承担帮助侵害商标权责任的案件，明确了网络经营者对网络商标侵权行为的注意义务，该判决所创设的责任认定规则被最高人民法院吸收进了司法解释。2013年7月，在美国礼来公司等诉黄孟炜侵害技术秘密纠纷案中准许原告的行为保全申请，该案系国内首例依据《民事诉讼法》在商业秘密诉讼中适用行为保全措施的案件。2014年1月，审结诺华（中国）生物医学研究有限公司与贺某申请行为保全案，该案系新《民事诉讼法》实施后全国首例诉前行为保全案件，也是上海一中院善用诉前临时措施、从源头上制止侵权的又一标志性案件。

近年来，随着计算机和通信技术的发展，利用新技术手段在虚拟世界侵权的判定并无明确适法标准，网络侵权成为法律适用的难点和热点，知识产权庭法官经过刻苦钻研，掌握了涉新技术案件的审理规律，所作判决既有利于技术发展，又打击了侵权行为，不让网络成为“法外之地。”2007年11月，在广东中凯文化发展有限公司诉广州数联软件技术有限公司等侵犯信息网络传播权纠纷案中首次判决利用P2P软件传播作品构成著作权侵权。2008年8月，在戈壁合伙人有限公司（Gobi Partners Inc.）等诉上海谷高数码科技有限公司等计算机网络域名及商业诋毁纠纷案中首次就域名侵权及相应的损害赔偿作出判决。2010 年 11 月，受理上海市首例社交游戏软件著作权侵权纠纷——上海你我信息服务有限公司诉上海恺英网络科技有限公司侵害计算机软件著作权纠纷案。

此外，知识产权庭法官也着眼于知识产权保护全球化的趋势，熟练掌握知识产权国际条约的理解与适用。1998 年 1 月，在日本国株式会社松下进公司诉上海界龙食品有限公司著作权纠纷案中首次适用《保护文学艺术作品伯尔尼公约》保护不在我国境内发表作品的著作权人的合法权益。2004 年 12 月，受理日本家族株式会社诉上海新华联大厦有限公司、台州中诚机电有限公司专利侵权纠纷案，此案系上海市首例依《专利合作条约》提出国际申请的专利临时保护案件，法院最终判决予以支持。

（三）以研促判，破解知识产权司法难题

知识产权审判实践发展的每一步都是理论创新推动的，而每一次理论创新也都来源于审判实践的需求。审判中不断涌现的新问题、疑难问题要求法官不仅要善于适用法律，还要具备较强的法学素养和理论研究能力。上海一中院知识产权庭自成立以来就立足于“研究型庭室”建设，重视审判调研，并进一步以调研成果指导审判实务。

一方面，对于全庭面临的共性问题和疑难复杂问题，组织课题小组进行长期调研。先后完成多项最高人民法院重点课题、上海高院报批课题，如最高人民法院 2009 年指定课题《反垄断行政执法与民事诉讼的协调与衔接》、最高人民法院 2010 年重点调研课题《信息网络传播权司法保护问题研究》、最高人民法院 2011 年重点调研课题《网络著作权司法保护问题研究》、上海高院 2010 年报批课题《外观设计专利司法保护问题研究》、上海高院 2011 年报批课题《特许经营合同纠纷的现状、问题及对策》、上海高院 2012 年报批调研课题《商标共存的理论基础与实践探索》，并附有司法解释或规范意见建议稿，以利于调研成果转化。其中 2 篇调研课题分别荣获首届全国知识产权优秀调研成果一等奖、二等奖。

另一方面，自 2009 年以来，知识产权庭每年定期出版一辑《知识产权司法前沿》，该书以上海一中院知识产权法官的司法实践、司法探索为载体，内容包括年度审判概况、精品案例、专题调研等，集中体现了法官们的司法经验、司法智慧和司法能力，成为社会各界了解上海一中院知识产权审判工作的重要窗口。每季度发布一期《一中知识产权审判》白皮书，传递知识产权审判最新资讯，并发送至条线领导、市知识产权局、市版权局、市工商局、

律师协会以及各大高校知识产权学院，得到业界好评。

此外，法官个人在办案之余也认真调研，先后在《知识产权》《法学》《法学杂志》《人民司法》《法律适用》等法学核心期刊上发表论文，多篇论文经中国人民大学《复印报刊资料》转载；在最高人民法院审判庭主办的《刑事审判参考》《知识产权审判指导》等条线指导刊物上也发表多篇调研文章、案例。胡震远法官、沈强法官还分别出版了《共同诉讼制度研究》《知识产权资本化研究》《TRIPs协议与商业秘密民事救济制度比较研究》等数本专著。

三、知识产权审判经验

（一）准确把握司法政策，指引法律适用正确方向

司法政策是特定时期国家宏观政策、内政外交政策和社会经济文化需求在司法审判领域的凝聚和体现。由于知识产权既缺乏物权所具有的天然的物理边界，又缺乏债权所具有的清晰的法律边界，在保护范围和保护强度方面，都存在政策上的考虑和利益上的衡平，存在弹性的法律空间，因此司法政策起到指导法律规则正确实施、确保法律适用正确方向的重要功能。上海一中院知识产权庭在依法履职的同时，坚持“加强保护、分门别类、宽严适度”的司法政策，当法律法规适用标准模糊或缺失时，则准确运用司法政策作出裁判。

1. 用好临时措施，降低维权成本

一方面，适用诉前证据保全程序，及时固定侵权证据。知识产权侵权证据具有隐蔽性强、易转移等特点，知识产权庭在司法实践中不断摸索，尝试灵活处理证据保全的标准，根据个案实际情况对证据保全的适用范围作有限度的扩张，这样既不过分打破当事人之间的攻防平衡，又弥补了现行证据制度的缺陷，有效缓解权利人因无法取证而面临的维权难题，从制度上降低维权成本。与此同时，注重民事诉讼的“武器平等”，防止程序滥用。证据保全系对已有证据的固定，而非对未知证据的搜查、调查，故对申请人无法确定具体证据存在的，以及无证据证明证据可能灭失或以后难以取得的，不予准许保全。

另一方面，积极并谨慎适用诉前禁令，及时制止侵权。诉前禁令是我国2001年实施的《专利法》新设的一项专利权保护机制，也是全面履行TRIPs协议关于对专利权人在诉前提供临时保护措施的必然要求，2012年《民事诉

讼法》修正后将其适用范围扩大至民事诉讼领域。对申请诉前禁令案件，把握积极并谨慎适用的原则，对于情况紧急、可能使申请人合法权益受到难以弥补的损害的案件，裁定准许诉前禁令；同时严格审查实施诉前禁令的要件，充分考虑保全措施的可行性、合理性和必要性，避免造成不应有的损失。如2012年6月，比利时必佳乐有限公司提起三起诉前禁令申请，法院在审查申请条件时，仔细核对专利证书、权利要求书、被控侵权产品照片等证据，并传唤申请人，经过全面考量，依法裁定准予申请并亲赴上海新国际展览中心协助执行。事后比利时驻沪领事送来锦旗和感谢信，表达对上海一中院专业水平的敬意。

2. 分门别类，注重利益平衡

知识产权本身的内容丰富性、种类多样性和特质差异性决定了司法实践中必须区分对待不同种类的权利。

在涉著作权案件的审理中，注重考量文化创造者、商业利用者和社会公众利益的协调，保护创作自由和合理借鉴。对于科学类作品著作权侵权案件，考虑其客观性、功能性较强，独创性表达空间相对狭窄的特点，合理认定作品的独创性，在侵权比对中将作品包含公有领域的内容予以剔除，并对作品的表达和所要实现的功能加以区分。如在美国微芯科技公司诉上海海尔集成电路有限公司著作权纠纷案中，对于原告主张的微程序作品侵权，法院认定，双方微控制器中功能雷同的指令均为通用指令，其本身已进入公有领域，且计算机程序所要实现的功能超出了著作权法保护的范畴，实现这些功能的方法和路径亦是著作权法意义上的思想，不应受到著作权法保护。在网络侵权纠纷中则注重把握权利人、网络服务提供者和社会公众利益三者的关系，厘清网络服务提供者过错认定的标准，准确适用避风港规则，兼顾保护著作权与促进信息产业发展。如在上海激动网络股份有限公司与上海全土豆网络科技有限公司等侵害作品信息网络传播权纠纷上诉案中，对于联合域名这一新型商业模式是否构成侵权问题，法院认定，全土豆公司已取得涉案电视剧的信息网络传播权，被控侵权视频的网络播放地址仅是传播路径的差异，并不影响涉案电视剧存储于全土豆公司服务器中的事实，至于擅自扩大传播范围属于是否违约问题，并不构成侵权。

在涉专利权案件的审理中，注重根据专利的创新程度、所属技术领域的特点和对经济社会发展的重要性等因素，合理确定专利权的保护范围。对于创新程度高、实用价值大、权利状态稳定的专利，通过权利要求解释、等同侵权适用等加强其保护力度；而对于权利稳定性差、创新程度较低的专利，则严格界定等同侵权，以防权利滥用，维护社会公众利益。对于功能性技术特征，结合说明书和附图描述的该功能的具体实施方式及其等同实施方式，确定该技术特征的内容。如果权利人未对具体实施方式进行充分公开、充分描述，则不予以保护，否则就导致专利的保护范围囊括了实现该功能的所有实施方式，阻碍了技术创新，与专利法的目的相悖。如在诺基亚公司诉上海华勤通讯技术有限公司侵害发明专利权纠纷案中，法院认为，原告“选择数据传送方法”发明专利权利要求保护的是一种功能性特征，其专利说明书没有对具体实施方式进行说明，因此判决驳回了原告的全部诉讼请求。

在涉商标案件的审理中，除考查涉案商标的注册情况外，还着重考虑商标自身的使用情况，通过案件裁判引导生产经营者使用、管理好商标。对于使用时间长、宣传力度大、社会知名度高的商标，其因良好使用产生了较强的显著性，甚至构成驰名商标，应加大其保护力度，对驰名商标予以跨类保护。而对于在同一市场上已客观并存、均具有一定影响、相关公众施以一定注意能够区分来源的商标，在审判实践中则以诚实信用原则、尊重历史原则为基础，以商标权利范围的确定和混淆理论为标准，综合案情允许商标共存，促进包容性增长。如在苏州市双马机电有限公司与上海双手机电有限公司侵害商标权纠纷上诉案中，对于上诉人注册商标“金灵 JINLING”和被上诉人在先使用有一定影响的未注册商标“JINLING 及图”之间的权利冲突，法院在综合考量历史背景、使用在先、恶意抢注等因素后，判决两者共存，收到良好的社会反响。

3. 加大保护力度，提高侵权代价

长期以来，知识产权侵权案件赔偿数额相对偏低，且存在裁判标准不统一的问题。为此，上海一中院知识产权庭在遵循现有法律规定的前提下，通过严密质证、科学审计、举证责任分配、合理行使自由裁量权等方式探索适当加大保护力度。如在钜泉光电科技（上海）股份有限公司诉深圳市锐能微科技有限公司等侵害集成电路布图设计专有权纠纷一案中，以被告网站宣称的销售数量为基础，综合考量全案其他因素，依法适用酌定赔偿，判决其赔偿原告经济损失及合理开支人民币 320 万元。在上海美术电影制片厂诉珠海天行者文化传播有限公司等侵犯著作财产权纠纷案中，考虑到被侵权的动画影片《大闹天宫》中的孙悟空人物形象知名度较高，市场价值较大，同时综合侵权人的主观过错、侵权方式、损害后果等因素判决侵权人赔偿权利人经济损失及合理开支 50 万元。在北京天盈九州网络技术有限公司与上海聚力传媒技术有限公司侵害作品信息网络传播权纠纷上诉案中，参照电视节目使用许可费确定权利人遭受的损失，将侵权人赔偿数额从一审判决的 591000 元调整为 1714900 元。

（二）积极探索机制创新，推进知产审判增效提能

为切实履行好知识产权审判职责，上海一中院知识产权庭不断加强司法能动性，以创新的思路保护创新，积极探索审判机制的改革和完善，有效拓展了知识产权司法保护的空间。

1.“三审合一”，实现知识产权立体保护

2010 年 1 月 26 日，上海一中院受理浦东新区人民检察院指控原审被告人刘彬、王莉犯销售侵权复制品罪上诉一案，3 月 4 日知识产权庭公开开庭审理，该案标志着上海一中院知识产权“三审合一”审判模式全面铺开。所谓“三审合一”，是指将民事、行政和刑事审判对知识产权的保护在一个审判庭内完成，凡涉知识产权的案件均交由知识产权庭集中审理，同时通过与刑庭、行政庭等相关部门建立协作配合工作机制，确保案件执法的统一性。

知识产权“三审合一”审判机制成功运作的关键在于有效整合内部审判资源。上海一中院知识产权庭针对“三审合一”模式的特点，理顺各部门之间的关系，加强协作沟通，完善审判流程。（1）组建跨庭审联会。对于刑事、行政案件，知识产权庭汇同刑二庭、行政庭组建跨业务庭的审判长联席会议制度，对法律适用问题充分研讨，有效发挥审联会集思广益、决策咨询的作用。（2）建立协作配合工作机制。知识产权庭定期或不定期就刑民、民行衔接中的难题与刑二庭、行政庭沟通交流，在提升知识产权案件审判质效、统一法律适用标准、实现知识产权“立体”保护方面颇见成效。

2. 借鉴“马克曼听证程序”，优化专利案件审理流程

权利人专利保护范围的确定是认定侵权与否的关键点之一，涉案专利权利要求书的解释也就成为专利侵权诉讼的核心。对此，知识产权庭借鉴美国“马克曼听证”制度，即将权利要求书的解释作为法律问题，由法官进行判断，而非一概交由技术专家决定；在正式开庭之前召开预备庭，要求双方就权利要求如何解释、进而权利要求的保护范围如何界定进行控辩，法官根据双方提供的证据来确定权利要求书中关键术语的含义。通过这一程序，一方面先行固定权利要求的保护范围，如此方能进行下一步技术比对，确保首次开庭和一次开庭的成功率；另一方面，部分案件经过该程序后，当事人对于被控侵权专利是否落入专利保护范围已然明确，促使双方达成和解或撤诉，节约司法资源。

3. 技术事实查明方式多元化，提高案件审判效率

由于知识产权案件涉及大量技术领域的专业知识，法官并非技术专家，在过去很长一段时期里只能采取委托鉴定的方式查明相关技术事实。2009年12月，上海高级法院成立“上海法院知识产权审判技术咨询专家库”，聘请电子、通信等领域62名知名专家担任知产审判的技术咨询专家。上海一中院知识产权庭通过选任这些技术专家为人民陪审员、请专家参与调解等方式，发挥专家作用，解决困扰审判的技术事实查明问题。除此之外，根据修正后《民事诉讼法》第79条的规定，当事人可以申请人民法院通知有专门知识的人出庭，就鉴定人作出的鉴定意见或者专业问题提出意见。知识产权庭据此引入专家辅助人技术听证制度，强化对鉴定意见的实质性质证，对于一般专业问题亦可通过该制度直接予以查明。在对技术事实查明路径的选择上优先使用专家咨询、当事人提供专家辅助人等方式，也避免了对鉴定的过分依赖，从而缩短审理周期，提高审判效率。

四、知识产权审判队伍建设

建院以来，上海一中院始终高度重视知识产权审判队伍建设，强化审判人员的政治纪律和工作责任，加大审判技能和专业知识培训力度，提高法官把握大局、庭审驾驭、文书制作、化解矛盾、拒腐防变等司法能力，努力打造一支信念坚定、司法为民、严格司法、公正廉洁的高素质法院队伍。

（一）组织多元化培训，不断夯实专业素养

司法裁判离不开对产业发展现状的了解，知识产权案件由于其特殊的专业性涉及较多复杂疑难的技术和法律问题，审理难度较大。对此，上海一中院结合知识产权案件特点和法官实际需求，有针对性地安排形式多样的培训。

一方面，坚持“走出去”和“请进来”相结合，提高破解新问题、疑难问题的法律适用能力。如知识产权庭积极派员参加“全国法院知识产权审判工作座谈会”“中国知识产权司法保护高端研讨会”“中国反垄断民事诉讼论坛”等学术会议并作交流发言；定期邀请资深法官、高校法学教授、相关技术领域专家专题授课；举办“网络产业发展与知识产权司法保护”研讨会等。

另一方面，建立跨业交流机制，培养多元化法律视野。自2010年起，上海法院与国家知识产权局专利复审委员会建立交流合作机制，双方每年互派人员开展工作交流；2014年上海一中院组织法官到上海自贸区管委会挂职锻

炼，提升了法官的综合素质。知识产权庭也不定期与工业和信息化部电信研究院知识产权中心、中国互联网协会、上海市创意产业协会等组织座谈，与复旦大学知识产权研究中心、华东政法大学知识产权学院开展学术合作，并带队赴淘宝、百度、腾讯、华为、中国商飞等大型公司考察，了解行业的最新发展动向，拓宽了法官的视野，有利于法官在案件审理中准确把握和判断相关技术问题。

（二）重视程序公正，提升庭审驾驭能力

开庭审理是审判活动的中心环节，庭审质量不仅关系到案件能否得到公正高效地处理，还影响到当事人及社会公众对司法能力、司法权威的认同和信任。为此，上海一中院知识产权庭采取多项措施努力提高法官的庭审控制和引导能力。（1）强化庭前程序功能，提高庭审效率。完善庭前与庭审程序分工及法官配置，法官通过召开预备庭组织当事人在正式开庭前交换证据，以固定证据、固定争点，保障庭审有序开展。（2）规范庭审流程，保障程序公正。强化法官在入庭退庭、法庭调查、证据质证、组织辩论以及法槌使用等各个环节中的规范意识，做到庭审严谨、流畅。（3）观摩优秀庭审，不断改进提高。组织全体法官观摩示范庭审录像，并安排年轻法官旁听资深法官庭审，提高年轻法官的庭审驾驭技巧及对当事人的说理劝解能力。（4）外部加压，以公开促公正。积极探索新途径让群众监督庭审，敦促法官提高庭审质量。1999 年 1 月 23 日，由知识产权庭公开开庭审理的乐山吉象人造林制品有限公司诉深圳森林王木业有限公司不正当竞争纠纷案在上海电视台第二套“案件聚焦”节目、上海人民广播电台 990 千赫兹“法庭内外”节目向全市进行了实况转播，此案系上海市首次现场直播庭审实况。2008 年 4 月 8 日，上海一中院携手东方网对罗斯蒙特公司（Rosemount Inc.）诉上海罗斯蒙特仪表股份有限公司侵犯商标专用权一案进行了网络视频直播。此次直播是上海法院系统首次采用无延时、与庭审同步的方式直播案件庭审。据第三方权威统计，该庭审直播过程中的页读数高达 90711 次。同时，在直播过程中，共有 111 位网民围绕庭审发表意见或提出问题，知识产权庭也充分发挥因特网的互动功能，组织法官在线以案说法，网民纷纷点“赞”。

（三）强化辩法析理，提高裁判文书制作能力

裁判文书是审理过程、办案思路、裁判结果的集中体现，是当事人诉讼的目标和“最终产品”，亦是衡量司法公正透明的关键因素。知识产权庭向来

重视裁判文书的质量管控，积极推进知识产权审判质量保证体系建设。（1）统一文书制作范式。通过召集全庭法官共同制定并不断完善《知识产权判决书制作要领》，就裁判文书的制作范式达成共识，并推广到辖区各基层法院知识产权庭，据此达成裁判思路和法律适用方法的统一，促进裁判过程的科学性，增强裁判文书的说理性，努力让双方当事人胜败皆明。（2）探索文书改革以提高判决透明度。2004年4月，启动知识产权裁判文书网上查询工作。2005年12月，首次尝试在广东美卡文化音像有限公司诉上海娱乐新干线唱片行发行权纠纷案件裁判文书中附署法律条文内容，帮助当事人充分理解判决的法律依据。2009年12月，首次尝试在胡韵玫诉施繁雄等涉外财产损害赔偿纠纷案判决书后附上涉案财产的彩色图片，以方便涉案财产的返还执行。（3）定期讲评以提高裁判文书制作水平。组织法官学习优秀裁判文书的文书结构、写作方法及其说理性、逻辑性，并结合上海法院“两评查”工作对裁判文书中的突出问题进行点评，通过正反对比，提高审判人员尤其是青年法官的裁判文书制作能力。

如今，随着司法改革的深化，知识产权诉讼的重心发生了转移。回顾二十载知识产权司法保护之路，可谓孜孜以求，幸不辱命。今后，上海一中院将再接再厉，为建设司法公正高效权威、权利人维权积极便捷、侵权人必受惩处、知识财富有序流转的司法保护环境继续奋斗。

案例回顾

【编者按】

上海一中院始终注重培育精品案件，建院20年来（1995年7月～2015年6月），共有4件案件入选最高人民法院指导性案例，28件案件入选《最高人民法院公报》案例。

上海存亮贸易有限公司诉蒋志东、王卫明等买卖合同纠纷案

最高人民法院指导案例9号

【案例要旨】

有限责任公司的股东、股份有限公司的董事和控股股东，应当依法在公司被吊销营业执照后履行清算义务，不能以其不是实际控制人或者未实际参加公司经营管理为由，免除清算义务。

【案情及裁判结果】

上海存亮贸易有限公司（以下简称存亮公司）诉称：其向常州拓恒机械设备有限公司（以下简称拓恒公司）供应钢材，拓恒公司尚欠货款1395228.6元。房恒福、蒋志东和王卫明为拓恒公司的股东，拓恒公司未年检，被工商部门吊销营业执照，至今未组织清算。因其怠于履行清算义务，导致公司财产流失、灭失，存亮公司的债权得不到清偿。根据《公司法》及相关司法解释规定，房恒福、蒋志东和王卫明应对拓恒公司的债务承担连带责任。故请求判令拓恒公司偿还存亮公司货款1395228.6元及违约金，房恒福、蒋志东和王卫明对拓恒公司的债务承担连带清偿责任。

上海市松江区人民法院认为：存亮公司按约供货后，拓恒公司未能按约付清货款，应当承担相应的付款责任及违约责任。房恒福、蒋志东和王卫明作为拓恒公司的股东，应在拓恒公司被吊销营业执照后及时组织清算。因房恒福、蒋志东和王卫明怠于履行清算义务，导致拓恒公司的主要财产、帐册等均已灭失，无法进行清算，房恒福、蒋志东和王卫明怠于履行清算义务的行为，违反了《公司法》及其司法解释的相关规定，应当对拓恒公司的债务承担连带清偿责任。拓恒公司作为有限责任公司，其全体股东在法律上应一体成为公司的清算义务人。《公司法》及其相关司法解释并未规定蒋志东、王卫明所辩称的例外条款，因此无论蒋志东、王卫明在拓恒公司中所占的股份为多少，是否实际参与了公司的经营管理，两人在拓恒公司被吊销营业执照

后，都有义务在法定期限内依法对拓恒公司进行清算。关于蒋志东、王卫明辩称拓恒公司在被吊销营业执照前已背负大量债务，即使其怠于履行清算义务，也与拓恒公司财产灭失之间没有关联性。根据查明的事实，拓恒公司在其他案件中因无财产可供执行被中止执行的情况，只能证明人民法院在执行中未查找到拓恒公司的财产，不能证明拓恒公司的财产在被吊销营业执照前已全部灭失。拓恒公司的三名股东怠于履行清算义务与拓恒公司的财产、帐册灭失之间具有因果联系，蒋志东、王卫明的该项抗辩理由不成立。蒋志东、王卫明委托律师进行清算的委托代理合同及律师的证明，仅能证明蒋志东、王卫明欲对拓恒公司进行清算，但事实上对拓恒公司的清算并未进行。据此，不能认定蒋志东、王卫明依法履行了清算义务，故对蒋志东、王卫明的该项抗辩理由不予采纳。

一审法院于2009年12月8日作出（2009）松民二（商）初字第1052号民事判决：一、拓恒公司偿付存亮公司货款1395228.6元及相应的违约金；二、房恒福、蒋志东和王卫明对拓恒公司的上述债务承担连带清偿责任。

宣判后，蒋志东、王卫明提出上诉。上海一中院于2010年9月1日作出（2010）沪一中民四（商）终字第1302号民事判决：驳回上诉，维持原判。

上海金纬机械制造有限公司申请执行瑞士瑞泰克公司案

最高人民法院指导案例37号

【案例要旨】

涉外仲裁裁决确定的债务人在我国境内既无住所也无财产的，我国法院对此类案件无执行管辖权；裁决确定的债务履行期限届满后，债权人发现债务人在我国境内有住所或可供执行的财产的，我国法院有管辖权；债权人申请我国法院执行的期限，自其发现或应当发现债务人在我国境内有住所或可供执行的财产时起算。

【案情及裁判结果】

金纬公司与瑞泰克公司之间的合同纠纷，中国国际经济贸易仲裁委员会于2006年9月18日作出（2006）贸仲京裁字第0340号裁决裁定：瑞泰克公司取回货物；退还金纬公司货款、定金等费用，折合人民币共计91万余元；双方不再履行编号为SHJWRETECH003101601合同的剩余内容；双方当事人应在裁决作出之日起三十日内履行义务。裁定生效后，瑞泰克公司未依裁定履行义务。因瑞泰克公司为瑞士籍公司，在我国境内既无住所也无可供执行的财产，金纬公司遂于2007年8月27日向瑞士兰茨堡（Lenzburg）法院提起诉讼，要求该院承认并执行前述仲裁裁决。2007年10月25日，瑞士兰茨堡法院以金纬公司提交的仲裁裁决书及翻译文件没有满足《承认及执行外国仲裁裁决公约》（以下简称《纽约公约》）就承认、执行会员国之间仲裁裁决的相关规定为由，认为不能开庭审理金纬公司提起的诉讼，未支持金纬公司的诉求。随后，金纬公司两次向瑞士兰茨堡法院递交了分别由瑞士当地翻译机构翻译的仲裁裁决书翻译件和由上海上外翻译公司翻译、上海市外事办公室、瑞士驻上海总领事认证的仲裁裁决书翻译件申请执行，仍被该院以仲裁裁决书翻译文件没有严格意义上符合《纽约公约》第4条关于“由公设或宣誓之翻译员或外交或领事人员认证”的规定为由驳回。2008年7月30日，金纬公司发现瑞泰克公司有一批生产设备在本市浦东新区参加展览，即于当日向上海一中院申请执行，因被执行人瑞泰克公司为外国法人，上海一中院在收到金纬公司申请后，考虑到其在国内参展的设备三天左右就会撤展并运回国内，遂于同日立案执行并查封、扣押了瑞泰克公司的参展设备。瑞泰克公司不服上海一中院的查封、扣押措施，随即提出了执行异议，上海一中院依法中止了执行。

上海一中院审理后认为，根据修正前的《民事诉讼法》第266条规定，我国涉外仲裁机构作出的发生法律效力的仲裁裁决，当事人请求执行的，如被执行人住所地或者其财产不在我国领域内的，应当直接向有管辖权的外国法院申请承认和执行。而修正前的《民事诉讼法》规定的六个月的申请执行期限针对的是被执行人或其财产在我国领域内的情形，对本案并不适用。2008年7月30日，金纬公司发现瑞泰克在我国领域内参加展览，有财产可供执行，即向上海一中院申请执行。金纬公司的申请执行期限理应从此时开始计算，并适用2008年4月1日开始施行的修正后的《民事诉讼法》第215条有关申请执行期间为二年的规定。因此，本案申请执行人向本院申请强制执行，并未超过法律规定的申请执行期限。据此，上海一中院裁定驳回被执行人瑞泰克公司提出的执行异议。

瑞泰克公司不服裁定，向上海高院申请复议。上海高院认为，我国涉外仲裁机构作出裁决后，一方当事人不履行仲裁裁决的，被执行人有可供执行的财产在我国领域内的，对方当事人可以向财产所在地的中级人民法院申请执行。涉外案件的申请执行期限，应当从发现被执行人可供执行财产之日起算。本案中，申请执行人向瑞士法院申请承认与执行仲裁裁决被驳回后，2008年7月30日发现被执行人在上海市有可供执行的财产，即向执行法院申请执行，应予准许。执行法院受理本案并依法执行，并无不当，故裁定驳回瑞泰克公司复议申请。

北京精雕科技有限公司诉上海奈凯电子科技有限公司侵害计算机软件著作权纠纷案

最高人民法院指导案例48号

【案例要旨】

计算机软件著作权人为实现软件与机器的捆绑销售，将软件运行的输出数据设定为特定文件格式，以限制其他竞争者的机器读取以该特定文件格式保存的数据，从而将其在软件上的竞争优势扩展到机器，不属于著作权法所规定的著作权人为保护其软件著作权而采取的技术措施。他人研发软件读取其设定的特定文件格式的，不构成侵害计算机软件著作权。

【案情及裁判结果】

原告精雕公司与2001年、2004年向国家版权局登记其为精雕雕刻软件JDPaint的原始著作权人。精雕公司的JDPaint软件输出的Eng文件是数据文件，采用Eng格式。2005年12月，被告奈凯公司推出的Ncstudio软件能够读取JDPaint软件输出的Eng文件，即Ncstudio软件与JDPaint软件所输出的Eng文件兼容。精雕公司认为奈凯公司非法破译Eng格式的加密措施，开发、销售能够读取Eng格式数据文件的数控系统，属于故意避开或者破坏原告为保护软件著作权而采取的技术措施的行为，使得其他数控雕刻机能够非法接收 Eng 文件，构成对精雕公司软件著作权的侵犯，故请求法院判令被告立即停止支持精雕 JDPaint 各种版本输出 Eng 格式的数控系统的开发、销售及其他侵权行为，公开赔礼道歉，并赔偿损失 485000 元。

上海一中院经审理后认为，Eng 文件是 JDPaint 软件在加工编程计算机上运行所生成的数据文件，该格式数据文件本身不是代码化指令序列、符号化指令序列、符号化语句序列，也无法通过计算机运行和执行，对 Eng 格式文件的破解行为本身也不会直接造成对 JDPaint 软件的非法复制。该文件所记录的数据并非原告精雕公司的 JDPaint 软件所固有，而是软件使用者输入雕刻加工信息而生成的，这些数据不属于 JDPaint 软件的著作权人精雕公司所有。因此，Eng 格式数据文件中包含的数据和文件格式均不属于 JDPaint 软件的程序组成部分，不属于计算机软件著作权的保护范围。此外，精雕公司对 JDPaint 输出文件采用 Eng 格式，旨在限定 JDPaint 软件只能在“精雕 CNC 雕刻系统”中使用，其根本目的和真实意图在于建立和巩固 JDPaint 软件与其雕刻机床之间的捆绑关系，这种行为不属于为保护软件著作权而采取的技术保护措施。所以，奈凯公司开发能够读取 JDPaint 软件输出的 Eng 格式文件的软件的行为，并不属于故意避开和破坏著作权人为保护软件著作权而采取的技术措施的行为。

上海市第一中级人民法院于 2006 年 9 月 20 日作出（2006）沪一中民五（知）初字第 134 号民事判决：驳回原告精雕公司的诉讼请求。宣判后，精雕公司提出上诉。上海市高级人民法院于 2006 年 12 月 13 日作出（2006）沪高民三（知）终字第 110 号民事判决：驳回上诉，维持原判。

阿卜杜勒·瓦希德诉中国东方航空股份有限公司航空旅客运输合同纠纷案

最高人民法院指导案例 51 号

【案例要旨】

对航空旅客运输实际承运人提起的诉讼，可以选择对实际承运人或缔约承运人提起诉讼，也可以同时对实际承运人和缔约承运人提起诉讼。被诉承运人申请追加另一方承运人参加诉讼的，法院可以根据案件的实际情况决定是否准许。当不可抗力造成航班延误，致使航空公司不能将换乘其他航班的旅客按时运抵目的地时，航空公司有义务及时向换乘的旅客明确告知到达目的地后是否提供转签服务，以及在不能提供转签服务时旅客如何办理旅行手续。航空公司未履行该项义务，给换乘旅客造成损失的，应当承担赔偿责任。航空公司在打折机票上注明“不得退票，不得转签”，只是限制购买打折机票的旅客由于自身原因而不得退票和转签，不能据此剥夺旅客在支付票款后享有的乘坐航班按时抵达目的地的权利。

【案情及裁判结果】

2004 年 12 月 29 日，阿卜杜勒购买了一张由香港国泰航空公司作为出票人的机票。机票列明的航程安排为：2004 年 12 月 31 日上午 11 点，上海起飞至香港，同日 16 点香港起飞至卡拉奇；上海与香港间的航程由中国东方航空股份有限公司（以下简称东方航空公司）实际承运机票背面条款注明，该合同应遵守华沙公约所指定的有关责任的规则和限制。该机票为打折票，机票上注明“不得退票、不得转签”。2004 年 12 月 31 日，东方航空公司的 MU703 航班因为天气原因延误，导致阿卜杜勒及其家属到达香港机场后未能赶上国泰航空公司飞卡拉奇的衔接航班。后阿卜杜勒及家属与东方航空公司交涉无果后，另行购买机票返还卡拉奇。阿卜杜勒认为，东方航空公司的航班延误，又拒绝重新安排航程，给自己造成了经济损失，遂提出诉讼，要求判令东方航空公司赔偿机票款和行李票款，并定期对外公布航班的正常率、旅客投诉率。

一审法院经审理后认为，2004 年 12 月 31 日的 MU703 航班由于天气原因的不可抗力造成延误，故其对延误本身无需承担责任。但东方航空公司没有采取一切必要的措施来避免因航班延误给旅客造成的损失，不应免责。阿卜杜勒迫于无奈自费购买其他航空公司的机票损失，东方航空公司应承担赔偿责任。此外，即使航空公司在打折机票上注明“不得退票，不得转签”，只是限制购买打折机票的旅客由于自身原因而不得退票和转签，并不能剥夺旅客在支付了票款后享有的乘坐航班按时抵达目的地的权利。

上海市浦东新区人民法院于 2005 年 12 月 21 日作出（2005）浦民一（民）初字第 12164 号民事判决：一、东方航空公司应在判决生效之日起十日内赔偿阿卜杜勒损失共计人民币 5863.60 元；二、驳回阿卜杜勒的其他诉讼请求。宣判后，东方航空公司提出上诉。上海市第一中级人民法院于 2006 年

2月24日作出（2006）沪一中民一（民）终字第609号民事判决：驳回上诉，维持原判。

威廉·平·陈走私案

《最高人民法院公报》1997年第1期

【案例要旨】

对走私废物行为应当依照全国人大常委会《关于惩治走私罪的补充规定》及相关司法解释以走私罪定罪处罚。虽身为单位负责人，但其行为并非以单位名义实施，且与单位其他主管人员的意思相悖，即单位负责人的犯罪行为主要体现了其个人意志的，不能认定为单位犯罪。对于走私的废物因证明文件缺乏而未能予以报关，或者虽已报关，但因证明文件缺乏海关未予放行的，只要是在海关监管现场查获的，就应认定为走私犯罪既遂。

【案情及裁判结果】

被告人威廉·平·陈于1995年7月1日至12月30日间，置中美合资上海统一纸业有限公司中方管理人员的多次反对于不顾，将16只集装箱计238吨“废纸”“混合纸”，先后5次用沱河轮、罗斯福总统轮、华盛顿总统轮、林肯总统轮从美国洛杉矶港、奥克兰港运抵我国上海市吴淞港和外高桥港。其中，运至吴淞港区的2只集装箱已向吴淞海关报关，因未取得国家环保局签发的准予进口证明，海关未予放行。运至外高桥港区的14只集装箱，由于无法取得环保机关准予进口的证明而未向海关报关。1996年5月，上海海关在清理各口岸滞留货物时，会同环保、商检机关对滞港未提的16只集装箱进行了开箱查验，发现箱内有大量污染环境的生活垃圾和少量医用废物，不符合我国环境保护要求，属于我国禁止进口的废物。经向“收货方”中国出口商品基地建设安徽公司和中国浙江畜产品进出口公司查询，发现是威廉·平·陈冒用上述公司的名义，实施进口废物的行为，继而从威廉·平·陈处查获了上述集装箱的4票提单副本、传真件及其他有关单据，威廉·平·陈也承认了16只集装箱是其进口的事实。

上海市第一中级人民法院经审理认为，被告人威廉·平·陈为逃避我国海关监管，违反我国海关法的规定，以冒用我国公司名义、假报货物名称的手段进口238吨我国禁止进口的废物，其行为构成走私罪，威廉·平·陈虽然是美国人，但是他在我国境内实施犯罪，触犯了中华人民共和国法律，应当受到我国刑法的处罚。据此，判决被告人威廉·平·陈犯走私罪，判处有期徒刑十年，罚金人民币50万元，并附加驱逐出境。后被告人不服一审判决，提起上诉。上海市高级人民法院认为，原判认定上诉人威廉·平·陈犯走私罪，事实清楚，证据确实、充分，适用法律正确，量刑适当，审判程序合法，故裁定驳回上诉，维持原判。

王利毅、张丽霞诉上海银河宾馆赔偿纠纷案

《最高人民法院公报》2001年第2期

【案例要旨】

旅客入住宾馆，双方当事人间为住宿合同关系。根据住宿合同的性质、目的和行业习惯，避免旅客人身、财产受到侵害，就成为此类合同的附随义务，住宿合同一经成立，合同的附随义务都随之产生并客观存在。如宾馆明确承诺将保证旅客人身财产安全的，是自愿将合同的附随义务上升为合同的主义务，更应当恪尽职守履行这一义务。

【案情及裁判结果】

1998年8月23日下午2时40分左右，王利毅、张丽霞之女王翰入住银河宾馆，下午4时40分左右在客房被犯罪分子全瑞宝（已被判死刑并执行）杀害，随身财物价值约28300元被劫走。事后查明，全瑞宝于当日下午2时零2分进入宾馆伺机作案，在按王翰所住客房门铃待开门后，即强行入室实施犯罪，并于下午4时52分离开宾馆。罪犯全瑞宝在选择犯罪对象的两个小时内，曾7次上下银河宾馆的电梯。期间，银河宾馆未对其作访客登记，且对其行踪也未能引起注意。被告制订的《银河宾馆质量承诺细则》放置于客房内，于1998年8月19日起实施，载明“24小时的保安巡视，确保您的人

身安全”字样。王利毅、张丽霞遂起诉银河宾馆，请求判令银河宾馆承认错误、赔礼道歉，赔偿经济损失 798860 元（其中包括王翰被抢劫财物损失、丧葬费、差旅费、住宿费、教育费、抚养费等项目），赔偿精神损失费 50 万元。

一审法院认为，（1）王翰入住被告银河宾馆期间遇害，是全瑞宝的加害行为所致，银河宾馆并非共同加害行为人。银河宾馆在管理工作中的过失，与王翰遇害没有法律上的因果关系。故王利毅、张丽霞要求银河宾馆承担侵权赔偿责任，没有法律依据。（2）王翰生前入住被告银河宾馆，其与银河宾馆之间为合同法律关系，应适用合同法律调整。银河宾馆承诺“24 小时的保安巡视，确保您的人身安全”，应予以兑现，否则应承担违约责任。银河宾馆在提供服务过程中虽有一定的违约过失，但王翰遇害毕竟系全瑞宝所为，故违约赔偿数额应参照本案的实际情况酌情而定。据此判决：被告上海银河宾馆于本判决生效之日起 10 日内给付原告王利毅、张丽霞赔偿费人民币 8 万元；驳回原告王利毅、张丽霞其他诉讼请求。

双方当事人不服一审判决，向上海一中院提起上诉。二审法院审理后认为：（1）王翰在宾馆内遇害，是全瑞宝犯罪的直接结果。银河宾馆与全瑞宝的犯罪行为既没有主观上的共同故意，又没有客观上的行为牵连，银河宾馆与全瑞宝不构成共同侵权，不应当承担侵权的民事责任。同时，本案王翰之死，并非由银河宾馆提供的服务直接造成，故不属于消费者权益保护法规定的情形。（2）宾馆与旅客之间的关系符合《民法通则》第 85 条的规定，是合同关系，应当适用合同法律规定来调整。根据住宿合同的性质、目的和行业习惯，避免旅客人身、财产受到侵害，就成为此类合同的附随义务，住宿合同一经成立，合同的附随义务都随之产生并客观存在。本案中，银河宾馆向旅客承诺“24 小时的保安巡视，确保您的人身安全”，是自愿将合同的附随义务上升为合同的主义务，更应当恪尽职守履行这一义务。但银河宾馆未在旅客住宿区配备负责接待的工作人员，罪犯全瑞宝出入王翰住宿区时，没有遇到工作人员，作案后从容逃脱，王翰的尸体在第二天才被发现。银河宾馆履行义务不符合合同约定，至使王翰陷入危险的环境，应当承担违约责任。同时，王翰未能充分了解和利用宾馆提供的安全设施，在履行合同附随义务中也有过失，可以酌减银河宾馆的违约赔偿数额。二审法院判决：驳回上诉，维持原判。

唐志华等五人贪污、职务侵占、企业人员受贿案

《最高人民法院公报》2002年第2期

【案例要旨】

无特定职务者可以与特定职务者构成职务犯罪的共犯，但是在处罚上应当考虑立法是否对特定职务者设置了特别的处罚原则而加以区别对待。立法对特定职务者设置了特别处罚原则的，说明立法已经对该特定职务进行了评价，对于不具备该特定职务者的处罚应当根据立法精神作相应调整。贪污罪与为亲友非法牟利罪的区别在于，为亲友非法牟利罪要求亲友必须客观上从事经营活动，牟取的利益属于利润的范畴，有一定的限度；而贪污罪对国有财产的侵犯则是直接的、不受限制的。在犯罪金额的计算上，应采取有利于被告人的原则，对于供货单位可能的让利数额不应当计算在犯罪金额内。

【案情及裁判结果】

被告人唐志华原为上海市东方造纸机械厂职工，其与上海印刷包装机械总公司（以下简称印包公司）原总经理陆忠信等人关系熟识。上海第三印刷机械厂（以下简称三印厂）是隶属于印包公司的国有企业，被告人张龙海、刘恺恺于1996年10月分别被印包公司任命为该厂的常务副厂长（主持工作）、副厂长；上海精工机械电器厂（以下简称精工厂）是印包公司与外方合资的企业上海紫光机械有限公司主管的集体企业，被告人邵先初、张勇于1995年12月分别被主管单位聘任为该厂的正、副厂长。1995年6月，被告人唐志华注册登记了以其法定代表人的私营企业上海宝强实业有限公司（以下简称宝强公司）。

被告人张龙海当上三印厂常务副厂长以后，利用主管该厂全面工作和分管进货采购的职务便利，与被告人唐志华共同指使三印厂在采购时，让供货单位在继续直接向三印厂供货的同时，改向宝强公司结算货款，再由唐志华加价后与三印厂结算，三印厂将货款直接付给宝强公司。自1997年1月至12月，供货单位给三印厂供货共计188.1万余元，而唐志华以宝强公司名义转手向三印厂

结算上述货物的货款共计274.4万余元。依据鉴定，唐志华和张龙海利用转开发票，使三印厂多支出货款合计77.7万余元，该款由唐志华占为己有。

1997年1至2月间，被告人唐志华以介绍他人帮助技术改造使三印厂获利为由，多次要求被告人张龙海、刘恺恺向其支付介绍费。自1997年2月至1999年10月中旬，张龙海、刘恺恺明知唐志华巧立名目要钱，仍利用职务上的便利，采用虚列支付宝强公司工程服务费、墙板加工费、技术咨询费等名义，先后8次从三印厂支出公款24.55万元给唐志华独吞。

被告人唐志华与被告人邵先初、张勇共谋，由邵、张利用主管和分管精工厂进货采购的职务便利，私自增设进货环节，让原有的供货单位在继续直接向精工厂供货的同时，改向唐志华的宝强公司结算货款，再由唐志华加价后与精工厂结算，精工厂直接给宝强公司付货款。从1995年12月至1999年12月，供货单位向精工厂供货共计652.6万余元，而唐志华以宝强公司名义转手向精工厂结算上述货物的货款共计967.8万余元。依据鉴定，唐志华、邵先初、张勇利用转开发票使精工厂多支出货款合计264.5万余元，该款由唐志华占为己有。

另外，被告人邵先初自1998年初至1999年9月间，利用担任精工厂厂长的职务便利，先后收受业务往来单位贿赂的2.15万元及金额为1800元的电子消费卡、金额为1500元的IC乘车证等财物，合计受贿2.48万元。

上海一中院一审认为，被告人唐志华、张龙海、刘恺恺、邵先初、张勇的行为分别构成贪污罪、职务侵占罪、企业人员受贿罪。唐志华贪污国有财产达100余万元，本应予以重处，考虑到贪污罪一般是国家工作人员才能构成的犯罪，刑法根据国家工作人员犯罪从重处罚的原则才对贪污罪规定了很重的刑罚，而唐志华并非国家工作人员，他是在得到国家工作人员的配合后才犯下此罪，因此对唐志华的贪污罪行，可以在法定量刑幅度内从轻处罚。邵先初、张勇、张龙海、刘恺恺虽然参与了共同犯罪，但在犯罪中未分得具体赃款，且在侦查机关未采取强制措施前就如实交代了自己的犯罪事实，应视为自首，依法对邵先初、张勇从轻处罚，对张龙海、刘恺恺减轻处罚。据此，一审法院对被告人唐志华、邵先初、张勇、张龙海、刘恺恺分别判处有期徒刑二十年至五年不等。一审宣判后，被告人唐志华、邵先初、张勇、刘恺恺不服，仍以宝强公司的获利来自供货单位的让利，三印厂应当支出技术服务费，他们的行为不构成犯罪等为由提出上诉。上海市高级人民法院二审认为，一审判决事实清楚、证据确凿，适用法律正确，量刑适当，审判程序合法，故裁定驳回上诉，维持原判。

彭学纯诉上海市工商局不履行法定职责纠纷案

《最高人民法院公报》2003年第5期

【案例要旨】

根据国家工商行政管理局、卫生部1993年发布的《医疗广告管理办法》[①]的规定，医疗广告是指医疗机构通过一定媒介或者形式，向社会或者公众宣传其运用科学技术诊疗疾病的活动。对于电视台播放的介绍某一医院及其医务人员的专题节目，可否认定为医疗广告，应当结合节目的具体内容和表现形式等因素进行综合判断。

【案情及裁判结果】

2000年8月16日，上海有线电视台播放了专题节目，该节目内容主要是介绍上海411医院院长章某等五位上海市新长征突击手的事迹。原告彭学纯于2000年12月向被告工商局投诉称，因为看了该节目，他妻子于2000年8月21日住进了411医院进行治疗，29天后死亡。彭学纯认为该节目系违法医疗广告，故要求工商局进行查处。对此，工商局口头答复该节目不属于广告，不同意立案查处。故彭学纯向上海市徐汇区人民法院提起行政诉讼，要求上海市工商局履行法定职责，查处上海有线电视台播出的违法医疗广告。

一审法院认为，根据国家工商行政管理局、卫生部1993年发布的《医疗广告管理办法》以及国家工商行政管理局2001年3月1日在工商广字（2001）第57号答复，该专题报道从形式上具备了上述规定认定医疗广告的基本特征，工商局对彭学纯的投诉应予以调查处理，并将处理结果告知其本人。一审法院判决：被告上海市工商行政管理局应于本判决生效之日起三个月内履行对上海有线电视台戏剧频道2000年8月16日播出的专题报道节目是否构成违法医疗广告进行调查处理的法定职责，并将结果告知原告彭学纯。

① 《医疗广告管理办法》已修改，自2007年1月1日起施行。因裁判文书时间效力问题，文书中涉及法律法规有变化的不再予以修改，保持原貌，以下不再标明。

后上海市工商局向上海一中院提出上诉，请求驳回彭学纯的诉讼请求。二审法院认为，根据广告法的规定，广告的管理和监督是工商行政管理部门的职责之一，因此认定有关节目是否构成广告、是否构成违法广告以及如何依法进行行政处罚，均属于工商行政管理部门的职责范围。从庭审播放的上海市有线电视台专题节目来看，尽管录制的光盘声音不清晰，但画面反映出节目中不仅有对411医院院长章某的事迹介绍，还有相当一部分内容是介绍其诊疗方法和疗效，画面上还三次出现411医院名称的特写镜头，该节目反映的信息既有医务人员工作事迹的介绍，又有医务人员医术和医疗专长的介绍，其宣传医院和医院服务的用意十分明显，有理由得出该节目属于医疗广告的结论。工商局以该节目不构成广告而不予查处的理由不成立。工商局虽然将不予立案查处的理由告诉了彭学纯本人，但由于工商局没有依法履行其法定的行政职责，未能够依法保护申请人的人身权和财产权，故原审判决认定工商局应对该节目进行查处，亦无不当，可予维持。二审法院判决：驳回上诉，维持原判。

避风塘公司诉德荣唐公司不正当竞争纠纷案

《最高人民法院公报》2004年第6期

【案例要旨】

根据《反不正当竞争法》第5条的规定，经营者不得以“擅自使用他人的企业名称或者姓名，引人误认为是他人的商品”的手段损害竞争对手。如果行为人的使用行为不会使消费者混淆对两家经营者的识别，或者产生两家经营者存在关联关系的误解，则不构成对其他经营者企业名称权的侵犯。餐饮业的经营者在经营活动中，使用餐饮行业内约定俗成的一种特色风味菜肴的名称为其服务说明的行为，是合理使用，其行为不会造成消费者对市场主体的误解，因此，不构成不正当竞争。

【案情及裁判结果】

原告上海避风塘美食有限公司（以下简称避风塘公司）于1998年9

月15日经工商行政管理部门注册登记成立，经营饭、菜、酒、点心、冷饮、咖啡堂吃等。避风塘公司的经营曾获得若干项荣誉，并被媒体报道。被告德荣唐公司于2001年1月8日注册登记成立，企业名称为："上海德荣唐美食有限公司"，经营饭、菜、饮料的堂吃、外卖、酒的堂饮等。经工商行政管理部门批准，自2002年8月13日开始，德荣唐公司在一楼和二楼的玻璃窗上，分别印有"避风塘畅饮""避风塘料理"等广告语；在菜单上方，印制"唐人街避风塘料理"字样；在设置的路标上，印制"唐人街餐厅避风塘"字样。原告诉称"避风塘"是本公司的名称。本公司使用"避风塘"进行对外宣传，在经营中十分注重广告投入，强化了"避风塘"作为品牌形象的作用，使"避风塘"成为上海地区餐饮服务行业中较为知名的服务名称。被告在其招牌、匾额、店堂餐桌以及广告上擅自使用"避风塘"字样，侵犯了本公司的企业名称权和知名服务特有名称权，是不正当竞争。请求判令被告立即停止侵权，公开向本公司赔礼道歉，消除影响，赔偿本公司的经济损失50万元。

一审法院上海一中院认为：（1）德荣唐公司的广告宣传中虽有"避风塘"一词，但未将该词作为本企业名称中的字号。德荣唐公司的使用行为，不会使消费者混淆对两家经营者的识别，或者产生两家经营者存在关联关系的误解。因此，避风塘公司指控德荣唐公司侵犯企业名称权，理由不能成立。并不侵犯避风塘公司的企业名称权。（2）"避风塘"一词不是避风塘公司创先使用，且该词已被餐饮行业经营者作为一种烹调方法及菜肴的代表名称广泛使用，故不能成为避风塘公司的餐饮服务与众不同的显著标志，避风塘公司无权禁止其他经营者使用"避风塘"一词。德荣唐公司使用"避风塘"一词，并不侵犯避风塘公司的知名服务特有名称权。（3）德荣唐公司在店堂布置和对外提供餐饮服务时，使用"避风塘料理"等文字进行广告宣传，意在向消费者说明其菜肴的风味，不是对其菜肴的质量、制作成分、性能、用途、生产者、有效期限、产地等作引人误解的虚假宣传，并不构成虚假宣传的不正当竞争行为。法院不予支持原告诉讼请求。二审法院判决：驳回上诉，维持原判。

上海市奉贤区人民检察院诉陈恩等人损害商品声誉案

《最高人民法院公报》2004 年第 6 期

【案例要旨】

损害商业信誉、商品声誉罪是我国 1997 年修订后的《刑法》新设的罪名，本案是上海一中院受理的首例损害商品声誉的刑事案件，与一般同行业竞争者之间发生的损害商品声誉案件不同，本案是一起由消费者与媒体从业人员共同实施犯罪的新类型案件。行为人为诋毁他人商品声誉，故意歪曲事实，在公共场所砸毁他人商品，对他人的生产经营活动造成重大损失的，构成损害商品声誉罪。

【案情及裁判结果】

2001 年 4 月，被告人陈恩购买 84 台双菱空调器。同年 11 月，陈恩一方以空调器存在质量问题为由，向上海双菱空调器制造有限公司投诉，双菱公司即派员赴连云港进行检测和协商。协商过程中，陈恩认为上述空调器质量低劣，要求双菱公司赔偿；双菱公司则认为空调器总体质量没有问题，双方未达成一致意见。后陈恩一方委托连云港市环境监测中心站对空调进行噪声监测，三个监测点的噪声均超过标准，但监测结论未确定噪声成因是由于空调本身的质量问题还是安装位置问题。此后，陈恩一方又通过连云港质量技术监督局委托，先后将两台双菱空调器自行送往江苏省产品质量监督检验中心所检验。该中心出具检验报告，载明其中一台噪声不合格。事后查证，该检验过程存在鉴定人员私下收受陈恩钱款以及送检程序违规等问题。同年 12 月 28 日和 2002 年 1 月 14 日，同案被告人《南京晨报》记者钱广如先后两次在江苏省南京市的报纸上刊登两篇宣传双菱空调存在批量质量问题的新闻报道，并收受陈恩等人给予的 4000 元。此后，报社领导通知钱不得再继续报道此事，但钱在得知陈恩等人欲砸毁空调事件后，又向陈恩等人承诺由其通知新闻媒体到场采访报道，并具体策划了诋毁双菱空调的宣传标语、还向陈恩等人提议让过路群众砸毁空调等，并就此又索取了8000元。2002年3月至5月期间，陈恩、金月根、金家祥则在没有明确空调噪声成因的情况下，故意混淆个别空调质量问题与双菱空调整体品质，持前述现场监理记录和检验报告，先后在南京市中山东路太平北路路口、上海市轻轨明珠线镇坪路站附近、南京市乐富来广场等地打出由钱广如策划的“双菱空调，质量低劣，投诉无门，砸毁有理”等宣传语，当众砸毁壁挂式双菱空调三台，钱广如则负责联系媒体报道该事件。上述事件发生后，多家媒体分别作了报道或转载，直接导致双菱公司的商品声誉受损，造成众多商家质疑、被迫终止、变更销售合同并退回空调，使双菱空调销售量下滑。经审计，造成退货产品可销售毛利损失为人民币576091.97元，损失重大；且在全国范围内造成了恶劣的影响，情节严重。一审法院以损害商品声誉罪分别判处被告人陈恩有期徒刑一年，并处罚金人民币三万元；各判处被告人金月根、金家祥、钱广如罚金人民币三万元。四名原审被告人均不服，上诉至上海一中院。陈恩上诉称，双菱空调的确存在质量问题，对上海市产品质量监督检验所的鉴定程序及结论均不能认同，其行为不构成犯罪。金月根和金家祥上诉均称，双菱空调确实存在质量问题，其行为不属于捏造和散布双菱空调质量低劣的行为。钱广如上诉提出，其主观上没有损害双菱空调商品声誉的犯罪故意，而且《南京晨报》的领导也没有要求其中止报道。

上海一中院经二审审理认为，上诉人陈恩、金月根、金家祥、钱广如故意捏造并散布双菱空调质量低劣的虚伪事实，对双菱空调的商品声誉进行损害，给双菱公司造成重大经济损失，影响恶劣，情节严重，其行为均已构成损害商品声誉罪，依法应当判处二年以下有期徒刑或者拘役，并处或单处罚金。原审法院根据各上诉人犯罪的事实、情节和对社会的危害程度，以及在共同犯罪中的情节与作用，依法作出的判决并无不当，且审判程序合法。据此，上海一中院依法裁定驳回上诉、维持原判。

吴卫明诉上海花旗银行储蓄合同纠纷案

《最高人民法院公报》2005 年第 9 期

【案例要旨】

在案件审理时，对于外资金融机构是否可以对小额储蓄帐户收取管理费的问题，我国法律、法规并未作出明确规定。在缺乏明确禁止规定的情况下，不能简单地认为外资金融机构的行为违法。外资金融机构在对小额储户收取管理费前，尽到必要告知义务，且不存在恶意进行磋商或者将其意志强加给对方当事人的，可以认为其没有违反诚实信用原则。

【案情及裁判结果】

原审法院查明，2002 年 3 月 29 日，花旗银行经中国人民银行及国家工商行政管理总局批准，经营吸收公众存款的外汇业务，对日平均总存款额低于 5000 美元的客户每月收取服务费人民币 50 元或 6 美元；日平均总存款额不低于或等值于 5000 美元的，免收月服务费，众多媒体对此进行了报道。4 月 4 日，花旗银行将含上述收费内容的《花旗银行个人银行服务报告》报中国人民银行上海分行，该分行于 4 月 28 日确认收到。4 月 8 日下午，吴卫明前往花旗银行浦西支行，与花旗银行理财顾问洽谈个人外汇存款业务，但未办理存款业务，往返路程共支付车费人民币 34 元。吴卫明认为，商业银行为社会公众提供储蓄服务是其法定义务，银行从事储蓄业务是对社会不特定公众的要约，储户持币开户已构成承诺，银行无权限制储户储蓄的权利。花旗银行的收取服务费的作法剥夺了吴卫明对金融服务的选择权，应承担缔约过失责任，花期银行对小储户的歧视，给吴卫明造成了一定的心理伤害。

原审法院认为，（1）商业银行在与客户的业务往来中，依法应当遵循平等、自愿、公平和诚实信用的原则。同样，商业银行作为企业，必然以效益性、安全性、流动性为经营原则，实行自主经营，不受任何单位和个人的干涉。（2）花旗银行对综合户口用户按统一标准收取服务费，众多媒体进行了广泛报道，吴卫明作为一名关心社会热点问题的法律专业人员，应当了解明知相关标准。花旗银行对吴卫明适用的收费标准与事先已公知的收费标准相同，故吴卫明关于花旗银行违反诚实信用原则的主张，缺乏事实及法律依据。花旗银行对综合户口用户收取服务费的行为，也不构成对吴卫明个人人格的歧视，且花旗银行并非办理外币存款业务的唯一金融机构，与吴卫明间并不存在缔结储蓄存款合同的强制义务。（3）中国人民银行对小额存款能否收取服务费尚无规定，花旗银行的收费标准是否适宜，应当由金融主管部门作出规定。原审法院判决：对吴卫明的诉讼请求不予支持。

原审法院判决后，吴卫明不服，上诉于上海一中院。二审法院审理后认为：（1）花旗银行在对小额存款收取管理费前，通过众多媒体广泛报道，已尽其必要的告知义务。无证据证明花旗银行对吴为明故意隐瞒或虚假陈述相关信息的行为。同时，吴卫明在接受花旗银行的咨询服务后也应对该情况详细了解，其可以自主确定是否与花旗银行建立储蓄存款合同关系。故吴卫明认为花旗银行对小额存款客户收取管理费的行为违反了诚实信用原则的主张，缺乏事实依据。（2）本案双方系争的收费，是花旗银行对小额存款客户收取的帐户管理费。根据《外资金融机构管理条例》，花旗银行的业务范围应由中国人民银行批准，但可按照规定确定手续费率。由于中国人民银行就对小额存款客户收取帐户管理费的做法，尚未明确规定，故吴卫明认为花旗银行的行为违法，尚无法律依据。二审法院判决：驳回上诉，维持原判。

阿卜杜勒·瓦希德诉东方航空公司国际航空旅客运输合同纠纷案

《最高人民法院公报》2006年第10期

【案例要旨】

在国际航空旅客运输案中，如出发地及目的地所在国均加入同一个国际航空条约的，应当按条约规定处理案件纠纷。根据《瓜达拉哈拉公约》规定，航空缔约承运人应当就整个航空运输活动负责，实际承运人应当就其负责的运输活动负责，两者就实际承运人负责的运输活动承担连带责任。航空承运人应当就旅客的航空迟延损失承担过错推定责任。

【案情及裁判结果】

2004年12月29日，阿卜杜勒·瓦希德购买了由国泰航空公司作为出票人的联程机票，预定于同月31日在上海乘坐东方航空公司MU703航班飞往香港，当日下午于香港乘坐国泰航空公司的衔接航班飞往巴基斯坦卡拉奇。出发当日，MU703航班因上海天气原因延误，阿卜杜勒·瓦希德在上海候机时意识到可能错过香港衔接航班，多次向东方航空公司询问处理方式，东方航空公司表示将帮助解决。阿卜杜勒·瓦希德乘坐涉案航班飞往香港后，东方航空公司未帮助其搭乘衔接航班。阿卜杜勒·瓦希德另行购买了机票飞往卡拉奇，支出机票款4721港元、行李票款759港元，共计5480港元。阿卜杜勒·瓦希德起诉要求东方航空公司赔偿其购买机票损失5480港元，并定期对外公布航班正常率、旅客投诉率。

一审法院审理后认为：(1) 阿卜杜勒·瓦希德向国泰航空公司购买了联程机票，国泰航空公司为整个航空运输的缔约承运人，东方航空公司为中国上海至香港运输段的实际承运人，因中国上海至香港运输段发生延误，阿卜杜勒·瓦希德有权依据《瓜达拉哈拉公约》第7条规定，选择向国泰航空公司或东方航空公司主张赔偿。(2) 涉案航班虽因天气原因延误，但东方航空公司未告知阿卜杜勒·瓦希德可能错过香港衔接航班的风险，导致其自费购买机票并遭受经济损失。东方航空公司在航班延误中没有采取一切必要措施避免旅客损失，依据《1955年海牙议定书》第19条、第20条规定，应承担损害赔偿责任。(3) 阿卜杜勒·瓦希德的其他诉讼请求与其遭受的延误损失无直接关系，法院不予支持。故原审法院判决东方航空公司赔偿阿卜杜勒·瓦希德损失人民币5863.6元，并驳回其他诉讼请求。

一审判决后，东方航空公司不服，并向上海一中院提出上诉。二审法院审理后认为，涉案航班发生延误后，东方航空公司未告知阿卜杜勒·瓦希德继续飞往香港的可能风险，反而承诺将帮助其搭乘衔接航班，导致阿卜杜勒·瓦希德另行购买机票的经济损失，故东方航空公司没有采取一切必要措施避免旅客的延误损失，理应承担赔偿责任。二审法院判决驳回上诉，维持原判。

北京精雕科技有限公司诉上海奈凯电子科技有限公司侵害计算机软件著作权纠纷案

《最高人民法院公报》2007年第12期

【案例要旨】

根据《计算机软件保护条例》第24条第（3）项的规定，故意避开或者破坏著作权人为保护其软件著作权而采取的技术措施的，应当属于侵犯计算机软件著作权的行为。软件所输出的数据文件，主要作用在于完成数据交换，并非为保护软件著作权而采取的技术措施，对数据文件进行破解也不会直接造成对软件本身的非法复制。因此，破解他人软件所输出的数据文件，不属于侵犯计算机软件著作权的行为。

【案情及裁判结果】

原告北京精雕科技有限公司（以下简称精雕公司）自主开发了精雕CNC雕刻系统，该系统由精雕雕刻CAD/CAM软件（JDPaint软件）、精雕数控系统、机械本体三大部分组成。该系统的使用通过两台计算机完成，一台是加工编程计算机，另一台是数控控制计算机。两台计算机运行两个不同的程序需要相互交换数据，即通过数据文件进行。具体是：JDPaint软件通过加工编程计算机运行生成Eng格式的数据文件，再由运行于数控控制计算机上的控制软件接收该数据文件，将其变成加工指令。原告对上述JDPaint软件享有著作权，该软件不公开对外销售，只配备在原告自主生产的数控雕刻机上使用。2006年初，原告发现被告上海奈凯电子科技有限公司（以下简称奈凯公司）在其网站上大力宣传其开发的NC－1000雕铣机数控系统全面支持精雕各种版本的Eng文件。被告上述数控系统中的Ncstudio软件能够读取JDPaint软件输出的Eng格式数据文件，而原告对Eng格式采取了加密措施。被告非法破译Eng格式的加密措施，开发、销售能够读取Eng格式数据文件的数控系统，属于故意避开或者破坏原告为保护软件著作权而采取的技术措施的行为，构成对原告软件著作权的侵犯。被告的行为使得其他数控雕刻机能够非法接收 Eng 文件，导致原告精雕雕刻机销量减少，造成经济损失。故请求法院判令被告立即停止支持精雕 JDPaint 各种版本输出 Eng 格式的数控系统的开发、销售及其他侵权行为，公开赔礼道歉，并赔偿损失 485000 元。

一审法院上海一中院认为：（1）Eng 文件所记录的数据并非原告精雕公司的 JDPaint 软件所固有，而是软件使用者输入雕刻加工信息而生成的，这些数据不属于 JDPaint 软件的著作权人精雕公司所有。因此，Eng 格式数据文件中包含的数据和文件格式均不属于 JDPaint 软件的程序组成部分，不属于计算机软件著作权的保护范围。（2）精雕公司在本案中采取的技术措施，不是为保护 JDPaint 软件著作权而采取的技术措施，而是为获取著作权利益之外利益而采取的技术措施。因此，精雕公司采取的技术措施不属于《著作权法》《计算机软件保护条例》所规定著作权人为保护其软件著作权而采取的技术措施，奈凯公司开发能够读取 JDPaint 软件输出的 Eng 格式文件的软件的行为，并不属于故意避开和破坏著作权人为保护软件著作权而采取的技术措施的行为。故法院驳回原告诉讼请求。二审法院判决：驳回上诉，维持原判。

陈伟诉广东省机场管理集团公司、广州白云国际机场股份有限公司、上海证券交易所侵权纠纷案

《最高人民法院公报》2008 年第 12 期

【案例要旨】

权证属证券衍生品种。权证交易信息的发布和披露与证券法规定的涉及公司财务状况、股权结构以及高级管理人员变动等上市公司重大事项的信息披露不同，应由权证发行人承担相关的信息披露义务。投资人应在充分了解权证交易规则和各种风险的基础上进行权证交易。在发行人尽到了权证信息公布的披露义务、证券交易机构尽到了监管义务的前提下，投资人一旦根据自主决定进行权证买卖交易，在享有权证交易可能带来收益的同时，也应承担可能出现的风险。投资人因主观上疏忽没有关注重要信息，或者没有充分

了解权证的有关交易规则，在进行交易行为时产生亏损的，应由投资人自行承担。

【案情及裁判结果】

2005年12月13日，被告广东机场集团作为发行人，发布《广东省机场管理集团公司关于广州白云国际机场股份有限公司人民币普通股股票之认沽权证上市公告书》。2006年3月20日，被告广东机场集团发布《广东省机场管理集团公司关于“机场JTP1”权证行权的提示公告》，第10条载明：权证交易期间为2005年12月23日起至2006年12月15日，权证存续期满前5个交易日，权证终止交易，但可以行权。2006年12月13日，被告广东机场集团发布《广东省机场管理集团公司关于“机场JTP1”认沽权证终止行权第一次提示性公告》，第2条载明：根据《上海证券交易所权证管理暂行办法》（以下简称《权证管理办法》）规定，权证存续期满前5个交易日终止交易，“机场JTP1”认沽权证的最后交易日为2006年12月15日（星期五）。12月14日，被告广东机场集团再次发布《广东省机场管理集团公司关于“机场JTP1”认沽权证终止上市提示性公告》，第1条载明：权证存续期满前5个交易日终止交易，“机场JTP1”认沽权证的最后交易日为2006年12月15日，从2006年12月18日起停止交易。

原告陈伟于2006年12月15日，合计买入63600份，合计卖出20000份，收盘余额计43600份，总值为人民币13734元。中国证券登记结算有限责任公司提供的历史成交记录显示，陈伟自2005年11月起开始从事相关权证交易，对“机场JTP1”的交易始于2006年4月20日起，并持续至2006年12月15日最后交易日。

一审法院认为，本案涉讼的权证属证券衍生品种，系争的公告内容亦属权证交易规则所确定的提示性信息披露，故本案不适用《最高人民法院关于审理证券市场因虚假陈述引发的民事赔偿案件的若干规定》中的前置程序，原告起诉应予受理。被告广东机场集团（权证发行人）作为“机场JTP1”的发行人，应当为信息披露的义务主体并应当严格履行相关的信息披露义务。现被告广东机场集团举证的八份公告，均属于“机场JTP1”发行、上市、交易、行权过程中应当披露的信息，且公告的格式、内容、时点、方式亦均符合法定要件。被告白云机场（标的证券上市公司）并非信息披露的义务主体。且权证信息亦不属于上市公司应当披露的法定事项。被告上海证券交易所（权证发行、交易的监管人）在制定权证交易规则、向交易所会员及投资者揭示权证交易风险等方面均符合法定程序，且在其法定监管职责内亦不存在过错。现原告陈伟将投资权证的损失归责于“机场 JTP1”的最后交易日不确定、权证信息披露的不准确、交易规则制定的不完善，显然事实依据不足，其请求赔偿损失有悖于公平公正、风险自负的证券交易原则。综上，原告提起的侵权赔偿之诉不能成立。一审法院判决：驳回原告陈伟的诉讼请求。

后陈伟提出上诉称，请求依法改判，支持一审诉请。二审法院认为，在发行人尽到了权证信息公布的披露义务、证券交易机构尽到了监管义务的前提下，投资人根据自主决定进行权证买卖交易，因为疏忽大意没有发现重要信息，或者没有充分了解权证的有关交易规则，在进行交易行为时产生亏损的，应由投资人自行承担。故二审法院判决：驳回上诉，维持原判。

西安奥克自动化仪表有限公司诉上海辉博自动化仪表有限公司请求确认不侵犯专利权及上海辉博自动化仪表有限公司反诉西安奥克自动化仪表有限公司专利侵权纠纷案

《最高人民法院公报》2008 年第 12 期

【案例要旨】

判断被控侵权产品或方法是否侵犯发明专利权，应当将被控侵权产品或方法的技术特征与发明专利权利要求的技术特征进行比较。如果被控侵权产品或方法包含与专利权利要求的全部技术特征相同的技术特征，或者被控侵权产品或方法的某个或某些技术特征虽与专利权利要求的对应技术特征不同但构成等同，则被控侵权产品或方法构成专利侵权，否则不构成专利侵权。

【案情及裁判结果】

2003 年 3 月 14 日，案外人郭云昌向中华人民共和国国家知识产权局申请名为“利用 7 射线测量物位的方法”的发明专利，发明人为郭云昌、陈群英、宋东风，同年 8 月 27 日公开，2005 年 4 月 20 日授权公告，专利号为 ZL03115824.2。2005 年 9 月 30 日，该专利权依法转移给被告辉博公司。2006 年 4 月 20 日，原告奥克公司与案外人天洁公司签订了一份《工矿产品购销合同》，约定由奥克公司向天洁公司提供规格型号为MRD-AZY的无放射源核料位计104套。2006年11月7日，被告辉博公司向案外人裕中公司发出侵权警告函，称发现给裕中公司提供电除尘设备的成套商在其灰斗料位测量上未经授权采用辉博公司的上述发明专利，严重损害了辉博公司的合法权益。2007年1月31日，裕中公司向天洁公司发出传真函，称裕中公司订购天洁公司的电除尘器，其中安装有奥克公司的40台核料位计，辉博公司来函指出裕中公司作为使用方侵犯了辉博公司的专利，裕中公司向天洁公司反映后，天洁公司及配套厂家奥克公司作了回应，但裕中公司认为上述回应并没有阻止也没有给出充分的法律依据使裕中公司不受辉博公司的指责，故要求天洁公司立即与相关方协商，在专利权纠纷解决之前，要求合法专利权人出具书面证书，同意裕中公司继续使用该有专利权的料位计，并不承担任何相关责任，如果不能做到以上要求，天洁公司应向裕中公司提供没有专利权纠纷的替代产品供裕中公司使用。奥克公司请求确认不侵犯专利权纠纷，向上海市第一中级人民法院提起诉讼。辉博公司反诉奥克公司专利侵权。

一审法院上海市第一中级人民法院认为：根据本案查明的事实，被告辉博公司的名称为“利用γ射线测量物位的方法”的发明专利权合法有效，依法应当受到法律保护。《专利法》[①] 第56条第1款规定：“发明或者实用新型专利权的保护范围以其权利要求的内容为准，说明书及附图可以用于解释权利要求。”辉博公司的名称为“利用γ射线测量物位的方法”的发明权利要求的内容为：一种利用γ射线测量物位的方法。根据科服中心出具的鉴定结论，原告奥克公司生产、销售的MRD-AZY无放射源核料位计所使用的测量物位的方法与辉博公司的上述发明专利是基于相同的利用γ射线测量物位的原理，但采用了不同的技术方案实现对物料的非接触式测量。因为利用γ射线测量物位的原理属于公知技术范畴，人人皆可自由使用，而奥克公司核料位计产品实现对物料的非接触式测量的技术方案与辉博公司的方法专利不同，故奥克公司生产、销售的MRD-AZY无放射源核料位计所使用的测量物位的方法并未侵犯辉博公司发明专利权。故法院确认未发生专利侵权；驳回被告反诉。二审法院判决：驳回上诉，维持原判。

① 《专利法》于2008年12月27日进行修改，自2009年10月1日起施行。因裁判文书时间效力问题，文书中出现法律法规变化的，不再修改，保持原貌，以下不再标明。

翁立克诉上海浦东伊维燃油喷射有限公司等职务发明设计人报酬案

《最高人民法院公报》2009年第7期

【案例要旨】

职务发明，是指企业、事业单位、社会团体、国家机关的工作人员执行本单位的任务或者主要是利用本单位的物质条件所完成的发明创造。根据《专利法》的相关规定，职务发明申请专利的权利属于单位，申请被批准后，该单位为专利权人；发明创造专利实施后，根据其推广应用的范围和取得的经济效益，单位应当对发明人或者设计人给予合理的报酬。根据《专利法》第47条之规定，宣告无效的专利权视为自始即不存在。但是，宣告专利权无效的决定，对已经履行的专利实施许可合同，不具有追溯力。据此，职务发明的专利权人在专利权被宣告无效之前所收取的许可使用费无需退还，故其仍然应该向职务发明设计人支付合理的报酬。综上，专利权被宣告无效后，不能当然免除专利权人向职务发明设计人支付报酬的义务。

【案情及裁判结果】

原告翁立克在上海浦东伊维燃油喷射有限公司（以下简称伊维公司）任职期间，先后研发完成了“PTN型喷油泵总成”和“PE型喷油泵总成”科技成果，其中含有“喷油泵挺柱体滚轮锁簧装置”“矩形截面柱塞弹簧喷油泵”2项职务发明。2001年4月17日，伊维公司的母公司上海柴油机股份有限公司（以下简称上柴公司）向中华人民共和国国家知识产权局申请了专利并于次年1月23日获得授权。2003年11月1日，上柴公司与伊维公司签订合同将涉讼专利无偿转让给伊维公司。2003年11月4日，伊维公司与案外人上海电装燃油喷射有限公司（以下简称电装公司）签订了《P7.PE型柴油喷射泵技术转让协议》，该协议所涉P7型柴油喷射泵技术中应用了1项专利“喷油泵挺柱体滚轮锁簧装置”，PE型柴油喷射泵技术中应用了涉讼的2项专利。电装公司根据上述协议应向伊维公司支付人民币

250万元的入门费和产品净售价4%的技术提成费。至2005年12月31日，电装公司已支付了“P7型柴油喷射泵技术”提成费人民币598万余元，以及“PE型柴油喷射泵技术”入门费人民币250万元和提成费人民币1090万余元。此外，伊维公司还自行生产、销售过程中使用了涉讼专利的相关产品。原告认为，其系“P7N型喷油泵总成”和“PE型喷油泵总成”科技成果的第一完成人和主要贡献者，也是“喷油泵挺柱体滚轮锁簧装置”和“矩形截面柱塞弹簧喷油泵”的唯一发明人，其享有职务报酬权益，故请求法院判令两被告向原告支付截至2007年4月的两项职务发明创造专利许可使用费之职务报酬人民币200万元。

一审法院上海市第一中级人民法院认为：原告翁立克是“喷油泵挺柱体滚轮锁簧装置”和“矩形截面柱塞弹簧喷油泵”实用新型专利的设计人，有权就该两项职务发明创造主张合理的报酬。被告伊维公司许可案外人电装公司实施上述专利收取了使用费，应从中提取一定比例作为报酬支付给原告。至于被告上柴公司是否应承担连带责任，一方面上柴公司于2003年11月1日与伊维公司签订协议将涉讼专利无偿转让的实质是解决知识产权实际归属问题，且原告也主张涉讼职务发明是在伊维公司任职期间完成的；另一方面与案外人电装公司就包括专利在内的技术许可使用签订协议的是伊维公司，从中获取收益的也是伊维公司。基于以上两点原因，原告要求上柴公司承担报酬支付的连带责任于法无据。一审法院判决：被告上海浦东伊维燃油喷射有限公司应于本判决生效之日起10日内从许可上海电装燃油喷射有限公司实施专利号为ZL01238898.×“喷油泵挺柱体滚轮锁簧装置”和专利号为ZL01238896.3“矩形截面柱塞弹簧喷油泵”两项实用新型专利所收取的使用费中提取人民币276461.57元作为报酬支付给原告翁立克；原告翁立克的其余诉讼请求不予支持。二审法院判决：驳回上诉，维持原判。

上海市长宁区人民检察院诉李江职务侵占案

《最高人民法院公报》2009年第8期

【案例要旨】

货运驾驶员在运输途中，利用其运输、保管货物的职务便利窃取数额较大的货物的行为，构成职务侵占罪。判断公司、企业或者其他单位的人员窃取本单位财物的行为，究竟是盗窃行为还是职务侵占行为，关键是看行为人犯罪时是否利用了职务上的便利，如是，构成职务侵占罪，否则构成盗窃罪。

【案情及裁判结果】

2008年1月12日下午，被告人李江与朱庚戌、熊祥文（均另案处理）三人按照沪深航公司的指令将一批货物从公司仓库运至上海浦东国际机场。李江负责驾驶车辆、清点货物并按单交接、办理空运托运手续，熊祥文、朱庚戌负责搬运货物。当日下午四时许，在运输途中，三人经合谋共同从李江驾驶的货车内取出一箱品名为“纪念品”的货物，从该封存箱内窃得30枚梅花鼠年纪念金币（价值共计人民币16万余元）予以瓜分。后在沪深航公司的追问下，被告人李江和朱庚戌、熊祥文将窃得的30枚梅花鼠年纪念金币退至沪深航公司，由沪深航公司退还给托运人。

上海市长宁区人民法院经审理认为，被告人李江身为公司工作人员，伙同他人利用其控制、保管运输途中的货物的职务便利，将公司承运的货物非法占为己有，其行为符合职务侵占罪的犯罪构成，且数额巨大，应以职务侵占罪予以惩处。据此，原审法院认定被告人李江犯职务侵占罪，判处有期徒刑六年，并处没收财产人民币16000元。判决后，上海市长宁区人民检察院认为原审被告人李江的行为构成盗窃罪，原审判决定性错误，提出抗诉。上海一中院二审经审理认为，原审被告人李江利用自己保管货物的职务便利，将本公司财物非法据为已有，其行为符合职务侵占罪的构成。原审判决认定事实清楚，证据确实、充分，定性正确，量刑适当，应当予以维持。公诉机关的抗诉意见不能成立。据此，本院依法作出驳回抗诉，维持原判的终审判决。

上海罗芙仙妮化妆品有限公司诉上海市工商行政管理局金山分局工商行政处罚决定案

《最高人民法院公报》2009年第11期

【案例要旨】

行为人通过在境外注册登记企业，然后再授权其所控制的境内企业使用境外企业名称的方式，以规避我国对企业注册的审查，从而间接达到其擅自使用国内外知名企业名称或者企业名称中的字号的目的，造成相关公众对商品产生误认的，尽管该行为表面上是使用了行为人自己注册的企业名称或者企业名称中的字号，同样属于《反不正当竞争法》第5条第（3）项规定的不正当竞争行为，应当依法承担相应的法律责任。

【案情及裁判结果】

2007年10月19日，根据欧莱雅（中国）公司的举报，工商金山分局执法人员对存放在本市金山区吕巷镇上海复杉生物工程技术有限公司（以下简称：复杉公司）仓库内的化妆品进行了现场检查所涉品牌为“罗芙仙妮”“碧优泉”两个系列化妆品。工商金山分局执法人员对仓库内的化妆品进行了封存、扣留。根据检查发现的情况，工商金山分局认定上海罗芙仙妮化妆品有限公司生产、销售涉案两个系列化妆品的行为，违反了《反不正当竞争法》第5条第（3）项的规定，遂向罗芙仙妮公司发出了听证告知书，告知作出行政处罚决定的事实、理由及依据，享有陈述、申辩或要求听证的权利。罗芙仙妮公司未提出听证申请。2008年1月17日工商金山分局认定，罗芙仙妮公司擅自使用“欧莱雅”字号的行为，易使消费者产生混淆，违反了《反不正当竞争法》第5条第（3）项“擅自使用他人的企业名称或者姓名，引人误认为是他人的商品”的规定，遂依据《反不正当竞争法》第21条第1款及《产品质量法》第53条的规定，对罗芙仙妮公司作出行政处罚决定，责令改正、没收涉案化妆品35712个（瓶）和9盒“OREAL”礼品套盒，并罚款450000元。该行政处罚决定作出后，罗芙仙妮公司不服，于2008年2月25日向上海市工商行政管理局申请复议，该局于2008年4月21日作出沪工商复决字（2008）第7号复议决定，维持被诉行政处罚决定。罗芙仙妮公司仍不服，诉至法院，请求撤销该工商处罚决定。

一审法院认为，关于工商金山分局将罗芙仙妮公司认定为涉案行政处罚决定的相对人是否正确的问题，涉案化妆品的生产系由罗芙仙妮公司委托案外人印制包装盒，再有罗芙仙妮公司提供加工上述化妆品的内外包装及配套材料，委托案外人定牌生产，货款亦由罗芙仙妮公司收取，因此，工商金山分局将罗芙仙妮公司认定为涉案行政处罚决定的相对人并无不当。关于工商金山分局认定罗芙仙妮公司的行为构成不正当竞争是否正确的问题，必须考虑到，（1）工商金山分局认定罗芙仙妮公司使用“欧莱雅”属于“使用他人的企业名称”是否成立；（2）工商金山分局认定罗芙仙妮公司的行为属于“擅自使用他人企业名称”是否成立；（3）工商金山分局认定罗芙仙妮公司的行为造成消费者对商品的误认和混淆是否成立。根据本案案情，工商金山分局对罗芙仙妮公司的处罚决定并无不当。故一审法院判决：维持工商金山分局于2008年1月17日对罗芙仙妮公司作出的行政处罚决定具体行政行为。

后罗芙仙妮公司上诉，请求二审法院撤销原审判决，撤销工商金山分局对其作出的工商行政处罚决定。二审法院审理后作出判决：驳回上诉，维持原判。

邢立强诉上海证券交易所权证交易侵权纠纷案

《最高人民法院公报》2010年第7期

【案例要旨】

权证产品属证券衍生品种，具有不同于股票交易的特点。权证发行后，符合一定条件的机构经交易所审核可创设权证。投资者以交易所审核创设权证违规为由而提起的民事侵权之诉，具有可诉性。证券交易所审核合格券商创设权证，是《证券法》赋予其自律监管职能的行为，其审核行为只要符合权证管理业务规则，主观上不具有过错，对投资者因权证交易造成的损失不承担赔偿责任，投资者应自行承担风险损失。

【案情及裁判结果】

2005年11月16日，武汉钢铁（集团）公司（以下简称武钢集团）发布《关于武汉钢铁股份有限公司人民币普通股股票认购权证和认沽权证上市公告书》（以下简称“武钢权证上市公告书”）。截至2005年11月25日，经中国证券业协会评审，中信证券等13家证券公司取得从事相关创新活动的试点资格。2005年11月21日，上交所发布《关于证券公司创设武钢权证有关事项的通知》（以下简称《创设通知》）称，取得中国证券业协会创新活动试点的证券公司可按照本通知的规定创设权证等内容。该通知自2005年11月28日起施行。2005年11月25日，上交所审核批准十家券商创设武钢认沽权证的申请，总计创设武钢认沽权证共11.27亿份，定于2005年11月28日上市。2005年11月26日，十家券商在《证券时报》披露了上述创设权证的信息，《上海证券报》等媒体进行了相关报道。

武钢权证上市后，原告邢立强在2005年11月24日、25日共买入武钢认沽权证115000份。创设权证上市后，同年11月30日，邢立强又买入武钢认沽权证100份，每份1.09元。至此，其共计持有武钢认沽权证115100份，平均买入成本价为1.604元/份。2005年12月5日，邢立强卖出全部武钢认沽权证115100份，成交价为1.09元/份。此后，邢立强在武钢权证存续期间，又多次买入和卖出。邢立强认为，上交所的《创设通知》自2005年11月28日起施行。按此通知，创设权证最早上市时间应为2005年11月29日。但在2005年11月25日，上交所却提前三天发布公告，称已同意批准券商创设11.27亿武钢认沽权证，并于2005年11月28日上市交易，该提前创设行为使原告持有的115000份武钢认沽权证失去交易机会，造成巨大亏损，上交所应承担赔偿责任。邢立强起诉要求判令：确认上交所的提前创设行为是违法、违规、欺诈及操纵市场的过错行为，与原告的损失间存在因果关系，上交所依法承担赔偿责任。

一审法院经审理认为，（1）关于原告邢立强作为投资者因权证投资产生损失后，以上交所为被告提起的侵权之诉是否具有可诉性的问题。权证创设行为系证券交易所根据国务院证券监督部门批准的业务规则作出的履行自律监管的行为，相关受众主体如认为该行为违反法律规定和业务规则，可以对交易所提起侵权民事诉讼。（2）关于投资者投资权证产生的损失与上交所的监管行为是否存在法律上的因果关系，上交所是否应当赔偿原告邢立强的交易损失的问题。上交所审核证券公司创设武钢权证是合法的自律监管行为。

该行为本身并未违反权证管理业务规则，主观上并非出于恶意，也并非针对特定的投资者，且原告的交易损失与上交所审核权证创设的市场监管行为之间亦不存在直接、必然的因果关系，原告的诉请不符合侵权行为的构成要件，上交所无须对其损失承担赔偿责任。据此，一审法院判决：驳回邢立强的全部诉讼请求。

后邢立强提起上诉，但因未按规定预交上诉费，二审法院裁定本案按自动撤回上诉处理。一审判决发生法律效力。

拉科斯特股份有限公司与上海龙华服饰礼品市场经营管理有限公司注册商标专用权纠纷案

《最高人民法院公报》2010年第10期

【案例要旨】

商品市场的管理者对市场内商铺销售假冒注册商标商品的行为未尽合理注意义务，为侵权行为提供便利条件的，属于帮助侵权的行为，应当和销售假冒注册商标商品的商铺承担连带责任。

【案情及裁判结果】

鳄鱼图形及文字系列商标为拉科斯特公司在中国依法注册的商标，第141102号“LACOSTE”文字商标、第141103号、第1318589号及第G581924号图形商标等鳄鱼系列商标均在有效期内。经调查，拉科斯特公司发现上海龙华服饰礼品市场（以下简称龙华市场）以低廉的价格公开销售带有原告上述注册商标的服装。龙华公司是龙华市场的管理人。拉科斯特公司两次致函龙华公司要其停止侵犯原告鳄鱼系列商标专用权的行为，龙华公司均回函表示同意原告的意见，但并未停止上述侵权行为。拉科斯特公司认为龙华公司系上述侵权商品的销售商，其行为侵犯了拉科斯特公司的注册商标专用权，且在两次警告后，仍继续实施侵权行为，主观恶意明显，请求法院判令被告立即停止商标侵权行为并赔偿经济损失人民币100000元。

上海第一中级人民法院认为，未经商标注册人许可，在同一种商品或者类似商品上使用与其注册商标相同或者近似商标的，属于侵犯注册商标专用权的行为。被控侵权商品与拉科斯特公司涉案商标核定使用的商品相同，被控侵权商品上使用的商标与拉科斯特公司的上述注册商标也相同，因此在龙华市场内销售的被控侵权商品系侵犯拉科斯特公司上述注册商标专用权的商品。

根据龙华公司与徐汇区税务局签订的《委托代征税款协议》的规定，龙华公司是根据税务部门的要求，为龙华市场内承租商铺经营者统一代为缴税，代开发票，而龙华公司内承租商铺经营者均为独立的经营主体，并非龙华公司的销售部门或者分支机构。故对拉科斯特公司认为龙华公司是侵权商品的销售者的主张不予支持。

但龙华公司虽然不是侵权商品的直接销售者，但仍需承担侵犯注册商标专用权的侵权责任。龙华公司作为龙华市场的管理方，根据其与承租商铺经营者的合同及其附件之约定，对于承租商铺经营者出售侵犯注册商标专用权商品的行为具有限期整改、扣减保证金、解除合同直至清退出场的权利。在拉科斯特公司多次发函告知在其管理的市场内存在出售侵犯拉科斯特公司注册商标专用权商品的情况下，理应对相关商铺加强监管。但龙华公司仅要求相关商铺经营者出具书面保证书，主观上没有尽到善良管理人的合理注意义务，尤其是拉科斯特公司多次发函后，仍能在同一商铺购买到侵权产品，充分说明被告制止侵权措施不力，客观上为侵权行为提供了便利条件，导致侵权行为反复发生。因此，龙华公司的行为构成帮助相关商铺销售侵权商品的行为，故龙华公司与销售侵权商品的相关商铺经营者应承担连带赔偿责任。

据此，一审法院判决：龙华公司立即停止侵害拉科斯特公司第141102号“LACOSTE”、第141103号、第1318589号、第G581924号注册商标专用权的行为，赔偿拉科斯特公司人民币10000元及合理费用人民币5000元；

一审判决宣判后，双方当事人均未上诉，一审判决已生效。

北京希优照明设备有限公司不服上海市商务委员会行政决定案

《最高人民法院公报》2011 年第 7 期

【案例要旨】

合法性审查是行政案件审理的基本原则。本案系投标人因不服招投标管理机关对重新评标结果作出的审核决定而涉讼的行政案件，属于新类型案件。此类案件审理中，法院应严格依照法律赋予行政机关的管理职责和审核事项，明确司法审查要件；依照法律规定的合法性实体和程序要求，明确司法审查标准。

【案情及裁判结果】

机场集团公司委托浦东机场公司通过国际招标采购虹桥国际机场扩建工程所需高杆灯，该招标项目于 2008 年 9 月 8 日开标，共有包括本案原告北京希优照明设备有限公司（以下简称希优公司）在内的三家企业参与投标。经招标机构组织的评标委员会评审，推荐案外人艾伯克斯公司中标，该评标结果于 2008 年 10 月 7 日在招标网上进行公示。评标委员会对希优公司的评审结论为：技术废标，理由为站坪与航站楼间路面等区域的照度均匀比大于 4∶1，不满足招标文件第八章 2.1.13.9 条要求。希优公司不服评标委员会的评标结果，于 2008 年 10 月 13 日、10 月 28 日两次向本案被告上海市商务委员会（以下简称市商委）提出书面质疑，并要求重新评标。市商委于同年 12 月 10 日在招标网上作出重新评标的质疑处理决定，要求招标机构严格按规定组织专家重新评标。招标机构根据市商委要求组织了新的评标委员会进行了重新评标。新的评标委员会对希优公司的评审结论仍为技术废标，但理由为站坪与航站楼间路面等区域的照度均匀比不满足招标文件和强制性民用航空行业标准的规范要求。市商委收到招标机构提交的重新评标专家报告后，对重新评标按规定进行了审核，作出了“同意专家复评意见，维持原评标结果”的决定，并于同年 12 月 29 日对重新评标报告予以网上备案，招标网当即自动生成高杆灯中标公告，公告显示艾伯克斯公司为最终中标人。后希优公司诉至法院，要求撤销市商委对重新评标意见进行审核作出维持原评标结果的决定。

一审法院认为，关于重新评标理由审核的法律适用问题，国家商务部令2004年第13号《机电产品国际招标投标实施办法》第41条第3款中规定“评标结果公示为一次性公示，凡未公示的不中标理由不再作为废标或不中标的依据”是指第一次评标，并不适用于重新评标。关于重新评标专家抽取审核的法律适用问题，本案所涉重新评标的评标委员会组成符合相关法律规定，上述法律法规中，没有规定招标人、招标机构的代表参加了第一次评标就不得参加重新评标。关于招标文件审核的法律适用问题，本案所涉的招标文件中，并未出现《进一步规范机电产品国际招标投标活动有关规定》第33条规定的“重要商务或技术条款（参数）内容错误、前后矛盾或与国家相关法律法规不一致的情况。”一审法院判决：驳回希优公司请求撤销市商委于2008年12月29日作出的高杆灯中标公告的具体行政行为的诉讼请求。

后希优公司提起上诉，要求二审法院撤销原判，支持其原审诉讼请求。二审法院认为，市商委受理希优公司的质疑后，责成招标机构重新评标，并在审查重新评标报告过程中，对招标文件、重新评标专家的组成、复评意见等内容进行了监督审核。经重新评标，判定希优公司为技术废标的复评意见系由依法组成、具备相应资质的评审机构对照招标文件及相关技术标准作出的认定结论，市商委依法对该复评意见进行审查后，同意复评意见，维持原评标结果并无不当。市商委已依法定送达程序对重新评标报告予以网上备案生成了中标公告，希优公司通过查看招标网上公布的内容即已知道市商委作出了维持原评标结果的决定。故二审法院判决：驳回上诉，维持原判。

上海金地石化有限公司与上海立宇贸易有限公司侵权损害赔偿纠纷执行案

《最高人民法院公报》2011 年第 9 期

【案例要旨】

被执行人无偿转让财产，逃避履行债务的情况下，申请执行人有权依法提起诉讼，撤销被执行人无偿转让财产、损害申请执行人利益的行为。撤销之诉能有效反制规避执行行为进行了有效反制，具有典型意义。该案例契合了全国法院系统于 2007 年开展的反规避执行专项活动。

【案情及裁判结果】

金地公司与立宇公司之间的侵权纠纷，上海市高级人民法院作出民事调解书，确认立宇公司支付金地公司 880 万元，该公司股东杨丽萍在 740 万元范围内承担连带责任。立宇公司因涉嫌刑事案件，经相关机构鉴定已无偿债能力；杨丽萍名下原有四套房产，但在金地公司起诉前两天，杨丽萍与龚某（杨丽萍之子）签订三份《上海市房地产买卖合同》，将其中三套过户给龚某。金地公司向闵行区人民法院提起撤销杨丽萍与龚某之间的买卖合同的诉讼，闵行区人民法院经审理查明，杨丽萍在接受公安机关讯问时明确回答龚某并未支付房款；龚某在受让房产时年仅二十岁，且在国外读书，生活来源尚需父母供给，不具备支付房款的能力。杨丽萍将房产无偿过户至龚某名下，主观上具有逃避债务的恶意，且事实上致使其偿债能力减弱，损害了债权人的利益。闵行区人民法院判决撤销了杨丽萍与龚某的三份房地产买卖合同。金地公司遂向上海一中院申请执行，执行中，杨丽萍与金地公司达成和解协议，杨丽萍将其名下的一套房产过户至金地公司名下，并补偿金地公司人民币 16 万元，金地公司放弃其他债权主张。

大宇资讯股份有限公司诉上海盛大网络发展有限公司侵犯注册商标专用权纠纷案

《最高人民法院公报》2011年第12期

【案件要旨】

在提供在线网络游戏的服务上经核准注册的商标，含有相关公众约定俗成的一类游戏的名称的，如果他人不是将该游戏名称作为区分商品或者服务来源的商标使用，只是在网络游戏服务中以介绍游戏内容、特点的方式使用该游戏名称，不会造成相关公众对网络游戏服务提供者的混淆，属于对注册商标的正当使用，不构成对注册商标专用权的侵犯。

【案情及裁判结果】

大宇公司研制并销售了“大富翁”系列电子游戏软件，2005年取得了“大富翁”文字商标，核定使用在第41类服务项目。其中包括“（在计算机网络上）提供在线游戏”项目。2005年6月，大宇公司发现盛大公司推出网络在线游戏“盛大富翁”，与大宇公司的“大富翁”电子游戏同属“（在计算机网络上）提供在线游戏”的服务项目，且“盛大富翁”与“大富翁”在文字组合、含义、读音等方面均构成近似，客观上已经对众多游戏用户造成了混淆和误解。因此盛大公司的行为侵犯了大宇公司的商标专用权，要求判令盛大公司立即停止侵权、赔偿其经济损失。

一审法院认为，根据《商标法》《商标法实施条例》《最高人民法院关于审理商标民事案件适用法律若干问题的解释》的规定，“大富翁”是一类游戏的通用名称，大宇公司不能禁止他人对“大富翁”在表示一类“按骰子点数走棋的模拟现实经商之道的游戏”名称时的正当使用；且图文标识“盛大富翁”与文字商标“大富翁”不相近似，被控侵权标识在被使用时也直接标明了服务来源，而大宇公司又至今未在商标核定使用的服务范围内进行过以“大富翁”为商标的经营，“大富翁”的显著性极其有限，故盛大公司在网站上使用“盛大富翁”标识和《盛大富翁》游戏名称的行为不构成商标侵权。

大宇公司不服一审判决，向上海市第一中级人民法院提起上诉。

二审法院认为，大宇公司在申请注册“大富翁”商标之前，“大富翁”作为一种游戏已经广为人知，对于相关公众而言其已成为这种商业冒险类游戏约定俗成的名称。“大富翁”文字虽然被大宇公司注册为“提供在线游戏”服务的商标，却仍然具有指代前述商业冒险类游戏的含义，大宇公司并不能禁止他人对这种含义的正当使用。本案中，盛大公司使用“盛大富翁”有两种方式，一种是在游戏文字介绍中作为游戏名称使用；另一种是在相关网页左上角显示相应标识或者在游戏画面右上角显示相应标识等。盛大公司并未将被控侵权标识使用于其网站的所有在线游戏服务上，而仅在与“掷骰子前进，目的是通过买地盖房等商业活动在经济上击败对手并成为大富翁”这一款游戏相关的在线游戏服务中使用该标识，仅为表明游戏的内容和对战目标。再者，游戏玩家只有进入盛大公司网站才能进行该款游戏的对战，网站“游戏介绍”中清楚地写明“《盛大富翁》是由盛大网络自主研发的游戏”，加之“盛大”字号具有相当的知名度，相关公众一般不会将两者的服务来源相混淆。由此可见，盛大公司的被控侵权行为属于叙述服务所对应游戏品种的正当使用，作为服务商标“大富翁”的商标专用权人大宇公司无权加以禁止。据此，二审法院驳回上诉，维持原判。

衣念（上海）时装贸易有限公司诉浙江淘宝网络有限公司、杜国发侵害商标权纠纷案

《最高人民法院公报》2012 年第 1 期

【案例要旨】

网络交易平台经营者对于网络商户的侵权行为一般不具有预见和避免的能力，故不当然为此承担侵权赔偿责任，但如果网络交易平台经营者知道网络商户利用其所提供的网络服务实施侵权行为，而仍然为侵权行为人提供网络服务或者没有采取必要的措施，则应当与网络商户承担共同侵权责任。网络交易平台经营者是否知道侵权行为的存在，可以结合权利人是否发出侵权

警告、侵权现象的明显程度等因素综合判定。网络交易平台经营者是否采取了必要的避免侵权行为发生的措施，应当根据网络交易平台经营者对侵权警告的反应、避免侵权行为发生的能力、侵权行为发生的几率大小等因素综合判定。

【案情及裁判结果】

依兰德有限公司（E. LAND LTD）是第1545520号注册商标和第1326011号注册商标的权利人，依兰德有限公司将上述商标的独占许可使用权授予衣念公司。其生产的TEENIE WEENIE等品牌服装拥有很高的知名度，曾获得2009年度上海名牌称号。杜国发在淘宝网销售的服装中使用了TEENIE WEENIE等商标，侵犯了衣念公司享有的注册商标专用权。衣念公司多次发函给淘宝公司，要求其删除杜国发发布的侵权商品信息。淘宝公司对衣念公司举报的侵权信息予以删除，但未采取其他制止侵权行为的措施。故衣念公司向法院起诉浙江淘宝网络公司、杜国发侵害其注册商标权。

上海市浦东新区人民法院一审查明：衣念公司经依兰德有限公司许可，享有第1545520号注册商标和第1326011号注册商标独占许可使用权。本案中，被告杜国发销售的商品与该商标核定使用的商品构成近似商标，应认定为侵犯第1545520号和第1326011号注册商标专用权的商品。衣念公司发现杜国发通过淘宝网销售侵权商品后，先后7次向淘宝公司发送侵权通知函，被告淘宝公司审核后先后7次删除了杜国发发布的商品信息，但淘宝公司对此未采取必要措施以制止侵权，杜国发仍可不受限制地发布侵权商品信息。淘宝公司有条件、有能力针对特定侵权人杜国发采取措施，淘宝公司在知道杜国发多次发布侵权商品信息的情况下，未严格执行其管理规则，依然为杜国发提供网络服务，此是对杜国发继续实施侵权行为的放任、纵容。其故意为杜国发销售侵权商品提供便利条件，构成帮助侵权，具有主观过错，应承担连带赔偿责任。

综上所述，上海市浦东新区人民法院依照《民法通则》《商标法》《最高人民法院关于贯彻执行〈民法通则〉若干问题的意见（试行）》《最高人民法院关于审理商标民事纠纷案件适用法律若干问题的解释》《商标法实施条例》的规定判决：杜国发、淘宝公司共同赔偿原告衣念公司经济损失人民币3000元及合理费用人民币7000元，驳回原告衣念公司其余诉讼请求。

淘宝公司不服一审判决，向上海市第一中级人民法院提起上诉。

上海市第一中级人民法院经二审认为：原审法院关于杜国发销售侵犯第1545520号、第1326011号注册商标专用权的商品构成商标侵权的认定及理由正当，应予维持。

法院认为淘宝公司知道杜国发利用其网络服务实施商标侵权行为，但仅是被动地根据权利人通知采取没有任何成效的删除链接之措施，未采取必要的能够防止侵权行为发生的措施，从而放任、纵容侵权行为的发生，其主观上具有过错，客观上帮助了杜国发实施侵权行为，构成共同侵权，应当与杜国发承担连带责任。

综上所述，二审法院驳回上诉，维持原判。本判决为终审判决。

周雅芳诉中国银行股份有限公司上海市分行名誉权纠纷案

《最高人民法院公报》2012 年第 9 期

【案例要旨】

银行错误地记载储户信用卡不良信用记录，是否构成对储户的名誉侵权，应当根据银行有无过错、储户名誉是否受到损害，以及在过错与损害均存在的情况下两者间有无因果关系等因素加以判断。如相关信用记录未在社会公众中传播，并造成储户的社会评价降低，一般难以认定银行侵害了储户的名誉权。

【案情及裁判结果】

2009 年 5 月 31 日，中国银行股份有限公司上海市分行（以下简称中国银行）收到一份申请人署名为周雅芳的信用卡开卡申请表，同年 6 月 18 日，中国银行审核批准开通了以周雅芳为用户的涉案信用卡，申请资料中的中银信用卡标准审批表上记载“电话与地址匹配”“已对本人电话核实”，信用卡受理登记表上记载“柜面进件”“亲见申请人递交并签名”“亲见申请材料原件并当场复印。”2009 年 9 月周雅芳收到涉案信用卡催款通知，获悉该卡已透支，且逾期未还款，周雅芳因未办理过涉案信用卡，疑为他人盗用其信息所办，故向公安机关报案。后中国银行多次向周雅芳电话催收涉案信用卡欠款。因涉案信用卡欠款逾期未还，该卡在周雅芳的个人信用报告中记载为冻结。

2010年11月，中国银行向该院提起（2010）浦民六（商）初字第7068号一案，要求周雅芳偿还信用卡欠款，于同年12月撤回起诉。2011年3月周雅芳的个人信用报告中，关于涉案信用卡的不良信用记录已经消除。周雅芳遂提起诉讼，要求中国银行赔偿交通费人民币（以下币种同）500元、律师费3800元、精神损害抚慰金10000元，并当面赔礼道歉。

原审法院认为，（1）中国银行于2009年5月31日收到的开卡申请表上申请人签名一栏并非周雅芳亲笔签名，显然周雅芳并未亲至中国银行柜台申请开通涉案信用卡，而中国银行的相关材料上却记载有“亲见申请人递交并签名”“已对本人电话核实”等内容，中国银行对涉案信用卡的开通审核未尽到合理的审查义务，存在过错。（2）周雅芳名誉是否受到损害，应依据其社会评价是否因中国银行的行为而降低加以判断。中国银行提供的个人信用报告上记载查询原因系“贷后管理”，可见查询者包括信用卡的持卡人和发卡行，至于社会公众能否查询，则无从体现。故周雅芳主张其名誉因征信系统中的不良记录而受到损害，并未提供充分的证据予以证明。虽然中国银行在审核过程中存在过错，该过错与实际开卡人的行为共同导致涉案信用卡未经周雅芳知情同意就使用了周雅芳姓名，但根据本案实际情况，中国银行已消除了周雅芳在征信系统中的不良信用记录，并撤回了催收欠款的诉讼，可见并未造成严重后果。（3）周雅芳主张的交通费、律师费，系因另案纠纷发生，与本案无涉。原审法院判决驳回周雅芳的诉讼请求。

周雅芳不服该判决，向上海一中院提起上诉。二审法院认为，被上诉人中国银行在审核信用卡申请资料中确实存在一定的过错，导致上诉人周雅芳的信用报告在2009年至2011年期间存在不真实的记载。但是，确定中国银行是否侵害周雅芳的名誉权还应当结合损害后果及因果关系进行判断。名誉权受侵害的损害后果应当是被侵权人的社会评价降低。周雅芳虽然提供了证据证明相关银行因审批信用卡而查询其信用记录，但是，现有证据无法证明周雅芳的相关信用记录在社会公众中传播，并且造成周雅芳的社会评价降低，因此不能认定周雅芳的名誉权存在损害后果。故周雅芳的上诉请求缺乏事实依据，本院不予支持。原审法院所作判决并无不当，本院应予维持。二审法院判决：驳回上诉，维持原判。

丁福如与石磊房屋买卖合同纠纷案

《最高人民法院公报》2012年第11期

【案例要旨】

对于因附有违法建筑且结构相连而被行政机关限制交易的房屋，尽管买卖合同的履行可能存在障碍，但根据物权法的区分原则，转让不动产的合同，除法律另有规定或合同另有约定外，自合同成立时生效；未办理物权登记，不影响合同效力。如房屋出卖人未能按合同约定交付涉讼房屋，应承担相应的违约责任。

【案情及裁判结果】

被告（反诉原告）石磊系涉讼房屋的产权人，该房屋登记的建筑面积661.96平方米，类型为花园住宅，土地总面积2052.9平方米。2008年10月7日，石磊与原告（反诉被告）丁福如签订房屋买卖合同，约定原告购买被告该房屋及房屋占用范围内的土地使用权，价款共计5600万元；2008年11月8日前，双方共同向房地产交易中心申请办理转让过户手续；被告如未按约定的期限将上述房屋交付（包括房地产交接及房地产权利转移）给原告，应当向原告支付违约金。2008年10月18日，上海市长宁区房屋土地管理局向上海市长宁区交易中心发出附有违法建筑并结构相连的房屋的认定通知单，根据《上海市住宅物业管理规定》第42条第3款的规定，不予办理房地产转移以及抵押登记手续。涉讼房屋所属的上海东湖物业管理公司明苑别墅管理处于2008年11月10日证明涉讼房屋于2006年度被案外人拆除并重建，被告未参与该违章拆建的全过程。

后丁福如诉至法院，请求：（1）判令石磊拆除涉讼房屋上的违法建筑，恢复原状，并办理过户手续；（2）判令石磊支付从2008年11月9日起计至实际过户交房之日止的违约金。石磊不同意丁福如的诉讼请求，并反诉请求确认房屋买卖合同无效。

一审法院认为，虽然涉讼房屋被行政机关限制交易，买卖合同的履行可能存在障碍，但根据《物权法》区分原则，转让不动产的合同，除法律另有规定或合同另有约定外，自合同成立时生效，未办理物权登记，不影响合同效力。经法院释明，丁福如同意被告按现状交付房屋，并自愿替代石磊承担恢复原状的义务，丁福如的意思表示不违反法律、行政法规的禁止性规定，亦符合行政机关的执法目的，法院予以准许。石磊应于丁福如恢复原状、通过行政机关审查认可并撤销交易限制后再协助丁福如办理产权手续。现石磊未能按合同约定交付涉讼房屋，应承担相应的违约责任。一审法院判决：石磊将涉讼房屋交付丁福如并支付逾期交房违约金；石磊应于丁福如将涉讼房屋恢复至产权登记状态且行政机关撤销上述房屋房地产转移登记限制后协助丁福如办理上述房屋的房地产权变更登记手续；丁福如应向石磊支付剩余购房款。

后石磊不服一审判决，向上海市第一中级人民法院提起上诉。二审法院认为：行政机关已认定涉讼房屋是附有违法建筑并结构相连的房屋，石磊认为涉讼房屋系重建的房屋，但不能改变其违法的性质。石磊与丁福如买卖涉讼房屋的意思表示及交易价格系属真实，结合不动产登记的公示、公信效力，双方签订的买卖合同当属有效。因行政机关的权利限制是为督促违法行为人予以改正，在石磊未能积极履行相应义务的情况下，丁福如同意石磊按现状交付房屋，并自愿替代石磊承担恢复义务，故在丁福如完成恢复义务，行政机关撤销限制权利转移后，双方完成权利交付是可行的，买卖合同能够继续履行。据此，二审法院判决：驳回上诉，维持原判。

谢某诉上海动物园饲养动物致人损害纠纷案

《最高人民法院公报》2013年第8期

【案例要旨】

动物园作为饲养管理动物的专业机构，负有比一般动物饲养人更高的注意和管理义务，其安全设施应充分考虑到未成年人的特殊安全需要，最大限度防止危害结果发生。同时，法定代理人疏于履行监护职责，致使被监护人受到损害的，基于法定代理人和受害人的监护关系，应适用过失相抵原则，可以减轻动物园的责任。

【案情及裁判结果】

2011年4月10日上午，谢某与其父母至上海动物园游玩，当日15时许，谢某及其家人行至灵长类动物展区，谢某穿过笼舍外设置的防护栏，给猴子喂食食物时，右手中指被猴子咬伤。事发时，上海动物园无工作人员在场，谢某父亲向动物园相关部门投诉后，因情况紧急，自行带谢某至本市儿童医院医治并报警。谢某当日住院，于2011年4月13日出院。出院后，谢某至其家附近的社区卫生服务中心随访医治。谢某于2011年12月13日至上海科生假肢有限公司对其右手中指安装假肢。谢某现诉至法院，要求上海动物园赔偿医疗费、伤残赔偿金、假肢费、精神损害抚慰金等各项费用共计16万余元。谢某认为，谢某出事前和出事时，上海动物园的工作人员均未出现，后谢某父母自行报警，并至医院治疗。上海动物园未尽到告知提醒义务、在巡视方面未尽到职责、设施设备存在安全隐患，导致谢某可以随意钻入，故动物园有过错，应承担全部的侵权责任。上海动物园辩称：动物园已尽了应有管理义务，包括灵长馆展览猴类关在笼内、设有游客安全隔离护栏、有多处安全警示牌等。谢某之所以受到伤害：(1) 无视安全警示牌，(2) 穿越了游客安全隔离护栏，(3) 主动靠近铁质笼舍或肢体进入了笼舍以内，才会发生伤害的情形。故相应的责任应由谢某的法定代理人承担。

上海市长宁区人民法院一审认为，动物园的动物造成他人损害的，动物园应当承担侵权责任，但能够证明尽到管理职责的，不承担责任。上海动物园给灵长类动物安装了网状的铁质笼舍，并在外加装了防护栏，保持了1.50米的安全间距，确实起到了一定的防护作用。但金属防护栏之间间距在15厘米左右仅仅能避免成年人钻入，并不能防止幼童的钻入。故本案中动物园存有过错，未尽到其管理职责。另外，谢某擅自穿越防护栏，给猴子喂食导致受伤，谢某有过错。谢某事发时仅4周岁，其过错应由其监护人承担。根据本案事实，法院确定谢某法定代理人承担本案确定赔偿总额的百分之六十之责，上海动物园承担赔偿总额的百分之四十之责，故判决上海动物园依法承担谢某医疗费、交通费、护理费、伤残赔偿金、假肢费、精神损害抚慰金等各项费用共计人民币34265.64元。双方当事人均不服一审判决，提起上诉。上海市第一中级人民法院二审认为，谢某法定代理人在游园过程中让谢脱离监护，发生了自行穿越防护栏并喂食猴子的行为，导致本案伤害的发生，故谢某的监护人存在重大过失。对上海动物园而言，其安全设施存在瑕疵，且事发时无工作人员在场，事发后又未采取紧急救助措施，故上海动物园未尽到管理职责。综合本案双方过错情况，原审法院酌定谢某的法定代理人对谢某的受伤承担60%的责任，上海动物园承担40%的责任，尚属合理，故二审判决驳回上诉，维持原判。

陈善菊不服上海市松江区人力资源和社会保障局社会保障行政确认案

《最高人民法院公报》2013年第9期

【案例要旨】

工伤认定“三工”要件中，工作原因是核心要件。用人单位为职工提供食宿，职工在宿舍楼浴室洗澡时遇害的，虽因其工作状态和生活状态在表象上的混淆，导致受伤所处的时空界限较模糊，但通过工作原因要件分析，该情形不符合《工伤保险条例》的相关规定，不应认定且不视同为工伤。

【案情及裁判结果】

陈童林（陈善菊之夫）系上海申劳工贸有限公司管理人员，食宿在公司。2009年6月，陈童林与同公司员工张浩承因琐事发生矛盾，陈童林遂叫了另两名员工到张浩承宿舍，打了张浩承两记耳光。同年7月15日21时许，张浩承乘陈童林在厂浴室洗澡之际，用尖刀捅刺陈童林致其死亡。2010年7月12日，陈善菊向上海市松江区人力资源和社会保障局提出工伤认定申请。松江人保局于同年9月2日作出松江人社认（2010）字第2979号工伤认定，认为陈善菊没有证据证明陈童林于2009年7月15日的被害与履行其工作职责有关，该情形不符合《工伤保险条例》第14条、第15条的规定，故认定陈童林的死亡不属于且不视同工伤。陈善菊不服，申请复议。同年12月31日，上海市人力资源和社会保障局作出沪人社复决字（2010）第157号《行政复议决定书》，维持了松江人保局认定工伤的行政行为。后陈善菊（陈童林之妻）诉至法院，请求撤销松江区人保局作出的上述工伤认定行政行为。

一审法院认为，陈童林系于晚上21时许在厂浴室洗澡时被人杀害，并非在工作时间因履行工作职责而遇害，不符合《工伤保险条例》第 14 条第（3）项规定的情形。陈善菊关于陈童林被杀害前在单位值班，为客户办理提货的主张，并没有提供相应的证据予以证实。松江人保局根据其职权作出的工伤认定所依据的事实清楚，适用法律正确，程序合法。据此，一审法院判决：维持被诉工伤认定行政行为。

后陈善菊向上海市第一中级人民法院提起上诉。二审法院认为，根据（2010）沪一中刑初字第 15 号刑事判决书查明的事实，陈童林的死亡既非工作时间前后在工作场所内，从事与工作有关的预备性或者收尾性工作受到事故伤害，亦非在工作时间和工作场所内，因履行工作职责受到暴力等意外伤害。陈童林在浴室洗澡被杀害不符合《工伤保险条例》第 14 条应当认定为工伤或第 15 条视同工伤中规定的情形。陈善菊就其诉称的事实在本案被诉工伤认定程序及本案一、二审审理中未提供任何充分有效的证据予以证实，故其请求缺乏事实根据和法律依据。二审法院判决：驳回上诉，维持原判。

上海市人民检察院第一分院诉应志敏、陆毅走私废物、走私普通货物案

《最高人民法院公报》2014 年第 5 期

【案例要旨】

在走私案件中，应当根据案情综合判断行为人对夹藏物品是否具有走私的故意。行为人不具有走私的概括故意，对于走私物品中还夹藏有其他不同种类物品确实不明知的，不能适用相关规范性文件中“根据实际的走私对象定罪处罚”的规定进行数罪并罚，而应当根据主客观相统一原则，以行为人主观认知的走私对象性质加以定罪处罚。对于客观上走私了上述夹藏的其他不同种物品的，可作为行为人所构成特定走私犯罪的量刑情节予以评价，以体现罪责刑相适应原则。

【案情及裁判结果】

2011 年 3 月，被告人应志敏、陆毅为牟取非法利益，采用伪报品名的方式

并通过进境备案的手段进口5票废旧电子产品等货物。上述货物中，经鉴别，进口废旧线路板、废电池共32.29吨，属国家禁止进口的危险性固体废物；废旧复印机、打印机、电脑等共349.812吨，属国家禁止进口的非危险性固体废物；硅废碎料共7.27吨，属国家限制进口的可用作原料的固体废物；经核定，进口胶带、轴承等普通货物偷逃应缴税额人民币74万余元。公诉机关认为被告人应志敏、陆毅违反海关法规，逃避海关监管，采用伪报品名的方式进口固体废物逾389吨、进口普通货物偷逃应缴税额74万余元，其行为已构成走私废物罪、走私普通货物罪，且情节特别严重，偷逃应缴税额特别巨大。两名被告人及辩护人对起诉指控走私废物罪均无异议，但均提出两被告人不明知废旧电子产品中夹藏了其他普通货物，故不应构成走私普通货物罪。

上海一中院经审理认为：本案的争议焦点为被告人应志敏、陆毅的行为是否构成走私普通货物罪。本案中，虽然从两名被告人走私的货物中实际查获了国家禁止进口、限制进口的固体废物和普通货物两种走私对象，但依据现有证据只能认定两名被告人主观上仅明知所走私的对象为固体废物，而不明知在固体废物中还藏匿有普通货物，因此，依照上述主客观要件相统一原则可以认定两名被告人的行为构成走私废物罪，但不能另行认定构成走私普通货物罪。两名被告人的走私行为客观上使得涉及税款高达70余万元的普通货物被走私入境，在不另行认定构成走私普通货物罪的同时，应当将此走私普通货物行为作为走私废物罪的量刑情节予以评价，以此体现罪责刑相适应原则。综上，根据相关法律规定，并结合两被告人在共同犯罪中的作用和地位等，判决被告人应志敏、陆毅均犯走私废物罪，分别判处有期徒刑十年和九年。一审宣判后，被告人未提起上诉，检察机关亦未提出抗诉，一审判决已发生法律效力。

上海美术电影制片厂诉珠海天行者文化传播有限公司等侵犯著作财产权纠纷案

《最高人民法院公报》2014 年第 9 期

【案例要旨】

动画影片中的角色形象可以作为美术作品受到《著作权法》的保护；并且只有对该角色形象付出独创性贡献的公民才能成为作者。在《著作权法》制定实施之前的计划经济年代，不具备保护作者权利的观念基础和制度环境。因此，人民法院在确定这一特定历史时期所创作的动画影片角色形象著作财产权归属时，需要在法律适用过程中运用利益衡量方法，综合考虑历史、现状、公平等各项因素，实现个人权利与集体利益的平衡。

【案情及裁判结果】

1945 年，张光宇创作了一部彩色神话连续漫画《西游漫记》，该作品共六十幅漫画，每幅均附文字说明，采用旧《西游记》的体裁，其故事结构及神话中的主要人物借用旧《西游记》原班人马。1960 年至 1964 年，原告美影厂根据西游记中的精彩段落“大闹天宫”创作完成了动画影片《大闹天宫》。期间，美影厂导演万籁鸣邀请张光宇、张正宇兄弟参与美术设计。《大闹天宫》孙悟空人物形象由美影厂职员严定宪于 1961 年定稿。《大闹天宫》（上集）和（下集）分别于 1961 年和 1964 年公开上映。

2001 年 6 月 18 日，原告美影厂与广州市天行者文化传播有限公司签订电影放映权授让合同，约定美影厂将动画片《大闹天宫》在美国的独家电影放映权授让给广州天行者公司，授权期限五年。2008 年 4 月 14 日，汤泽波（系天行者公司董事长）以珠海天空文化传播有限公司为著作权人，将其设计完成的 WuKong 系列卡通形象在广东省版权保护联合会自愿登记。珠海天空文化传播有限公司于 2009 年 1 月 13 日申请注册了第 7162768 号“WUK＋简化的孙悟空头像剪影＋NG”的图文组合商标，国际分类为 25 类，涉及服装、婴儿纺织品尿布、鞋、帽子等商品。被告扬派公司在百联南方购物中心内设立 YOUNG PARK 商场，并将其中一间商铺提供给被告九履公司用于经营活动，经营期限自 2009 年 6 月 25 日至 2010 年 7 月 31 日。2009 年 5 月 24 日，被告悟空公司授权被告九履公司销售其生产的“悟空童鞋”，授权时间为 10 年。悟空童鞋生产单位为被告千致公司。

一审法院认为，张光宇在创作孙悟空人物形象方面的已有基础，且该动画影片创作周期较长，张光宇、张正宇兄弟先后参与创作的事实，故该美术作品创作人为张光宇。同时，鉴于孙悟空人物形象的最终定稿由美影厂职工严定宪完成，且两者人物形象基本要素相同，故该著作财产权应当由张光宇和美影厂共同享有。天行者公司和被告千致公司网站上出现的孙悟空人物形象以及被告九履公司销售的悟空童鞋包装盒及挂件上的孙悟空人物形象与美影厂主张保护的《大闹天宫》中的孙悟空人物形象在人物体貌、服饰特点等主要特征方面基本相同，天行者公司、悟空公司、千致公司共同侵害了张光宇和美影厂享有的孙悟空人物形象的信息网络传播权、复制权和发行权。而九履公司系悟空童鞋的销售者，销售附有孙悟空人物形象的悟空童鞋，属于侵害发行权的行为。扬派公司系商铺出租方，未实施著作权人专有权利控制的行为，故美影厂有关扬派公司侵犯著作权的主张不能成立。据此判决：被告珠海天行者文化传播有限公司、被告珠海悟空服饰有限公司、被告珠海市千致鞋业有限公司、被告上海九履贸易发展有限公司应于本判决生效之日起立即停止对原告上海美术电影制片厂享有的动画影片《大闹天宫》中的孙悟空人物形象美术作品著作财产权的侵害；被告珠海天行者文化传播有限公司、被告珠海悟空服饰有限公司、被告珠海市千致鞋业有限公司应于本判决生效之日起十日内连带赔偿原告上海美术电影制片厂经济损失及合理开支人民币 500000 元；驳回原告上海美术电影制片厂的其余诉讼请求。

天行者公司不服，向上海市高级人民法院提起上诉。被上诉人美影厂和张光宇共同享有《大闹天宫》动画影片中孙悟空人物形象美术作品的著作财产权。本案中，被控侵权的孙悟空人物形象与《大闹天宫》动画影片中孙悟空人物形象美术作品在主要特征方面构成实质性相似。在诸使用人均未能证明其使用被控侵权形象具有合法依据的情况下，其未经权利人许可，擅自在互联网络、童鞋产品及其包装上使用美影厂涉案作品的行为，已构成了对该作品著作财产权的侵害，应各自承担其相应的民事侵权责任。二审法院判决：驳回上诉，维持原判。

上海普鑫投资管理咨询有限公司诉中银国际证券有限责任公司财产损害赔偿纠纷案

《最高人民法院公报》2014年第10期

【案例要旨】

民事诉讼中，人民法院依当事人申请采取财产保全措施的，系为保证将来裁判文书顺利执行，并保障申请人的权利保障。有义务协助法院采取保全措施的第三人，如果拒不协助导致裁判文书无法执行的，并造成申请人权利无法实现而受到损害的，该第三人应当对申请人承担侵权损害赔偿责任。

【案情及裁判结果】

2004年5月，普鑫公司在另案起诉唯美特公司的诉讼中，向上海一中院申请保全该公司的财产，同月20日，上海一中院裁定保全唯美特公司在中银公司开立账户中的证券。同月21日，上海一中院法官至中银公司上海某营业部要求协助保全唯美特公司的证券，该营业部以需要经总部办理审批手续为由，不予协助。同月24日上午，中银公司在未经唯美特公司同意的情况下，擅自将唯美特公司在上海某甲营业部的146个股东账户中的证券转至牡丹江、天津、武汉、重庆的四处营业部，在某甲营业部仅留下5个股东账户名下的证券。该日下午，中银公司协助上海一中院法官保全了某甲营业部5个股东账户中的股份。同月26日，上海一中院法官再次要求中银公司协助保全，但中银公司要求法官自行前往牡丹江、天津、武汉、重庆四地办理保全。同月26日，上海二中院在中银公司另案起诉唯美特公司的诉讼中，依中银公司的申请，裁定保全唯美特公司的证券。中银公司同日在未经唯美特公司同意的情况下，再次擅自将唯美特公司143个股东账户中的证券从牡丹江、天津、武汉、重庆四处转移至上海某乙营业部，并协助上海二中院办妥了保全手续。同月27日，上海一中院法官分赴天津和武汉，对中银公司留下的3个股东账户进行了保全。

2004年6月，经上海一中院出具调解书确认，唯美特公司应对普鑫公司承担责任。2005年4月，经上海二中院判决唯美特公司对中银公司不承担责任。2005年10月，兰州铁路公安局到中银公司上海某乙营业部办理了涉案143个股东账户股票的轮候冻结手续。2006年6月，中银公司与唯美特公司一案经上海市高级人民法院二审判决，唯美特公司不对中银公司承担责任。2007年5月，兰州铁路运输中级法院作出判决，将涉案股票交付兰州铁路局。涉案股票被之前实施轮候冻结的兰州铁路公安局转至兰州铁路运输中级法院处理。普鑫公司因对唯美特公司执行无着，遂起诉中银公司，要求中银公司在其妨害保全所转移的143个证券账户市值范围内，承担对普鑫公司的侵权赔偿责任。

一审法院认为，中银公司在明知上海一中院对唯美特公司实施财产保全的情况下，未经唯美特公司同意，擅自转移该公司的财产，使法院为保障普鑫公司权利所采取的保全措施大部分落空，最终导致普鑫公司的债权未获全额清偿。中银公司上述转移财产的行为主观恶意明显，该行为同普鑫公司因债权未获清偿所产生损失间的因果关系明确，故确认中银公司对普鑫公司的侵权事实成立，判决中银公司应当在其妨害保全所转移的证券市值范围内赔偿普鑫公司损失，并加算赔偿利息损失。

一审判决后，双方上诉至上海一中院，其中普鑫公司认为一审法院对于利息损失的计算不当。二审法院认为，法院财产保全裁定以控制债务人的自由处分为目的，系为保障未来生效法律文书的执行。协助义务人协助法院执行生效的财产保全裁定，是财产保全功能实现的关键，亦是其应尽的法律义务。本案中，中银公司不协助办理法院对唯美特公司的保全措施，故意将该公司的证券反复转移，导致保全措施无法有效实施。中银公司的行为导致普鑫公司无法获得全额清偿，造成普鑫公司损害，应在其擅自转移证券的价值范围内承担赔偿责任。原审法院对计息的计算并无不当。据此驳回上诉，维持原判。

陈洁、陈明、徐炎芳诉上海携程国际旅行社有限公司服务合同纠纷案

《最高人民法院公报》2015年第4期

【案例要旨】

民事诉讼中，当事人对自己提出的主张应当提供证据。旅游经营者主张旅游者的单方解约系违约行为，应当按照合同约定承担实际损失，但旅游经营者应举证证明“损失已实际产生”和“损失的合理性”，否则应承担不利后果。旅游经营者向人民法院提供的证据系在中华人民共和国领域外形成的，该证据应当完成公证、认证手续；在香港、澳门、台湾地区形成的，应当履行相关的证明手续。

【案情及裁判结果】

2013年7月30日，原告陈洁等三人与上海携程国际旅行社有限公司（以下简称为“携程公司”）签订了《上海市出境旅游合同》，三原告参加由携程公司组团的出国游，出行时间为2013年9月30日，旅游费共计55326元。根据合同约定，因旅游者的原因不能成行造成违约的，旅游者应当提前7天（含7天）通知对方；对于违约责任，旅游者和旅行社已有约定的，从其约定承担，没有约定的，按照下列协议承担违约责任：旅游者按规定时间通知对方的，应当支付旅游合同总价5%的违约金。后三原告因故与携程公司于2013年9月6日解除了合同，携程公司向三原告退还旅游费30198元，剩余费用未退还。三原告遂起诉携程公司，要求返还剩余旅游费25598元。

一审法院认为，第一，三原告与携程公司签订了《上海市出境旅游合同》，双方缔结旅游合同关系，三原告因自身原因要求解约，致使双方签订的旅游合同无法继续履行，其行为构成违约，应当承担违约责任。第二，三原告于2013年9月6日通知携程公司退团，应依约支付携程公司旅游合同总价53，598元的5%的违约金2679.90元。同时，三原告的旅游签证是由携程公司代为办理，但携程公司无法证明签证费用已经发生，应退还三原告办理签

证的费用180欧元（折合人民币1446.88元）。第三，携程公司提供证据证明，其已向负责旅游活动接待的地接社交付费用3018欧元，该地接社以三原告违约为由拒绝退还该笔费用。但携程公司的上述证据未经公证、认证，在形式上存在瑕疵。鉴于本次纠纷缘于三原告解约，而携程公司出示的证据因地接社的不配合存在瑕疵，故对于地接社拒绝退还3，018欧元造成的损失（折合人民币24259.28元），酌定双方各半承担。故一审法院判决：携程公司向三原告退还人民币10896.62元。

三原告提起上诉，要求改判携程公司返还旅游费25575元。二审法院限定携程公司在一个月期限内提供境外证据的公证、认证手续，但携程公司未完成。二审法院认为：第一，原审法院关于三原告取消旅游行程致使携程公司产生3018欧元的损失一节事实的认定不当。第二，三原告因自身原因要求退团，导致双方签订的旅游合同无法履行，系单方解约行为，应当承担违约责任。第三，三原告在2013年9月6日要求退团，属于该情形，故三原告应当承担以合同总价53598元为基数，按5%标准计算的违约金计2679.90元。第四，关于“损失已实际产生”和“损失合理性”的举证责任在于携程公司，如举证不力，应承担不利后果。综观携程公司的证据材料，不论在证据的效力和证据的证明力上，以及直接证据、间接证据之间的相互印证上，均无法形成令人信服的证据优势。二审法院在二审期间给予携程公司一个月的举证期限补强证据，但其未能进一步有效举证，鉴于携程公司扣除相关费用欠缺证据证明，故三原告的上诉请求中部分内容应予以支持。经核算，携程公司应退还三原告旅游费22，895.10元（旅游费合计55326元—已退款29751元—应承担的违约金2679.90元）。故二审法院改判撤销原判，判令携程公司向三原告退还人民币22895.10元。

十佳审判长

完善裁判文书制作　提升案件审理质量

蒋克勤*

2015年是上海一中院建院二十周年，二十年间上海一中院通过加强自身能力、作风、合议庭建设全面提升队伍素能，切实做好以公正司法为核心的法院工作，在司法事业中不断书写一页页辉煌的新篇章。2015年是我进入法院工作的第十八年，十八年间先后在民二庭、书记办、民一庭、民三庭工作，切身体验着上海一中院在二十年中的发展变化，并在上海一中院的司法事业中不断得到激励、改变、升华和造就。值此建院20周年之际，回顾十余年的审判工作实践，总结如何通过完善民事裁判文书制作提升案件审理质量的经验，与大家共勉。

裁判文书是人民法院代表国家行使审判权，通过审判活动对案件的实体问题和程序问题作出的具有法律效力的司法文书。民事裁判文书既要反映具体案件的审理过程，又要归纳诉讼当事人的诉辩主张和争议焦点，更要阐明人民法院经审理后对案件事实如何认定以及法律如何适用并宣示人民法院对案件的最后裁判结论。因此，完善民事裁判文书的制作必须从突出“三性”入手，即针对性、说理性和逻辑性。

突出针对性是我们完善民事裁判文书制作的前提要求。所谓针对性，就是要求我们在制作裁判文书时要做到有的放矢，直面诉讼当事人之间的争议，阐明人民法院的裁判意见。诉讼到人民法院来的每一起案件，皆因当事人之间对事实真相或法律适用存在争议，从而求诸人民法院居中裁判，如果我们制作裁判文书时不能正视这些争议而回避或采用模糊语言绕开这些争议，可能导致当事人对法院认定事实或适用法律产生歧义。败诉方不能理解败诉原因，引起不必要的上诉上访，既无法解决诉讼当事人之间的矛盾与困惑，更无法彰显人民法院的司法公正与司法权威。

* 上海市第一中级人民法院民事审判第三庭审判员。

把握裁判文书的针对性，首先要驾驭组织好庭审活动。通过精心组织的庭审活动，固定当事人的诉辩主张，锁定当事人之间的争议焦点，从而为将来制作裁判文书明确“靶心”所在；其次要理顺当事人之间争议事项间的关系，分清主要问题与次要问题、前提问题与后续问题，从而明确主要“症结”所在；第三要扬弃与争议问题无关的事项，对裁判时可作酌定参考的事项予以保留，对不能供酌定参考之用的事项不予吸收，从而明确“药方”所在。

说理性是完善民事裁判文书制作的质量保证。所谓说理性，就是要求我们在制作民事裁判文书时要在庭审查明的基础上，阐明人民法院如何认定证据进而确定事实、如何适用法律以及作出最后裁判意见的依据。诉讼当事人参加诉讼的目的，就是要从法院和法官这里得到判定其争议是非的理由，包括事理、法理、学理和情理等。如果我们在制作裁判文书时不作出充分的说理，使用空话、套话，或者对控辩双方提出的诉求和理由在裁判文书中不予回应，甚至简单驳回，不阐述采信与不采信的理由，也不论证法院作出裁判的根据，那么，这份裁判文书就如同没有使用价值的劣质产品。从这个意义上说，裁判文书的说理性是构成裁判文书质量的根本保证，只有充分展示说理性，才能真正做到以理服人，使裁判文书在诉讼当事人之间确立起司法权威与司法公信力。正因为如此，本次人民法院四五改革纲要也再次强调了推进裁判文书说理改革的重要性。建立裁判文书说理的评价体系的同时，将裁判文书的说理水平作为法官考评和遴选的重要因素。

要做到裁判文书的说理性，首先要充分发挥合议庭评议的作用。作为主要承担二审审判工作的中级人民法院，我院绝大部分的案件都由合议庭进行裁判的。裁判文书中所表述的“理”应当是合议庭成员的集体智慧结晶。因此，在合议庭评议过程中每一位成员必须展示其评判证据效力、认定案件事实的心证过程以及适用法律作出判决结论的逻辑推理过程，禁止仅作出同意或不同意的表态性评议意见，在评议阶段应当就证据采信、事实认定、法律适用的理由进行明确，从而为突出裁判文书的说理性做好充分准备。

要做到裁判文书的说理性，关键要注重说理的方法，即在查明事实的基础上，将有关法理、学理、情理揉进案件。在这方面，对法律有明文规定的，要严格依照法律，准确适用；对法律没有规定的，可以参考学理中的通说，或者充分尊重社会习惯和公序良俗，或者从合情合理的角度予以阐释。法律的制定离不开情理、事理的考量，法律的适用也不得不顾及人之情感体验。如果裁判文书的说理能够从道理、情理、事理、伦理等方面进行阐述，那么有可能从根本上化解当事人之间的矛盾，可以解决法律所不能解决的问题，真正做到服判息诉。

要做到裁判文书的说理性，还需要树立起说理的勇气。在民事诉讼中，一些当事人情绪激动，蛮不讲理，胡搅蛮缠，使得有些法官在制作裁判文书时有顾虑和畏难情绪，担心言多必失，从而在说理时瞻前顾后，避重就轻，有意回避矛盾，对应当理直气壮的问题一带而过，反而导致当事人更有理由对判决提出质疑。因此，越是面对这种情况，越要敢于充分展示说理性。

逻辑性是完善民事裁判文书的内在要求。所谓逻辑性，就是要求我们在制作裁判文书时要紧扣案件事实适用法律，展开说理，充分揭示事与理之间的必然联系；把握争议焦点之间的先后顺序和因果关系等。民事裁判文书的说理性，必然要求民事裁判文书具有逻辑性。没有逻辑，就没有理性。尽管霍尔姆斯大法官说过：法律的生命在于经验而不在于逻辑。但这一命题，并非绝对的真理。在判例法国家，法官采用归纳法的推理方式断案，固然经验重要，但并不排斥逻辑；而在大陆法国家，法官采用的是演绎法的推理方式，此时逻辑较经验就更为重要。

要把握裁判文书的逻辑性，必须理清争议焦点问题的因果联系，确立应解决问题的先后顺序，层次分明地在裁判文书中逐一阐述。例如，在劳动合同纠纷案件中，劳动者要求用人单位支付赔偿金，我们在制作裁判文书时，首先必须论述用人单位是否存在违法解除劳动合同行为，然后再根据对这一问题的结论，来论证用人单位是否应当向劳动者支付赔偿金，如果需要支付的话，再进一步论述赔偿金如何计算。

要把握裁判文书的逻辑性，必须揭示案件事实与所适用法律之间的必然联系。这就要求我们在制作裁判文书时充分阐述两者之间的联系点，找出这个联系点以后，按照大前提、小前提、结论的演绎思维模式进行论证。引用与当事人实体利益直接相关和涉及其他重大程序利益的法条，做到全面、准确，又不过量。对复杂、疑难或运用自由裁量权的案件，应对法条的立法原意予以必要阐述，解释运用自由裁量权的法理和逻辑规则。

要把握裁判文书的逻辑性，必须培养理性思维，使逻辑推理过程合乎情理。案件审判是一项专业性和技术性很强的工作，必须具备专业的思维方式和操作技能，必须遵循一定的规则、逻辑和方法。通过理论的学习以及实践的积累培养理性的思维方式，在案件的审判中去繁就简、由表及里、层层深入，将直达公平正义的过程展示于当事人，以获取当事人对判决的理解与认同。

对于不同的对象来讲，裁判文书具有不同的功能：就法院而言，裁判文书是实现司法公正、提高司法公信度、树立司法权威的重要载体；就法官而言，裁判文书是依法行使国家审判权的具体方式，是展现综合素质、传递经验智慧的重要媒介；就当事人而言，裁判文书是其认知司法过程，知晓裁判结果，认同司法权威的主要依据；就社会公众而言，裁判文书是他们了解司法活动的有效途径、接受法制教育的生动教材。总之，裁判文书是人民法院审判工作成果的集中体现，是人民群众评价审判工作成效的重要依据。因此，在审判工作中必须重视裁判文书的制作，才能提升案件审判质量，确保司法权威，让人民群众在每一个司法案件中都感受到公平正义。

记忆的回赠

庞闻淙*

有些事情，就像站台候车，隐隐而来，却倏忽而过。二十年，又是一次记忆的停靠。

而我，如同车厢里的一名乘客，身在其中，或耳闻，或目睹，不同的角度，不同的段落。

一、元年的实习生

老中院分院时，我还是个实习生，分配在经济庭的调解中心。虽然没有赶上一中建院的“7.1”宣誓，但聚散离合间的人与事，不难感受到种种平凡的真实。除了每天打扫卫生、排队泡开水，实习生干的是书记员的活儿，记录和归档是重头，也是必需的基本功。带教老师起初一直没有表态，这让我心里没底。直到有一天他突然说了句超预期的肯定，才让我恍然而且释然，下班回家，心情大好。

可他自己也有紧张的时候，不是开庭，而是向庭里汇报案子。每到此时，如同三堂会审，几位庭长依次坐定，边听汇报边翻卷宗，轮流发问，个性尽显，而且不留情面。即便像我这样无关紧要的人，也可以感觉到这种因严谨乃至严苛所凝起的紧张氛围。以今天的理念，会将此归结为“行政化”的管理模式，但这似乎并不够精确，现场实际上还带有一种浓厚的、专业化的论辩色彩。对办案者来说，领导的权威固然存在，专业上的压迫感也是显而易见的。那天，几个案子里有一个被“毙”了，我抱着一堆卷宗走下楼梯，听见师傅在前面长吐了一口气，似乎喜忧参半。

从福州路 209 号到虹桥路 1200 号，新的中院、新的环境。这次实习是在

---

* 上海市第一中级人民法院民事审判第二庭副庭长。

刑庭。我跟着警车外出提审、勤练“五笔”打字速度，在帮忙校对之余，还在带教老师的鼓励下，不自量力地写起了判决书。当时的办公条件没有电脑，Windows 系统才刚刚诞生，所以平时拟稿全靠手写，一笔好字或者烂字，都会让人印象深刻。文书是用“四通”打印蜡纸后再去制版，印刷成本很大。一次惨痛的教训是，我刚费尽力气把七十多页的判决书印好装订完，却突然发现一个校对上的差错，真的叫人欲哭无泪。从某种程度上说，文印室和档案室就是书记员的考场。很多人还记得文印室的工人老曹，黝黑壮硕，忧国忧民，最喜欢给我们这样的“菜鸟”上课。在他的专业领域里，他有着充分的自信和自豪。

渐渐的，毕业将近。望着肃穆的审判大楼，陌生的距离感开始被逐渐融入的归属感化解。实习是工作的序曲，起步了，就开始走向远方。

二、幸运与艰难

从书记员到助理审判员是职业的转折，对个人的意义重大，但就以往的晋升制度来说，坡度还是比较平缓的。书记员本身是法官的后备梯队，加上五、六年的工作经验，论资排辈就可以解决。但慢慢的规则发生了改变，等到2000年，这一批的竞争愈发激烈，整个考试成为了一场马拉松式的比拼。

首先是考计算机应用，重点是院里刚刚开发完成的审判管理操作系统；然后考英语，一口气要做十篇大学四级难度的阅读理解；第三项是案例分析，刑事、民事、经济各考一道；第四项是撰写裁判文书，边看庭审边整理证据，三个专业各写一篇；第五项是提交一篇论文，并专程请来高校的老师，“一对三”地进行答辩。综合各项成绩，加上平时工作的测评，最终有九个人进入审委会面试，六个人通过晋级。整个考试过程前后有两、三个月时间，由冬到春，全部是利用周末的休息天进行。毫无疑问，这样的考试给了年轻人更多的机会。时至今日，我依然为此感到幸运。

作为当时全心投入的应试者，我们可能还来不及意识到，这样开放、激烈的竞争，不仅对于自己，即使对于考试的组织者、评判者乃至众多旁观者来说，也会产生深刻的触动。这是一个共振的气场，订立了一个高于以往、更加全面、严格的准入标准，不仅打破了庭室的界线和行政的依附，更预示着未来跨入这一职业的门槛，将越来越艰难。仅仅在两年之前，即将履新的老庭长还在对我说起，庭里有不少老书记员都很不错，但是名额有限，不知道报哪一个好，善意而委婉地提醒我的前途。但同样仅仅两年之后，原来的律师资格考试与法官、检察官职业资格考试“三考合一”，开始有了今天的国家司法考试。自此，通过这场高难度的全国统一考试，成为了获得法官资格的前提条件。

五月的旗忠村，在刚启用不久的高院培训基地，我完成了法官的岗前培训，留下了一张学员的合影。这是两个重合的身份，但在很长的时间里，都不会改变。

三、改革的风口，现实的浪尖

没有人会否认改革在上海一中院发展过程中所留下的浓墨重彩的一笔，也很难在每一位亲历者脑海中抹去那段深刻的记忆。观念的转变是最大的转变。更何况，这种转变被浸透在全方位的实践当中。仿佛通过一个舞台，让法治的梦想照进现实。

早在最高人民法院第一个五年改革纲要之前，上海一中院的改革就已起步。但为人之先，除了勇气和决心，更有大量艰苦的工作要做。公开开庭率的大幅提高，意味着司法成本的迅速增加；审判流程管理的推行，需要计算机和人工操作并行过渡；合议庭负责制的探索，队伍结构和效率指标问题无法回避。改革从启动到推进，制度建设、数据积累、资源重组和总结调整，一直都是繁重审判任务之外的常态性工作，即便是作为部门条线的执行方式改革、书记员分类管理等等，也莫不如此。这其间，充满了理想和激情，也不乏疑虑和抵触，更有“两难”中的反复。但最终，实践收获了它的成功，吸取了它的教训，迎来了今天前所未有的大好东风。

亨廷顿说过，改革者的一大难处，在于他必须两线作战。自分院以来，上海一中院的收案便节节攀升，十几年的时间，已经达到了建院时的四倍之多。巨大的办案压力年复一年地挤压着法官的时间和空间，而深刻、复杂的社会变化，把原本守在最后防线的法院推到了矛盾的前沿。不可否认，创新之后，务实而坚韧的管理是审判动力的又一次提升。繁简分流加快了办案节奏、质效评估体系在大数据时代开始凸显它的价值、而法官业绩档案则建立起了动态、直观的人力数据库。回过头来，我们可能已经无法想象，如果没有当初的辛勤构建和孜孜以求的自我完善，法院将如何再能承受得起如此高强度的诉讼浪潮的冲击。

2005 年，上海一中院新审判大楼正式启用，简洁的玻璃幕墙明亮、通透。整整八个审判楼层，合议庭办公室和外面对应的法庭只隔着一条窄窄的走廊。

这是上海一中院特有的设计，也是改革的理念。在这里，法官们离法台很近、离社会也很近，但都能看得到阳光。

四、从理念到信念

处在上海这样的大都市，文化交融，价值碰撞，从来都不缺少大众关注的案件。案件本身是社会现实的反映，但如何判断、评价和引导，体现着法律背后的理念。可是，这个社会发展太快，不仅发展，而且裂变。如果说在老中院的年代，法院的形象地位还符合当时的社会认知和法院的自我认知，那么此后，两者之间就出现了不对称，而且，各自都有了偏离。

相对而言，法律的技术进步和文化传导比较容易被接受，虽然在法官改换法袍之前，大家也没有觉得戴肩章和大盖帽有什么奇怪。然而，一旦拨开浅表的认同，触及到深层的利益冲突和社会格局调整，现有的司法规则仍然显得薄弱。就像富勒指出的那样，在一个社会飞速变化、秩序剧烈重构的地方，司法审判的作用会大打折扣，因为它很难宣示一个真正有意义的“正确”标准。一段时间里，这种困惑确实存在。从“执行难”到“信访不信法”，在具体的审判实践中，许多冲突已经不是单纯的理念之争，而是现实的博弈。

有时候我会反思，当年我跟过的一些老法官和审判长，他们没有经过正统的法学教育，没有专业的理论功底，没有优越的物质条件，也没有接触过所谓的现代法治理念，但为什么却能够赢得大家的尊重和当事人的信任。或许因为，他们的观念朴素、界线分明，所以更加坚定；他们的经历丰富、感情真实，所以更加包容；他们的对比深刻、心态平和，所以更加珍惜。头脑中的理念，离不开内心的信念。法官实现正义，不是高高地坐在云端看着，而是要真正踏进现实这条艰苦、泥泞、深一脚浅一脚的道路往前走。没有信念的支撑，难免患得患失。我希望，那些老法官身上的品质，没有在我们这一代人身上失去传承；我也期待，在新成长起来的这批年轻人心中，法官这个职业，能够让他们全心为之付出。

人来人往，在所有的发展变化中，人的变化是最真切的。二十年会改变很多，也会沉淀很多。上海一中院的记忆里有着丰厚的馈赠，每次走过那条宽阔静谧的法治长廊时，你可以听见自己的脚步带来的回响。

永葆军人本色　迎接新的挑战

方　敏*

光阴似箭，岁月如梭，转眼间我从部队转业到上海一中院已经有十多个年头了。每当夜深人静时，我总会回忆起军营的一切，那里有我青春的梦想，有我成长的脚步，有我永恒的怀恋。那段岁月弥足珍贵，留给我的是力量，是财富，是骄傲。

军人，国家的盾牌；法官，正义的天平。角色虽不同，但忠诚与奉献是共同的品质。作为一名转业军人，我怀念部队，也热爱法官这个职业，法袍象征着威严和神圣，我为自己能成为一名人民法官而感到无比自豪！转眼，我从事执行工作已有十多年。人民法官这个称呼，一直伴随着我、激励着我，它使我在转换角色中不断迎接新的挑战，也使我积淀了不少办案经验。在解决一个个疑难案件的同时，也使我的自我价值得以体现。十多年来，我坚持“以人为本”的理念，牢记全心全意为人民服务的宗旨，深入贯彻司法为民的指导思想，以维护社会稳定、服务人民群众为己任，带着对人民群众的深厚感情去执法、去工作、去服务，做到既严格执法、规范执行，又主动热情、耐心细致，较好地完成了各项任务，顺利地完成了从军人到法官的转变。

一、积极调整心态，迅速转换角色

“能上能下”是党员干部的基本素质要求，但现实生活中往往是“上易下难”。2002 年，我离开军事法院副院长的位置，来到上海一中院执行庭当法官。军事法院承担的审判任务主要是做好案件预防工作。而地方法院的中心工作是审判执行，法官的绝大部分时间和精力是应对具体的事务性工作。职务变了，工作性质也变了，我深知心态调整和角色转换是第一个挑战，必须

* 上海市第一中级人民法院执行局执行组长。

尽快完成从领导岗位到具体案件承办人的角色转换。回望过去，自己从一名士兵，一步一个脚印，走到军事法院副院长的岗位确实来之不易。重新当一名新兵，心头难免有些许委屈。经过反思，我认识到离开部队也是一种奉献，离开领导岗位更是一种奉献。“而今迈步从头越”，良好的心态是为人处世、干好工作的基础，心态不正就容易迷失方向。执行岗位有很多新知识需要熟悉，民事执行工作的特点是涉及部门法多又相对缺乏具体规范，既需要掌握具体的程序规范，又要掌握丰富的执行工作技巧。只有把部队好的思想、好的作风、好的传统带到新的岗位上来，才能适应执行岗位要求。于是，我苦苦地思索执行中遇到的问题，向书本学习、向经验丰富的同志请教，较好地掌握了执行岗位所必须具备的知识和技能，较快地进入了执行承办人的角色。

二、强化服务意识，严肃公正执法

为人民服务是军队的宗旨，是党的宗旨，也是司法机关的宗旨。十多年来，在具体的执行工作中，为了提高自身的业务能力，我不断总结经验，摸索解决执行工作新情况、新问题的途径。坚持做到想当事人之所想，急当事人之所急，发扬不怕苦、不怕累和连续作战的精神，经常奔波于银行、工商局和房地产交易中心等单位，想方设法寻找被执行人的财产，对有财产可供执行的案件及时查控到位，绝不发生任何差错。尤其是一些矛盾突出的案件，每一个案件都是一个挑战。在处理这些案件纠纷时，我总是认真分析执行对象的具体情况，准确掌控当事人的情绪，采取灵活多样的执行方式，真正融“法、理、情”于一体，做到“以法为据、以理服人、以情感人”，让当事人通过案件的处理，切身感受到司法机关的公正、公平与关爱。在此基础上，我还注重采取多种调查方法，拓宽信息渠道，积极查找被执行人的财产线索，提高执行清偿率，争取案结事了。如我在执行北京新月长城投资管理有限公司与上海浦东亿菱机械设备有限公司居间合同纠纷仲裁一案中，申请执行人以其系中国伊斯兰教协会所属少数民族企业为由，要求上海一中院必须在十日内将被执行人拖欠其佣金等折合人民币共计1693万余元执行到位，否则将组织200余名伊斯兰教协会成员上访讨要说法，其法定代表人（中国伊斯兰教协会研究部特邀研究员、中国阿拉伯友好协会理事）态度十分强硬，屡次带人来上海一中院闹访，并在接待室当场作出斥责和欲砸击被执行人的过激行为。为维护社会稳定，我一方面积极安抚申请执行人的情绪，并告知其法院执行的相关程序，要求其依法维护自身的权益，同时，加强与其沟通和联系，密切关注其言行，防止其采取不适当的行动；另一方面四处奔波，积极查找被执行人的财产线索。当查被执行人无财产可供执行时，我并未简单对该案做本次执行程序终结处理，而是积极开动脑筋，在寻根究源分析被执行人历史背景和经营状况后，我又再次赴税务局调查，当查到被执行人在税务机关的一笔巨额退税款后，我如获至宝，迅即传唤被执行人的法定代表人谈话，责令其在五天之内如实申报财产，并告知其不履行义务，法院将对其采取罚款、拘留等强制措施，并将限制其出境，对被执行人形成巨大的威慑。最终，被执行人将全部款项打入上海一中院指定账户，该案最终得以全部执行到位，为此，申请执行人还特地写来感谢信并送上锦旗。

三、谨慎使用权力，坚守清廉底线

艰苦朴素是军队的优良传统，也是执行法官应当具备的品德。只要做到工作上勤奋进取，生活上简单朴素，不义之财不取，不法之物不拿，不洁之地不去，不当之事不做，不追求与自己身份和收入不相适应的物质享受，不摆阔气、不讲排场，就不易被拉拢腐蚀，不会滑向腐败堕落的深渊。源清则流清，行端则影直。执行法官的手中有一定的权力，面对的诱惑很多，尤其是我们中级法院，案件标的额巨大，涉及利益广泛，往往一个案件的罚息就非常惊人。近年来，社会上盛行拜金主义、享乐主义，执行条线有不少人经不起诱惑，走上了违法犯罪的道路，严重损害了法官队伍的形象。面对手中的权力，我始终保持清醒的头脑，充分认识到清正廉洁是执行法官的基本操守，是我们践行忠诚、为民、公正的保证，只有牢固树立正确的权力观、地位观和利益观，时刻做到“自重、自省、自警”，做到用权不谋一己之私，永葆清廉本色，才能保证执行工作的顺利开展。在具体案件的执行过程中，对于棘手的矛盾纠纷和疑难复杂案件我敢于正视和解决，不因私情废公事，不拿原则做交易，严格依法办事，确保了一批批矛盾尖锐的案件得以化解。

四、始终淡泊名利，发挥模范作用

“非淡泊无以明志，非宁静无以致远。”2008 年，领导安排我担任执行组长主持日常工作，我时刻提醒自己要坚持以平和之心对待名，以淡然之心对待位，以知足之心对待利，以敬畏之心对待权。作为组长，在日常工作中，(1) 抓好全组人员的管理，做到以制度管人，以理服人、以情感人，关心大家的生活疾苦，主动同大家交流沟通，努力搞好内部团结，使同事之间的关系融洽，人人心情舒畅。（2）加强对案件的管理，以案件流程管理为抓手，把握好整个案件执行过程中的关键节点，根据案情的轻重缓急，周密计划，合理安排，确保所有执行案件的正常进行，做到均衡结案，实现良性循环。（3）注重发挥自身勇于吃苦、敢于担当的特点和优势，始终保持和发扬在部队时养成的良好作风，以身作则、模范带头，要求别人做到的自己首先做到，要求别人不做的自己首先不做，以实际行动影响和带动大家全力做好工作。在最高人民法院开展的集中清理积案工作活动中，面对人手少、案件多、时间紧、任务重的情况，我边忙日常结案，边带头投入清案工作。同时根据案件的繁简、难易程度，实行先简后繁，先易后难，一案一表，逐个清查的方法，确保对每件案件的基本情况全部清查登记完毕。2010年年初，我在突发腰椎间盘突出症的情况下，时常腰部疼痛难忍，仍继续坚持工作，一边到医院做理疗，一边坚持按时上班，走路不行，就骑自行车，基本没有影响到工作，较好地完成了各项任务，得到了庭领导和大家的一致好评。我所在的执行组大部分同志都曾立功受奖，还荣立了集体二等功。而我本人则通过努力，屡次考核为优秀，2012年还被评为十佳审判长。

五、正确处理关系，稳妥迎接改革

司法体制改革是我们面临的又一挑战，中央全面深化改革领导小组第三次会议审议通过了《中央关于司法体制改革试点若干问题的框架意见》和《上海市司法改革试点工作方案》，为了加快建设公正、高效、权威的社会主义司法制度，让人民群众在每一个司法案件中都感受到公平正义，这次改革从顶层设计明确了司法体制改革的总体目标，重点改革内容是法官员额制。改革势在必行，改革事关法官的切身利益，已经掀起了千层浪。“革命战士是块砖，哪里需要哪里搬”，服从命令是军人的天职，无私奉献是军人的品质。司法改革是当前的中心工作，但是，执法办案永远是法院的第一要务，案多人少仍然是我们面临的一大难题。如果我们只是一门心思应对改革，应对入额考试，把案件办理撂在一边，势必造成大量新的积案，进而直接影响当事人的切身利益，直接影响人民群众的公平正义感受。在改革浪潮面前，我们要认识到法官员额制的目的是为了使法官迈向职业化、专业化、精英化，提高法官队伍的职业保障；还要认识到这次改革执行部门作出的牺牲可能更多。作为执行岗位的一名老兵，虽年过半百，仍要勇于直面、敢于正视。我将坚持把主要精力放在执行办案上，带头办理重大疑难敏感案件，以实际行动引导大家正确处理好改革与办案的办系，及时做好相关同志的思想疏导和安抚工作，帮助大家消除失落情绪，引导大家正确看待改革，真心理解支持改革，积极参与推动改革。

回望二十年的法治梦想和实践

王剑平*

二十年前的虹桥路还非常的冷清，不像今天那样车水马龙。那年夏天那个早晨，我穿着带有肩章的灰色短袖制服，和其他200多名同事和工作人员代表一起，顶着太阳站在虹桥路1200号的广场上，等待着揭牌仪式的开始。安静里的人群里，涌动起一股热情。揭牌仪式由时任市高级法院副院长的李国光同志主持，时任市人大常委会副主任的顾念祖同志、市高级法院院长的胡瑞邦同志作了热情洋溢的讲话，市人大、政协、政法委、公安局、安全局、检察院、高级法院、司法局的许多领导出席了揭牌仪式。随着大红色的绸布缓缓地滑落，“上海市第一中级人民法院”白底黑字的牌子慢慢呈现在我们眼前，上海一中院诞生了！这是一场简单而又隆重的揭牌仪式，乔院长举手领誓的庄严神情、陆纪文带领法警升旗的飒爽英姿，连同那幢朴实庄重的审判大楼，深深印在我的脑海中。多年以后，只要一讲到上海一中院的成立，这些熟悉的画面就在我眼前闪现。

“肩扛天平”，这句话现在听来只是抽象的表述，但那时确是实实在在的描写。因为当时不管是灰色的夏季制服还是藏青色的春秋制服，都有肩章，肩章上都有法徽。直到2000年更换成现在的制服，肩章，才和大盖帽一起走进历史。取而代之的，是徽章、法袍和法槌。服装样式上的改变，特别是开庭穿法袍、敲法槌，带给我们的不仅仅是视觉、听觉上的感受，还有发自内心的庄严感，神圣感。

随之而来的，是2001年法院系统的审判专业化分工。法院原来的刑一庭、民一庭、经一庭不再是专门审理一审案件的审判庭，刑二庭、民二庭、经二庭也不再是专门审理二审案件的审判庭。一庭、二庭的数字，不再表示一审、二审，而是表示专业分工的区别，如民一庭是审理传统民事案件，不

* 上海市第一中级人民法院民事审判第三庭副庭长。

是专门审理一审民事案件的审判庭，民二庭是审理房地产案件，不是专门审理二审民事案件的审判庭。专业化之路由此开启，之后就陆陆续续有了民三庭、民四庭、民五庭、民六庭，每一个数字背后都是一个走向成熟的专业领域，其中包括劳动争议纠纷案件。

我第一次接触劳动争议案件，是在民一庭。当时由于劳动争议案件的大幅上升，一个合议庭承受不了那么多收案，其他合议庭也开始办理劳动争议案件，就这样我与劳动争议结缘了。相比知识产权审判而言，劳动争议审判的起步较晚。最初的劳动争议纠纷案件是在经济庭审理的，后来是放在当时民二庭的情况组审理，再以后案件多起来，在情况组下设了合议庭专门办理劳动争议案件。至于为什么在经济庭审理，就是基于当时的认识，凡是与企业有关的纠纷，都放在经济庭审理。但那时案子不多，印象中整个 1995 年下半年收案不过才 39 件。2001 年审判专业化分工调整后，劳动争议案件转由新成立的民一庭审理，设立了劳动争议专项合议庭。至 2008 年劳动争议案件出现井喷状态，后借着金融审判庭成立的契机，专业的劳动争议审判庭应运而生，民三庭从原来的商事审判庭变成了劳动争议审判庭，劳动争议审判从此进入了一个新的时期。

改革是上海一中院与生俱来的基因。记得建院没多久，院里就召开了审判方式改革的工作会议，进行审判方式改革的探索。当时处于 20 世纪 90 年代中后期，大家都在进行改革，上海一中院也不例外，进行了庭审方式的改革，提出了“100％开庭”“一步到庭”等口号，提升法官的开庭能力。当时法官开庭很少，都是谈话接待的多，一步到庭，就是证据由当事人在庭上举证，庭上质证，庭上认证，所有问题在庭上解决，法官当场在庭上对证据作出认证，这对当时的法官是很大的挑战。经过一阵轰轰烈烈的尝试后，法官开庭的水平得到了极大的提高。另外院里还对法律文书的样式进行了规范，整理了各种文书的样式，极大地提升了法官的文书制作水平。在这些改革中，最令人印象深刻的改革，莫过于合议庭负责制的改革。原来的合议庭，过去称之为组，现在的审判长，当时叫做组长，审判庭下设几个组，每个组都有组长，情况组的名称，就来自于当时。过去，开庭时的合议庭是随机组成的，审判长也是临时的，不像现在是固定的。进行合议庭负责制的改革后，组的称谓变成了合议庭，组长变成了审判长，审判长是固定的，这还是表面的变化，关键一点是法律文书签发权的变革，原来是承办人的文书由组长签发，组长的文书由庭长签发，现在是谁做审判长，谁签发，不管合议庭成员的，还是你自己，全部由你审判长自己签发，庭长不管了，这是极大地改变了原来的行政审批方式，带给大家极大的震撼，这在当时是一个非常了不起的创举，这样上海一中院就在全国法院率先实行了合议庭负责制的改革。这一基本模式一直延续至今，奠定了上海一中院审判工作的坚实基础。

记得市高级法院崔亚东院长在今年上海两会作法院工作报告时，向代表们透露整个上海法院的收案数从2010年的41.64万件升至2014年的55.03万件，代表们惊呼，法官太辛苦了。是的，事实上从20世纪90年代后期开始，随着国家经济的发展和社会生活的变化，法院收案越来越多，案件的大幅飙升，与法官人数的相对恒定，矛盾非常突出。怎么办？法官人就这些，如何应对？在这种背景下，繁简分流机制改革应运而生。事实上，上海一中院早在建院之初就开始了案件简繁分流的探索，在当时的经一庭成立了快审快结合议庭，实现案件的繁简分流，当时主要是在二审民商事案件中探索繁简分流的审判运行机制，后来在二审刑事案件中也开始了探索。尤其是二审民商事案件，上海一中院先是在审判业务庭探索的基础上，在立案庭成立了专项合议庭进行二审民商事案件的繁简分流尝试，经过一段时间的尝试效果显著。后来又将立案庭的快审合议庭移转至审判业务庭，在审判业务庭中进行繁简分流的试点，对于缓解当时案多人少的矛盾起到了重要作用。正是看到审判工作的沉重压力以及繁简分流的显著效果，为了进一步提高审判效率、实现司法公正，上海一中院在充分调研、论证的基础上，在2008年1月作出了在立案庭成立"八审八书"为人员构成的两个快审合议庭的重要部署，形成了上海一中院民商事繁简分流工作的新局面，该模式一直运行至今，为上海一中院的审判工作发挥了重要作用。

实际上，合议庭负责制和繁简分流机制的改革探索，从不同角度为案件的公正高效处理奠定了基础，也在制度框架内最大限度地为法官独立办案创造了条件。从一个参与其中的曾经的青年法官看来，这两项制度，特别是合议庭负责制的意义绝不仅仅体现在审判管理上，它们也深刻地影响了上海一中院的人才培养制度。裁判是一门实践的技艺，法官的培养也只能是一个岗位练兵的过程。因此，"岗位"的设置对于法官成长的意义不言自明。合议庭负责制赋予法官独立裁判权的同时，也把"责任"放到了法官的肩膀上。而"责任"，正是法官不断锤炼自身司法能力，养成职业品格的源动力。对法官而言，权力就是意味着责任。这与我们今天讲的"让审理者裁判，由裁判者负责"的理念是一脉相承的。正是这种责任培养了一大批法院的人才。

在繁简分流机制的改革中，从事快审工作的法官面临的是案件指标的翻番，在案件流转速度急剧加快的情况下，法官必须在很短的时间内对案件作出准确判断，决定案件的走向，也许判断一二次没什么，但是周而复始每天进行这种高强度的判断，并不容易。特别是因为流转速度加快后，法官在每个案件中与当事人交流的时间要比办理普通案件少很多，但当事人对法官公正裁判的期待是不变的，如何在有限的时间内，让当事人感受法官对案件的重视，感受到裁判过程的公平，是速裁法官需要面对的另一个难题。

回望二十年，是上海一中院从初建走向辉煌的二十年，是我们这一代人在岗位上怀揣梦想、自我锤炼的二十年，是我们和法院共同成长的二十年！

求知若渴 虚情若愚

任素贤*

大学里给我上过课的老师有很多，可我独独对教社会学的一个老师印象特别深刻，他叫顾骏，当时可没想到他后来会成为上海滩的一个名人。那时上课时，他曾对我们说："知识就像一个圆，圆里是你学过的，圆外是你未知的；当你知识增加时，圆就变大了，但圆外你未知的世界也相应变大了。"这么多年一直记着这句话，是因为觉得这个老师很有哲学意识，带着辩证的思维。随着一天天看书、一天天学习，知识在一点一点增加时，我发现果然自己越来越惶恐，面对知识的海洋，觉得自己所学的总是那么微不足道，同时也对圆外未知的世界充满了好奇。于是大学里我疯狂地学着自己感兴趣的一切东西，除了专业知识，文学、心理学、哲学、佛学甚至易经八卦也都有所涉猎（现在想想真有些好笑）。此外，我还学了艺术体操、民族舞蹈、国际标准舞等等，那时我成了系里唯一一个既是专业一等奖学金，同时又是体育专业奖学金的获得者。

读研究生的第三年，正好是我从部队转业的那一年，在等待分配新的工作时，我有了一年不用上班、可以睡到自然醒的时间，但我的那一年是在上海图书馆度过的。每天一早，我背着包从杨浦转几辆车到上海图书馆，翻遍了我所能找到的所有关于刑事诉讼、民事诉讼的报刊、杂志和图书，只因为我毕业的论文是研究诉讼证据证明标准。巧合的是，当我毕业答辩时，答辩委员会主席就是我后来工作的新单位领导陈旭。委员会的每一个成员对我的论文都很感兴趣，问了我好些问题，一年图书馆的学习时间果然没有白费，导师后来告诉我，每一个委员都给了我的论文一个"优"，后来我的论文被收入学校优秀毕业生文集。

新单位工作的头几年，闲暇时间我依然在办公室研究着我感兴趣的诉讼

* 上海市第一中级人民法院刑事审判第二庭副庭长。

法，除了开庭、开会、吃饭，几乎不太出办公室的门，所以那时的老庭长曾有一次对我说："这几天你在吗？我好像有好几天没有看到你了。"我只是微笑着没有作答。法院的学习和以往学生时代不一样了，除了书本知识外，我多了一个新的学习途径，那就是实践。每一次开庭，都是我学习的好机会。我准备了一个大本子，记录每一个案件我所遇到的新问题（现在则有点偷懒了，直接记在电脑上）。感谢父母给了我一个好脑子，十几年下来，我虽然不能记住每一个被告人的名字，但我记住了每一个案件里的新问题、新情况，以及相应的解决方法，让我后来遇到再复杂、再困难的案件时，都能从我记忆里的"资料库"中翻出有用的东西来。几年后，我综合案件审理情况，写了一篇关于私分国有资产罪的审判论文，获得院审判论文评比一等奖。

后来我走上了副庭长的工作岗位，这个岗位让我能接触到更多、更复杂的案件，开阔了我的视野，也丰富了我记忆里的"资料库"。陆陆续续的有基层法院的同志来和我探讨他们遇到的一些疑难复杂案件，这对喜欢学习新知识、接受新挑战的我来说，像是打开了另一扇窗，透过这扇窗，我看到了更广阔的法律世界。记得原南汇法院有一个法官来问我一个管辖的问题，说从卡塔尔飞往上海浦东机场的国际航班上一名中国人实施了盗窃行为，被当场抓获，案子起诉到法院后，法官发现管辖上有障碍。当时旧刑事诉讼法司法解释规定，中国公民在中华人民共和国领域外的犯罪，由该公民离境前的居住地或者原户籍所在地的人民法院管辖，而这名盗窃犯是安徽籍，离境前的居住地也不在上海，南汇法院要想审理这个案件，就得逐级报最高人民法院指定管辖。讨论后我觉得，当时司法解释制定时正是90年代，国人出国旅游、留学、务工不像现在这么火爆，在国际航班上的犯罪也极为罕见。而这么多年下来，随着社会、经济的急剧变革，出现了很多新情况、新问题，就像这起盗窃案一样，被告人突破我们以往的惯性思维，不是在公交、火车上，而是登上飞机并且是国际航班实施盗窃，根据我们的法律规定竟然要将他远途押解至户籍地或离境前的居住地进行审判，或逐级上报最高人民法院指定管辖，实属不必要也严重影响了诉讼效率。对这个问题，我思考了很久。

带着这个问题我登上了去北京的飞机，最高人民法院研究室邀请上海的法官去北京参与新刑事诉讼法司法解释的统稿工作，分管我们的黄院长推荐了我，我诚惶诚恐地去了。没有博士的头衔，没有大部头专著，我不知道我能不能胜任这一份挑战。到了北京，看了最高人民法院邀请的另一名专家，我更晕了，那是一个博士生导师，中国法学会刑事诉讼法研究会副会长。在一群博士、专家包围中，我是那么的不起眼。统稿工作开始后，进入我喜欢的诉讼法领域，我忘了博士、专家，眼前只有一条条应用于司法实践，用来解决各类案件的法律条文，我提出一个个问题，包括南汇法官和我感到困惑的管辖问题。最高人民法院领导听后觉得有道理，决定将条文改成“中国公民在中华人民共和国领域外的犯罪，由其入境地或者离境前居住地的人民法院管辖；被害人是中国公民的，也可由被害人离境前居住地的人民法院管辖。”根据新的条文，对于国际航班上的现行犯入境地法院也有了管辖权。有了鼓励，我渐渐“胆大不知羞”了，提出了更多的建议和想法，最高人民法院领导、专家、学者后来慢慢也来主动征询我的意见。每天十几个小时持续近两周的统稿工作结束后，我回到了上海。那一年，我获得了最高人民法院的嘉奖。有了第一次参与司法解释的经历，最高人民法院开始慢慢邀请我参加了他们刑事诉讼文书样式的修订，网络犯罪的司法解释制定等工作。虽然很累，但很快乐，每一次对于我来说都是难得的学习机会，讨论过程中的头脑风暴、观点激荡也是提升司法能力的最好途径。对于喜欢学习新知识、新事物的我来说，后来又增加了另一个学习途径，那就是教学相长。

根据院里的安排，我开始走上讲台，去给研究生、初任法官上课。90年代初，我也曾经走上过讲台，教过几年书。那时的学生在我记忆里听课很认真，也很安静，清一色的服装、清一色的小平头，不和老师交流，很守纪律的样子。再次走上讲台，授课的对象发生了变化，我的学生从一切行动听指挥的军人变成了新时代的青年。他们追求平等，崇尚自由；在价值观、人生观发生激烈冲撞的年代，他们对社会规范、传统教学充满了质疑。为了上好课，我着重研究了教学方法和教学对象，坚决放弃了填鸭式的教学模式，运用了多元化、生动化的方法与学生研究、讨论。记得第一次去复旦上课时，刚开始学生们都坐在后面，班长说还有些学生实习去了；第二次去时教室里就座无虚席了，学生还提了很多问题，思维非常活跃。几次上课，让我真正体味了什么是教学相长，对我也是一种鞭策，觉着在新时期学习真是片刻松懈不得啊。

曾看过一则对话，一位智者问他的弟子：“一滴水怎样才能不干涸。”弟子不能答。智者说：“把它放在江、河、湖、泊里去。”对于法律工作者来说，要想提升我们的专业素养，提高我们的司法能力，有效避免传统的前半生充电、后半生放电的学习模式，真的需要我们沉下身子，不断学生，在干中学，学中干，从实践中汲取丰富的法律知识，这样我们在面对纷繁复杂的社会，面对层出不穷的新情况新问题，才会不惶恐、不忐忑，才有底气审理好每一起案件。

热爱本职，努力为执行工作增光添彩

顾建清*

我于 2001 年 9 月转业进入上海一中院后，始终在执行局从事执行实施工作。经粗略统计，共执结各类执行案件 1500 余件，执行到位钱款共计二十余亿元，各项质效指标达到优良，较好地完成了组织上交给的各项任务。先后两次被高院、本院评为执行标兵、执行能手，并于 2014 年被评为院“十佳”审判长，我所在的执行组也多次获得集体嘉奖。在组织的帮助培养下，我从一名书记员逐渐成长为一名审判员、执行组长。回顾这十几年的执行生涯，有苦有乐，感慨良多。

一、服从组织安排，立足本职岗位建功立业

我进法院前，从未接触过法律，对法院工作了解甚少，之所以选择法院，(1) 感觉法院神圣，是个为民主持正义的地方。(2) 考虑自己还年轻，应该在审判岗位上锻炼锻炼。于是，当时任政治部主任顾福金找我谈话，了解我对岗位的要求时，我在法警和执行庭书记员之间毅然选择了执行庭这个岗位。顾主任见我态度坚决，同意了我的选择，并告诫我要尽快完成从军官到书记员的角色转变，努力学习法律知识，做好吃苦准备，保持清廉本色，争取在执行岗位上有所作为。如今十几年过去了，顾主任也退休了，但顾主任的谆谆教诲我至今记忆犹新。虽然前进的路上并非一帆风顺，但安心于上海一中院这个大家庭，立足于执行岗位建功立业的决心和信心却从未动摇过。

* 上海市第一中级人民法院执行局执行组长。

二、有志者事竟成，完成从军官到法官的转变

进入执行庭后，我迅速投入了书记员工作。在配合法官办案的同时，我从他们身上学到了不少办案知识以及他们的敬业和为人处事，心里充满了收获的喜悦。

我亲眼目睹一些执行法官在接待当事人时，熟练地运用法律知识答疑解惑，使当事人怒气冲冲地来、高高兴兴地回；现场执行时，他们正义凛然，使“老赖”们狼狈地缴械投降；出差外地时，他们不辞辛劳、起早贪黑赶时间，积极协调相关部门办理执行事项；案件评议、文书制作时，他们引经据典找法条，据理力争发表观点，达成一致意见后签名落笔，我由衷地钦佩他们，为他们感到骄傲和自豪。当然，我这个书记员也很重要，每天都有干不完的活，要么出差外地，要么现场执行，要么谈话记录，要么制作文书和归档，忙得不亦乐乎。

然而随着时间的流逝，看着身边的法官个个年轻有为，踌躇满志，而我却只能替他们拎拎包、当当专职驾驶员、做做小跟班，作为一名在部队曾经有过辉煌过去的正营职军官，我不再满足于书记员的工作。心想既然选择了法院，就应该当法官，要用法律作为武器，来惩恶扬善，实现社会的公平正义。于是，我当即买来司法考试书籍，在书记员工作十分繁忙的情况下，充分利用午间和晚上、双休日等一切可以利用的时间来学习法律知识。为了防止干扰，保证学习质量，我扔掉手机，几乎切断了与外界的所有联系。在妻子的支持下，将年仅三岁的女儿送到托儿所全托。每当周一送女儿去托儿所的路上，看到她撕心裂肺的哭喊声，就更坚定了我必须尽早通过司法考试的信心和决心，经过两年的拼搏，我终于通过了司法考试，又经过培训、考核，我于2005年6月被任命为助理审判员，就此完成了从军官到法官的转变。此外，我还参加了北京大学的法律本科函授教育，完成了复旦大学法学院法律硕士的在职教育。

三、练就过硬本领，努力执行好每一起案件

长期以来，一些同志对执行工作有偏见，认为“执行法官头脑简单、四肢发达”“调去执行庭工作的法官往往是业务能力不强”，还认为“执行工作很简单，只要按照判决书去一项一项落实就可以了”，其实不然。这么多年的

执行实际使我体会到，执行工作需要较强的执行能力，执行法官不仅知识面要宽，还要有丰富的社会阅历和过硬的实战本领。面对执行难，还要有遇到困难不绕道、破题难题敢较真的精神。只有这样，才能执行好每一起执行案件。

1. 要注重执行知识的学习。目前我们还没有一部统一的强制执行法律，相关执行知识散落在民诉法、民诉法司法解释等多个部门法当中，新情况、新问题不断涌现，新的法律法规层出不穷，这就要求执行法官不仅要不断学习新的执行规定，而且要学习掌握如刑法、行政法等其他与执行有关的部门法，只有这样，才能问不倒、难不住、答得对。

2. 要有丰富的社会阅历。执行案件中的被执行人，“老赖”居多，执行中主动到法院履行的少之又少。绝大部分被执行人一开始都是“躲猫猫、玩失踪”，一旦你想方设法找到他，他就“要钱没有，要命有一条”，还有的“装病、装弱势”“扯大旗、狐假虎威”，更有甚者，公开抗拒执行，耍无赖等等，这就要求执行法官在具备较强执行能力的同时，还要掌握一定的心理学、社会学知识，不被假象所迷惑，要善于分析“老赖”们的心理活动，抓住弱点，一举击溃。我曾在长宁法院执行庭轮岗时承办过一起案件，执行中，需立即找到被执行人张某去医院接管病危的老母。当我们赶到张某所在的居民楼下时，已是晚上七点多。张某在家，但无论你按门铃还是打电话，他就是不予理睬。情急之下，我利用张某害怕被周围邻居知道其不肯接管病危老母的心理活动，就到居委会借来电喇叭，并站在楼下大喊“××号×楼居民张某，我们是长宁法院的执行法官，你母亲现在医院抢救，希望你马上跟我们一起去医院。”当我喊第三遍时，周边的居民都围了上来，迫于压力，张某乖乖地下楼跟我们去医院办理了交接手续。

3. 要有过硬的实战本领。对于确无履行能力的被执行人，引导其用工资收入等财产分期付款；对于“老赖”则要加大执行力度，充分运用各种强制执行措施，如边控、限制高消费、上失信被执行人黑名单、拘留、罚款等，迫使其履行债务，对拒不履行债务构成犯罪的，运用刑罚惩处；对矛盾激化案件，则应尽力疏导、化解，引导当事人换位思考，充分运用社会资源，尽力帮助弱势债权人克服困难，走出阴影，在穷尽执行手段的同时，对被执行人的合法权益也应予以充分保护。如我执结的一起历时七年的“老赖”案件被登载在《解放日报》上，债权人英讯公司申请执行龙都公司，要求其偿还借款人民币1350万元，龙都公司除在湖北省随州市有一笔投资股权，无其他财产可供执行。执行中，龙都公司的法定代表人黄某利用法院查封的间隙，擅自将该笔股权以零对价转让给关联公司后销声匿迹。此案法律关系复杂，执行财产在外地，系较难处分的股权，被执行人又拒不配合执行，申请执行人生存困难，双方矛盾十分激烈。于是我四下湖北随州，积极协调当地法院、工商管理等多部门，积极协调处置方案，同时，对黄某采取限制出境、限制高消费、罚款等一系列强制措施，在法院的强大威慑下，黄某意识到了问题的严重性，最终一次性清偿本案全部债务，并自觉向法院缴纳了1万元罚款。

4. 尽职尽责抓管理，努力营造良好工作氛围。执行长虽是法院组织管理架构的最底层，但同样承担着一岗双职的任务。我自2007年9月担任执行长资格、执行组长至今，认真履行《执行长工作职责》，一手抓案件管理，一手抓人员管理，取得了较好的效果。

(1) 案件管理方面。以执行案件流程管理为载体。分案阶段，根据组员的办案特长及案件性质，合理调配案件，如对群体性、矛盾激化等重点案件，由执行长主办或由经验丰富的法官主办等；实施阶段，则重点落实好评议制度，防止“合而不议，形合实独”，根据执行案件的特点，重点评议拘留、罚款等强制措施的采取、疑难、复杂、矛盾激化案件的执行方案、执行款的分配、发放等重大事项，此外，还要把握好执行异议的审查、科学的质效指标、规范的结案方式、法律文书的制作、上网等节点，认真落实好《三十条要点提示》。

(2) 人员管理方面。实践证明，在一个群体中，管理抓得紧，工作氛围和谐，人心向上，人员的工作责任心就会不断增强，各项任务就完成得好，所以说，管理出战斗力。当前法官群体面临着来自各个方面的压力和职业风险，作为管理法官的最基本单位—合议庭，就显得尤为重要，那么作为审判长到底该如何进行人员管理呢？我认为：首先审判长要以身作则，自觉遵守各项规章制度，要求别人做到的自己首先做到，要求别人不做的自己首先不做，用行动作出榜样，俗话说“其身正不令而行，其身不正虽令不从”就是这个道理。其次，审判长要以诚待人，心胸开阔。人是注重感情的，工作上的支持，生活上的关心，对同事的尊重等等，都会激发合议庭成员的工作热情，提高工作效率。最后，审判长要处事公道、赏罚分明。审判长要敢抓敢管，克服好人主义思想，在评功评奖、职级晋升、绩效考核等方面，尽管审判长也没有多大权力，但也要一视同仁，奖勤罚懒，在合议庭范围内形成风正气顺的良好氛围，使合议庭成员心往一处想、劲往一处使，形成合力，从而保质保量地执行好每一起案件。

我的审判工作三十年

单　珏*

时光飞逝，进入法院工作一晃已经30个年头。1984年9月我进入了当时的上海市中级人民法院民庭，而后担任书记员职务，一干就是近12年；1997年我被任命为更名后的上海一中院民二庭助理审判员，那之后我继续做了一年左右的书记员工作；2003年我被任命为民一庭审判员；2008年成为民一庭的一名审判长，主审各类民事合同类案件。

有人说我被任命助理审判员之后的道路很顺畅，但就我看来，正是由于之前十余年的书记员工作的积累，才使我在后来的审判工作中可以得心应手。因此我也想对刚入院的年轻同志们说，要相信厚积而薄发，戒骄戒躁。

目前，入院的新同志大部分都是研究生，其中也有我带的学生。他们大多也具有一定的工作经验，但是进院之后也得从书记员工作做起。其实，这是非常有必要的。在法院，一名书记员的工作是十分纷繁复杂的；一个案件从分案登记、准备开庭审理前期工作、开庭审理、合议庭评议、裁判文书的书写、寄发裁判文书以及结案归档这一系列的工作并非法学专业毕业或者通过司法考试拿到证书就可以办妥的。这一系列工作中的任何一个环节发生问题，归责的都是案件的承办人员。而这对于一个新入法院的同志来说，即便考试成绩再好，也无法面面俱到。因此从书记员做起，由经验丰富的承办人员带教，这样的经历则显得尤为重要。比如案件到具体承办人手中后，有书记员工作经验的同志大多会制作分案登记表格，这有助于其统计自己的办案进度，同时了解个案的双方当事人和具体案由；在做开庭前期工作时需要核对诉讼费用是否缴纳，如果未缴还需要催缴；开庭审理期间，遇到各类当事人的不同行为和反应，书记员可以学到承办人员如何作出应对；核对裁判文书时，书记员也可以学到书写此类文书的注意要点及行文风格；此类种种事

* 上海市第一中级人民法院民事审判第一庭审判长。

务都在为新同志今后成为一名合格的承办法官打下基础。这也是为何我在被任命为助理审判员之后可以很快上手独立办案的原因，也为之后成为审判长打下扎实的基础。

当然作为一名审判长，要操心和注意的事项就更多了。比如合理分配合议庭的工作，掌握开庭节奏，把握合议庭日常工作进度，新同事进入合议庭之后的协调工作。这些都与案件的顺利办理和法院工作的有序开展息息相关。2014年，我很荣幸被评为上海一中院十佳审判长，这对我三十年的审判工作是一种肯定，更是一种期许和督促。督促我在今后更加注重自己工作的先进性。我国的民事法律制度仍处在不断完善的过程中，作为一个老民庭工作人员，我更需要不断充实自己的法律知识库，不能倚老卖老，办案更加不能想当然。这倒是令我想起最近在办的有关食品安全问题的一系列买卖合同案件，要办好这类由于新的法律适用而剧增的案件，便需要不断丰富自己的新法知识，并且坚持调研学习。

举其中一个案例，谭某通过网络向某日用品公司购买了美国原装进口某品牌蜂胶原胶3件，商品总价为688.80元。谭某收到上述食品后，认为该食品配料中含有蜂胶粉，而蜂胶是不能作为普通食品生产经营的，且某日用品公司未提供出入境检验检疫卫生证书，故向杭州市下城区卫生监督所进行投诉，该所后出具了《关于某日用品公司销售蜂胶产品的情况说明》，载明，该公司出示了进口食品标签确认书，美国××公司授权书等相关书证，未能出示海关进口货物报关单，其局已责令该公司将索证不齐的蜂胶下架。此后，谭某向法院提起诉讼，要求判令（1）某日用品公司向谭某退还购货款688.80元以及支付谭某购货款10倍的赔偿款6888元；（2）某日用品公司向谭某支付手机通信费100元；（3）某日用品公司向谭某支付交通费20元及误工费900元，共计920元。原审审理中，某日用品公司陈述，其销售的本案系争食品未办理出入境检验检疫合格证。

一审法院认为，某日用品公司作为案件系争食品的经营者，在将从国外进口的该食品在中国境内销售时，未经我国的出入检验检疫部门检验，也未取得出入境检验检疫机构的合格证明，同时杭州市下城区卫生局也因该日用品公司出售的该食品索证不齐而责令其立即下架，故某日用品公司在未取得相关许可的情况下，在中国境内销售进口食品，已违反法律规定。谭某要求归还货款并赔偿十倍的货值金额，于法有据，应予支持。至于谭某主张的通信费，谭某提供的证据不足以证明该费用的发生与案件纠纷有关联性，不予支持。对于谭某主张的交通费，谭某称该费用系其至法院立案、开庭所支出的费用，与法无据，不予支持。对谭某主张的误工费，因无证据予以证明，也不予支持。据此，原审法院依照《食品安全法》第3条、第62条、第96条第2款的规定，判决某日用品公司归还谭某货款688.80元；谭某则同时退还该日用品公司蜂胶原胶3件；某日用品公司赔偿谭宝俊6880元；驳回谭宝俊的其余诉讼请求……。

某日用品公司不服原判，上诉称，谭某并非普通消费者，其为得到赔偿款而进行消费，不应支持。该日用品公司在系争食品的报批手续上有疏忽，但也已经工商行政部门处理。据此，上诉请求撤销原判第二项，改判某日用品公司赔偿谭某1377.60元。谭某辩称，谭某系普通消费者，根据相关规定，消费者向生产者、经营者主张相关权利，法院应予支持。该案件经过审理查明，原判认定事实无误，予以确认。

案件经合议庭讨论后认为，进口食品须经我国出入境检验检疫部门检验合格，符合食品安全国家标准后方可进行销售。某日用品公司向谭某出售未经我国出入境检验检疫部门的检验，并取得合格证的进口食品，违反销售进口食品的相关法律规定，具有明显的过错，应承担全部责任。谭某要求退还所购食品，并主张支付价款十倍的赔偿金，具有充分的事实及法律依据，应予支持。原审法院认定案件纠纷事实清楚，适用法律正确，处理并无不当。某日用品公司的上诉理由不能成立，不予支持。判决驳回上诉，维持原判。

这个案件引起我们重视，主要是因为2009年6月1日正式颁布的《食品安全法》出台的十倍赔偿制度致使这类案件剧增。《食品安全法》中的十倍赔偿制度的立法初衷就在于督促消费者积极主张权利，增加食品生产者、消费者的违法成本，从而约束其行为，缔造食品的生产、销售和消费的安全环境。十倍赔偿制度的设立在中国立法中具有开创性的意义，同时也吸收了美国惩罚性赔偿制度的原理并考量了中国社会的现状。

目前而言，涉及“十倍赔偿制度”的法律依据主要是《食品安全法》第96条第2款，即：生产不符合食品安全标准的食品或者销售明知是不符合食品安全标准的食品，消费者除要求赔偿损失外，还可以向生产者或者销售者要求支付价款十倍的赔偿金。在具体审判工作中，该条款的适用主要涉及以下几个焦点问题：（1）主体要件，关于消费者主体资格的认定，理论界多数认为，消费者是与生产经营者相对应的概念，只要不存在为市场交易目的购买、使用商品或接受服务，就是消费者。因此，关于消费者的认定和知假买假的问题应该从宽认定。而且相对于知假买假，知假卖假更不具有正当性。（2）主观要件。根据法律规定，生产者承担无过错责任，销售者承担过错责任。从审判实践看，下列情形可推定销售者明知：销售明显不符合安全标准的食品，或者销售《食品安全法》等法律、法规明令禁止销售的食品；故意更改食品保质期，故意更改食品生产日期、批号的行为；食品经营者因销售不符合食品安全标准的食品，事先已被工商机关警告或者已经受到行政处罚，仍继续销售相关不合格食品的行为；对于同一批次食品，有关部门已经检验确定为不符合食品安全标准，且依法公布检测结果后，食品经营者仍生产销售的行为；食品经营者有意通过不正当销售渠道采购食品，且进货价格远低于当地一般市场进货价格，或者未建立食品进货查验记录制度，导致销售的食品出现假冒、变质现象。（3）客观要件，目前只要消费者购买了不安全食品并符合《食品安全法》的规定，即可主张十倍赔偿金。（4）举证责任分配，在食品安全标准的举证责任上应当考虑分配给生产者或销售者，因为在具体证据材料的掌握上生产者或销售者距离证据材料最近，举证难度最低，而对于普通消费者来说则难以获取上述相关材料。这不仅是诉讼效率和法律公平的内在要求，更是法律制度对消费者信息弱势进行纠偏和弥补的需要。（5）安全标准的认定。关于三种（国家、地方、企业）食品安全标准的关系问题，《最高人民法院关于审理食品药品纠纷案件适用法律若干问题的规定》第6条的核心就是要明确适用国家标准＞地方标准＞企业标准的顺序。对于尚无食品安全标准的新品种食品，应当以《食品安全法》第99条规定的食品安全的基本标准作为认定食品是否合格的依据。（6）赔偿标准的认定。关于赔偿标准是按照产品价格还是实际损失计算，合议庭研究后认为是一般赔偿之外的惩罚性赔偿。一般赔偿强调对受害人的补偿和救济，应当以实际损害的发生作为前提。而十倍的惩罚性赔偿，则不应当以实际损害的发生作为前提。

这里需要指出的是，“十倍赔偿制度”虽然是立法上的一大进步，但在落实具体的消费者权益保障中却显得不够完善和存在争议，因此，在处理这类案件时，作为审判者，对于法律的适用和理解就显得尤为重要。比如涉及消费者损害赔偿的规定还有《消费者权益保护法》第55条：经营者提供商品或者服务有欺诈行为的，应当按照消费者的要求增加赔偿其受到的损失，增加赔偿的金额为消费者购买商品的价款或者接受服务的费用的三倍；增加赔偿的金额不足五百元的，为五百元。法律另有规定的，依照其规定。经营者明知商品或者服务存在缺陷，仍然向消费者提供，造成消费者或者其他受害人死亡或者健康严重损害的，受害人有权要求经营者依照本法第49条、第51条等法律规定赔偿损失，并有权要求所受损失二倍以下的惩罚性赔偿。《产品质量法》第46条：本法所称缺陷，是指产品存在危及人身、他人财产安全的不合理的危险；产品有保障人体健康和人身、财产安全的国家标准、行业标准的，是指不符合该标准。《侵权责任法》第 47 条：明知产品存在缺陷仍然生产、销售，造成他人死亡或者健康严重损害的，被侵权人有权请求相应的惩罚性赔偿。上述这些规定都需准确区分各自适用的情形。

通过一段时间合议庭和审联会的讨论与总结，在这类案件的审理上，我们进一步达成了较为统一的意见：若产品本身构成不安全食品，则判决退一赔十；若产品不构成不安全食品问题，仅是存在销售欺诈，则在一审时经释明后判决退一赔三；若产品仅是标签错误，则可能存在不合格产品的说法，由相关行政机关负责惩处，仅判决退货。

举这类案件的处理过程正是想说明，法院的审判工作是随着法律的不断完善而在不断变化调整中的，审判工作人员只有不断更新自己的法律知识才能办好各类案件。

总而言之，我在法院的工作还将一如既往的开展，我将继续在工作中再接再厉，不但是要做一名优秀的法官，也要做社会主义法制的建设者。同时我将努力为法院带出更多优秀的审判工作者，也希望我们的接力者，年轻的法官同志们可以不忘初心，认真学习，不断拓宽自己的学识，不做法律机械的执行者，而是新时代的法制国家建设者！

千淘万漉虽辛苦 吹尽狂沙始到金

——我的审判经历

周 峰*

1991年我大学毕业后进入当时的上海市中级人民法院，先后在原民庭、办公室、经济庭和民二庭工作，转眼间在法院已经二十多个春秋了，一路走来，有快乐，有烦恼，有成功的喜悦，也有受挫的失落。蓦然回首，大学毕业时的青涩和血气方刚历历在目，转眼已到了快知天命的年龄，岁月悄然流逝中，我从审判实务的门外汉变成了别人眼中的"老法师"，回首二十多年的风风雨雨，感触良多。

一、刀笔小吏的快乐与苦恼

进入法院之后我先在民庭情况组工作，随后又调至办公室综合科，从事的都是文字工作。法学院毕业时的理想是学以致用，坐在庄严的法庭上维护公平正义，而到法院后的工作却是每天爬格子，这让我在很长一段时间内都很不适应，理想和现实的落差感时时困扰着我。尤其法院的文字工作繁重、琐碎，却又来不得半点马虎，那段时间加班成了家常便饭，苦思冥想挑灯夜战是常态。平时我常自诩自己是一名刀笔小吏，在劳动报上看到一篇《刀笔小吏的烦恼》，很有感触，就剪下来压在玻璃台板下，体验着刀笔小吏的快乐和烦恼。就这样，上至领导讲话稿、调研论文，下至信息简报情况反映，我一干就是7年，在这期间，我作为两个责任编辑之一，编写了上海一中院第一本年鉴，我编写的简报是上海一中院成立以来第一篇被最高人民法院采用的简报，我主笔撰写的《调解制度在中国》作为亚太地区首届中级法院院长会议中国代表团的主题发言，1999年上海一中院开始了一定范围改革试点，

* 上海市第一中级人民法院民事审判第二庭副庭长。

从公开审判、流程管理、教育培训等，我参与撰写了一系列文章，见证了上海一中院司法改革的进程。

回顾那段爬格子的日子，虽然很辛苦，但也开阔了我的视野，提升了我的格局，增强了我的大局观，使我对一些方针政策能更好的把握，能站在更高的角度去看清问题分析问题解决问题，这些在我今后的审判工作中起到了非常积极的作用。

二、比审判更重要的是化解矛盾

2005 年之后我一直在民二庭从事房地产审判工作，多年的房地产审判工作中，我深深体会到，严格按法律规定展开审判活动固然不错，作出一个貌似公正的判决也很容易，但真正彻底化解当事人间的矛盾，杜绝机械执法，体现出公平正义的法律精神，从而营造一个和谐安宁的社会环境更是审判工作所要追求的目标。房地产案件的当事人大多来自社会基层，他们对法院判决最直接的判断依据就是看问题到底解决了没有。因此，要让当事人息讼服判必须在民事审判中对于普遍而深入人心的中国人的情感予以足够的尊重，对于矛盾的彻底化解予以足够的重视。

我对自己审理的一起别墅停车纠纷案件至今记忆犹新。那是 2006 年的夏天，这起纠纷的双方当事人都是某别墅小区内的业主。因为被告田女士在购房时开发商承诺将别墅西侧的一条小道以 7000 元买断独占永久使用权，相邻别墅的业主李先生认为田女士在该处停车妨碍了自己的通行，于是诉至法院，要求田女士排除妨碍，不得在该处停放车辆。由于在该案之前，已经有一份生效判决确认了田女士与开发商关于小道永久使用的协议是合法有效的，因此本案的一审判决驳回了李先生的诉讼请求。

案件到了二审，两家人在小区内发生的冲突已不止一次，随时可能爆发进一步的激烈冲突。通过庭审和多次接待双方当事人，我想到，如果仅仅根据生效判决一判了之，问题根本没有解决，双方的停车和通行矛盾永远存在，作为相邻方的两家人势必难以和平相处。因此，需在本案中彻底了结双方间的纠纷。为了寻找一个双方能够接受又能解决实际问题的方案，我冒着酷暑三次来到该别墅小区。通过多次考察现场，走访了小区的物业部门和居委会，我了解到，李先生前面的一户姓裘的人家对田女士在小区道路上停车也颇为不满。最后一次在现场时，我突然想到，田、李、裘三家花园的位置很是特别，像个“品”字，如果可以把田女士停车这条小区道路变成她自家的花园、李、田、裘三家相互给对方一些花园面积补偿，就可能同时解决田女士的停车和李先生的通行问题，而三家的花园面积都没有减少。通过对三方反复做工作，尤其是对案外人裘女士的说理工作，这个巧妙的调解方案得到了大家认可。但新的问题又出现了，本案双方当事人坚持要求由法院出具民事调解书以防以后再出现纠纷，而在审判实践中没有案外人作为当事人出现在民事调解书上的先例。考虑到这一调解非但能避免前后二案的执法不统一问题，还能彻底解决他们停车和通行的矛盾，我大胆创新，将裘家作为第三人追加到案件中，三方共同当事人签署了民事调解书。曾经水火不容的几家终于化干戈为玉帛，在完善调解方案中，田家和李家还为如何改造花园互相出谋划策。

事后，李先生很有感触地对我说："没想到我们两家人这样尖锐的矛盾到最后还能握手言和、更没想到法官能想出这么巧妙精致的方案来。"我听后只是微微一笑，心里更是明确一条道理，那就是："一名合格的法官应当在社情民意、民风民俗与法律条文的融合方面发挥独特的智慧，这样他所作的裁判才能得到大众的认同。"

三、延伸审判职能，让办案更有意义

一个案子的审结仅仅是完成了"初级产品"，要提高"产品"的附加值，要尽可能延伸审判职能，这样既有利于树立正确的司法导向，也能让办案更有意义。所以这些年来，在繁忙的办案之余，我一直坚持对自己在审判过程中遇到的"疑难杂症"，尤其是具有共性问题的思考及时记录下来，经过积累、加工，写成调研文章。近年来，我撰写了多篇调研论文，先后在《法学研究》《法学》《人民司法》《法律适用》等刊物发表。

为彻底减少纠纷发生，充分发挥法院服务保障经济社会发展大局的作用，我还就案件中反映出需要相关单位整改的问题发出司法建议，积极参与社会管理创新。

完成繁忙的审判任务之余，还要搞调研、司法建议，确实很辛苦，上班时当事人电话多，思路容易打岔，所以很多时候只能放弃休息时间来写东西，但我觉得，这不仅是总结、宣传的过程，也是主动接受公众监督的过程，很有意义，虽然放弃了一些休息时间，但很值得。

四、拓宽知识面，更接地气更贴近民意

多年的民事审判工作经验让我深刻体会到，民事案件的当事人大多数来自社会基层，他们对法院判决的服从更多的是从道德标准、风俗习惯角度进行判断。现在许多年轻法官从法学院毕业后直接坐上了审判席，生活经验的缺失导致有些判决虽然于法有据，却不合情理，也难以履行，这样看似公正的判决反而更容易导致双方矛盾的激化。所以对于民事法官来说，除了要掌握扎实的法学专业知识，还应当拓宽自己的知识面，尤其是对风俗习惯、日常经验法则要有所了解，法官要接地气，这样既有利于赢得当事人的信任与尊重，也有利于作出正确的判决。

拓宽知识面最有效的方法就是阅读，我喜欢阅读，也喜欢做剪报，我书柜里的剪报已经有厚厚十几本，大量的阅读丰富了我的知识面，也让我有了更深的文化底蕴。工作之余，我喜欢跟大家侃大山，除了讨论专业知识，也经常分析国内外政经时事，评论精彩体育赛事，讨论历史典故，周围的同事常常笑谈我可以开百家讲坛了。

拓宽知识面还有着更为重要的作用，无论遇到哪个行业的当事人，哪方面的案件，都能迅速从纷繁复杂的案情中去粗取精，精准全面的找到争议焦点。所以我经常会对带教的年轻法官说，法官应当拓展自己的知识面，这样才能在审理案件的过程中更好地将法律与社情民意相融合，做到法律效果与社会效果的有机统一。

五、耐住寂寞，抵住诱惑，追求完美

二十多年的法院工作，我深刻体会到做法官的艰辛和不易，也对法官这个职业有了更深刻的认识。法官是法律的化身，是正义的使者，法官的工作是对当事人权利义务的精密分析和把握，是对司法程序和救济方式的审慎选择和判断，是精妙高超的庭审驾驭，是跌宕起伏的庭审进程，是丝丝入扣和逻辑严密的判决书，调整社会关系、化解社会矛盾、维护公平正义，这就是法官的职责和使命。

做一名合格的法官不容易，成为一名优秀的法官更为不易。二十多年的法官生涯，我始终坚持着这样的原则，耐住寂寞，抵住诱惑，追求完美。8小时工作时间，我用心开好每一个庭，写好每一份判决书，办好每一起案件，8

小时以外时间，我更愿意静下心来看看书，读读报，研究一些法律问题，不断自我增值。从书记员到法官、到审判长、到副庭长，一路走来，我在审判事业中倾注了无数的心血与汗水，我的工作成绩也得到了大家的认可。近年来，我先后荣获“全国法院办案标兵”“上海市先进工作者”“上海市五一劳动奖章”“上海法院优秀法官”“上海法院办案标兵”“个人一等功”等多项荣誉。我是一个追求完美的人，我坚信完美的人生寓于没有遗憾，当初选择这份职业是因为有一份执着的理想和信念，二十多年风风雨雨，这份信念从未改变，我将沿着这条道路继续走下去，为中国的法治事业贡献一份绵薄之力，为自己的人生交上一份完美的答卷。

岁月如歌行　阳光法官梦

方　方*

"看时光飞逝，我祈祷明天，那个小小梦想能够慢慢地实现，我是如此平凡，却又如此幸运，我要说声谢谢你，在我生命中的每一天……"我静静的坐在门口公园里的长椅上，听着这首喜爱的曲子，午后的阳光温柔地将我笼罩，轻轻的打开大学的毕业相册，看着照片中那个扎着两个小辫子一脸稚嫩的小姑娘，我的心中不禁泛起丝丝涟漪。那个曾经梦想满天飞，不知今后将要飘向何方的青葱少女，转眼已近不惑之年。在她漫长且不断曲折向前的成长过程中，最值得欣慰的是，她始终不忘初心，坚守着最初的梦想——人民法官梦。此时，我想当年的这个小姑娘，最想表达的就是深深的感谢。感谢自己的母校，感谢自己的导师，将自己引领进精彩的法律世界；感谢上海一中院，感谢那些辛勤带教的师长们，让自己实现了法官的初梦，让自己在庄严的国徽下，用金色天平把公正司法的阳光输送进那些进入法庭之初内心充满阴霾的当事人心中，让他们感受到司法服务的温暖。

一、"七分钱"转变了"三门法官"

法官是法治社会里不可缺少的重要角色，通过对每一个具体案件的公正审判，让法治的精神降临尘世。一名合格的法官，要公平、公正地断案，不仅要具备扎实的法律专业知识、丰富的社会阅历，较强的判断能力和良好的道德水准，还需要法官的执着、严谨加睿智，这是一名成熟法官应具备的基本素质。然而要做到这些，并非天生使然，一蹴而就。就像孩子的成长，需要父母的启蒙、引导一样，作为一名法官，有太多需要传承和学习的经验，因此，每一步的成长都少不了导师、前辈的引领和提点。

* 上海市第一中级人民法院立案庭组长。

记得刚承办的第一起建筑工程欠款纠纷案件，标的达数千万元，作为一名初任法官，我非常珍视首次独立主审如此大标的案件的机会，为此我踌躇满志，精心准备，详细阅卷，认真审理，抽丝剥茧，终于理清了案件复杂的事实及法律关系，并字字斟酌着撰写出了长达二十几页的判决书，看着这份辛勤劳动的结晶，这份凝聚着我的智慧和汗水的公正、公平的判决，我心中充满了兴奋与骄傲。可没想到，这份骄傲的结晶竟然被改判了！就像是我的第一件作品，尽管精雕细琢却被否定了！再一看二审结果，出乎意料，竟然与我的判决结果只相差七分钱！七分钱啊，能干什么呢？尤其是在案件数千万元的总标的面前，这区区的七分钱！使我的内心充满挫败感，还有点不服气，这样的改判对当事人能有什么意义吗？二审法院何必小题大作，想到这我实在不明白，委屈地一个人偷偷哭了，并执拗地提出了申辩。令我难以忘怀的是，对一个少不更事的牛犊法官因一个明显计算错误被改判而提出的申辩，二审法院的前辈老师们并未表现出丝毫的不耐烦，反而极为重视的复查研讨，并就此类微小之误，二审法院是否应予纠正的问题，给予了极为中肯、友善的回复，让我深刻学习到了公正司法首先要尊重法律的科学严肃性，严谨地对待每一个案件，大小判决都必须依法、精准，分毫不差！这既是对待法律的态度，更是对公正司法最好的解读。见微知著，细节决定成败，这是一个优秀法官之德！这次改判对我的教育意义远超出了普通改判的价值！此后我每个案件都以此为鉴，在之后主审的多起重大、疑难案件中，始终坚持慎审、慎判，一丝不苟，再未出现过此类差错。2002年我主审的涉及天天花园房产纠纷的十余件案件，不仅无一被改判，而且其中一案还被评选为“2002年度大要案评比一等奖。”我所撰写的判决文书，亦多次在法律文书评比中获得二、三等奖。办案的同时，我也十分注重审判延伸工作，加强对审判经验的总结和积累，撰写了多篇调研文章、精品案例，分别发表于人民法院报、上海法学研究等刊物上。严师出高徒，很庆幸自己在办案之初就能遇见如此作风严谨又和蔼可亲的好法官、好师长，我法官之路的启蒙老师，一个平易近人的资深大法官！2014年母校聘我为第九期研究生法律助理项目带教老师，还被上海市高级人民法院及华东政法大学研究生教育院共同评选为“优秀带教老师。”正是这“七分钱”，让当初那个只知道“家门、校门、院门”的“三门法官”，终于成长为可以带教徒弟的“法官导师”。

二、如歌岁月　炼就法官格致

1986年秋，我考进了华东政法学院（现华东政法大学），从此迈出了做一个法律人的第一步。1990年毕业后被分配到上海市中级人民法院申诉庭。1995年上海市第一中级人民法院成立，我有幸成了首批一中人，成为民一庭的书记员。两年后我被任命为助理审判员，从此开始了我的法官职业生涯。多年来，我一直从事涉及房地产纠纷的民事案件审判，这些案件与民生息息相关。但长期以来，社会对于法官的整体认同感与法官的自我感知之间，总是存在很大的差距，一方面社会对于法官抱有很高的期望，希望法官正直、公平、公正，每一个当事人希望像享受阳光雨露一样享受司法公正，像沐浴春风一样感受公平正义；另一方面现实中法官的审判权往往受到多方掣肘，法官职业面临高风险高负荷高难度，还有一些法律法规尚不健全，甚至缺失，使得不少案件难以下判，导致法官时常遭受不公平的指责与非难，法院的判决难以得到社会的认同和尊重，法官们承受着超乎常人的压力，承受着与其权利极不相称的约束。在矛盾、误解和当事人的无理指责甚至谩骂中，我也曾困惑迷惘过，也曾随波逐流过。但对法官职业的挚爱让我没有退缩不前，而是在认真的反思后，坚守法律理念，坚持法官职业操守，努力探寻判决效果与社会效果之间的平衡点。渐渐的，我明白了法官并非只是冰冷的适用法律，法官也是食人间烟火、有家人朋友的社会中的普通一员。感知人情冷暖，让我在审理案件的过程中能够做到换位思考，能够设身处地从当事人的角度分析问题，为他们着想寻找最佳办法解决问题。2008年，我担任立案庭快审组组长，同年晋升审判员。还记得老院长潘福仁在为新晋升审判员授法袍仪式上，对我们这些新任审判员提出了殷切希望和要求，那句“开开心心办案，认认真真做事，干干净净做人”的叮嘱至今仍铭记在心。话语简单，意义深远。特别是“开开心心办案”不仅是化解目前法官们因任务重、压力大、收入低造成的心里负担的良药，还是全心全意为人民服务，公正司法，阳光司法的金钥匙。一名法官只有真正热爱本职工作，才能愉悦的倾心于每一个案件的审理，把阳光带进法庭；才能在审判、调解时，平心静气地倾听所有诉求，和颜悦色地即时给予适度的普法教育；才能在沟通时将正能量传递给当事人，消除当事人内心“法院门难进、脸难看”的阴霾；才能通过审判不断提升群众法律理念，增进其对法律的了解；才能让法律文书带给群众更多理性的判断。如此，即使最终的裁判结果没有达到其预期目的，他们也能心平气和地理解和接受。多少次，看着蹙眉紧锁，满脸愠色进门的当事人通过自己的调解、劝导、释明，而融化了心中的坚冰，化干戈为玉帛，舒展眉头，一扫阴霾而归时，就觉得自己付出再多也值得！还记得有一个案件，母女二人为了居住问题对簿公堂，一审判决后，母女二人的矛盾变得非常激烈，表示绝不在一个屋檐下共同生活。二审时，双方犹如仇人，剑拔弩张。见到这一幕，我在庭审中避免了二人的相互攻击，牢牢握住我手中的审理主动权，通过法官提问，积极引导当事人理性陈述事实、充分阐述各自诉求，很好的缓和了对立情绪。庭审结束后，我趁热打铁，以重新唤起双方的亲情为突破口，尽力挖掘她们各自心中对对方留有的关爱之情，帮助她们回忆双方之间曾经的互相关心的温暖、互相照顾的美好融洽，引导她们换位思考。经过我苦口婆心的劝说，母女俩的情绪由刚开始的势同水火，到逐渐认识到各自行为的不当和伤人之处，继而冰释前嫌，抱头痛哭。最后，因为我的调解成功，原审原告当庭撤回原审的起诉，母女俩相互搀扶着走出法庭！看着二人远去的背影，刹那间喜悦萦绕于心，久久不能散去，这不就是法官价值最好的体现吗！如此愉快地工作，再累也不会觉得累。孔子曾说，知之者不如好之者，好之者不如乐之者，就是这个道理。就这样，遵循着服务群众、为民司法的工作理念，2008年至2014年的六年中，我带领着快审合议庭的法官们直面逐年递增的审判压力，紧紧围绕院党组提出的工作要求，在注重审判质效，不断提升审判技能的前提下，始终铭记“开开心心办案、认认真真做事，干干净净做人”的信条，连年超额完成审判任务，六年共审结二审房地产案件8491件，其中我个人结案2579件。我们合议庭四名法官的结案数占全院二审房地产案件的60%以上，平均审理天数19天，生效案件的再审改发率逐年减少，从2010年的10件，到2011、2012、2013年各1件，到2014年为0件。在这些审结的案件中，25%左右的案件是双方当事人经调解后自愿达成调解协议，或是撤诉。平均调撤周期，还不到15天。充分实现了快审组在兼顾法律效果与社会效果统一的前提下，高速高效地解决当事人纷争的作用。记得2010年3月，上海世博会前夕，我收到一个房屋租赁合同纠纷上诉案件。上诉人的租房已到期，但为索要巨额搬迁费，拒不搬离，是一个典型的钉子户。收案后，我了解到涉案房屋所在地段是世博园区拆迁地段，根据政府要求应在世博会召开前拆迁完毕。但现实状况却是世博会开幕在即，而该房屋争议仍在司法审理过程中，若处理不好，不但影响当事人之间的矛盾化解，更有可能耽误整个世博会相关建设的推进。我立即向领导汇报了案件情况，取得领导的支持后，运用自己多年的审判、调解经验，连续几天上门做上诉人的矛盾化解、调解息诉工作，从一个中国人应该支持世博会的民族认同感出发，动之以情，晓之以理，最终，在切实保障当事人利益的前提下，促成双方达成和解协议，上诉人即时搬离了诉争房屋并撤回上诉。整个案件从二审立案到调解直至执行完毕，前后仅仅用了 9 天时间。双方当事人对案件的处理结果均十分满意，上诉人专程送来感谢信，表示“这样的纠纷处理方式维护了社会主义市场经济的公平、正义与秩序”！天道酬勤，自己的努力和付出得到了领导和同仁们的认可，历年来多次被评为办案能手、个人嘉奖，优秀共产党员等，2013 年度被评为上海市三八红旗手；连续两届被评为上海一中院“十佳审判长”，并荣立个人二等功、三等功。

三、迎接挑战　践行阳光法官之梦

“奉法者强则国强，奉法者弱则国弱。”法官，我挚爱的职业，更是我热爱的事业，喜爱与事业能合二为一，如此幸运的自己每一天都是幸福而充实的。

上海一中院特有的循序渐进的人才培养模式，以及积极向上的工作氛围，一次又一次的庭审考核、一篇又一篇的司法文书论文评比、一个又一个精品案例的撰写，让我的审判经验和庭审技巧不断地积累提高。各任院领导、庭领导和同志们对现代司法理念的悉心传授，法官职业化教育，更让我懂得真正的好法官需要不断完善自己，不断研究、适应新的司法需求、新的司法改革的能力。作为上海一中院的法官就是应该有创新意识、迎接各种挑战的勇气，并有与此意识和勇气相应的自我准备！

今年年初，我从快审组调来信访办工作。脱下了跟随自己十多年的法袍，走下审判台，走进一群对法院的判决始终不认可、对法院的公正司法不信任、甚至仇视法院及办案法官的涉诉信访人群中。刚开始总觉得这些人多为无理闹访、缠访者，之前已牵掣了法院大量的精力用于信访维稳。现在党的三中、四中全会已确定了依法治国的理念，国家信访条例也已将涉法涉诉信访从普通信访案件中剥离，对该类信访案件不登记、不通报，逐步回归到依法治访的渠道上来，在这种形势下，法院的信访办还有存在或者强化的必要吗，把大量的时间精力花费在制止无理缠访闹访及维稳工作中，值得吗？但通过一段时间的具体工作，特别是参加了上海两会及全国两会的信访维稳工作，又具体接触了一些信访人后，我发现，有一些信访人的问题，还是应当通过我们的正确疏导、处置，给予帮助解决的。否则，没有了信访部门，就有可能出现群众言路不通的局面，老百姓的冤屈可能无人问津，这少部分的权益就会无处伸张，这和党的群众路线政策是相违背的。

我们是法官，我们有义务对信访人因不服判而产生的“访”承担起释法析理的责任，如做好做实判后答疑工作，引导他们服判息访，诚信处事；我们更要在发现涉诉信访案件的确存在问题和错误时，积极地面对，勇于纠错，以多方联动机制，尽力化解矛盾。我接待过一个曾天天在法院门口吵闹，经多次劝说均无良效的信访人。在接待过程中，因为已有过多次被反复劝说无效的“经验”，信访人在谈话之初即先发制人，目露凶光瞪着我，对我出言不逊，语气恶劣，言语中流露的满是对法官的不信任，称法院的法官都是官官相护的，他对一二审判决不服，如果法院不改正“错误”，他就一直这样闹访下去。任何人劝说都没用。针对这样的信访人，我并没有采用以往笑脸相待的谈话方式，而是首先态度严肃地对其过激言行提出批评，以震慑其嚣张跋扈的气焰，在其态度有所收敛后，我再逐字逐条帮其分析讲解具体案件中所涉及的事实及法律规定等。通过如此详尽的释法析理后，他虽然没有完全消除对判决书的异议，但对法院的敌意已渐消，表示将通过正常的司法申诉程序维权，不再继续来院闹访。

通过这短短的一段时间的工作，让我体会到这里的挑战是巨大的，接待信访人所遇到的法律问题也远远不是单一的部门法律，需要我具有更为全面的法律知识。同时也深切地体会到，法官遵从法律，依法办案，那是必然的。但在办案的同时，心中不忘稳定，也无可厚非。所以长年只顾埋头办案的法官们，特别是青年法官，参与到信访工作中，来锤炼自己、完善自己，也是很有必要的。可以为今后重返法官岗位时能更注重审判质量及判后效果，使自己所办的每一个案件成为高质量精品案件，真正做到阳光司法，公正司法提供理念支柱！

人生最快乐的事，莫过于为理想而奋斗，哪里实现理想，哪里就是家园。我相信，多年以后，如昨日般阳光四溢的午后，我仍坐在门口公园那张长椅上，抚摸着那陪伴自己多年的徽章，也许面容已改变，但那个执着善良的女孩仍在心里，自豪地对我说，感谢上海一中院，让我实现了自己的法官梦想，也感谢我自己无愧上海一中院的培养信任，让人生绘织出了一幅精彩美好的画卷。

耳边又响起熟悉的旋律：“让我将生命中最闪亮的那一段与你分享，让我用生命中最嘹亮的歌声来陪伴你，真心真意对你在每一天。”

我们的二十年

周 欣*

今年是上海一中院建院 20 周年，也是我在上海一中院工作、从事刑事审判的第 20 个春秋。这 20 年里，我们以责任、进取与温暖相伴，共同成长。我见证了她如何在历届党组的领导下攻坚克难，于传承与改革的法制建设之路上达到一个又一个新高度，采撷到硕果累累；她也见证了我和我的同事们用青春与激情努力实现共同的职业理想，指引我们奋进并竭尽所能为我们的发展创造条件。20 载征途中，我的身心早与她深深相融，为她自豪、为她奋进。

一、责任相伴成长

20 年来，新老一中人在各自不同的岗位上默默奉献、恪尽职守，将责任意识、使命意识体现在每一起案件的审理中、每一项司法活动中，汇聚力量，用高质量的审判、耐心细致的工作作风，努力践行着“司法为民”的宗旨，赢得了社会公众的好评。

记得我初进上海一中院担任书记员时，在跟随前辈法官们办案的过程中，目睹他们常常加班加点忘我办案，埋首在厚厚摞起的卷宗间，写下一份份条分缕析长达数十页的审结报告；目睹他们常常为了核实案件细节，冒着严寒酷暑，或骑自行车、或乘轮渡、或带上小马扎挤公交车，远行到各看守所提审被告人、到案发现场实地走访勘查、到相关部门调查取证等；目睹他们常常一反儒雅之态，彼此为一个法律问题争论得面红耳赤；也目睹他们反复校对裁判文书达到咬文嚼字的地步。正是他们教我懂得了一名中院刑事法官应负的责任：严把案件尤其是死刑案件质量关，打击犯罪、维护社会稳定。

---

* 上海市第一中级人民法院立案庭组长。

我身在他们之中，被深深折服与浸染，及至自己成了一名掌握生杀予夺权利的中院刑事法官后，更切身感受到了这份责任之重大。也正是这份责任无时无刻不鞭策着我像前辈法官们一样努力工作，不敢稍有懈怠：每一次开庭前我都仔细阅看卷宗、制作阅卷笔录，对重要事实、主要证据进行摘录，同时将阅卷过程中发现的问题随手记录，以保证庭审调查的全面细致。庭审中，我专心致志，耐心倾听控辩双方意见。庭后，我仔细审查核实案件事实证据，常常拷问自己“该了解核实的情况是否已经全部了解核实清楚，无一遗漏?”“对证据是否的确穷尽了进一步补强的可能性?”“案件证据之间是否已形成完整的证据锁链，并排除合理怀疑?”“对被告人判处死刑是否已考虑到所有情节，确实没有可从轻的因素了?”等问题，用追求完善到几近严苛的态度达到事实清楚、证据充分的标准。撰写审理报告与裁判文书时，我也字斟句酌、反复分析推敲。为使案件审理取得最佳效果，真正做到案结事了，我倾注耐心、细心与爱心，积极做好附带民事诉讼调（和）解工作。我自认生性不聪明，要达到多办案、办好案的目标，只能付出比别人更多的时间与心力，故而免不了加班加点，每每也会为某一个事实、证据问题寝食难安。然而，我的内心倒反而是平静踏实的，总感觉唯其如此方尽到了自己的责任。

2001年以后，我相继被任命刑事一审合议庭的审判长资格、审判长，逐渐承担起了合议庭审判管理工作，鉴于合议庭作为一级审判组织，其评议意见对案件处理起着举足轻重的作用；其审判质量也代表着我们上海一中院的审判水平，因此我感受到了更大的责任与压力。为圆满完成审判任务，我与合议庭成员一起制订并完善审判各个环节的工作机制，想方设法提高办案效率与办案质量。同时，我也要求自己更加勤勉地工作：对于合议庭其他成员主审的案件，要如自己主审的案件一样，仔细阅看案卷，提出应当注意的重点与难点；庭审时，不仅仅主持程序，还与主审法官一起仔细发问，全面调查；审查审理报告与签发裁判文书时，严格把关、反复修改。多年来，在合议庭共同努力下，合议庭审判质量过硬，从没有一起案件因事实证据问题被上级法院改发。

二、进取相伴成长

20年来，上海一中院勇于迎接挑战，善于把握机遇，锐意进取，勇于创新：她率先探索合议庭负责制、裁判文书与庭审方式等系列改革、推进远程审判、庭审上网查证等系列工作，不断提高审判质量。她加强流程管理，建立审判人员与合议庭工作台帐，制订审判管理32条等，不断提高审判效率。她制订“司法公开100则”，建立诉讼事务中心、12368诉讼事务平台、开辟绿色通道等，不断增强便民利民的诉讼服务。她用高质量、高水准的审判、改革创新的工作特色赢得了全国文明单位等系列殊荣。

在与一中共同成长之路上，我也深刻认识到只有紧紧跟随改革发展的步伐，与上海一中院共同进取，不断充实更新自我，才能更好地胜任本职工作，圆满完成审判任务。对一名法官而言，进取首先意味着永不停止的学习。为此，我与合议庭同志们一起通过积极参加各项业务培训、课余自学、互相探讨等多种方式一方面加强法学理论知识学习，进一步夯实理论基础，及时跟踪理论前沿，更新知识储备；另一方面加强对新法律、法规、司法解释的学习理解与适用。20年间，刑法、刑事诉讼法都经历数次修正，司法解释也层出不穷，它们都是准确进行刑事审判的工具，必须及时掌握。通过学习，我们得以提高了审判的专业化程度以及驾驭庭审能力、查明案件事实证据能力、准确适用法律能力、调处矛盾纠纷能力、制作裁判文书能力等在内的各项司法技能，切实承担起对案件依法独立审判的责任，并使案件处理真正达到两个效果的统一。多年来，我本人及合议庭多次在裁判文书与庭审评比中获奖，合议庭的庭审多次通过《案件聚焦》《东方110》《庭审纪实》等媒体向社会公众展示，赢得了好评。

进取意味着大胆探索。在圆满完成审判任务的同时，为了进一步提高审判质量与效率，我与合议庭同志们积极探索审判工作新方法、新机制。如为贯彻落实新刑诉法，顺应以审判为中心的诉讼制度改革，我们针对技侦材料的证据化，非法证据排除、强化庭前会议的作用、加大侦查人员及鉴定人员出庭作证力度等一系列新问题进行了有益的尝试。合议庭审理的一起故意杀人案，成为本市首例因证据不足而由检察机关撤回起诉的案件，被称为体现改革成果的典型案例在人民法院报首页加以报导。合议庭通知上海市刑科所鉴定人员出庭作证的庭审还被该所作为鉴定人如何出庭作证，应对刑事诉讼新要求的教学案例。在工作机制方面，我们立足实践，从刑事审判各环节出发，制订并不断完善了“7＋1”工作机制：即科学分案机制、庭前会商机制、庭审分工机制、充分评议机制、每周例会机制、文书多层把关机制、协同调解机制及凝心聚力机制。同时，采用审判长负责审查，合议庭成员负责监督等方式，严格执行，切实发挥机制作用。2014年底，我担任审判长的合议庭还被院里选定为司改试点合议庭之一，合议庭以健全审判权运行机制，落实合议庭负责制，提升合议庭整体司法能力与司法形象为切入点，进行了积极探索，取得了理想成效。

进取意味着对实践经验的总结、积累与提升，这对于提高审判质量与效率起着事半功倍的作用。因此，在平时的审判工作中，我与合议庭同志们注重培养精品案例，深挖案件背后的理论问题，提炼审判经验，从而进一步指导审判实践。多年来，我与合议庭同志们撰写的多篇案例、审判调研文章先后刊登在《人民司法》《上海法院案例精选》《上海审判实践》等国家级、省市级的刊物上。合议庭部分同志还参与了《最高人民法院司法观点集成》刑事卷、刑诉法司法解释的撰写工作。我本人则多次根据院里安排到华政、复旦、财大等高校讲授审判实务课程，受到好评。

三、温暖相伴成长

20年的职业生涯使我褪去初始的青涩，在不断的历练中成长成熟。一路走来，有辛苦耕耘后的成就；得到理解时的欣慰；自然也有面对难题时的忧心；沮丧失意时的泪水。然而，无论何时，我总能感受到上海一中院这个大家庭给予我的温暖、支持与鼓励。上海一中院历届党组倡导的凝聚力工程、精神家园主题等给了我们前行道路上源源不断的动力。

我深切感受到了组织殷殷培养之爱。于我而言，虽然只是一名普通的法官，然而在我的身上有过很多个"第一批"，比如：1996年，我被院里任命为第一批主任书记员之一，负责庭里书记员管理工作；2001年，我被任命为第一批审判长资格之一，以助理审判员的身份主持合议庭工作；同年又参加了上海一中院第一批华政同等学历法学硕士研修班，并于此后取得了法学硕士的学位。2003年，经过考试选拔，我参加了第一批赴美国威斯康辛的审判技巧培训班。2012年，我又入选为院第一批资深法官培养对象等。我想不仅仅是我，上海一中院其他的同志在每个不同的时期肯定也经历过类似这样那样的机遇。这些给予我们每一个普通法官的机遇，充分体现了各届上海一中院党组以人为本，关心一中人成材的治院理念，以及为各年龄段干警发展提供平台、创造条件的有力举措。与此同时，一路走来，虽然我只是在自己的岗位上做了应该做的工作，组织上却对我的工作充分肯定，给予了我很高的荣誉，从上海法院优秀法官到上海市三八红旗手、全国法院办案标兵、全国法院优秀法官，我深知每一项荣誉的取得，每一个进步，都离不开组织长期精心的培养。应该说，没有上海一中院的培养，失去上海一中院这个坚强后盾，就不会有我个人的成长。

我感受到了领导与同事们指引、帮助之爱。一路行来，是院庭各级领导给了我无微不至的关心和爱护，我永远不能忘记他们有的曾乘坐长途公交车风尘仆仆到远在郊区的我家中家访；有的放下繁重的公务，与我亲切交谈，向我表达殷切期望询问工作中有没有困难、有哪些想法等等；有的为了让正在做月子的我赶上研究生考试，特事特办，冒着酷暑专门到我家中监考，坐在门口的楼道里，一等就是数个小时；更多的则是在日常的工作中给我指引、给我教诲，让我在取得成绩时不骄傲自满；在遇到挫折时振作精神，放下包袱。那些人那些事让我每每想起，感动不已。而前辈法官们则把他们多年积累的办案经验毫无保留地传授给我，在共同办案的言传身教中、在修改批注审结报告与裁判文书的字里行间、在当面交流探讨问题的循循善诱中、在指正错误的善意批评中，无不透露出他们无私的付出。至于同事们，尤其是与我相伴、相知、相亲相爱的合议庭同事们更是在朝夕相处的共同奋斗中给我支持、帮助与鼓舞。我们一起开庭审理、一起评议案件、一起探讨法律疑难问题、一起外出走访调查、同心协力圆满完成审判任务。当我遇到工作上的困难时，他们毫不犹豫放下自己手头的工作，帮我出谋划策，解决难题。当我碰到工作中生活中的不如意时，他们用温暖的话语热心开导。

我对上海一中院大集体给予我的温暖充满了感恩，也尽我所能把这份温暖回馈给我们的上海一中院。为此，我在自己的岗位上加倍努力工作；我担任审判长，在工作、生活上对合议庭同志倾心付出，努力营造互相学习、互相帮助、互相关心的良好合议庭氛围；我担任青年法官导师，悉心辅导带教，毫无保留地将自己的审判经验传授给他们。

弹指一挥间，20 年过去了。回首来时路，我为自己是一中人而感到骄傲、为自己拥有与上海一中院共同成长的记忆而感到幸运。今天，司改的洪流中，上海一中院恰如一艘张满了风帆的航船，扬帆起航；而我和全体一中人也已经做好了准备，豪情满怀，整装待发，让我们继续以责任、进取与温暖相伴，朝着下一个目标风雨兼程！

审判实务

合同解除异议期间制度的实证分析

——兼评《合同法解释（二）》第 24 条

沈志韬*

《最高人民法院关于适用〈合同法〉若干问题的解释（二）》（以下简称《合同法解释（二）》）第 24 条规定："当事人对合同法第九十六条、第九十九条规定的合同解除或者债务抵销虽有异议，但在约定的异议期限届满后才提出异议并向人民法院起诉的，人民法院不予支持；当事人没有约定异议期间，在解除合同或者债务抵销通知到达之日起三个月以后才向人民法院起诉的，人民法院不予支持。"该条款规定了合同解除异议期间制度。本文利用北大法宝数据库，收集并分析了最高人民法院以及 S 直辖市、Z 省、J 省法院直接适用上述规定的案例共 32 个，[①] 包括最高人民法院 4 个、S 直辖市 8 个、Z 省 9 个、J 省 11 个，拟对合同解除异议期间制度的实践情况进行研究。

一、合同解除异议的形式

根据《合同法解释（二）》第 24 条，被解除人对合同解除有异议的，应主要以诉讼方式提出。如果被解除人以非诉讼方式提出异议的，能否产生阻止合同解除的效力，引人思考。

（一）司法实践考察

共有 7 个样本案例中，被解除人以书面方式向解除人提出了异议，审理

---

* 上海市第一中级人民法院研究室书记员。

① 选取上述样本案例的主要依据在于：（1）最高人民法院在案例中对《合同法解释（二）》第 24 条的理解与适用应当最为准确，对全国法院的司法实践具有指导意义。（2）S 直辖市、Z 省、J 省地域接近，法院的司法理念与司法水平相近，能较好地反映《合同法解释（二）》第 24 条的实际适用情况。

法院均未认可书面异议的效力（参见表一）。

表一

审理法院	解除人提出书面异议	未认可书面异议的效力	认可书面异议的效力
S市	2	2	—
Z省	1	1	—
J省	4	4	—
总计	7	7	0

如在2010年S市“Y公司与ZD公司房屋租赁合同纠纷上诉案”中，① 双方当事人于2009年6月签订房屋租赁合同一份，约定Y公司将涉案房屋出租给ZD公司；Y公司于2009年11月23日向ZD公司发出《关于要求解除租赁合同的函》，要求解除涉案合同；Y公司2009年12月2日收到ZD公司不同意解除合同的书面异议文件；后Y公司于2010年6月11日提起诉讼，要求确认涉案合同已解除。审理法院并未确认ZD公司书面异议的效力，但审查发现Y公司并无合同解除权，故驳回了Y公司的诉讼请求。

司法实践不认可非诉讼异议的效力，主要原因在于《合同法解释（二）》第24条对合同解除异议形式规定不明确。（1）根据该条款前半句，在当事人约定合同解除异议期间的情况下，如被解除人在约定期间届满后“提出异议并起诉的”，法院将不予支持。上述条文将“异议”与“起诉”并列，似乎表明“异议”与“起诉”含义不同，即被解除人在此情况下，有权提起诉讼以外的其他形式异议。（2）根据该条款后半句，在当事人未约定合同解除异议期间的情况下，如被解除人在解除通知到达后三个月后“起诉”的，法院将不予支持。上述条文并未规定被解除人可以提起其他异议形式，似乎表明被解除人在此情况下只能提起“诉讼。”在7个样本案例中，当事人均未约定合同解除异议期间，根据《合同法解释（二）》第24条后半句，被解除人似只能以诉讼形式提出异议，故司法实践不认可非诉讼异议的效力有其依据。

（二）对异议形式的拓展

从法律规定、司法实践、社会交易实践等角度出发，可以尝试对《合同法解释（二）》第24条作进一步解释，确认非诉讼异议的效力。

---

① 参见S市第一中级人民法院〔2010〕沪一中民二〔民〕终字第3852号判决书。

1. 从法律规定看，《合同法》并未排除当事人提出非诉讼异议的权利。根据《合同法》第 96 条，被解除人对合同解除有异议的，可以请求人民法院或者仲裁机构确认解除合同的效力。该条款系任意性规范，表明诉讼或仲裁是被解除人提出异议的方式之一，并不排除当事人以书面或口头形式自行协商的权利。因此，“异议”应包括提出不同意见、提出履行请求、就相对人的请求提出抗辩等形式。[①] 如《合同法解释（二）》第 24 条将被解除人的异议形式严格限制为诉讼，将可能对《合同法》第 96 条作不恰当地限缩解释，这缺乏法律依据，也会对当事人的利益产生不利影响。

2. 从交易实践看，许多当事人愿意通过协商解决合同纠纷。许多案件中，被解除人收到解除通知后，常会寻求与解除人协商，而不会直接向法院提起诉讼。如有学者研究认为，在《合同法解释（二）》第 24 条施行前，当事人就解约事项的平均协商期为 13 个月；在该解释施行后，平均协商期为 5 个月。[②] 如《合同法解释（二）》第 24 条否定非诉讼异议的效力，被解除人就必须压缩协商时间，一旦在 3 个月内未协商成功的，就必须提起诉讼，否则合同将可能被解除。当事人缺乏充分的协商时间，会导致许多本可能通过谈判解决的合同纠纷进入司法程序；同时，还有部分解除人可能故意拖延协商时间，避免被解除人在规定期间内起诉，以图解除合同，这容易引发道德风险。

3. 从法的本质看，私法不应过度干涉当事人的意思自治。首先，在我国其他法律制度中，当事人遇有争议的，法律一般允许当事人自行协商，鲜有规定当事人应在确定期间内直接向法院起诉，如在产品质量异议、迟到承诺承认或否认期间及各类形成权除斥期间制度（法定形成诉权除外）中均无此类规定。诉讼是当事人解决争议的方式之一，如法律强制当事人起诉，既不符合诉讼救济原则，也与一般人的法律感情相违背。[③] 其次，域外立法实践未规定合同解除异议期间制度，在合同纠纷发生时，也倾向于鼓励合同当事人自行协商。如《德国民法典》第 203 条规定了磋商情形消灭时效的停止：“债务人与债权人尚就请求权或设定请求权的事由进行谈判磋商的，在当事人的一方或另外一方拒绝进行谈判磋商之前，消灭时效停止进行。在此情形，消

---

① 参见崔建远：《论解除权及其行使》，载韩世远、[日] 下森定主编：《履行障碍法研究》，法律出版社 2006 年版，第 255 页。

② 参见贺剑：《合同解除异议期间制度研究》，载《中外法学》2013 年第 3 期。该文以 2007 年 6 月至 2011 年 5 月发生的 9 个案例为统计样本，得出上述结论。

③ 汤文平：《论合同解除、债权抵销之异议——〈合同法〉解释（二）第 24 条评注》，载《东方法学》2011 年第 2 期。

灭时效至早在停止终止之后 3 个月完成。”上述规定表明，法律政策期待当事人间通过协商解决产生法律争议，故协商时间受时效制度影响较小。[①] 我国及域外立法实践均表明，私法应充分尊重和保障当事人的意思自治，故有必要拓展合同解除异议形式，为意思自治保留空间。

二、合同解除异议期间的认定

《合同法解释（二）》第 24 条未明确规定合同解除异议期间的法律性质、起算时间等问题，也导致了人们对上述问题的争议。

（一）合同解除异议期间的法律性质

从性质上看，合同解除异议期间与诉讼时效、除斥期间均有异同。

1. 在法律效果看，诉讼时效届满后，消灭的是胜诉权；除斥期间届满后，消灭的是实体权利本身。[②]《合同法解释（二）》起草者原本认为，合同解除异议期间经过后，合同将无争议地解除。[③] 根据上述意见，合同解除异议期间经过后，被解除人将丧失实体权利，故异议期间类似于除斥期间。

但最高人民法院研究室对浙江省高院《关于〈合同法解释（二）〉第 24 条的理解与适用的请示的答复》（以下简称《答复意见》）中，对合同解除异议期间的法律后果作了不同规定，该意见第一段载明：“当事人根据合同法第九十六条的规定通知对方要求解除合同的，必须具备合同法第九十三条或者第九十四条规定的条件，才能发生解除合同的法律效力。”[④] 根据上述意见，合同解除异议期间经过后，合同不会自动解除，如解除人不具有解除权的，合同将继续有效。可见，合同解除异议期间经过后，被解除人仅丧失解除异议权，而非实体权利，此时异议期间在效果上类似于诉讼时效。

2. 从制度功能看，诉讼时效主要适用于请求权，[⑤] 目的在于期间届满后

---

① 朱岩编译：《德国新债法——条文及官方解释》，法律出版社 2003 年版，第 30 页。

② 马俊驹、余延满：《民法原论》，法律出版社 2010 年版，第 245 页。

③ 沈德咏主编、最高人民法院研究室编著：《最高人民法院关于合同法司法解释（二）理解与适用》，人民法院出版社第 2009 年，第 177 页。

④ 《最高人民法院研究室对〈关于适用合同法若干问题的解释（二）〉第二十四条理解与适用的请示的答复》（2013 年 6 月 4 日 法研〔2013〕79 号）。

⑤ 通常认为，债权请求权、物上请求权中财产返还请求权和恢复原状请求权应适用诉讼时效。而基于身份关系的请求权、物上请求权中的排除妨害请求权、消除危险请求权、所有权确认请求权等则不应适用诉讼时效。参见史浩明：《论除斥期间》，载《法学杂志》2004 年第 4 期。

建立新秩序；而除斥期间主要适用于形成权，目的在于期间届满后维护原秩序。[①]《合同法解释（二）》起草者认为，合同解除异议权是一种请求权，目的在于请求撤销合同解除行为，为督促被解除人尽快行使异议权，故规定了合同解除异议期间。[②] 因合同解除异议权是请求权，故合同解除异议期间在功能上类似于诉讼时效。

3. 从期间确定性看，诉讼时效不得由当事人自行约定，且属于可变期间；除斥期间可由法律规定，也可由当事人约定，一般属于不可变期间。根据《合同法解释（二）》第 24 条，除适用法定期间外，当事人还可以约定合同解除异议期间；同时，该条款并未规定异议期间可变更的情形，应认为该期间不可变更。故合同解除异议期间在确定性上类似于除斥期间。

有观点提出，合同解除异议期间类似于“权利失效期间”，[③] 但事实上两者也存在一定差异。（1）权利失效期间需具备两项条件，即权利人经过相当期间不行使权利，以及有特别事实使义务人相信该项权利不再主张；[④] 而《合同法解释（二）》第 24 条并未规定特别信赖事实。（2）权利失效系权利行使不当的一种特别情形，权利失效后权利本身并未消灭，仅发生抗辩事由；[⑤] 而合同解除异议期间经过后，当事人的异议权和原有合同关系均归于消灭。

综上，合同解除异议期间更类似于诉讼时效，但该期间是否具有一般诉讼时效的中止、中断事由，还有待立法实践和司法实践进一步明确。

（二）合同解除异议期间的起算时间

根据《合同法解释（二）》第 24 条，合同解除异议期间起算时间可分三种情况讨论：（1）当事人约定了异议期间的，应按约定计算；（2）当事人没有约定异议期间，且解除人在《合同法解释（二）》实施以后发出合同解除通知的，异议期间应自通知到达被解除人时起算；（3）当事人没有约定异议期间，且解除人在《合同法解释（二）》实施以前发出合同解除通知的，异议期间如何计算，法律并无规定。

共有 4 个样本案例中，解除人于《合同法解释（二）》实施前发出了合同

---

① 马俊驹、余延满：《民法原论》，法律出版社 2010 年版，第 245 页。

② 沈德咏主编、最高人民法院研究室编著：《最高人民法院关于合同法司法解释（二）理解与适用》，人民法院出版社第 2009 年，第 176 页。

③ 权利失效主要指权利人在相当期间内不行使其权利，依特别情势足以使义务人正当信任债权人不欲使其履行义务时，基于诚信原则不得再为主张。王泽鉴：《民法学说与判例研究》第一册，中国政法大学出版社 2005 年版，第 290 页。

④⑤ 王泽鉴：《民法学说与判例研究》第一册，中国政法大学出版社 2005 年版，第 293 页。

解除通知，审理法院倾向于认为合同解除异议期间应自被解除人收到解除通知时起算，并直接适用了《合同法解释（二）》第24条。

表二

审理法院	解除人于《合同法解释（二）》实施前发出解除通知	异议期间起算时间
最高人民法院	2	通知到达被解除人时
S市	2	
总计	4	

如在2012年最高人民法院“TH投资有限公司与某经济技术开发区国有资产经营管理公司合同纠纷申请案”中，[①] 双方当事人签订了《投资合同》，后某资产管理公司于2007年4月27日通知TH公司解除涉案合同，TH公司于2009年5月4日起诉要求确认涉案合同继续有效。最高人民法院认为，某资产管理公司行使约定解除权的条件已成就，解除合同行为有效；同时，TH公司起诉时已超过法律规定的合同解除异议期间，故驳回了TH公司的诉讼请求。在本案中，TH公司于2007年收到解除通知，并于2009年5月4日提起诉讼，如法院自《合同法解释（二）》实施之日（2009年5月13日）起算合同解除异议期间的话，TH公司似乎起诉时间并未超过异议期间，故审理法院实际从解除通知到达TH公司时起算异议期间。

最高人民法院答复意见与司法实践观点存在差异，如《答复意见》第二段载明：“当事人没有约定异议期间，一方当事人在《合同法解释（二）》施行前已依法通知对方当事人解除合同，对方当事人在《合同法解释（二）》施行之日起三个月以后才起诉的，人民法院不予支持。”根据《答复意见》，在上述第三种情况中，合同解除异议期间应自《合同法解释（二）》实施之日起算。有观点提出，这表明《合同法解释（二）》第24条规定没有溯及力。[②]

就合同解除异议制度的溯及力问题，可从以下两个角度分析：

1. 法律在生效时应当遵循信赖利益保护原则，即保护人们基于以往法律所获得的利益，这就要求法律原则上不应具有溯及力，除非其溯及既往而不会侵犯信赖利益。[③] 如《立法法》第84条也规定，法律不溯及既往，但为了

---

① 参见最高人民法院〔2012〕民申字第1490号裁定书。

② 陈龙业：《解读〈对关于适用中华人民共和国合同法若干问题的解释（二）第二十四条理解与适用的请示的答复〉》，载《民事法律文件解读》2014年第7期，人民法院出版社2014年版。

③ 杨登峰：《民事、行政司法解释的溯及力》，载《法学研究》2007年第2期。

更好地保护权利和利益而作特别规定除外。合同解除异议制度是《合同法解释（二）》第24条新设立的一项制度，对合同当事人尤其是被解除人的权利义务有重大影响。在《合同法解释（二）》实施前，被解除人收到合同解除通知后，可以不受时间、形式限制地提出异议；而在该司法解释实施之后，其提出异议的时间和形式都将受限，如不符合规定的，还可能导致合同被解除。可见，如赋予《合同法解释（二）》第24条溯及力，将损害当事人的信赖利益。

2. 司法实践的观点之所以与最高人民法院的答复意见存在差异，与《合同法解释（二）》第30条规定不无关系。该条规定："合同法施行后成立的合同发生纠纷的案件，本解释施行后尚未终审的，适用本解释；本解释施行前已经终审，当事人申请再审或者按照审判监督程序决定再审的，不适用本解释。"而根据上述规定，合同解除异议期间制度是否具有溯及力，不仅取决于合同解除或异议行为的发生时间，很大程度上还取决于案件审结时间与司法解释实施的先后关系，这容易导致司法实践的混乱。如在样本案例中，虽解除人发出解除通知的时间早于《合同法解释（二）》实施时间，而审理时间均晚于该实施时间，因此，虽然合同解除异议期间制度不应具有溯及力，但法院在审理中仍适用了这一制度。

综上，《答复意见》排除了合同解除异议期间制度的溯及力，并认为合同解除异议期间应从《合同法解释（二）》实施之日起算，符合法理。上述答复意见有助于各级法院理解《合同法解释（二）》第24条的准确含义，并形成统一的执法意见。当然，随着时间的推移，当事人在《合同法解释（二）》实施前解除合同或提出异议的案件将越来越少，关于合同解除异议期间溯及力的问题也将逐步失去讨论价值。

三、对解除人解除权的审查

《合同法解释（二）》第24条并未规定合同异议解除制度的适用条件，容易导致司法实践标准不统一，具体表现为两个问题：（1）被解除人收到解除通知后逾期提出异议的，法院是否应当审查解除人的解除权，司法实践不统一；（2）如法院审查发现解除人无解除权，应如何认定合同的效力，司法实践不统一。

(一) 司法实践考察

针对上述第一个问题，样本案例显示，即使被解除人逾期提出解除异议的，大部分法院并未直接适用《合同法解释(二)》第24条，而倾向于先审查解除人的解除权，再作出裁判。如在32个样本案例中，共有23个审查了合同解除人的解除权，有9个未审查(参见表三)。

表三

审理法院	审查合同解除权	未审查合同解除权
最高人民法院	4	~
S市法院	6	2
Z省法院	6	3
J省法院	7	4
总计	23	9

如在2010年最高人民法院审理的深圳FSB实业有限公司与深圳市F股份合作公司等合作开发房地产合同纠纷案中，FSB公司与F公司签订了《合作投资兴建S花园合同书》，后F公司以FSB公司违约为由于2004年12月25日向后者送达了《律师函》，要求解除涉案合同，FSB公司超过三个月后起诉并提出解除异议。最高人民法院系该案二审法院，并未直接适用《合同法解释(二)》第24条判定涉案合同解除，而是详细审查了涉案合同的履行情况。最高人民法院认为，FSB公司构成根本违约，F公司具有合同解除权；同时，FSB公司在收到《律师函》后，并未在《合同法解释(二)》第24条规定的期限内内行使异议权，故涉案合同解除。

针对上述第二个问题，样本案例显示，如法院审查发现解除人没有解除权，大部分法院倾向于确认合同继续有效，而非机械地适用《合同法解释(二)》24条确认合同解除。如在10个样本案例中，法院审查发现解除人没有解除权，法院在7个案例中确认合同继续有效，在3个案例中确认合同解除(参见表四)。

表四

审理法院	审查发现解除人无解除权	确认继续有效	确认解除
最高人民法院	2	2	—

续表

审理法院	审查发现解除人无解除权	确认继续有效	确认解除
S市法院	4	3	1
Z省法院	3	2	1
J省法院	—	—	—
总计	9	7	2

如在2013年最高人民法院JTD房地产开发有限公司与BQ置业有限公司土地使用权转让合同纠纷申请案中，[①] JTD公司与BQ公司签订了《土地使用权转让合同》，JTD公司以BQ公司违约为由于2010年2月9日向后者送达了《解除合同通知书》，BQ公司于2010年7月26日起诉并提出合同解除异议。最高人民法院认为，因JTD公司不具有合同解除权，《解除合同通知》不产生解除效力，本案不适用《合同法解释（二）》第24条规定，故驳回了JTD公司的再审申请。

（二）两种观点的辨析

司法实践中的不同做法，体现了人们对《合同法解释（二）》第24条的两种不同观点，即形式理解观点和实质理解观点。[②] 形式理解观点认为，只要被解除人未在合同解除异议期间内提出异议，法院就不再审查解除人的解除权，应直接确认合同解除。[③] 实质理解观点则认为，无论被解除人何时提出异议，法院均应审查解除人的解除权，如解除人无解除权的，应确认合同继续有效。[④] 根据《答复意见》第一段记载可知，该意见也采纳了实质理解观点。

两种观点在理论界和实务界均有支持者，就两种观点的辨析，可从两个角度进行考察。

1. 形式理解观点改变了合同解除模式。合同解除制度应有一定要件作为限定，以避免当事人滥用解除权，如《合同法》第93条、第94条规定了一

① 参见最高人民法院〔2013〕民申字第202号民事裁定书。

② 参见贺剑：《合同解除异议期间制度研究》，载《中外法学》2013年第3期。

③ 代表性研究主要有沈德咏主编、最高人民法院研究室编著：《最高人民法院关于合同法司法解释（二）理解与适用》，人民法院出版社2009年版，第175～177页。

④ 代表性研究主要有张卓郁等：《合同解除异议期条款的适用限制》，载《人民法院报》2011年11月10日；姚宝华：《合同法解释（二）第24条的周延性适用》，载《人民司法·案例》2011年第22期。

般约定及法定解除条件，第164至167条、第219条规定了特别法定解除条件。[①] 仅在符合规定条件时，当事人才具有解除权。同时，根据《合同法》第96条第1款的规定，解除人欲行使解除权的，需以通知形式向相对人作出意思表示。因此，现有合同解除模式可简要地概括为“解除权＋意思表示＝解除。”

根据实质理解观点，无论被解除人何时提出异议，只要解除权人不具有解除权的，其解除合同的意思表示就不能产生效力，此处采用了现有解除模式。而根据形式理解观点，合同解除意思表示的效力应分两种情况讨论：(1) 被解除人及时提出解除异议的，解除人应具有解除权，否则其意思表示将不发生解除效力，此处仍采用现有解除模式；(2) 被解除人未及时提出异议的，即便解除人不具有解除权，其意思表示也能发生效力，此时合同解除模式实质变更为“不及时提出异议＋意思表示＝解除。”上述模式意味着，被解除人不及时提出异议，就能代替解除权促使合同解除意思表示发生效力，这显然缺乏法律依据。

2. 形式理解观点误解了异议权的性质。合同解除异议权是一种请求权，合同解除异议期间经过后，被解除人将丧失异议权，即不得再请求解除人撤销合同解除意思表示；丧失异议权并非约定或法定合同解除条件，并不必然导致合同解除。根据实质理解观点，被解除人逾期未提出异议的，并不必然导致合同解除，该观点符合异议权的性质。而根据形式理解观点，被解除人逾期未提出异议的，将直接导致合同解除，该观点对异议权的性质发生了误解。

综上比较，形式理解观点与我国合同解除制度并不协调，也未能准确把握合同解除异议权的性质，不符合实践需要；而实质理解观点则能较好地与我国现有法律规定相契合

四、完善合同解除异议期间制度的建议

合同解除异议期间制度是我国合同法领域一项较有特色的制度，有助于督促当事人行使权利、及时稳定合同关系。合同解除异议期间制度在运行中也引发了一些争议，故建议从拓展合同解除异议形式、完善合同解除异议期间规定、严格审查解除人的解除权等方面着手，进一步完善该制度。

① 韩世远：《合同法总论》，法律出版社2013年版，第512页。

(一)及时拓展合同解除异议的形式

当前,《合同法解释(二)》第 24 条未明确规定被解除人可以非诉讼形式提出合同解除异议,司法实践也普遍不认可此类异议的效力,这容易限制合同纠纷的处理路径,并导致司法过度介入意思自治。建议及时拓展合同解除异议的形式,允许当事人以书面或口头的形式提出异议。这样,将使合同纠纷的处理路径拓展为两条:(1)解除人发出解除通知后,当事人直接提起确认之诉;(2)解除人发出通知后,被解除人提出非诉讼异议,当事人协商不成的,当事人再提起确认之诉。纠纷处理路径不断丰富,可使当事人有更多的协商时间,有助于当事人选择符合双方利益的方式解决纠纷,避免相关纠纷集中于诉讼领域。

(二)逐步完善合同解除异议期间的规定

实践中,人们对合同解除异议期间的法律性质、溯及力等问题始终存在争议,这关涉相关案件中法律的准确适用,建议最高人民法院逐步对上述问题进行明确。

1. 明确合同解除异议期间的法律性质。合同解除异议期间与诉讼时效期间、除斥期间、权利失效期间均有异同之处,建议进一步探索明确该期间的性质。如该期间是诉讼时效的,应允许时效中止、中断,并明确解除人在时效经过后仅丧失胜诉权,且法院不应主动审查期间经过情况;如该期间是除斥期间的,应进一步审视异议权的性质,以便与现有制度相协调;如该期间是权利失效期间的,应进一步规定特别信赖事实作为适用条件,并明确期间经过后仅能产生抗辩事由。

2. 梳理司法解释的溯及力规定。根据《合同法解释(二)》第 30 条,对于不同审理状态的案件,该司法解释的溯及力不同,但这样的规定不够规范。法的溯及力,指法律对其生效以前的事件和行为是否适用,故溯及力应以"行为或事件"为效力对象,[①] 而非案件的审理状态。《答复意见》已明确《合同法解释(二)》第 24 条不具有溯及力,关于合同解除异议期间制度的溯及力问题已无争议。建议最高人民法院进一步梳理《合同法解释(二)》其他规定的溯及力,以统一执法标准。

---

① 孙晓红:《法的溯及力问题研究》,中国人民大学 2008 年博士学位论文。

（三）严格审查解除人的解除权

《答复意见》明确，解除人要求解除合同的，应当具有解除权，这消除了理论界及实务界长期以来就如何适用《合同法解释（二）》第24条而产生的争议。设立合同解除异议期间制度的本意，是为避免被解除人不及时行使异议权，使合同效力长期处于不确定和不稳定的状态；[①] 但同时，法律也应防止解除人滥用该项制度，并随意作出合同解除的意思表示，最好的方法便是严格审查解除人的解除权。建议司法实务部门进一步按照《答复意见》统一执法标准：在处理相关案件时，避免武断适用《合同法解释（二）》第24条认定合同无效；而应实质审查解除人的解除权后，以此为基础确认合同效力。

① 沈德咏主编、最高人民法院研究室编著：《最高人民法院关于合同法司法解释（二）理解与适用》，人民法院出版社第2009年，第176页。

婚姻关系存续期间夫妻一方对外所负债务的认定及处理

王韶婧*

随着市场经济的不断发展，个人、家庭越来越深入地参与到各种经济活动中，民事交易颇为活跃，生产经营、投资理财、负债消费等民事活动频繁。同时，夫妻财产的管理和处分日趋复杂，夫妻在财产问题上的争议相应增多，夫妻财产关系在婚姻中产生的影响日益凸显。

婚姻关系存续期间夫妻双方合意或用于夫妻共同生活的举债应由夫妻共同偿还，这是民法上意思自治及权利义务相一致原则的体现。但当夫妻双方发生磨擦、产生矛盾甚至考虑结束婚姻关系时，当事人出于自身利益考虑，容易在财产问题上各执一词，互不相让，甚至不惜虚构债务或否认共同债务。《婚姻法》对夫妻共同债务的规定过于原则、简单，夫妻双方处理财产关系时对自己行为的后果缺乏合理的预见，亦未能注意证据的固定，纠纷在所难免。约定财产制具有优先于法定财产制的效力，但在现行法下，民众无法有效地利用，使本意在于简化夫妻财产关系的约定财产制实行后，反生出许多纠纷。

一、夫妻共同债务在债务纠纷中存在的普遍性

夫妻共同债务是指夫妻双方在婚姻关系存续期间，夫妻一方或双方为维持共同生活的需要，或出于为共同生活目的从事经营活动所负的债务。在法院受理的民间借贷纠纷案件中，主张债务人所负债务为夫妻共同债务的案件占相当大的比例，对是否构成夫妻共同债务的认定成为民间借贷纠纷审理中的重要内容，同时又有一定比例的案件同时涉及民间借贷纠纷的另一审理难

* 上海市第一中级人民法院民事审判第一庭助理审判员。

点，即借款真实性的审查，故婚姻关系存续期间夫妻一方对外所负债务的认定成了民间借贷纠纷审理的重要环节。

涉及夫妻共同债务的债务纠纷借款用途广泛，几乎涉及民间借贷纠纷的主要类型，具体借款用途主要包含以下几种：

（一）因结婚、购房、购车产生的债务

夫妻债务产生于双方婚姻关系存续期间，在此期间为家庭生活进行的一般消费、购置房产车辆等重大消费而产生的借款，争议相对较小，但婚前为结婚后共同生活购置物品所负的债务，亦应当为夫妻共同债务。[①] 现实生活中，为操办婚礼、购置婚房等而向亲属、父母进行借款时有发生，然而由于亲属间特殊的身份关系产生的信任，借款形式上及钱款交付中的证据固定往往被忽视，又容易与父母出资购房的赠与行为发生混淆，在夫妻双方感情破裂时，就容易引发纠纷，或实为借款而对方否认，或实为赠与而补写借条伪造债务，给司法实践中的认定增加了难度。

（二）因生产经营行为产生的债务

夫妻共同从事生产经营活动所负的债务，或者一方从事生产经营活动，经营收入用于家庭生活或配偶分享，所负的债务属于夫妻共同债务。前者一般争议不大，对于后一种情况，配偶一方对于经营活动完全未参与且多数情况下属亏损状态，抑或经营收益混同于资本未经分割，易发生纠纷。另外，随着民间投资渠道的增多，许多不合法或利用制度漏洞进行的民间投资混迹其中，致使为数不少的投资人无法取得预期的投资回报，甚至血本无归，因该投资的隐蔽性而配偶方多不知情，由此引发的债务纠纷易生争议。

（三）因赌博、赌球、吸毒产生的债务

因违反法律法规的行为而产生的债务，诸如因赌博、赌球、吸毒而产生的债务，实践中，一方面，债权人往往利用完备的形式构成合法债务，也有配偶方已尽到通知义务不认可另一方于赌博场所进行的借款为夫妻共同债务，但大多难以有效举证；另一方面，在债权人无法知晓借款实际用途的情况下，债务人假借生活或经营需要借款，实际将借得的钱款用于非法活动，配偶一方并未分享债务利益，此类不良债务往往得不到及时清偿，易发生纠纷。

---

① 沈志先主编：《婚姻家庭案件审判精要》，法律出版社2013年版，第187页。

二、司法实践中因利用夫妻共同债务制度引发的虚假诉讼现象

（一）因解除婚姻关系而伪造夫妻共同债务

随着近年来离婚率的逐年攀升，离婚诉讼中涉及夫妻共同债务的情况及离婚诉讼期间债权人另案以民间借贷纠纷提起诉讼的情况大量增加，其中存在因担心债务人结束婚姻关系债务得不到完全清偿而主张自己合法权利的债权人，但也不乏利用与“债权人”之间原有的经济关系所形成的资金往来证据，进而由夫（妻）一方出具借条，伪造虚假的借贷关系，构成夫妻共同债务，以达到在与配偶方的离婚诉讼中多得财产的目的。由于经济交往的频繁，夫（妻）一方往往因经营、投资与第三人资金往来频密，借此便利伪造债务虽有与第三人发生纠纷的风险，但形成的证据较为充分，推翻借贷关系真实性的难度较大。

（二）伪造亲属间借贷，将婚前或婚内赠与关系转为借贷关系

如前所述，家庭为购置房产、汽车等多发生亲属间的借贷，实践中又易与父母出资购房的赠与行为产生混同。在我国的熟人社会习俗下，亲属间尤其是父母子女之间的借贷抑或赠与均不注重明确约定、固定证据。司法实践中经常出现夫妻感情破裂时，由一方补写借条，将婚前或婚内接受的赠与虚构成为夫妻共同债务，又佐以亲属方出资购房购车时直接付款或向夫（妻）一方交付钱款的资金流向凭证，真实性亦较难推翻。

（三）为逃避夫妻共同债务而假离婚

婚姻当事人利用处理夫妻共同财产时债权人不参与、不知情的机会，企图钻法律空子，恶意串通逃避债务清偿责任。如双方约定将夫妻共同财产全部归属一方，而夫妻共同债务则由另一方全部承担，当债务到期，债权人请求债务人履行债务时，债务人没有履行能力，致使债权无法实现。但无论是夫妻之间达成的财产分配与债务承担协议，还是法院作出的离婚判决，均只是相对夫妻双方而言的，所确定的权利义务也只在夫妻双方之间发生效力，不能约束婚姻关系外的第三人，当夫妻一方无力偿还或者未如期偿还夫妻共同债务时，债权人仍有权向另一方追偿该债务。逃避夫妻共同债务的目的虽难以实现，但仍造成了债权人实现债权的成本增加，法院诉讼资源的浪费，

而债务人婚姻关系的不稳定易引发更多的纠纷。

三、区分夫妻一方所负债务的内、外部责任认定

《婚姻法》第19条第3款规定“夫妻对婚姻关系存续期间所得的财产约定归各自所有的，夫或妻一方对外所负的债务，第三人知道该约定的，以夫或妻一方所有的财产清偿。”《最高人民法院关于适用〈婚姻法〉若干问题的解释（二）》第24条规定“债权人就婚姻关系存续期间夫妻一方以个人名义所负债务主张权利的，应当按夫妻共同债务处理。但夫妻一方能够证明债权人与债务人明确约定为个人债务，或者能够证明属于婚姻法第十九条第三款规定情形的除外。”上述两规定明确了夫妻共同债务认定中的两种除外情形，即夫妻一方能够证明债权人与债务人明确约定为个人债务，或者能够证明债权人知道或应当知道夫妻实行分别财产制。

一种观点认为，若非两种除外情形，即可根据夫妻一方提交的债务纠纷生效法律文书，在夫妻内部直接将婚姻关系存续期间一方以个人名义所负债务推定为夫妻共同债务。另一种观点认为，举债一方应当证明该债务用于夫妻共同生活或夫妻有共同举债的合意，否则只将生效法律文书确认的债务在夫妻内部认定为一方的个人债务。目前司法实践中，有些法院即持有第一种观点，在离婚纠纷中处理夫妻债务时，往往将法院根据《婚姻法解释（二）》第24条就债权人与举债方的债务纠纷作出的推定为夫妻共同债务的生效判决作为依据，直接认定夫妻单方举债在夫妻内部也是共同债务。[①] 这种做法实际上混淆了夫妻对外债务清偿和夫妻内部债务承担的不同责任，前述两规定调整的是夫妻债务的外部关系，若夫妻内部就某项单方举债之性质发生争议，应该援用《婚姻法》第41条或该法其他相关司法解释，从是否系为共同生活所负债务或者是否有举债合意来审查。

在夫妻共同债务的外部关系中，家庭生活的私密性造成婚姻关系以外的人难以准确知晓借款的真实用途，不适宜对债权人苛以严格的证明责任，债权人就借款用于共同生活的证明责任显然较轻，且仅在形式上加以注意即可。但在夫妻内部对共同债务的承担上，该债务是否因夫妻共同生活所负可作为配偶一方对抗举债方的抗辩理由。将夫妻共同债务的外部关系认定直接推及夫妻内部的债务承担，则过度扩张了家事代理权，助长夫妻一方对日常家事

① 李红玲：《论夫妻单方举债的定性规则》，载《政治与法律》2010年第2期。

代理权的滥用，在安全与公平的价值取向上严重失衡，过分追求交易安全和对债权人的保护，却过度牺牲了举债人配偶的利益，客观上会削弱债权人对交易风险的防范意识，甚至诱导夫妻一方恶意举债或虚构债务以侵害另一方财产权益。[①]

在夫妻共同债务外部关系的处理上，最高人民法院曾指出："将夫妻一方在婚姻关系存续期间以个人名义所负的债务推定为夫妻共同债务，既能够减轻财产交易的成本，便于及时、合理地解决纠纷，又符合日常家事代理[②]的基本法理。"而由于传统家庭财产观念的限制，我国对家事代理权并没有作出明确的规定，更没有做详尽的说明。夫妻一方超越日常生活需要所为行为的效力不当然及于其配偶，除非他人有理由相信其为夫妻双方共同的意思表示。但在司法实践中，夫妻共同债务的除外情形存在着很大的举证困难。债务发生时，夫妻另一方可能根本就不知情，更不要说证明配偶与债权人之间约定为个人债务了，同时我国尚未建立夫妻共同财产债权债务登记制度，就算夫妻双方实行约定财产制并已告知债权人，又如何来加以证明呢?[③] 这就需要在制度设计上为当事人权利救济提供切实可行的路径选择，使原有的立法目的得以实现。

四、相关案件审理中需注意的问题

（一）亲属间借款交付情况审查的把握

民间借贷案件的审理中，应当根据借贷金额大小、款项交付凭证、出借人的经济能力、当地或者当事人之间的交易习惯、借贷双方的亲疏关系以及当事人的陈述等因素，综合判断交付事实是否发生。那么，在夫妻共同债务的审查中，对于相当一部分产生于亲属之间的借款，在交付审查上应当如何把握呢？现实生活中，亲属之间因身份关系往往产生较强的信任，故在借款交付时欠缺保留凭证的意识，甚至碍于亲情借款当时连基本的借条都没有出具，为日后纠纷的产生埋下了隐患。与一般借贷关系相比，亲属间借款的交付审查不宜过于苛刻，但又要排除虚构债务的合理怀疑，审查程度的把握成

① 李红玲：《论夫妻单方举债的定性规则》，载《政治与法律》2010年第2期。

② 日常家事代理制度是指夫妻双方在日常家事范围内与第三人为民事法律行为时，可代理另一方行使相应权利。

③ 浦纯珏：《夫妻共同债务的认定》，载《社会科学家》2010年第12期。

为实践中的审理难点。对于该类案件，借款交付若为银行转账，应当尽量调取证据，查明转出方、转入方账户资金情况，厘清基本事实，借款若以现金形式交付，则出借方应当提供借款资金来源的相关证据，如借款日前取款记录、家中备用现金情况、投资经营中可调用资金情况等，结合借款金额、出借人经济能力及与借款人的亲疏关系、双方分别对交付时间地点等所作的陈述，判断借款的合理性及交付的真实性。

（二）借款用途的审查

对于主张夫妻共同债务的债权人，应当举证证明借款当时其对于借款用于夫妻共同生活或家庭投资进行了基本的形式审查，并且符合理性第三人的判断标准，对于明显并非用于家庭日常生活及一般经营周转所需的借款金额，应当苛以更严格的审查义务，避免将全部风险转嫁到举债人配偶一方。对于形式上虽属于夫妻共同债务的范围，但实际在赌场等场所产生的借款，不能认定为夫妻共同债务，如若经进一步审查为非法债务，则其借贷关系不予保护。

对于主张夫妻共同债务的举债人，应当举证证明借款实际用于夫妻共同生活或家庭投资，投资经营所得用于家庭生活亦或属于夫妻共同财产，对此应当进行实质审查，如存在婚姻存续期间较短、借款期间未共同生活、对应时间家庭有充足存款或另有其他大额消费等可以证明借款并非家庭生活必需的情况，应作为判断该债务在夫妻内部应否共同承担的考虑因素。

五、探索夫妻约定财产制登记的新思路

《婚姻法》第19条第1款提出三种夫妻财产制度，即一般共同制、分别财产制、限定共同制，供婚姻当事人选择约定，但法律仅就夫妻财产约定采以书面形式作出规定，并未对公示程序加以制度安排。因此，在现行夫妻财产制度下，婚姻当事人有关夫妻财产制的确认、夫妻财产契约的订立、变更和废止，均是在婚姻内部进行，缺乏公示性，非婚姻当事人主动公开他人无从知晓。

现行制度并未对夫妻间债务的承担设置概括式约定制度，夫妻债务的承担与夫妻财产制具有直接的联系，故夫妻财产约定也关系到第三人的利益与交易安全。鉴于如今经济生活中复杂多变的情况和问题，进一步建立完善的夫妻财产制度，探索夫妻分别财产制的新思路，对于保障夫妻双方及第三人

利益，维护交易安全，减少婚姻风险具有重要的意义。

（一）夫妻约定财产制的类型

在约定财产制下，婚姻当事人对财产约定的内容势必有很大不同，需要合理地设置夫妻财产制的类型，以满足不同婚姻当事人的需求。笔者认为，设置以下四种类型较为合理全面：（1）一般共同制，即夫妻各方的婚前财产和婚姻关系存续期间一方或双方所得的财产，归夫妻双方共同所有。但夫妻婚后所得特有财产，不在此限。[①]（2）管理共同制，即夫妻一方的婚前财产和婚姻关系存续期间夫妻一方所得的财产，归各自所有，夫妻双方可约定由夫妻一方统一管理双方的财产。但夫妻婚后所得特有财产，不在此限。（3）分别财产制，即夫妻一方的婚前财产和婚姻关系存续期间夫妻一方所得的财产，归各自所有，由本人管理。如果委托夫妻他方管理的，适用夫妻财产关系一般规定中有关代理的规定。（4）特定财产共同制，即夫妻各方的婚前财产和婚姻关系存续期间一方或双方所得的财产中约定范围内部分归夫妻双方共同所有，范围外财产归各自所有。

据此，在法定财产制、一般共同制、管理共同制中管理人对外所负债务、特定财产共同制中共同财产范围内，可以成立夫妻共同债务。

（二）夫妻约定财产制的公示程序

婚姻当事人缔结夫妻财产契约，不仅关系到双方的切身利益，还涉及民事交易安全，且效力时间较长，因此应是一种要式法律行为，建立严格的夫妻财产约定公示程序是维护夫妻双方合法权益的重要保障。

目前，世界多数国家均规定了夫妻约定财产制度的申报登记程序，如德国、瑞士、法国等国采用公证方式；日本、韩国等国采用登记方式。结合我国司法实践经验及经济交往中的实际情况，笔者认为，采取于婚姻登记机关登记备案并记载于结婚证书应为一种切实可行且节约制度成本的有效方式。由婚姻登记部门对财产约定的合法性、真实性和有效性进行审查，并于结婚登记时一并登记备案，以供查询。若夫妻双方不另外进行财产约定而采法定财产制，在结婚登记时，则应向婚姻登记机关自愿申请婚前财产登记，经登记机关查核确认后载入婚姻登记档案，减少婚姻关系中财产纠纷的发生。婚后缔结的财产契约，应到原婚姻登记机关申报。婚姻登记档案与财产契约公

---

① 如《婚姻法解释（二）》第13条所列财产。

示程序由同一机关受理，有利于利害关系人查核。结婚证书上设置夫妻财产制记载事项，节约了交易成本，方便第三人行使注意义务。

夫妻财产约定的效力，可分内外两种情形。在对内效力方面，夫妻财产约定一旦生效，即在夫妻之间及其继承人间发生财产约定的物权效力，婚姻当事人双方均受此拘束。在对外效力上，夫妻财产约定凡经公示程序的，具有对抗第三人的法律效力，反之，未经公示程序的夫妻财产约定，可以拘束婚姻当事人双方，但不得对抗第三人。

（三）夫妻财产约定的变更与解除

婚姻关系是持续的，夫妻财产关系是一种动态的法律关系，夫妻作出财产约定后，如情况发生重大变化，原约定内容不再适应婚姻当事人，或者继续适用原约定显失公平时，应允许当事人依法定程序变更或解除原财产约定。但是，变更或解除财产契约必须履行与缔结财产契约相同的程序，即由婚姻登记机关登记备案。婚姻当事人变更或解除财产契约，不得损害第三人的合法权益，不得规避法律，获准变更之前的财产责任，应按变更前的夫妻财产制责任负担。

如果系单方要求变更或解除的，要求变更或解除的一方可以向有管辖权的人民法院提起诉讼，由司法裁决。在下列情形之下，因一方当事人的请求，可经法定程序批准改采分别财产制：夫妻一方依法应给付家庭生活费而不给付的；夫妻一方为财产上之处分依法应征得对方同意而他方无正当理由拒绝同意的；夫妻难以共同生活分居已达六个月以上的；夫妻一方管理财产显有不当，经他方请求改善而不改善的等。人民法院经过审理，认为确有必要的，裁定变更或解除夫妻财产约定，作出的准许变更或解除的生效民事调解书或民事判决书，应送达当事人婚姻登记机关变更登记。

（四）建立分居债务制度

夫妻分居期间产生的债务，一般情况下，债务利益多不可能为他方所分享，若一概同样认定为夫妻共同债务，于没有享受利益的配偶一方有失公平。笔者认为，夫妻由于主观原因分居且没有共同生活期间，一方以个人名义所负债务，债权人明知上述情形仍然出借的，应按个人债务处理。在这种情况下，法律应明确规定夫妻内部债务纠纷的举证责任由举债方承担，除非举债人能证明分居配偶享受了该债务利益，或者该债务用于抚养有法定抚养义务的人，若其不能证明，则配偶方虽应按照婚后债务为夫妻共同债务的推定，对善意债权人承担连带清偿责任，但在内部，可就其已经承担的部分向举债方追偿。这样，对于适用法定财产制的夫妻，在婚姻关系存续期间的特殊时期，提供了有效的权利保障，有助于减少利用离婚前分居期恶意举债或虚构债务等侵害一方配偶利益的行为。

破产程序下金融债权保护之衡平

——以“加速到期条款”与《企业破产法》第三十二条冲突为视角

张华松*

借款合同中，因借款人违约致使贷款人提前收回借款，这种做法在贷款业务中称为贷款“加速到期条款”，这是国际金融组织和国外金融机构通常的做法。当借款人出现足以影响贷款人债权的重大事项而又未能及时消除上述影响的，贷款人有权要求借款人提前履行还贷的义务。①“加速到期条款”作为一种借款合同中的常见条款，在商业银行的实践过程中，对银行债权人给予了有力的保护。但当借款人濒临破产时，银行债权人凭借信息的优势，往往适用“加速到期条款”提前收回贷款，并相应地从借款人账户中扣划相应款项，这种做法在破产法的司法实践中引发的争议较大，如何衡平破产程序下的金融债权保护有待深入地研究。

一、问题的提出

案例一：2008年中国工商银行石家庄桥西支行与三鹿集团签订了流动资金借款合同，由桥西支行借给三鹿集团借款1．5亿元，借款期限为1年。合同约定，贷款期内出现下列情形之一……生产经营和财务状况发生重大变化，对贷款安全造成重大不利影响……贷款银行有权宣布贷款提前到期，停止发放尚未发放的贷款，并要求借款人提前偿还已发放部分或全部贷款。发生以上情形，桥西支行有权依约定或法定从三鹿集团账户上划收合同约定的借款

---

* 华东政法大学经济法博士。

① 全国人大常委会法工委研究室编写组：《中华人民共和国合同法释义》，人民法院出版社1999年版，第309页。

本息及其他费用。2008年9月11日，全国各大媒体相继报道了三鹿集团在奶粉中违法添加三聚氰胺的行为。9月12日，桥西支行电话通知三鹿集团后以特种转账支票的形式扣划了全部贷款本息1．5亿元。2008年11月，石家庄市商业银行申请三鹿集团破产，石家庄市中级人民法院立案受理。2009年4月，三鹿集团破产管理人向石家庄中院提起诉讼，要求撤销三鹿集团对桥西支行的提前清偿行为，并要求桥西支行返还扣收的全部款项并赔付相关利息。石家庄中院经审理认为，桥西支行与三鹿集团签订的借款合同虽有约定“贷款期内出现生产经营和财务状况发生重大变化，对贷款安全造成重大不利影响，贷款银行有权宣布贷款提前到期，停止发放尚未发放的贷款，并要求借款人提前偿还已发放的部分或全部贷款”，但依据特别法优于普通法的原则，应当优先适用《企业破产法》的相关规定，借款合同中的约定不能对抗《企业破产法》的相关规定。石家庄中院于2009年7月一审判决撤销三鹿集团的提前还款行为，桥西支行立即返还划收的款项1.5亿元。桥西支行向河北省高级人民法院提起上诉。河北高院认为，争议焦点主要是桥西支行在合同约定的期限到期前扣收三鹿集团存款用于归还借款及利息是否违反《企业破产法》第31条第（4）项的规定，虽然流动资金借款合同约定了银行提前解除合同条款，但债务人进入破产还债程序时，借款合同中的意思自治就与企业破产法禁止一定期限内个别清偿债务、提前清偿债务的规定相违背，银行提前收贷仍然等同于三鹿集团提前清偿，违反了《企业破产法》第31条第（4）项的规定，破坏了应当由破产程序对破产财产向全部债权人进行统一分配的程序。据此，驳回了桥西支行的上诉请求。①

案例二：2010年9月7日，上海汇裕国际货物运输代理有限公司与中国农业银行股份有限公司上海五角场支行签订流动资金借款合同，约定农行五角场支行以一般流动资金借款方式向汇裕公司发放金额为270万元贷款，到期日为2011年9月5日，借款用途为支付航空运费。合同约定如有借款人或保证人违约、借款人或者保证人还款能力可能发生重大不利变化、抵押物、质押物可能遭受重大损害或者价值减损等情形的，贷款人可以解除合同并可以采取停止发放借款，提前收回已发放借款，宣布借款人与贷款人签订的其他借款合同项下借款到期等救济措施。同日，农行五角场支行与案外人肖楠等人签订最高额抵押合同一份，约定以上海市莲花南路155弄11号1102室

---

① 刘泽华、王志永：《银行宣布贷款提前到期的风险与防控》，载中外民商裁判网 http：//www.zwmscp.com/a/gedipanli/gedipanli - 0709/2592.html。

的房产设定抵押，担保债权最高额为324万元。汇裕公司系2007年8月由肖楠一人独资设立。肖楠于2011年3月去世，银行以汇裕公司发生重大变故（即肖楠病故）为由，宣布贷款提前到期。汇裕公司遂于2011年4至5月提前偿还剩余农行五角场支行贷款本息252万元。2011年5月下旬起，汇裕公司被多家公司起诉至法院，要求给付费用。同年11月，上海市浦东新区人民法院受理了汇裕公司的破产清算申请。后汇裕公司破产管理人提起诉讼，要求撤销汇裕公司向银行偿还贷款本息的行为。浦东法院认为，《企业破产法》与《合同法》是特别法与普通法的关系，根据法律适用的一般原则，两种性质的法律规定发生矛盾时，优先适用特别法，汇裕公司于2011年4至5月期间提前偿还贷款本息252万元行为属于《企业破产法》第31条第4款规定的提前清偿未到期债务，应当予以撤销，浦东法院于2013年4月一审判决撤销汇裕公司的提前还款行为，农行五角场支行返还相应款项。农行五角场支行不服上诉于上海市第一中级人民法院，上海一中院认为，汇裕公司破产管理人在起诉时主张请求权基础为《企业破产法》第31条、第32条，农行五角场支行宣布系争贷款提前到期并送达汇裕公司后，系争贷款即已属到期债务，而非未到期债务，不属于《企业破产法》第31条规定的范围，故原审法院以第31条作为其判决依据，属适用法律有误，故发回原审法院重新审查是否具备第32条规定的撤销权要件，遂撤销原判，发回重审。[①]

案例一和案例二均涉及银行因贷款期内出现借款人或保证人生产经营和财务状况发生重大变化而宣布系争贷款提前到期，适用“加速到期条款”，提前收回贷款，前述行为之效力与《企业破产法》中禁止债务人对个别债权人提前清偿行为的法律规定发生冲突。在案例一中，法院认为银行宣布借款提前到期并收回贷款的行为系债务人对未到期的债务提前清偿，应适用《企业破产法》第31条第（4）项之规定予以撤销；在案例二中，法院认为银行宣布系争贷款提前到期，则系争贷款已属到期债务，而非未到期债务，不属于《企业破产法》第31条规定的范畴。同一行为，不同法院得出不同结论，适用“加速到期条款”究竟是到期还是未到期债务？金融债权在破产程序中应

① 参见上海市浦东新区人民法院〔2012〕浦民二〔商〕初字第3264号民事判决书、上海市第一中级人民法院〔2013〕沪一中民六〔商〕终字第182号民事裁定书。破产管理人还基于汇裕公司依据保理合同等对其他银行的提前还款行为，同期向浦东法院提起其他撤销债务人个别清偿之诉，浦东法院的一审判决和上海一中院的二审裁定亦大致相同，均认为银行宣布系争贷款提前到期并送达债务人后，系争贷款即已属到期债务，而非未到期债务。

如何保护？足以引起理论和司法实践的重视。[①]

二、“加速到期条款”的法律界定

（一）“加速到期条款”释义及功能

在国际商业贷款业务中，借款合同中预设的银行提前收回贷款条款通常被称为贷款“加速到期条款”（Acceleration clause）。“加速到期条款”并非我国首创，而是来源于国际商业贷款业务的通常做法。《布莱克法律辞典》解释Acceleration clause：金融协议中只有当借款人没有付款时，许可贷款人在任何时间都可要求借款人全额付款的规定，又称为破产法令。[②]《维基百科》则规定Acceleration clause是指合同法中对一方当事人违反了合同义务，要求其完全履行的规定，此类规定通常见于抵押合同和分期购买房地产合同中。如A向B以10万美金购买土地，分期付款，每月2万美金，5个月付清。如A付了2个月后不再付余款，则根据加速到期条款可要求A必须立即向B付清余款6万美金以取得土地，否则丧失了购买B土地的权利，已付的4万美金不再退还A。[③]《元照英美法词典》对Acceleration clause的释义为，如果约定的特定事件发生，如未能支付分期付款的款额或未能及时缴付保费，则可以要求债务人在约定的到期日之前付清全部余额。该条款一般出现在贷款协议、抵押合同、本票、债券或信托契据中。[④] 上述释义的核心基本一致，是指银行依据合同约定事件的发生，可在贷款到期日之前提前收回贷款。

“加速到期条款”的背后，蕴藏着银行控制商业风险的逻辑。实践证明，在银行贷款业务中，银行发放贷款后即履行了主要义务，如果借款合同仅明确借款人需承担到期还款付息义务且贷款人在到期前只能消极等待的话，显然不足以防范银行在整个借款合同履行期间的风险。因此，加速到期条款成为银行广泛用于控制风险的一种基本方法。“加速到期条款”的形成，拥有自身的商业实践渊源。金融业通过自身的商业实践认识到“加速到期条款”对

---

① 事实上，有人民法院对银行宣布借款提前到期并收回贷款之行为认定为有效，判决驳回破产管理人的诉请。参见张志新：《对个别清偿行为行使破产撤销权的构成要件》，载《人民司法·案例》2010年第6期。

② 参见http：//thelawdictionary. org/acceleration _ clause/。

③ 参见http：//en. wikipedia. orgwikiAcceleration _ clause。

④ 参见http：//lawyer. get. com. tw/Dic/DictionaryDetail. asp×？iDT=33768。

于保护自身金融债权安全的重要性，各国银行业也因此形成了各自的制度，无论是1997年发达国家总结百年来自身银行业发展得失而形成的促进银行业有效监管的《巴塞尔核心原则》，还是中国人民银行在1996年颁布的部门规章《贷款通则》，都对银行“加速到期条款”作出了原则性的规定。这些规定都是对商业惯例的一种成文认可。①

（二）“加速到期条款”法律性质辨析

《合同法》第203条规定：“借款人未按照约定的借款用途使用借款的，贷款人可以停止发放借款、提前收回借款或者解除合同”，承认了银行在借款人未按照约定用途特定情况下提前收贷的权利，但并不排除当事人专门对加速到期的其他情形进行约定。这就涉及到“加速到期条款”的法律性质界定。对此有不同观点，一种观点认为，“加速到期条款”是合同解除权的一种。银行“加速到期条款”的制定在法理渊源上的参照依据是民法原理中的预期违约和根本违约等原理。商业银行对可能产生的贷款风险，在合同订立时对贷款的发放、使用和收回均做了严格的约定，对合同双方提出了严格责任的要求，这些条款可以视作对合同解除权行使的约定事由。根据《合同法》第93条规定，在发生了借款合同约定的解除合同的条件以后，享有解除权的一方，有权作出解除合同的意思表示，并通知对方，借款合同的权利义务即告终止，无须获得相对方的同意。② 合同解除后并不影响原合同关于清理、结算条款的效力，违约方不仅承担返还贷款的义务，还应承担采取其他补救措施、赔偿损失等责任形式，且根据担保法的司法解释，对原来金融债务设立的担保，于合同解除后依然对返还义务发挥担保作用。③

另一种观点认为，适用“加速到期条款”提前收贷是借款合同独有的一种违约责任形式。提前收回贷款意味着借款人期限利益的丧失，而期限利益的丧失对于违约的借款人来说属于一种相当严厉的惩罚。在这种情况下，银

---

① 在中国人民银行兼顾监管职能的20世纪90年代前期的行政性格式合同中即有涉及“加速到期条款”。但在当时的商业实践中，由于国有经济形态的大一统以及金融体制行政化的倾向，银行在信贷业务中要求借款人在借款期限到期之前还款的情形较少发生。而随着市场经济改革的深入发展，银行的股份制改造以及外资参股的普遍化进程，使得国内银行业务的商业性日趋明显。由此，提前收回贷款机制在维护银行债权实效性方面的功能，日益受到银行的重视，司法实践则进一步证明了它对于维护金融秩序稳定的现实意义。参见李春：《商业银行提前收回贷款的法律问题探讨》，载《上海金融》2007年第8期。

② 王萌洁：《完善商业银行借款合同解除权运用问题研究》，华东政法大学2013年硕士学位论文。

③ 张晓磊：《金融机构提前收贷行为的司法认识》，载《人民司法·应用》2014年第15期。

行无需通过解除合同即可保障其在借款合同下的利益。《合同法》第203条将解除合同和提前收回贷款并列规定的立法，是我国法律认为两者存在区别的一个确证。①

笔者同意后一种观点。商业银行的提前收回贷款权是借款合同中十分特殊的一种违约责任形式，这种独有的违约责任形式是发生在以金钱借款为标的的合同中，由于借款人预期无法履行义务，而由商业银行剥夺借款人"期限利益"的一种违约责任，属于商业银行的一种特殊权利。提前收回贷款不再是借款合同解除后产生的"余波效应"，而成为了银行对违约借款人的一种惩罚方式，适用"加速到期条款"不应以解除合同为必要充分条件，无须解除合同即可行使，因为这是一项独立的权利。司法实践中，借款合同约定的银行可以提前收回贷款违约事件的发生，如未按时提供财务报表、借款人股东发生变动、发生诉讼未通知等，并不一定达到合同法所规定的预期违约程度，特别是借款人正常还款付息的情况下更是如此，进一步说明提前收回贷款并非源于预期违约理论。从上述角度来讲，银行提前收回贷款并不同于合同解除，即银行在仅要求提前收回贷款时不必同时要求解除合同。后一种观点在司法实践中成为主流观点。2006年上海市高级人民法院《关于解除审理金融借款合同纠纷案件若干问题的解答》第5条规定："在贷款人主张借款人提前还贷的条件成就时，贷款人据此诉请要求借款人提前还贷的，法院应予支持。该诉请不以解除合同为前提，故贷款人无须主张解除合同诉请。"②

（三）"加速到期条款"法律效力

就条款本身而言，"加速到期条款"属于合同约定的在一定条件下，一方当事人有权决定债务提前到期的情形，是各方当事人真实意思表示，并无虚假欺诈因素，亦未损害社会公共利益，没有违反法律、行政法规的强制性规定，因此按照合同自由的基本原则，应当尊重双方当事人的意思自治，承认

① 吴庆宝：《金融机构提前收贷风险防范的司法认知》，载最高人民法院民事审判第二庭编：《民商事审判指导》2008年第2辑（总第14辑），人民法院出版社2008年版，第268页。

② 参见沪高法民二〔2006〕12号文。

该条款合法有效。[①] 2006年上海市高级人民法院《关于解除审理金融借款合同纠纷案件若干问题的解答》第5条同时规定："金融借款合同关于贷款人提前收贷有约定的，该约定只要不违反法律、行政法规的强制性规定，应认定有效。"[②]

司法实践中，借款人经常会提出"加速到期条款"属于加重借款人责任的格式条款，应为无效。笔者认为，只要是符合现有合同法及金融规章规定的可以提前收回贷款的情形，该条款均系有效。对于法律规定之外的情形，如"加速到期条款"中还有"贷款人依其自主判断认为可能危及本合同项下债权实现的行为"这样的兜底条款，在考量违约事件和"加速到期条款"是否构成无效格式条款时，不能简单地将银行借款合同与普通商业合同等量齐观，特别在格式条款是否加重对方责任、排除对方主要权利的问题上，应当考虑借款人在银行借款合同下负有的义务与维护金融债权安全、保证社会经济秩序稳定之间存在的密切关系，合理确定违约事件条款是否确实加重借款人责任或被排除了主要权利。评价的主要标准应着眼于借款人的违约行为是否实质地影响了银行贷款债权的安全或可能发生实质影响，考虑的重点是保障金融秩序的稳定。关于是否构成实质影响的问题，在尊重双方合同约定的前提下，则应结合个案具体情况进行综合判断。

合同之债何时到期，即债务的履行期限通常由双方当事人在合同中自行约定，当事人可以约定债务在特定时间到期，也可以约定债务在一定条件下到期，还可以约定债务何时到期由一方当事人决定，或者由一方当事人在一定条件下决定。债务人因履行期限的约定而享有债务履行上的"期限利益"，即在债务到期之前并不负有清偿义务。但是，债务人的这一期限利益，可能因为当事人在合同中有特别约定而随约定事实的发生被取消，也可能因为法律的特别规定而丧失。案例一中，三鹿集团的违法行为被各新闻媒体曝光，企业被地方政府有关部门勒令停产、停业，属于生产经营发生重大变化；案例二中，最高额抵押合同担保人肖楠去世，可以认定合同所订之"加速到期条款"的适用条件已经成就，桥西支行和农行五角场支行基于借款人或担保

---

① 有学者收集整理了各银行借款合同中的"加速到期条款"，分为三类：（1）对于本贷款合同的违约，如改变贷款用途、未按期归还本息；（2）交叉违约条款，即对于其他合同的违约行为视为对本合同的违约；（3）其他重大可导致贷款收回存在风险的时间，如借款人涉及重大诉讼。认为应区别对待其效力。参见曹换：《银行贷款合同中加速到期条款的法律问题分析》，载《法制博览》2014年第1期。笔者认为，尽管如交叉违约条款等乍一看甚至会让人产生不公平的感觉，但在一般情况下，合同约定的这些"加速到期条款"作为商业惯例均被法院所认可。

② 参见沪高法民二〔2006〕12号。

人生产经营或财务状况发生重大变化对贷款安全造成重大不利影响，宣布贷款提前到期，从而使原本尚未到期的债务立即到期，债务人产生清偿义务，而银行债权人也就产生了要求清偿包括以抵销方式清偿的权利。所以，桥西支行和农行五角场支行的债权因为加速到期，属于已到期债权，而不属于未到期债权，相应的清偿不应视为提前清偿，故基于"加速到期条款"而为的清偿不属于《企业破产法》第 31 条第（4）项的情形。

"加速到期条款"作为当事人意思自治的产物，不违反法律规定，有利于维护金融债权稳定，有其积极意义。但《企业破产法》第 32 条规定："人民法院受理破产申请前六个月内，债务人有本法第二条第一款规定的情形，仍对个别债权人进行清偿的，管理人有权请求人民法院予以撤销。但是，个别清偿使债务人财产受益的除外。"如果银行债权人在债务人破产申请前六个月内，适用"加速到期条款"，利用其优势地位扣划债务人银行存款，在债务人破产申请后，破产管理人诉请法院撤销债务人对银行债权人的清偿行为，则该行为能否被撤销，争议较大。

三、我国破产偏颇清偿撤销制度的进步与不足

纳入破产视野对"加速到期条款"进行审视，则会发现"加速到期条款"主要涉及《企业破产法》第 32 条之规定。[1] 陷入债务危机的债务人在破产程序开始前，基于主动或被动，想方设法隐匿财产，或无偿负担债务，或向特定债权人清偿而将其他债权人排除在外，1986 年《企业破产法（试行）》对此采用的是无效行为制度，现行的《企业破产法》采纳了无效制度和撤销制度并存的二元模式，将旧破产法规定的大部分无效行为转变为可撤销行为，即第 31 条和第 32 条，从而建立了类似美国破产法上的偏颇清偿撤销制度。[2]

破产法上的偏颇清偿，是指违反破产法上的债权人平等受偿原则，使个别债权人得到优于破产分配的清偿的行为，一般被称为偏颇性清偿或优惠行

① 《企业破产法》第 31 条规定：人民法院受理破产申请前一年内，涉及债务人财产的下列行为，管理人有权请求人民法院予以撤销：（1）无偿转让财产的；（2）以明显不合理的价格进行交易的；（3）对没有财产担保的债务提供财产担保的；（4）对未到期的债务提前清偿的；（5）放弃债权的。有学者认为该条第（1）（2）（5）项属于典型的推定欺诈行为，损害了全体债权人的地位；第（3）（4）项是对某一债权人清偿的优惠行为。参见曲宗洪：《我国的破产撤销制度》，载《法制与社会》2007 年第 12 期。适用"加速到期条款"所为的清偿从性质上讲还是对银行个别债权人的到期清偿，故不涉及该条。

② 刘黎明、田鑫：《美国破产法之偏颇清偿制度及对我国的借鉴意义》，载《法学评论》2008 年第 3 期。

为（preference）。《企业破产法》确立的偏颇清偿撤销制度是破产立法的巨大进步，其重要性足以与引入管理人制度和重整程序相提并论。[①] 其理论依据在于：（1）维护债权人平等受偿。破产程序作为集体性的债务清理程序，自产生之初，就确立了债权人按比例平等受偿的破产财产分配原则，这一原则是民法上债权平等原则在破产法上的要求和体现。然而 破产财产的平等分配规则会对破产程序开始前的债权人和债务人行为会产生强烈的事前效应：债权人，特别是对债务人的财务困境有信息优势的债权人，会利用其信息优势，在破产程序开始前采取一些策略性的行为，以使自己得到更多的清偿；债务人可能会首先清偿同他们有某种特殊利益关系的债权人，随意改变破产法所确定的平等清偿规则。因此 破产法不仅要对破产程序开始后的偏颇性行为进行规制，而且不得不跨出破产程序的界限，对破产程序开始前的偏颇性清偿进行调整。（2）维护债务人财产的完整性。破产程序目的在于，限制债权人个别行使债权的同时，将破产人的全部财产变卖来公平地分配给债权人。单个债权人利益的实现必须给予每个人均等的机会，否则利益将会为少数债权人所获得。破产财产的稀缺性决定了所有债权人不可能得到完全的清偿。现实生活中诚信缺失，债务人财产稀缺使得债权人在争夺利益过程中竞争激烈，债务人往往与有利害关系的债权人串通并以合法、有利的方式实施清偿，其结果使被歧视的债权人的利益被侵害。破产法必须为债权人公平地分配财产提供一套合理的规则，偏颇清偿撤销制度可阻止债权人的收债竞争，确保同一等级的债权人获得公平的清偿。

然而相比美国破产法而言，《企业破产法》偏颇清偿撤销制度还是略显粗疏。《美国破产法》设立了较为完善的偏颇清偿撤销制度。该法典第547（b）规定了偏颇性清偿的基本构成要件：（1）“除非本条（c）另有规定，托管人可以消除债务人在财产上利益的任何转让”即转让的是债务人在财产上存在的利益；（2）转让是“指向或为了某一债权人的利益”；（3）转让是“为了或由于在转让发生之前归属于债务人的先行债务”；（4）转让时“债务人处于无力偿债状态”；（5）转让“在下列情况发生（A）在破产申请提出之前90天内或90天时；或（B）在破产申请提出前介于90天和一年之间，如果该债权人在转让发生之时还是内部人”；（6）“转让使债权人获得比原先更多的利益。”[②] 一个转让行为只要满足了6个条件并且不在第547（c）所列举的行为之列，

① 李志强：《论破产法上的偏颇性清偿》，载《政法学刊》2008年4月。
② 李飞编：《当代外国破产法》，中国法制出版社2006年版，第577页。

即为偏颇性清偿行为。但考虑到将满足该条款的行为一概予以撤销，很多时候会破坏交易安全，也会与市民社会所确立的诚实信用原则相背离，《美国破产法》第547（c）还规定了偏颇清偿行为的八种例外，为封闭的偏颇清偿制度设立了一个弹性空间，打开了一扇“窗口。”（1）“转让用于向债务人提供新价值而进行的同期交易，是为了或指向债务人和债权人利益，并且是实质上的同期交易。”即，同时发生新价值的转让；（2）对于正常债务的正常清偿的转让；（3）授权担保利益的转让；（4）发生后为新价值的转让；（5）对库存或者应收账款设立浮动担保的行为；（6）法定担保行为；（7）消费中的小额担保转让；（8）“债务人向配偶、前配偶或子女真实的支付与分居协议、离婚判决或法院作出的其他裁定、政府部门根据洲法或者本地法作出的决定、或财产处理协议有关的债务。”第547（c）的范围远远大于《企业破产法》第32条的但书“个别清偿使债务人财产受益的除外。”该但书过于狭窄，许多正常的转让行为可能为但书漏掉而被依法撤销，存在挂一漏万的不完全性，同时但书本身具有模糊性和不确定性。我国破产偏颇清偿撤销制度的不足之处主要在于：（1）片面性。忽视了已受偿债权人所代表的处分自由的原则和交易安全的价值。就债权清偿而言，债权具有平等性，在无任何其他约束或请求的情况下，债务人自由处分自己财产，选择清偿债务对象，而已受偿债权人在接受债务人对其的清偿时，单就接受清偿行为而言，并无任何瑕疵。偏颇清偿撤销制度过于强调债权人的整体利益，并且可能破坏商业交易的稳定性，影响社会经济的长远发展。（2）局限性。偏颇清偿撤销制度对破产申请前六个月的清偿行为采取的是无区别地撤销政策，也包含了正常商业交往特别是已成惯例的固定往来对象的清偿。但是，市场经济是信用经济，企业在经济市场中运行依靠连续的信用经营。对正常商业和财务事项中的清偿进行撤销就会阻止债权人继续对处于经济困境中的债务人提供信用甚至短期信用，撤销这样的清偿就会增加而不是减少债务人破产的可能性。因此，《美国破产法》将“正常债务的正常清偿”列为偏颇清偿的例外。

四、基于“加速到期条款”的清偿不属于破产偏颇清偿撤销制度的适用范围

银行基于“加速到期条款”有权按约定提前收回贷款，这是银行的合法权利，但在破产案件中，债务人被宣告破产，那么基于“加速到期条款”而为的清偿是否属于偏颇清偿而被撤销？笔者认为，我国偏颇清偿撤销制度的

设计，必须在追求绝对的债权人平等和维护正当的商业预期两个目标之间进行权衡。如果不管客观情况，撤销所有的有偏颇性效果的清偿，以追求债权人之间绝对的平等，无疑会破坏交易的正常预期，给交易秩序带来极大的不稳定。出于维护交易的确定性，我们需要接受其对债权人平等受偿范围的一定程度的例外。因“加速到期条款”形成的金融债权基于本意清偿的法理和维护金融秩序稳定，不应成为偏颇清偿的适用对象。

本意清偿，又称本旨清偿、到期清偿，是指对到期债务依债的本旨实现债务内容的给付行为。本意清偿的本质是义务交易，到期清偿是债务人的义务，在一般情况下不得撤销。其理由如下：（1）清偿有法律依据。到期清偿是合法的，债务人对现存到期债务的清偿是其法定义务。通常场合，债权人从债务人处接受清偿、得到担保的提供是当然的权利，优先于其他债权人受偿本身不值得非难。（2）并未不当侵害其他债权人的权利。清偿行为使积极财产减少的同时，也使消极财产（债务）得以减少，债务人的总财产没有减少，因此不具有有害性，且撤销本意清偿给正当交往的当事人的利益带来损害，破坏社会经济秩序的稳定和有序。我国台湾地区立法规定，对到期债务的清偿不属于可撤销行为，因此时的清偿属于债务人应履行的法定义务。台湾地区学者史尚宽先生认为：“对于已届清偿期之债权为清偿结果，致其剩余财产不足清偿其他债权时，虽有主张此时亦得为撤销，然依债务之内容为清偿者，应不为有害行为。盖清偿已存之债务为债务人义务之履行，对于债务人的总财产并无所增减。债权人平等之原则并非限制债务人之自由为清偿，债权人如欲求平等比例之清偿，则应依破产程序为之。”① 虽然从破产法发展的历史来看，由于对公平价值和阻止债权人收债竞争的功能越来越强调，本意清偿经过了从不可撤销到可撤销的发展过程，但本意清偿毕竟不同于提前清偿、提供担保等行为，撤销本意清偿对商业实践的影响十分显著。因此，为避免偏颇性清偿规则损害商业实践中债权人的正常预期，德国、日本和法国等大陆法国家在规制偏颇性清偿行为时，对本意清偿和非本意清偿采取了区别对待的态度。从构成要件看，撤销本意清偿远比撤销非本意清偿困难，法律一般为本意清偿的受益人提供更多的抗辩手段。②

金融是国家经济的生命。金融债权不同于普通债权的地方在于：金融债权保护不周的结果是不仅损害金融机构及其投资者（包括国家股东）的切身

① 史尚宽：《债法总论》，中国政法大学出版社2000年版，第490页。
② 李志强：《论破产法上的偏颇性清偿》，载《政法学刊》2008年4月。

利益，而且殃及整个金融市场的安全和国民经济的健康。因此，保护金融债权不仅具有民商法层面的微观经济意义，而且具有社会法层面的宏观经济意义和政治意义。“当前最突出的问题不是银行债权保护过了头，而是保护得还很不够。”[①]“加速到期条款”的设计及应用都是当事人自由意思表示，不违反法律法规，且不悖于公序良俗和诚实信用原则，合法有效，法院应给于充分的尊重。如果企业由于经营不善或其他原因进入破产程序，银行基于“加速到期条款”对其享有的债权数额大多是占较大份额的，破产程序设置中存在的缺陷直接关系到金融债权的保护。金融案件的裁判依据不限于《合同法》《担保法》《票据法》《商业银行法》等法律本身，尚包括《公司法》《企业破产法》等民商事法律。但当《合同法》与《企业破产法》的法律规定发生矛盾时，不应简单遵循特别法优先于普通法的理念，排除《合同法》的适用，而是秉承维护金融秩序稳定的理念，认识到我国破产偏颇清偿撤销制度的例外，对基于“加速到期条款”而为的清偿不予撤销。[②] 当然，终极的解决方案，仍然是通过修改法律明确我国破产偏颇清偿例外等制度，更宽容地对待债务人的个别清偿行为。

---

① 刘俊海：《创新裁判理念，保护金融债权》，载《人民司法》2006 年第 1 期。

② 美国亦有类似规定。《美国破产法》一般认为破产约定条款（即当事人在合约中约定的，在一方陷入财务困境、资不抵债或者进行破产程序时，另一方当事人有权变更或终止合约，或者加速、变更或终止合约的具体权利义务条款）是无效的，但针对不同的金融合约给于了明确的豁免型保护，这些豁免待遇好比是在惊涛骇浪的大海中给了金融合约一个受保护的安全港。参见冯果、洪治纲：《论美国破产法之金融合约安全港规则》，载《当代法学》2009 年 5 月。

近五年旅游合同纠纷案件的情况分析

刘 江*

近年来，随着我国旅游产业的快速发展，旅游合同纠纷亦日益增多。现以上海一中院民一庭近五年审理的旅游合同纠纷案件为调研对象，分析案件的基本情况、主要特点，剖析案件的成因，并对解决实践中发现的问题提出合理化建议。

一、案件基本情况和主要特点

（一）基本情况

2010年1月至2014年12月，我庭共受理旅游合同纠纷案件25件，审结案件24件，均为二审上诉案件。受理的25件案件中，2010年5件，2011年3件，2012年3件，2013年8件，2014年6件。可见，自2013年10月1日《旅游法》实施后，旅游合同纠纷案件收案数明显上升。

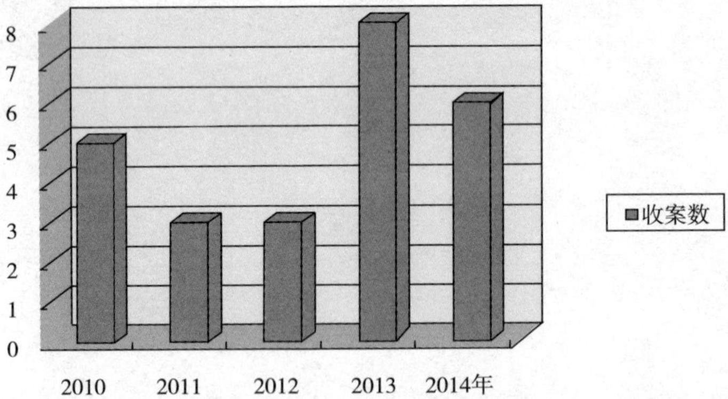

---

* 上海市第一中级人民法院民事审判第一庭助理审判员。

（二）主要特点

1. 当事人年龄偏大，旅游类型多为出境游

上述24件案件，共涉及自然人当事人39人，其中38人为案件原告，要求旅游业者承担民事责任，一起案件为旅行社要求旅游消费者支付欠付的旅游费。从涉案39名自然人当事人的年龄看：10后1人，90后1人，80后7人，70后4人，60后7人，50后16人，40后3人，可见60后、50后构成当前此类案件的主要群体（占比近六成）。从旅游消费者出境的目的地看，其中涉及国内旅游7件（云南省3件，浙江省、江苏省、湖南省、北京各1件），出境旅游17件（包括德国、奥地利、日本、菲律宾、泰国、新加坡、马来西亚以及我国台湾地区等）。

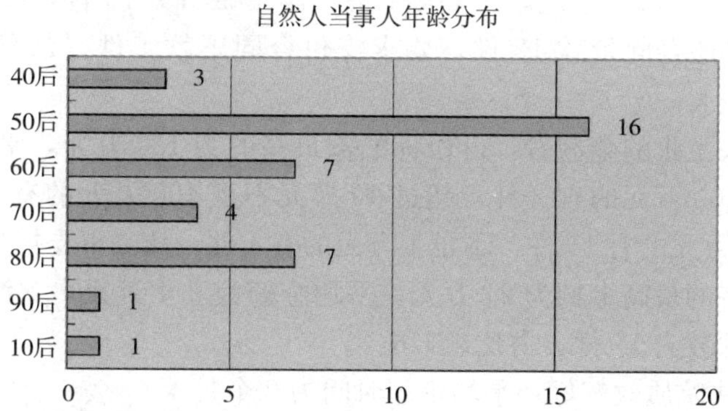

2. 纠纷原因呈现类型化特征，出现“分时度假”新类型案件

从纠纷产生的原因看，主要集中在食、住、游、行及合同履行等五个方面：（1）餐食，有1件。一起案件的当事人认为导游推荐的餐食质次价高。（2）住宿，有4件。纠纷主要因为旅游消费者财物（含护照）被盗、噪音影响睡眠、怀疑一氧化碳中毒等。（3）游玩，有5件。如在旅游过程中被山上掉落的石头砸伤、意外摔倒、溺水死亡等。（4）交通，有4件。主要是旅游途中发生交通事故、临时取消原定行程、因护照问题被拒绝登机等。（5）其他合同履行问题，有10件。包括对分时度假存在重大误解而要求解除合同、返还合同价款，消费者因自身原因要求取消行程以及不满服务质量等。分时度假纠纷系近年来新出现的旅游合同纠纷类型，共有5

件，占比逾二成。①

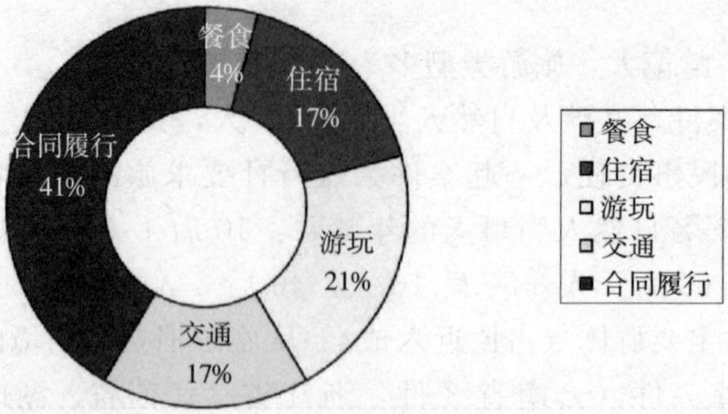

3. 案件标的额较高，旅游经营者担责比率较高

从当事人提出的诉讼请求看，主要诉请为赔偿损失，占全部结案数的近七成。其中，要求赔偿损失（医疗费、误工费等）16件，要求解除合同6件，要求退还合同价款12件，要求支付合同尾款1件（部分案件有数项诉讼请求）。

从当事人主张的金额看，诉讼标的额最高的为134万元，平均金额近20万元，超过100万元的有2件，超过10万元不足100万元的有3件，超过1万元不足10万元的有15件，不足1万元的有4件。从二审支持当事人诉请的金额看，支持的最高金额为21万元，平均金额为2.4万元，支持或者部分支持诉请的案件数为17件，占比逾七成。

4. 二审法院质效较好，平均审理时间为2个月

审结的24件案件中，2010年4件，2011年3件，2012年3件，2013年4件，2014年10件。从结案方式看，二审维持原判18件，撤诉3件，改判2件，发回重审1件。从二审办案的时间看，平均办案时间为61.7天，比同期案件的平均办案时间少13天。

① 分时度假，即把酒店或度假村的一间客房或一套公寓，将其使用权分成若干周次，按10年至40年甚至更长的期间，以会员制的方式一次性出售给客户，会员获得每年到酒店或度假村住宿若干天的一种休闲度假方式。根据约定，通过国际交换服务系统，会员可以把自己的房间使用权与其他会员异地客房使用权进行交换，以此实现到各地旅游度假的目的。但能否顺利实现交换，实践中具有大量不确定因素。

二、案件的成因分析

（一）旅行中发生意外伤害

由于部分旅游消费者年龄较大，对新环境的适应能力不强，存在身体不适、体力不支仍坚持旅游的情况，导致一些消费者的判断能力、应变能力、活动能力降低，耐受性较差，未能妥善处理突发情况；有的消费者因过于兴奋，或者放松警惕，或者对危险的预判不足，导致在旅行途中发生摔倒、扭伤，甚至溺水等伤亡事故；还有旅游车发生交通事故等意外事件，造成消费者不幸受伤。

（二）旅行社存在违约行为

实践中，一些旅行社存在损害旅游消费者权益的违约行为。主要表现为缺乏严格履行合同的意识，出于节约成本等因素的考虑，未经与消费者协商擅自改变原合同约定的住宿酒店，或者改变住房标准，或者降低服务质量，压缩景点游览时间，增加购物时间，所购商品或者服务价高质劣引发消费者的不满。在分时度假案件中，消费者支付会员费成为俱乐部的会员后，拥有俱乐部度假村的度假权益，在支付交换费用后还能享有通过国际度假交换机构为会员交换安排度假住宿权益。有的经营者承诺提供“高品质度假村”，会员实际上入住的是简易的汽车旅馆；有的承诺“在全世界可以任何时候去您想去的地方”，事实上却难以兑现。

（三）消费者自身存在过错

旅游消费者自身疏忽大意和行为不当是引发旅游纠纷案件的重要原因。如有的消费者即使身体不适仍不听劝阻带病旅游，导致病情恶化不治身亡；有的旅游消费者不按导游要求穿救生衣下水而溺水身亡；有的消费者在坡地行走因路滑不慎摔倒受伤；有的消费者因自身原因取消报名参加的旅游项目，有的消费者由于个人原因被限制出境而无法登机，有的消费者未自备签证而无法出关，有的消费者在境外旅游期间丢失护照等。

（四）服务质量存在瑕疵

实践中，一些旅行社服务质量参差不齐。如导游未告知旅游消费者其手机号、入住的酒店房间号，导致消费者在发生问题时，不能及时与导游取得联系。又如旅游公司在推销“分时度假”产品时未对使用方式及权益限制作充分说明，且对行使度假住宿权益时不能确保预定成功等事项作风险提示。由于一些户外活动具有危险性，旅行社事前未履行必要的安全警示和提醒义务，导致消费者受伤的案例亦不少见。再如入住酒店附近因施工产生噪声影响消费者睡眠，旅游结束后旅游消费者投诉未获满意答复而要求赔偿等。

（五）消费者存在重大误解

在分时度假案件中，消费者通过签订合同向经营者购买酒店或者度假村住宿权益，其与“跟团游”“自由行”等传统旅游度假产品在度假权益的行使方式、权益内容等方面均存在较大区别。消费者在行使其度假住宿权益时，还需受到一定限制，如需提前一定时间预约、无法确保预订成功等；在行使会员交换权时，也需按有关交换规则进行并支付交换费用，如交换国外酒店或度假村的度假住宿权益，即使预约交换成功，会员也需自行办理出国签证手续并承担签证不成的相应风险。而关于会员权利行使的限制条件，经营者往往在缔约时并未明确对消费者进行充分说明和提示。作为一种新兴旅游度假方式，消费者在签约前往往并不知悉该产品的特性，导致消费者对合同的内容时常存在重大误解，并错误将该新型旅游度假产品混同于目前市场上较为普遍的其他旅游度假产品，从而引发纠纷。

三、几点合理化建议

（一）建议出台《旅游法》实施细则

《旅游法》的颁布和实施，对依法维护旅游消费者的合法权益，规范旅游经营者，促进旅游产业的健康发展起到了重要的保障作用。该法实施一年多来，一些监管执法部门和旅游经营者对准确执行《旅游法》的相关规定，仍存在一定程度的不同理解和执行不一致等问题。如《旅游法》第35条规定：“旅行社不得以不合理的低价组织旅游活动，诱骗旅游者，并通过安排购物或者另行付费旅游项目获取回扣等不正当利益。旅行社组织、接待旅游者，不得指定具体购物场所，不得安排另行付费旅游项目。但是，经双方协商一致或者旅游者要求，且不影响其他旅游者行程安排的除外……”实践中，对如何界定“以不合理的低价组织旅游活动”的标准，以何种标准认定“诱骗旅游者”，如何判断佣金、人头费或者奖励费是否属于“回扣等不正当利益”，以何种标准认定构成“影响其他旅游者行程安排”等，均需要予以明确。为更好贯彻执行《旅游法》规定，我们建议在全面梳理法律适用过程中的疑难问题的基础上，及时出台《旅游法》实施细则，规范旅游执法和司法活动。

（二）完善旅游纠纷诉调对接工作机制

根据市高院与市旅游局《关于建立旅游纠纷诉调对接工作机制的会议纪要》的要求，通过加强互相合作，构建旅游纠纷诉调对接工作机制。根据《会议纪要》的内容，法院对旅游纠纷遵循“调解优先”原则，引导和鼓励当事人选择调解方式解决争议。旅游质监机构调解旅游纠纷遵循自愿、合法原则。经旅游质监机构调解达成调解协议的，双方当事人可以依法共同向人民法院申请司法确认。

从进入诉讼程序的纠纷看，既有金额高达百万元的大标的额案件，也有仅涉及几百上千元的小额案件。生活中，小额旅游合同纠纷更为普遍，所以应优先考虑适用小额诉讼程序，用简单、迅速、便捷的诉讼程序解决纠纷，以增加当事人与人民法院之间的亲和性，在保障司法公平的基础上，最大限度地提高诉讼效率，最大程度地节约司法资源。因此，法院在解决预付式消费纠纷时，首先应当适用诉前调解程序，调解不成后再依次适用小额诉讼程序、简易程序和普通程序，即逐步采用“诉前调解——小额诉讼——简易程序——普通程序”的层级式审理方式。当前一个程序不能解决纠纷时，则进入后一个程序进行审理。同时，为防止当事人滥用小额诉讼程序，原则上应禁止当事人将超过小额诉讼程序适用范围的大额诉讼请求案件分割成若干小笔提起诉讼，除非当事人自愿放弃超出部分的诉讼请求。

（三）建立旅游合同瑕疵担保责任制度

与一般合同不同的是，旅游合同具有综合性和无形性的特点。“旅游是一项综合性的活动，旅客在旅游过程中的需求是多方面的。人们不再是单纯为了游山玩水而外出旅游，而是把体验异国他乡的生活环境、享受现代化交通工具的乐趣、品尝风味美食、领略神奇的娱乐境界、购买土特产等多种需求结合起来，形成自己的旅游动机。”[①] 作为旅游经营者，通常向旅游消费者提供食、住、行、游、购、娱等综合性的消费需求。同时，对于旅游消费者来

① 姜德源、韩燕平主编：《旅游学概论》，北京理工大学出版社2010年版，第21页。

说，其在完成旅游活动后，得到的往往并不只是具体的物品，而是一段“无形”的美好经历。“旅游为一种无法展示样品、且无适用方法及无法库存之无形商品，其本身具有很高之不确定性。”① 由于旅游服务的环节较多，服务内容多样，服务瑕疵多发易发。而旅游服务的无形性也导致事后对旅游服务品质确定与检验存在一定困难。

为切实维护旅游消费者的合法权益，规范旅游服务，促进旅游行业的健康发展，应当建立旅游合同瑕疵担保责任制度。从性质上看，旅游合同瑕疵担保责任应属于无过错责任。不论是旅游经营者，还是合同的履行辅助人（即协助旅游经营者履行合同义务，实际提供交通、游览、餐饮、住宿、娱乐等具体旅游服务的主体），只要提供的服务存在瑕疵，无论旅游经营者对此瑕疵是否存在过错，旅游经营者都要承担瑕疵担保责任。具体而言，对存在的服务瑕疵，旅游经营者应承担纠正瑕疵、减少价款、解除合同、损害赔偿等民事责任。

（四）强化经营者风险提示及说明义务

从已结案件中旅游安全事故的类型看，主要存在治安事件（如财物被盗）、交通事故、自然灾害（如因日本地震导致核辐射而改变行程）、身体疾病、意外险情（被山上落石击伤）、人为过失（不慎滑到摔伤）等类型。其中既有游客安全意识淡薄或者疏忽大意等原因，也有旅游经营者的安全防范措施缺位等因素，导致旅游安全事故的发生。我们建议旅游经营者在缔结合同时，对旅游中存在的风险进行充分提示，具体应包括身体健康提示、饮食卫生提示、个人防护提示、人身财产安全提示、法律及社会风险提示和理性购物提示等。身体健康提示即要求游客携带常用药物，对需要较好身体耐受性的旅行线路进行风险提示；饮食卫生提示即告知游客目的地存在的传染病、流行病情况，提示游客选择合格、卫生的饮食、饮水方式；个人防护提示即针对旅途涉及的热带、高原、海滨、草原等特殊气候和地理环境，提示游客做好相应的防护措施；人身财产安全提示内容包括治安风险、活动项目中存在的安全风险。提示游客注意人身安全、保管好贵重财物、遵守交通规则，指出活动项目中存在的风险因素，落实相关的安全防护措施等；法律及社会风险提示，主要针对境外游的旅客，告知目的地相关的社会习俗、需要注意的法律规则等；理性购物提示即告知旅客如何选择诚信规范的商家，提示购

① 刘春堂：《论旅游契约》，载《辅仁法学》2000年第19期。

买有质量保证的商品等。

由于“分时度假”是一种具有期权消费性质的新兴旅游度假方式，普通消费者对“分时度假”产品的内涵、运作方式及所存在的风险等均缺乏了解。而仅从字面上理解，以度假旅游名义进行宣传销售的“分时度假”产品容易与传统意义上的度假旅游产品相混淆，故出售该种新兴旅游度假产品的销售商更应遵循诚信为本的原则，就服务内容、交换条件、交换办法、全部收费内容及限制内容等对消费者作更为详尽及全面的说明，使消费者在全面清晰理解合同内容的情况下作出购买的真实意思表示。如果经营者没有履行合同条款的说明义务，导致消费者发生重大误解的，根据相关法律规定，消费者一方有权请求法院撤销合同，并要求经营者返还合同价款。

融资回租中出租人善意取得租赁物的司法认定

徐文进*

一、问题的提出

H公司，系融资回租关系的出租人

X公司，系融资回租关系的承租人

F公司，系X公司设备的出售方

2011年10月24日，F公司与X公司签订订货合同将系争设备以213.6万元的价格出售给X公司，但约定设备所有权自X公司货款付清时起转移，但X公司未履行支付价款义务的，设备属于F公司所有。

2012年6月20日，承租人X公司与出租人H公司签订融资回租合同，将系争设备以213.6万元出售给H公司，但系争设备继续由X公司占有租赁。X公司按照约定应按月支付租金及首付款、手续费等费用共计251.3万元。

由于承租人X公司拖欠租金未付，2013年5月16日出租人H公司诉至法院要求解除合同、返还系争设备并承担违约责任。在案件审理过程中，F公司以有独立请求权第三人的身份参加诉讼主张系争设备的所有权，理由是X公司未付清货款。

本案争议焦点在于出租人H公司是否通过善意取得的方式获得系争设备的所有权。善意取得的适用前提在于承租人X公司对系争设备的处分系无权处分，故须对融资回租合同签订时承租人X公司是否已取得系争设备的所有权进行先行判定，方能再对出租人H公司是否构成善意取得依据构成要件加

* 上海市第一中级人民法院民事审判第三庭书记员。

以判断。

融资回租业务作为传统融资租赁业务的创新发展，其有自身的特点。若发生承租人无权处分租赁物时，融资回租的出租人是否可善意取得该租赁物，对融资回租业务的健康发展产生深远影响，值得我们深入探讨。

二、融资回租与物权公示原则的逻辑冲突

融资回租业务，是指承租人将自有物件出卖给出租人，同时与出租人签订融资租赁合同，再将该物件从出租人处租回的融资租赁形式。融资回租业务是承租人和供货人为同一人的融资租赁方式。[①] 融资回租是融资租赁方式的一种衍生方式，于承租人而言，利用融资回租的杠杆效应，有效地盘活了资金，因此在融资租赁的实践中大受欢迎。

融资租赁的性质决定了租赁物所有权和占有权、使用权是分离的。虽然融资租赁物的所有权属于出租人，但是由承租人享有占有和使用权。依据物权的公示原则，动产是以占有和交付作为公示原则。从融资租赁标的物的所有权外观来看，标的物所有权为出租人所享有的权属状态并不会当然让第三人直接从外部知悉，在融资回租合同关系中尤为如此。这就极易导致出租人的所有权遭受侵害，诸如承租人擅自将租赁物予以无权处分的案例并不鲜见。

往往在此过程中，我们就面临两种法律价值的抉择——是着重于保护静的所有权安全还是动的交易安全——这也是善意取得制度产生的历史原因之一。即使对租赁物的处分是由无权处分人作出，但考量受让人的善意之后，我们为了保护动产的交易安全依然通过善意取得值得认可这种对物权所做的再行强制性配置。

善意取得是一项重要的民事法律制度。通常而言，无权处分人对财产的处分应属无效，但善意取得是国家立法基于保护交易安全，对原权利人和受让人之间的权利所做的一种强制性的物权配置，承认了善意受让人即时取得所有权。善意取得制度的目的在于保护占有的公信力，保护交易安全，鼓励交易，维护商品交易的正常秩序，促进市场经济的有序发展。保护交易当事人的信赖利益，实际上就是保护交易安全。善意取得制度承认善意买受人可以即时取得所有权，则交易者就能放心地进行交易，从而有利于市场经济的

① 参见《金融租赁公司管理办法》第4条，该办法虽然是针对金融租赁公司而言，但该业务界定在融资租赁公司中并无差异。

健康发展。

在融资租赁领域，针对经常发生承租人将租赁物无权处分而将之出售和设定抵押的情形，《最高人民法院关于审理融资租赁合同纠纷案件若干问题的规定》第10条特别规定：承租人未经出租人同意，将租赁物进行抵押、转让、转租或投资入股，其行为无效。[①] 在融资回租合同关系中，此种动产所有权与占有使用权相分离的权属外观更为隐蔽，仅为出租人与承租人两方之间相互知悉，连一般融资租赁合同关系中的出售人都不存在。这也就加剧了融资租赁关系中所有权保护与物权公示原则的冲突。

三、无权处分是善意取得适用的先决前提

依据《物权法》第106条的规定，善意取得的适用须以标的物的出让人系无权处分人为先决前提。本案中融资回租合同签订时X公司是否已经自F公司处取得设备所有权，是本案后续审理的前提——方能更进一步判断融资回租合同所产生的法律效果。本案中对于H公司所有权的取得方式有三种逻辑可能：

第一种情形：在融资回租合同签订前承租人X公司已经取得设备所有权，也即X公司已经付清第三人F公司的货款，所有权已经自F公司转移至X公司，则出租人H公司自融资回租合同签订时当然的获得系争设备的所有权。第二种情形：在融资回租合同签订前X公司尚未取得所有权，但基于X公司提交的材料，出租人H公司善意地相信X公司已经取得系争设备的所有权，H公司通过支付合理对价的方式已经善意取得所有权。第三种情形：在融资回租合同签订前X公司尚未取得所有权，X公司签订融资回租合同属于无权处分人，H公司签订合同时也不具备充分的善意或欠缺其他必要条件，H公司无法达成善意取得的要件而获得系争设备所有权，则须另行审视在本案庭审结束前X公司是否有取得所有权人F公司的追认或是否已经取得设备的处分权，若F公司已获追认或已取得处分权，则H公司依然可以依据《合同法》第51条的规定取得设备所有权。[②]

---

① 此规定已因与之后《物权法》关于善意取得的规定相抵触而自动失效，且《最高人民法院关于审理融资租赁合同纠纷案件若干问题的规定》也已被自2014年3月1日起施行的《最高人民法院关于审理融资租赁合同纠纷案件适用法律问题的解释》所废止。

② 《合同法》第51条：无处分权的人处分他人财产，经权利人追认或者无处分权的人订立合同后取得处分权的，该合同有效。

由此不难看出，判断H公司是否取得设备所有权的逻辑先决前提在于判定在签订融资回租合同时承租人X公司是否取得系争设备的所有权。本案中X公司并无证据证明系争设备的货款已经结清，法院进而认定第三人F公司依据合同约定依然保留享有所有权，同时F公司亦未对该出让行为进行追认，故前述第一、三种情形均不符合。

换言之，在本案中X公司从未取得系争设备的所有权，故X公司与H公司签订融资回租合同转让所有权时属于无权处分。我们仅需对上述第二种情形进行判定——在融资回租合同签订时出租人H公司是否可基于善意取得享有系争设备的所有权？

对于善意取得的争议焦点判断，依据《物权法》第106条的规定，善意取得包括三个构成要件：（1）受让人受让该不动产或者动产时是善意的；（2）以合理的价格转让；（3）转让的不动产或者动产依照法律规定应当登记的已经登记，不需要登记的已经交付给受让人。

本案中承租人X公司自第三人F公司处购买系争设备的价格为213.6万元。X公司在融资回租合同中将系争设备以相同价格出售给出租人H公司，并约定X公司须支付租金等费用共计251.3万元，基于融资租赁市场的司法实践来看，上述价格与当前市场运行惯例并无明显不合理之处。我们认为H公司已经支付了合理的对价。则对于H公司善意取得的成立尚有两点需要考察：首先，H公司在签订融资回租合同时是否是“善意”的？其次，系争设备是否已经“交付”给H公司？

四、“善意”之外延及举证责任

所谓“善意”，是指行为人的内在心理活动状况。善意作为人内心的主观活动状况，不显于外部，难于度测，但作为法律概念，必须具有可量度性和可操作性，应有其具体的衡量标准。因此我们需要通过客观的行为方式加以判断。

对于善意取得中“善意”的理解，物权法并无具体界定。在理论界有“积极观念说”和“消极观念说”之分，前者要求受让人必须有将转让人视为所有权人的观念，后者则要求受让人不知也不应知转让人无权处分即可。各国立法对于善意的程度要求也并不完全统一。① 但目前国内的通说一般认为此

① 参见孙鹏：《物权公示论——以物权变动为中心》，法律出版社2004年版，第376页。

处的善意为消极的善意即可。对于善意是否包括无过失，王泽鉴先生认为该善意是指受让人须明知或因重大过失而不知让与人无让与之权利。[①] 在判断受让人是否为善意时，应采取推定的方法，即推定受让人是善意的，应当由原权利人对受让人是否有恶意进行举证，如果不能证明为恶意，则推定其为善意。[②]

而对于具体案例中的善意应依交易场境和情势加以判断，具体的交易情境主要看交易的场所、出让人的出卖目的、财产原始凭证或其他手续是否健全、交易的价格、交易的公开性等。[③] 第三人F公司主张H公司在融资回租合同签订时并非善意，应承担举证责任，否则应推定H公司是善意的。本案中F公司并未提交证据证明H公司的恶意，但对融资回租合同签订时F公司自X公司取得的材料真实性存有异议。我们认为，H公司为证明其善意，提交了三方面的材料：(1) 系争设备的来源文件，包括F公司与第三人X公司的订货合同；(2) 系争设备货款支付凭证，包括总金额共计213.6万元银行承兑汇票的签收记录及收据；(3) 购买系争设备的增值税发票；(4) 系争设备的确权文件，包括加盖第三人F公司公章技术服务协议书、明确X公司货款已结清且系争设备已转为X公司所有的确认函。

虽然汇票并无背书流转记录，但汇票签收记录显示的款项金额与系争合同标的总金额能相互印证。协议书、确认函上加盖的F公司公章虽经鉴定均系伪造，但该公章与X公司向F公司订货合同中的合同专用章并不存在明显矛盾。出租人H公司作为专业的融资租赁公司，在动产融资回租过程中有规范的操作流程，本案中的材料清单及相应审核并无明显矛盾之处。F公司无证据证明H公司在签订融资回租合同时知晓系争设备款项尚未付清，亦无证据证明H公司在签订融资回租合同时存有恶意。因此我们应推定H公司在签订融资回租合同时是善意的。

五、“交付”与占有改定之辨

如前所述，融资回租合同签订后，虽然租赁物的所有权人由承租人转为出租人，但租赁物的占有使用状态并未改变，依然继续由承租人占有。此种

---

① 王泽鉴：《民法物权2：用益物权·占有》，中国政法大学出版社2001年版，第267页。

② 最高人民法院物权法研究小组编著：《〈中华人民共和国物权法〉条文理解与适用》，人民法院出版社2007年版，第328页。

③ 高富平：《物权法专论》，北京大学出版社2007年版，第206页。

情形属于《物权法》第27条规定的占有改定。[①] 基于所有权存在直接占有和间接占有的区分，《物权法》中所指的交付通常包括现实交付和观念交付，其中观念交付又包括简易交付、占有改定和返还请求权让与。目前理论和实务界均将占有改定作为交付的有效方式。[②]

广义上来说，占有改定属于“交付”的一种方式，属于与现实交付相对应之观念交付的一种。通常而言，占有改定虽然是一种观念交付，但作为法定交付方式的一种，可以产生与现实交付相同的效力效果，不能认为占有改定方式的效力低于现实交付方式。[③] 那么，占有改定是否当然包括在善意取得所界定的“交付”范畴之内呢？

鉴于目前《物权法》并未对此作出明确规定，对于占有改定方式交付标的物是否使用善意取得在理论界颇有争议，主要包括：（1）肯定说，主要是从维护交易安全的角度出发，认为不能因第三人的占有方式不同而有区别。（2）否定说，认为占有改定缺乏必要的公示外观，原权利人的间接占有依然存在，但受让人的间接占有也同时存在，与一物一权的原则相矛盾。（3）折衷说，认为占有改定可以取得所有权，但必须通过事实上的提交才能最后确定。（4）平衡说，认为受让人取得所有权，但原权利人可向其请求偿还物的一半价格的损失。[④]

对于这个问题的讨论，我们认为应该回到设立善意取得的制度渊源出发。我们认为，占有改定的交付方式不应适用善意取得，理由有如下两点：（1）占有改定与善意取得在物权公信力上存在天然分歧。善意取得中受让人获得所有权的原因是基于动产的占有公信力而来，但占有改定本身并不使得所有权具有对世的占有公信效果有丝毫改变，在交易相对人之外的眼中并不会具备占有的“客观”存在。（2）占有改定方式善意取得所有权具有逻辑上的矛盾。既然现在的受让人A可以通过善意取得的方式获得所有权，则出让人再次通过占有改定的方式出让给其他受让人B，则两个同为间接占有、并未直接管领标的物的两个所有权人如何确定优先性？

对于占有改定方式不能视作善意取得中的交付方式目前亦成为理论界的

---

① 《物权法》第27条：动产物权转让时，双方又约定由出让人继续占有该动产的，物权自该约定生效时发生效力。

② 参见梁慧星、陈华彬：《物权法》，法律出版社2010年版，第94～95页。

③ 参见最高人民法院物权法研究小组编著：《〈中华人民共和国物权法〉条文理解与适用》，人民法院出版社2007年版，第122页。

④ 意见归纳参见江平、李国光：《物权法核心法条分类适用研究》，人民法院出版社2007年版，第370～371页。

通说，[①] 司法实务界亦持此观点。[②] 如前所述，善意取得是基于物权作为对世权的本质属性，物权法从自始就将物权的公示公信原则作为重大原则之一加以确认，同时也是为了促进交易的安全，通过交易安全便利的进行促进经济的繁荣与发展。但在占有改定的交付过程中，占有改定方式公示作用不足，否定占有改定下善意取得的适用，更有利于保护当事人的合法权益及维护交易安全。因此本案中X公司仅仅约定系争设备所有权归于H公司，但系争设备依然由X公司占有使用的情形并不属于《物权法》第106条规定的交付。换言之，善意取得中的交付并不包括占有改定。

综上，我们不难得出结论，由于融资回租方式的特点，在承租人将租赁物所有权让渡给出租人的过程中，租赁物的占有使用状态并未因此而发生改变，此种占有改定情形下由于公示作用严重不足，不应将之视为善意取得成立的“交付”要件。因此，当承租人未完全取得设备所有权时，出租人哪怕主观上是善意的，但由于租赁物并未实际“交付”给出租人，出租人无法通过善意取得的方式获得租赁物的所有权。

---

① 参见王泽鉴：《民法物权2：用益物权·占有》，中国政法大学出版社2001年版，第263～264页；江平、李国光：《物权法核心法条分类适用研究》，人民法院出版社2007年版，第370～371页；王利明：《物权法研究》上卷，中国人民大学出版社2007年版，第450页；高富平：《物权法专论》，北京大学出版社2007年版，第209页；孙鹏：《物权公示论——以物权变动为中心》，法律出版社2004年版，第376页。

② 参见最高人民法院物权法研究小组编著：《〈中华人民共和国物权法〉条文理解与适用》，人民法院出版社2007年版，第123页。

专题研讨

人民法院构建司法公开长效机制的思考与探索

——以上海市第一中级人民法院的实践为视角

上海市第一中级人民法院课题组*

党的十八届四中全会提出，要全面推进依法治国，建设中国特色社会主义法治体系，建设社会主义法治国家。司法公开是社会主义法治建设的重要环节，推进司法权力运行公开化、规范化，让权力在阳光下运行，对人民法院提升司法质效、践行司法为民、树立司法权威与公信具有深远意义。最高人民法院发布的《人民法院第四个五年改革纲要（2014～2018）》（以下简称为《四五改革纲要》）也提出，要深化司法公开，并对完善庭审公开、审判信息公开、裁判文书公开、执行信息公开等制度作出部署。人民法院要把司法公开同贯彻十八大精神、推进依法治国的重要目标紧密结合起来，着力构建司法公开长效机制，以公开显规范、以公开促公正、以公开保廉洁、以公开御风险、以公开树形象。

上海一中院于2010年被最高人民法院确定为“司法公开示范法院”，多年来，在司法公开领域积累了一定的实践经验，形成了一系列行之有效的工作制度。本课题以最高人民法院、上海市高院、上海一中院制定的司法公开规范为依据，详细考察了上海一中院的司法公开经验与做法，并就人民法院如何在新的历史条件下构建和完善司法公开长效机制这一课题，进行思考与探索。

一、司法公开的定位及理论分析

不断增强司法透明度，推进司法民主化进程，让当事人全面知悉诉讼的

* 课题主持人：陈立斌，课题组成员：刘言浩、易金森、崔婕、金辉、王胜军、乔林、唐荣刚、吴慧琼、张立扬、沈志韬。

进程和结果、富有实质性地参与到诉讼之中，让公众更加了解和接近司法、表达对司法的意见和建议，一直是法院司法改革的重要内容。最高人民法院一系列规范性文件的出台，司法公开举措不断推陈出新，有力推动了各地法院司法公开工作的开展。司法公开的价值到底何在、各项公开举措是否皆妥当、如何确定司法公开的边界、司法公开如何充分满足当事人和公众的需求，都是我们在进一步推进司法公开工作中面临的问题。

（一）司法公开与司法公正、司法公信

以司法公开促司法公正、树司法公信，用司法公开倒逼司法公正，是我们在论及司法公开、司法公正、司法公信三者关系以及司法公开的意义时经常运用的表述。司法公开是司法公正的必然要求和有力保障，是司法公信力提升的有效路径。但这并不意味着司法越公开越好，司法越公开司法公正性和司法公信力越高。司法公开之于司法公正、司法公信，乃目的与手段之关系，不可本末倒置。

1. 司法公开之于司法公正、司法公信

一是司法公开一定程度上有利于促进司法公正、提升司法公信。正如边沁所言，“没有公开就没有正义，公开是正义的灵魂。”① 司法公开为辩论原则、直接言词等基本诉讼原则的贯彻奠定了基础，为回避制度作用的发挥提供了条件，为当事人和社会对司法的监督创造了可能，并可以一定程度上督促法官审慎办案、不断提高自身素养。可见，作为一项程序性要求，司法公开是保障程序公正进而实现司法公正这一价值目标的必然选择和直接体现，是公正司法的推进器。而且，司法公开使司法公正最终以“人们看的见的方式得以实现”，有利于消除当事人和公众对司法过程和判决结果的不信任感。一定程度上，司法活动公开透明，当事人、公众对司法制度了解越多，信赖感也就越强。二是司法的不当公开可能导致司法公正、司法权威受损。首先，如周强院长在全国法院司法公开工作推进会上的讲话所指出的，在范围和尺度上，要把握好司法公开与遵循司法规律的关系。司法公开不是盲目公开，应当依法、有序、有度，严格遵循司法规律。其次，为保障司法权威，司法也应当与社会保持一定的距离。一方面，司法权威被动性的特点，决定了其应当与社会保持一定的距离；另一方面，社会心理学的研究也表明，距离能创造神圣和庄严感，而过于亲密在某

---

① 宋冰：《程序、正义与现代化——外国法学家在华演讲录》，中国政法大学出版社1998年版，第288页。

些情况下会导致权威的丧失。[①] 如果法官的所有审判行为都要置于监督之下，承受来自社会方方面面的品头论足，甚至要随时面对新闻媒体的采访，不仅会对诉讼参与人的权利保障、开庭秩序维护、法官的独立判断产生影响，人们对司法的崇敬也无所依凭。因此，为实现司法公正、保障司法权威，司法机关必须与媒体等保持适当的隔离、甚至与“民主”应也当有所“间离”。[②] 最后，还应当看到，我国法官素质参差不齐、司法能力有待提升仍然是短时间无法跨越的鸿沟。尽管法院不能因此而拒绝监督、抵制公开，但司法公开绝不等于一味“自曝其短”。如果现阶段法院不加选择地将所有的审判行为都予以公开，那么参差不齐的法官素质必然毫无遮掩地裸露在公众面前，也可能会引起公众对司法公正性的怀疑，使司法公信力不断受到挫伤。

2. 司法公开与司法公正、司法公信：手段与目的

马克思主义哲学认为，手段是达到目的的桥梁、媒介、方法，手段的创造与使用，都是为了达到某种目的。因此，手段从属于目的，受目的的制约与支配，同时手段又是决定目的能否实现的现实条件，目的对手段具有一定的依赖性。就司法公开与司法公正的关系而言，司法公正是是司法活动的最高原则，是司法追求的根本价值目标；司法公开则是引导和保障司法公正的一种途径和手段，其目的是以公开的形式促进司法公正、增进司法民主，提升法院化解社会矛盾的权威性。因此，尽管司法公正的实现离不开司法的公开，司法公开是实现司法公正不可或缺的基本条件和手段，但作为手段的司法公开本身并不是我们追求的终极目标，仍要服务于作为目的的司法公正的实现，不可本末倒置。只有坚守司法理性、遵循司法规律的适度公开，才能维护司法公正，树立司法公信。这对于司法公开工作的定位、司法公开举措的推出具有重要意义，可以避免为公开而公开、因公开而损公正、损公信现象的发生。

（二）司法公开的内容和重点

1. 对象的角度：司法公开的初衷在于保障当事人的合法权益

从对象上看，司法公开包括面向特定案件当事人的公开和面向社会各界

---

① 汪建成、孙远：《论司法的权威与权威的司法》，载《法学评论》2001年第4期。

② 参见许章润：《司法权威：一种最低限度的现实主义进路》，载《社会科学论坛》2005年第5期。许章润提出：“为获得司法权威，必须实现十项间离状态即：司法与政治的间离、与媒体保持适度间离、与民主的间离、与检察院保持适当‘隔离’、与律师保持适当‘隔离’、与法学界的互动、奉守司法权的被动性、避免警察式的执行方式、大法官们慎‘出书’、法院绝对不能办经济实体、建筑设计的间离效果。”

的公开。诚然，司法权的公共性、司法裁判的指引功能、公众知情权的保障、司法民主的提升，都要求司法活动应当向全社会公开。然而，考察司法公开的历史可以发现，司法公开的出发点首先在于保障当事人的合法权益。司法公开是在对抗欧洲中世纪的秘密审判所导致的司法专横、法官擅断过程中确立起来的。贝卡利亚倡导公开审判后，为保障当事人获得公正的裁判，各国都将司法公开作为一项诉讼制度在程序法或者法院组织法中确认下来。随着人的主体性思想的发展，当事人的诉讼权利逐渐受到重视，许多国家开始在宪法等基本法律上将公开审判权赋予当事人。二战结束后，确立司法公开权利的《世界人权宣言》《公民权利和政治权利国际公约》应运而生，司法公开成为每个人的一项程序基本权，上升到人权的高度。可见，回归司法公开的初衷，其出发点在于维护当事人的利益。司法公开是程序公正的基本要素，是当事人的基本诉讼权利。当前我国司法公开的推进也应当秉持以当事人为中心、以当事人对司法的需求为核心这一本旨，切实满足他们的实际需求。

2. 内容的角度：司法公开的关键是对案件起决定作用的环节和意见公开

随着新一轮司法公开的启动和最高人民法院一系列文件的出台，实践中司法公开远远超出了宪法和法律明文规定的与具体案件审判相关的审判公开范畴，扩大到了法院的诸多事务。审判公开和审务公开是司法公开的两大重要内容。前者是针对特定案件的审判过程，具有个案性，后者主要是让公众从整体上了解法院在审判管理等方面做了什么，具有整体性。固然，审务公开对审判公开有积极的促进作用，但最终还是为审判公开服务的，审判公开才是司法公开的核心。而审判公开又分为形式上的公开和实质上的公开。前者指审判人员、审理过程和判决结果的公开；后者指法官认定案件事实和适用法律的思维过程的公开，也就是心证公开。其中，法官通过释明权的行使对当事人以必要的诉讼指导以及在判决书中充分详细阐述判决理由，是实质公开的必要内容，也是审判公开的深层次要求。当前的审判公开主要限于公开开庭、公开举证、质证和公开宣判，而法官认定事实和适用法律的思维过程被忽略。甚至作为实际裁判依据的“会议纪要”和内部“执法意见”，既不向社会公开，又因缺乏法律依据而不能在裁判文书中公开加以援引。① 可见，当前司法公开工作表面上开展得如火如荼，但公开的多是与具体案件裁判关系不直接的信息，对于对案件起决定作用的环节和意见公开则明显不足。“没

① 游伟：《司法公开，“供给”要与“需求”相匹配》，载《法制日报》2013年3月28日。

有用的都公开了，而对案件起决定作用的环节和意见都没有公开”,① 这反映了公众对司法公开现状的不满。

3. 法院的角度：各级法院司法公开的侧重点应有所区别

如上所述，司法公开从对象和内容上看，可以分为面向当事人的、与具体案件的审执过程和结果直接相关事项的公开，面向社会的、与具体案件的审执并非直接相关事项的公开。前者体现了的对当事人诉讼权利的保障，是程序公正的要求，后者旨在保障公众的知情权、监督权，两者共同增进当事人和公众对判决及司法工作的认同和认知。不同层级法院由于职能定位的不同，司法公开的侧重点也应当有所区别。基层法院作为绝大多数案件的一审法院，承担着对案件事实进行“法律固定”、明断是非定分止争的功能，因此基层法院的司法公开应当以面向当事人的个案审理过程的公开为主，以充分保障当事人的辩论权、参与权和选择权，促成司法过程的交涉性。中级法院和高级法院在多数案件中乃二审法院，对案件的事实问题和法律问题作出终审裁判，承担着案结事了的职能。因此，高、中级法院在做好个案审理过程公开的同时，还应注重裁判文书的公开和本地区司法数据和与审判相关的指导性文件等信息的公开。最高人民法院肩负着保证法律统一正确实施的职能，司法公开应当突出指导功能，公开的重点在于对司法解释的阐释、改革事项、司法数据分析、工作报告等宏观性内容的公布，个案信息的公开则通过案例指导制度等来实现。

（三）司法公开的功能定位

有调研针对我国司法公开的现状指出，“司法公开体现更多的是法院本位与主导的指导思想，……更多地被定位于司法权力的运行方式，远未被转化为当事人和民众的一种权利话语的表达方式，导致程序的工具化和公开的形式化”。② 应当说，该评论一语破的，反映出我们对司法公开的功能还未能充分认识，定位存在一定偏差。

1. 保障功能

作为现代司法的一项基本原则，保障当事人诉讼权利、司法的公正和民主是司法公开主要的、最基本的功能。具体而言，司法公开的保障功能体现

---

① 蒋惠岭：《审判公开原则生命力之复兴》，载《人民法院报》2010 年 1 月 1 日。

② 北京市第一中级人民法院课题组：《关于加强司法公开建设的调研报告》，载《人民司法・应用》2009 年第 5 期。

在以下方面：一是保障当事人的诉讼权利。如前所述，司法公开确立的初衷首先在于保障当事人的诉讼权利。通过司法公开，当事人能全面知悉司法的过程、内容和结果，富有实质意义地参与到诉讼之中并对裁判结果产生影响，对法院的审判行为形成合理的有效制约，这些都是当事人诉讼主体地位的体现。二是保障司法权的公正行使。首先，阳光是最好的防腐剂，司法公开是制约司法腐败的有效途径。其次，司法公开增加司法过程的透明度和民主监督，降低了司法专横和司法武断的可能性。此外，司法公开将司法权的行使置于公众的注目之下，一定程度上还可以倒逼法官不断提高职业素养。三是保障公众的民主权利。司法公开使得公众对司法工作的知情权、参与权、表达权、监督权得以实现，有助于进一步满足公众对司法的需求，推进司法民主进程。

2. 服务功能

即司法公开的推进可以让当事人和公众实实在在感受到便捷的司法服务，便捷地了解司法的整个运作过程。在我国，受“官本位”思想的长期影响，公权力机关“权力型”而非“权利型”的理念一直占据主导地位，履行职能、行使职权更多的是从管理的角度出发，而非作为服务公众的手段和途径。由此导致的结果是，司法公开的开展呈现出自上而下的“管理”态度，而非展现出自下而上的“服务”姿态。集中体现在，对于有利于开展工作的事项如“执行老赖曝光”等公开较为积极，而对有利于当事人和社会各界监督司法工作的信息则不太情愿公开；将司法公开主要作为宣传法院形象的一种手段，如重“公众开放日”等形式公开而轻便民利民的实质公开；裁判文书公开平台虽已经投入运行，但分类简单、查询功能不足。近些年来，一些法院运用现代信息技术手段在网上为当事人提供在线诉讼服务，如在线立案、在线案件信息查询等，为当事人参与司法活动提供便捷。还有些法院网站的建设将与当事人和公众密切相关的诉讼指南等服务设置在显著位置，法院工作信息等比重减少，避免法院网站成为展示领导政绩秀的舞台。这些都体现了司法公开的服务功能正在为我们所认识，但总体而言仍有待加强。司法公开的目标应当是立案标准更为清晰，诉讼流程更为明确，裁判结果更易预测。

3. 交涉功能

互动与交流是公开透明的应有之义，是消除误解、增进了解最终达成信任的重要保证。司法公开的过程不仅仅是简单的信息公开过程，还开通了法院与当事人、公众之间沟通交流的双向通道，实现了当事人和公众与法院间的良性互动、信息公布与接受反馈的有机统一。因此，司法公开不能仅仅以单项公示为主，停留在将审判过程、法律文书等司法信息在一“传”了之的状态，还应当认真倾听当事人和公众对法院工作或具体案件的意见和建议，对当事人、公众关注的事项及时予以回应。这也正是外国学者提出的理想司法状态——回应型司法，与我国“司法为民”的理念存在内在的价值契合。具体到司法公开工作而言，其要求司法公开并非以公开为终点，而应当以其为回应型司法的一个重要环节，在公开的基础上进一步建立各种回应制度和措施，如对公众监督和批评的反馈和整改机制、对公众舆论和情绪的分析和应对机制、对不当公开情况的抵制和消除措施。当然，司法公开互动交流机制的建立也应当遵循司法规律，做到有所为有所不为。恰如周强院长所指出的，三大平台虽然以互动交流为特点，但这种交流不是无原则的有问必答、有来必往，而是在法律允许的范围内，对公众和当事人的合理要求、有益建议予以回应。

（四）司法公开的界限

尽管司法公开原则被现代各国的宪法或法律所确立，对司法公正、司法公信具有重要的促进作用，但是司法公开并不是毫无限制而越公开越好。在决定司法公开的范围及尺度时，应当把握好以下原则。

1. 依法原则

即司法公开要保持在法律所容忍的范围和尺度内，严格以法律为准绳，依法公开的内容坚决公开，但受限的范围则必须依法不予公开。综观各国立法可见，法制完善、法治氛围浓厚的国家，都在确定司法公开原则的同时规定了例外情形对司法公开作必要限制。如日本《宪法》第 182 条明确规定：“经全体法官一致决定认为有妨碍公共秩序或善良风俗之虞时，法院得进行不公开审判。”我国《民事诉讼法》第 134 条也规定：“人民法院审理民事案件，除涉及国家秘密、个人隐私或者法律另有规定的以外，应当公开进行。离婚案件，涉及商业秘密的案件，当事人申请不公开审理的，可以不公开审理。”刑事、行政诉讼法也有类似规定。当然，我国现行立法对司法公开例外情形的规定还较为宽泛和原则，操作性不强。针对这一现象，最高人民法院制定了《关于推进司法公开三大平台建设的若干意见》（以下简称《三大平台建设意见》）、《关于人民法院在互联网公布裁判文书的规定》（以下简称《互联网公布裁判文书规定》）等一系列规范性文件，就司法公开的主要内容和要求作了较为具体的规定，具有很强的针对性和务实性，应当成为指导全面深化司法公开工作的纲领性文件。

2. 利益衡量原则

面对司法公开公众包括媒体、当事人、法院三方存在不同的利益诉求。公众与媒体要求了解司法的过程和内容，期望司法能够高度公开；当事人要求公开、公正的审判，对某些案件希望公开审理以寻求社会支持、避免自身利益在暗箱操作中受损，同时又要确保个人隐私和形象不受侵害，对某些案件又希望限制公开甚至不公开；法院一般情况下都能公开公正审理案件，但在一定条件下以及出于自身利益的考虑，对某些案件不公开审理或限制公开。司法公开实际就是各方博弈的结果。纠纷，尤其是民事纠纷本来是双方当事人之间的事情，被公开的司法案件或深或浅会暴露在公众面前。根据科斯的权利相互性理论，公民一方面希望知道更多别人的事情，一方面又不希望自己的事情让别人知道，二者之间必然产生矛盾与冲突。现代司法制度在确立司法公开这一原则时，实际是为社会整体利益而对当事人个人权利予以限制。因为，司法权作为国家权力的组成部分、社会整体利益的代表者，公共利益优先于个人利益。但是，在具体贯彻这一原则时，仍应当平衡各方利益，协调兼顾公众知情权与自然人隐私权、法人的商业秘密之间的关系，关注个人权利的保护。而且，司法也并非越公开越有利于公正价值的实现，越公开社会效果越好。因此，在决定是否公开以及公开范围和方式的选择上，还应考量司法公开对法官或其他诉讼参与人产生不利于公正判决的影响、对社会的导向作用，就公开的法律效果和社会效果进行评估。

3. 必要性原则

司法公开是需要成本和产出效益的。近几年，我国经济快速发展为司法公开提供了充分的经费保障，互联网的大规模普及与应用为司法公开的运作提供了坚实的技术支持，但各地经济条件和发展程度不一。一方面，人力、技术和时间等资源的有限性本身即为司法公开设置了不可避免的制约条件。司法公开应当结合公开的目的、各地经济发展水平、法院所能运用的技术条件等因素，逐步推进。另一方面，无分巨细和不加选择的信息公开导致的信息爆炸也会造成信息堵塞、公众对信息的熟视无睹和资源浪费。因此，现实中没有一个国家的法院会把司法信息不加选择地都公布于众。以裁判文书公开为例，西方国家大都根据法院层级采用有限式的公开，即仅公布上级法院的裁判文书，而层级较低的或一审法院的裁判文书并不公布。如在英国，最高法院、高等法院、上诉法院的判决书可以在法院的官方网站上查到，但是，初审法院的案件判决书不在互联网上公开。如在美国，常见的一般案件的初审判决因为不构成判例，往往没有系统的公布渠道，即便是联邦上诉法院的案件，虽然大多数可以在判例汇编补充卷或网络上找到，但大量案件也没有作为判例公布在正式的判例汇编之中。又如在德国，联邦一级的法院会主动将判决书上网，其他法院会将有法律价值的和公众会感兴趣的判决书上网，并不强制要求上网公布判决书。之所以如此，是因为理论认为反映司法机制常规运行状况的信息，除了对当事人外不会引起社会的广泛关注和争议，对维护司法独立、促进司法公正不会产生太大的影响。这对于我国当前司法公开工作的推进不无借鉴意义。

（五）及时构建司法公开的评估机制

司法公开过程中，需要构建科学完善的评估机制，帮助人民法院定期检视制度设计是否得当、公开效果是否到位、社会公众是否满意，并指引司法公开的进步方向。司法公开评估机制要体现合法性原则，要能体现各项法律及司法文件的要求；也要体现全面性原则，评估指标要涵盖司法公开各项制度。

1. 评估机制应当反映内部评估和公众感受

现有司法公开主要以法院内部考评为主，无法全面地反映社会公众对司法公开的感受，可能造成法院内外对司法公开的评价结果不一致。要建立科学的司法公开评估机制，能够体现法院的内部评估结果，也能够反映公众的真实意见感受。一是科学的评价标准有利于增进司法信任。公众对司法的信任，常取决于司法对公众需求的满足，公众需求的满足程度越高，司法公信力就越强。在司法公开中，建立能够反映公众感受的评估机制，将有助于保障公众的知情权、参与权、表达权、监督权，增进公众对司法公开的情感认同，进而提升司法工作的公信力。二是科学的评价标准有利于缓解社会矛盾。当前，我国正处于社会转型时期，社会各阶层的利益不断调整，矛盾冲突相对激烈，司法工作要兼顾各方的利益，才能有效缓解矛盾冲突。在司法公开过程中，要注意考量各方当事人以及社会公众的意见感受，这有助于法院更好地平衡各方利益，缓和社会矛盾。

2. 切实发挥评估机制的功能作用

司法公开评估是手段，要通过发挥评估机制的功能作用，实现了解司法公开实效、倒逼司法公开进步的重要目标。一是以评估机制考察司法公开实效。在评估内容上，把司法公开三大平台运行情况、建设成效、信息化程度、便民效果等项目进行量化，将平台建设与应用管理并重。在评估方法上，将法院自评与委托第三方评估相结合，将法院内部自评与外部机构独立评估结合起来，并适时吸收特邀监督员参与，全方位考察司法公开实效。二是以评估机制倒逼司法公开进步。在预期目标上，发挥评估机制的评价、监测、引导等功能，推进司法公开更加全面和深化，促进司法行为规范化建设，满足公众对司法工作的知情权、监督权、参与权。在工作落实上，评估机制的主要内容是监测和评价立案、审判、执行等环节司法公开效果，既注重对公开效果客观评价的正向引导和监督作用，也注重对违反司法公开要求的责任追究。

（六）着力推进司法公开信息化建设

信息化建设是人民法院开推进司法公开、提升工作水平的重要途径，要不断增强司法工作的科技含量，加快信息化建设步伐，进一步规范司法公开流程，提高工作效率和质量。

1. 积极利用信息技术助推司法公开

近年来，信息技术在司法领域深化应用，使司法公开工作逐步突破了传统的空间和时间限制，拓宽了原有的展示空间和延续时间，既提升了司法公开效率，也拓展了司法公开广度。一是以信息化建设提升司法公开效率。信息技术传输具有即时性、便捷性等特点，在信息技术的支持下，司法工作已基本可以做到同步公开。同时，人民法院借助信息技术能准确把握不同受众对司法公开需求的差异性，与公众间的司法良性互动更加高效，能最大程度满足不同主体的司法需求，提升司法公开的效率。二是以信息化建设拓展司法公开广度。信息化建设使人民法院能够突破传统的公开手段限制，进一步丰富司法公开的内容。借助信息网络平台，可以通过图文并茂的方式公开司法工作情况，极大丰富了司法公开的内容，也使公众能够及时了解司法工作信息。

2. 妥善应对信息传播对司法公正的影响

信息技术为司法公开提供了强大的技术支持，但也为司法公开带来了挑战，如果处理不当，也可能会给司法工作带来负面影响。一是正确认识信息传播主体的多元性。随着信息设备、自媒体平台的普及，社会信息传播速度更快、范围更广，每个人都能成为信息的传播者和接受者。在“自媒体”环境中，公众对司法工作的关注度更高，司法热点案件常成为社会关注的焦点。在一些情况下，如果人民法院对司法信息披露不完全，常可能引发公众对司法工作的误解，并对司法工作造成负面影响。二是正确认识信息传播路径的多样性。在“自媒体”环境中，信息传播路径多样，针对同一个司法问题，报纸、电视、广播等传统媒体与微博、微信等新兴媒体都可能参与传播，各媒体对同一问题的描述与评价也可能存在偏差，进而形成信息传播的多中心主义局面。如果人民法院对舆论引导不充分，信息传播路径的多样性将可能影响公众对司法判决的心理预期。

二、当前司法公开实践情况及存在问题

《中共中央关于全面推进依法治国若干重大问题的决定》指出，构建开放、动态、透明、便民的阳光司法机制，依法及时公开执法司法依据、程序、流程、结果和生效法律文书。为实现上述要求，人民法院要花大力气建设审判流程公开平台、裁判文书公开平台和执行信息公开平台，三大平台建设对于深化司法公开、推进法治国家建设至关重要。《三大平台建设意见》对进一步完善三大平台建设作了部署。人民法院如何根据上述意见，并结合实践需求和本院工作实际，建设好三大平台，值得不断探索与研究。

同时，我国逐步进入信息时代，信息技术不断创新、网络用户迅速增长、信息传递速度飞速提升，人们日常接受的信息不断膨胀，社会公众对司法工作的需求也逐步多元。人民法院如何主动适应新形势，把握信息技术发展的新机遇，以信息化建设深化司法公开、保障三大平台建设，也是人民法院需要思考的课题。

（一）审判流程公开情况检视

审判流程信息是人民法院在立案、庭审、听证、合议、宣判等诉讼过程中产生的各类静态和动态信息。建设审判流程公开平台，就是借助信息化手段，将人民法院上述信息依法向当事人和社会公开。《三大平台建设意见》对审判流程公开的的内容及形式进行了梳理，并提出了新的要求：一是拓展公开内容，要求与审判程序相关的信息全部公开，具体包括立案公开、庭审公开、听证公开、审务公开等；二是搭建公开平台，要求建设审判流程公开平台，着力利用现代信息技术搭建司法信息传送及交流系统；三是细分公开对象，将司法公开受众进一步细分为公众与当事人，对司法公开范围、方式及目标作了更有针对性的要求。

1. 审判流程公开内容的确定

在人的经济理性假设下，各主体对审判的公开程序需求与公开对象自身的利益需求有密切联系，越是关涉自身利益，就越期待了解相应的信息。审

判公开的信息对不同强弱的期待能否满足就取决于法院是否为各对象提供了他们“想要”获取的信息，否则公开的效果将不可能好。[①] 审判流程公开的内容非常广泛，应当根据不同公开对象作出有针对性的安排。

当前，一般将司法公开的对象分为公众与当事人二类。但我们认为，还可根据对司法公开内容的关注程度，将公众分为一般关注公众、积极关注公众两类，前者一般是在工作上或生活中暂与法院没有直接联系的普通公民，他们对司法的关注可能仅限于新闻、法制教育等层面；后者包括法律的从业人员、研究人员，还包括已被法律上的纠纷所困扰但还未将相关事件诉诸法院的公民。而他们可能更需要了解，法院受理案件的具体流程、各类诉讼的具体需知以及法院的指导性案例、参考性案例等审判指导信息。针对上述三个层次的受众，司法公开所实现的目标也应各有所侧重：一是对普通关注公众，司法公开的目标更侧重于宏观层面上的公众的知情权、参与权；二是对积极关注公众，司法公开的目标应更侧重于对于具体问题的释疑、解惑及明确预期；三是对当事人，应更强调当事人程序性权利的保障。

通过对上海一中院实践情况的考察，我们认为审判流程公开中容易存在以下三方面问题。一是总体把握与具体设计不足。审判流程公开受众不同，公开的标准与要求也不一致，需要得当的司法公开总体把握与具体设计，有效协调各方关系，实现司法公开目标。现有司法公开总体设计较为原则化，不便于实际操作。有必要结合司法公开的整体要求和人民法院的工作情况，对司法公开作出更为细致的规定，使司法公开更有针对性、更容易操作。如可以依据实际情况编制相应的信息公开目录，确定应当公开的民事、刑事、行政诉讼过程信息的具体内容等。[②] 二是对积极关注公众的需求回应不够。对照《三大平台建设意见》的要求，人民法院容易忽视公开人民陪审员名册、特邀调解组织和特邀调解员名册、全院审判人员信息、非涉密司法统计数据、分析报告等司法信息。另外，审判业务文件、指导性案例、参考性案例等审判指导文件信息虽有部分公开，但仍不系统与充分。三是对当事人的程序性权利保障不够。首先，审判工作中的程序性信息，如送达情况、管辖情况等，在信息系统中的记载常不够详细、完全，当事人无法有效查询案件审理情况。其次，某些应公开的信息还未纳入公开范围，如人民法院容易忽视公开执行结案信息等；又如对一些不受理的案件，特别是“三不”案件，人民法院有

---

①② 最高人民法院司法改革领导小组办公室编：《司法公开理论问题》，中国法制出版社2012年版，第67页。

时未能做到公开不予受理的理由。[1]

2. 审判流程公开方式的拓展

根据《三大平台建设意见》要求，审判流程公开方式应体现以下三个方面的要求：一是公开方式信息化。我国已逐步进入信息化社会，要释放审判流程公开的最大效能，必须充分掌握并利用好现代化的信息交流手段，突破传统司法公开的物理空间限制、时间限制与容量限制，不断丰富司法公开的方式。特别是要利用好网络平台，让网络平台成为助推司法公开的新引擎。[2] 二是公开方式效率化。司法公开必须严格遵循法律、司法解释规定的公开时限，在法定时限内及时、完整地依法公开司法信息。法律、司法解释没有规定公开时限的，应当在合理时限内尽快公开，确保当事人和群众及时了解司法信息。[3] 三是公开方式规范化。要严格执行司法公开的制度和程序，加强规划部署，统一司法公开的范围和尺度。加强司法公开与司法规范化建设、司法作风建设、司法安全管理等工作的衔接配合，确保司法公开规范、安全、和谐运行。[4]

从上海一中院的实践情况看，主要有如下三个特点：一是全方位搭建公开信息平台。上海一中院充分利用官方网站，作为网络领域的司法公开重要阵地，同时利用手机平台、官方微博、官方微信等技术，使司法公开的方式更加灵活。上海一中院还利用 12368 诉讼服务平台，为当事人提供全面的案件查询及程序性的诉讼服务。从 2009 年起，上海一中院将案件档案查询的方式转换为电子卷宗查阅，范围也从原有的民事案件扩大到刑事、行政、执行电子诉讼档案。二是信息平台功能有待优化。各信息平台还未根据不同的受众对公开内容进行区分，如官方网站的部分信息，与网站上集成的“线诉讼服务平台”中的公众服务区的相关栏目还不够协调。同时，与社会公众的互动功能尚有欠缺。如官方网站对收集民意、回应诉求的功能设置还不足。三是针对当事人的公开方式有待扩展。目前，部分人民法院设计了手机软件，用于向当事人传递工作信息和诉讼通知，但手机软件的开发与使用尚缺乏统一的设计与管理，有待进一步探索与研究。同时，审判流程信息时效性较强，

---

① 据悉上海市高级人民法院即将下发相关文件，上述文件中将大大扩大案件信息的记载与公开范围，这一问题可能会得到改善。

② 最高人民法院司法改革领导小组办公室编：《司法公开理论问题》，中国法制出版社 2012 年版，第 629 页。

③④ 最高人民法院司法改革领导小组办公室编：《司法公开理论问题》，中国法制出版社 2012 年版，第 31 页。

但司法实践中还存在审判流程信息公开迟延的现象，影响了当事人的诉讼权利。

（二）裁判文书公开实践情况检视

当事人及社会公众对司法产品的满意程度，直接取决于对司法裁判结果的主观感受。因此作为裁判结果的载体，裁判文书公开是司法公开中尤为重要的一环，也是以公开促公正，倒逼司法裁判质量的重要手段之一。

1. 裁判文书公开的基本要求

自2000年以来，最高人民法院及上海高院陆续制定了一批裁判文书公开的制定规定及实施细则，最高人民法院还建设了中国裁判文书网，要求生效裁判文书应当在该网站予以公布。根据各项制度规定，裁判文书公开应当把握以下几项基本要求。一是以公开为原则。目前，最高人民法院已经明确文书公开“以公开为原则，不公开为例外”，即裁判文书应当依法、及时、规范、真实地在互联网公布裁判文书。如上海一中院2005年起制定了《生效裁判文书上网规则》《司法公开一百则》等内容，进一步规范了裁判文书公开规则。二是裁判文书应及时全面公开。最高人民法院及上海高院的相关规定对生效裁判文书公开的时效性提出了要求，目前，裁判文书公开的频率为每周一次。相关规定还扩大了裁判文书上网范围，即在原来要求部分公开的基础上，对执行案件及婚姻家庭类的民事案件等裁判文书都要求全文公布。三是规范文书上网流程。上海一中院根据相关规定不断规范文书上网流程，实现文书拟写、签发、当事人隐私信息处理、上网过程的全流程管理，确保裁判文书及时上传至中国裁判文书网。四是丰富文书查询渠道。公众查阅裁判文书的权威渠道主要是中国裁判文书网，公众可以通过关键词、案号进行检索，或点选地方法院进行浏览。同时，公众也可以在上海法院网站“裁判文书”栏目，检索相关文书。

2. 裁判文书公开中的问题

由于在全国范围内实行裁判文书上网的时间较短，实践中仍存在制度与实践磨合不畅的问题。如如何识别不应上网裁判文书的种类、应屏蔽的裁判文书信息，如何在坚持全面公开原则的同时维护当事人的隐私，都需要人民法院不断探索。一是当事人隐私信息的处理方法有待完善。人民法院在互联网上公布裁判文书时，应当保留的信息包括当事人的姓名或者法人、其他团体的名称等真实信息，但为保护当事人隐私，需要以符号替代部分当事人及诉讼参与人的姓名。司法实践中，涉及个人隐私的案件范围不只限于婚姻家庭、继承纠纷类案件，在大部分传统民事案件，比如民间借贷、房屋买卖合同、劳动纠纷中，都不同程度涉及个人住址、健康状况、经济状况等隐私情况，如仅以案件类型来区分是否应当公开诉讼当事人的信息，还不能全面保护当事人的隐私信息。二是当事人申请撤回的应对措施有待探索。司法实践中，尚缺乏对文书公开后撤回的规定，对有权提出撤回申请的主体、撤回申请被拒绝后当事人的申辩权利、文书撤回程序等均未有规定。同时，撤回文书也可能损害社会公众的知情权，如何及时处理撤回文书，并在条件允许的情况下重新上网，也有待司法实践明确。三是裁判文书非法使用的限制途径有待研究。目前在中国裁判文书网上，提供了裁判文书的打印及下载选项，并注明“严禁任何单位和个人利用本裁判文书库信息牟取非法利益”及“未经许可，任何商业性网站不得建立与裁判文书库及其内容的链接，不得建立本裁判文书库的镜像，不得拷贝或传播本裁判文书库信息”。从法律上看，裁判文书并不受《著作权法》的保护，如果有人恶意使用裁判文书，如用于商业用途或故意损害案件当事人的隐私利益的，司法实践应如何应对，尚待研究。四是裁判文书公开操作流程有待规范。司法实践中，裁判文书上网操作还存在一些不规范的情况，如有的法院在生效裁判文书上网时，对隐私信息处理不妥善，导致退回返工处理；又如有的法院对裁判文书上网的时间要求把握不严格，导致裁判文书未能及时上网。

（三）执行信息公开实践情况检视

最高人民法院于2006年12月、2009年12月、2014年9月分别制发了《关于人民法院执行公开的若干规定》《关于司法公开的六项规定》《关于人民法院执行流程公开的若干意见》（以下简称《执行公开意见》）等文件，全国法院执行信息公开建设步入了一个全新阶段。通过近几年的努力，虽然成效斐然，但通过深入调查与研判，执行信息公开中也存在一些不足之处。

1. 在平台建设上，虚拟平台的建设远逊于实体平台的构建

近年来，随着执行公开建设的不断深入，各级法院在完善传统执行案件卷宗查阅、来电来信咨询等基础上，大力加强互联网虚拟公开平台的建设力度。据北京、上海、广东三省市法院官网显示，尽管栏目的名称不一、详略有别，但三地官网均开设有执行公开栏目。① 尤其近年来，随着微博、微信以及APP手机客户端等新兴网络平台的迅猛发展，司法公开虚拟平台建设得以

① 参见北京、上海、广东法院官网，访问时间：2014年7月28日。

进一步拓展。如2013年11月，最高人民法院率先入驻新浪微博，构建起全国首个国家级官方微博的同时，还设立了涵盖全国31个省、直辖市高级法院的微博群。[①] 之后，以最高人民法院执行局为代表的79家法院执行机构也紧步跟进，纷纷在新浪微博上设立了自己的微博发布平台，[②] 少数法院的执行机构还在微信上开设有执行事务公众账号。上海一中院还开发了“在线诉讼服务平台”APP手机客户端，并在此上开辟了执行信息公开栏目。尽管法院执行信息公开虚拟平台建设由传统网站，正向微博、微信和APP手机客户端等载体多头并进的方向发展，但当前执行信息公开虚拟平台的建设，不论是公开的内容，还是公开的范围等方面都远逊于传统的实体公开平台，平台建设质量无法与来法院查档阅卷等实体公开平台相提并论。

2. 在公开内容上，对外公开的范围远不及对内公开的丰富

出于安全保密等因素的考量，当前，法院案件信息公开均实行内外有别的原则。尽管两者所对应的数据具有一致性，但两者的公开范围及信息的详尽程度等方面却存在着天壤之别。在对法院内部公开上，各地法院基本都能做到详尽和及时。以上海一中院为例，在对内公开上，法官不仅可以通过“审判管理系统”和“档案信息和流程管理系统”来查阅执行案件的相关信息，而且还在2008年开发了“诉讼文书管理系统”。该系统不仅具有普通执行文书的自动生成功能，而且还具有在每个查封、扣押等执行措施实施后的三日内，能将现场执法的录音、录像及相关法律文书扫描后上传至系统的功能。此举使得院法官通过该系统能够近乎实时地查询到执行案件的进展，并使该院的执行案件信息对内实时和全方位公开。但在对外公开上，各地法院均显得谨慎和内敛。从北京、上海、广东三地法院官方网站所公开的信息来看，就具体执行个案的信息来看，社会公众在北京法院官网上仅可查询失信被执行人信息。[③] 在上海法院官网“阳光执行”栏中，可通过下设的“执行指南”“执行查询”“执行公告”“执行威慑”“执行动态”五个子栏目中，凭查询密码能查询到案件承办的进展信息，但信息异常简陋，只有案件承办关键

① 新浪科技：《最高法微博独家落户新浪31省级法院微博齐聚》，载 http：//tech. sina. com. cn/i/2013－11－21/10008934882. shtm，访问时间：2014年7月29日。

② 2014年7月29日，在新浪微博“微博搜索”中输入“法院执行”关键词，再选“昵称”项后，点击“搜索”统计获得。

③ 综合“北京法院”官网所示信息，载 http：//www. bjcourt. gov. cn/zxxx/detailed. htm？c＝100019004&zxxxlx＝100013005，访问时间：2014年7月31日。

节点等相关信息，无法与其对内公开相比肩。[①] 在广东法院官网的“司法公开专栏中”，虽然设置有“执行动态”“主动执行”“指挥中心”“不履行义务被执行人名单”“执行信箱”“举报电话”六个栏目，但收录的大多为执行相关法律或文件，在与案件信息直接相关联的“不履行义务被执行人名单”栏中，所能查询到的也仅为：“不履行债务者名称”“不履行标的额”和“公布时间”三个方面的信息内容，无法从中了解到案件承办的全貌。[②] 对社会公众而言，从实体和网络入口了解执行个案的渠道非常匮乏，当事人无法通过法院主动向外公开的信息中，了解案件承办的全貌。

3. 在功能定位上，法宣和廉政监督的意味远胜于对程序正义的保障

司法公开不仅是司法自信的具体表现，更是坚守程序正义的一项十分重要的内容。对案件当事人而言，主要就是要满足当事人对案件承办的“知情权”，让当事人对案件的执行享有“参与权”，以及让当事人对案件承办有否坚守程序正义行使“监督权”。对法院内部的信息公开而言，多数法院将其廉政监督功能重于对程序正义功能的保障。对执行案件信息而言，已实施完成的每一项执行措施，都是一个既定的法律事实其事后无法变更。所以，只要每一个执行事实产生，都应当及时地在审判管理系统中有所反映。但当前的在办执行案件信息，大多只能由院庭长以及纪检监督人员查阅，这无形之中缩小了执行案件信息在法院内部的公开范围，限制了公开对案件程序正义的保障。在对外公开上，则是法制宣传功能的定位远胜于对案件程序正义的保障。一些法院的重大执行信息的对外公开，基本都在沿袭法宣先行、法宣为主，甚至是法宣为唯一对外公开渠道的做法。有的执行信息通过法宣渠道对外公开后，在很长的一段时间内，案件当事人都无法通过密码登录法院官网的方式，查询前述已通过法宣向社会公开的信息。执行信息对外公开上一旦承载太多的法宣功能，不仅存有本末倒置、喧宾夺主之嫌，而且还容易导致信息公开的过程中，出现好大喜功和报喜不报忧等弊端。

（四）司法公开信息化建设实践情况检视

根据《三大平台建设意见》和《互联网公布裁判文书规定》的相关要求，全国法院利用信息化手段建立司法公开平台，其中互联网站是司法公开的重

① 综合“上海法院”官网所示信息，载 http：//www.hshfy.sh.cn/shfy/gweb/index_zx.html，访问时间：2014 年 7 月 31 日。

② 综合“广东法院”官网所示信息，载 http：//www.gdcourts.gov.cn/gdcourt/front/sfgk/index.jsp，访问时间：2014 年 7 月 31 日。

要平台。

1. 司法公开信息化建设整体情况

根据中国社会科学院法学研究所2013年对全国49个较大市的中级法院互联网站的测评，其中有46个法院建有网站，建网率为93.88%，其中司法透明度评估结果成绩居于榜首的是浙江省宁波市中级人民法院。宁波中院的网站在布局上将涉及司法公开的内容放在网页上半部醒目位置，方便当事人和社会公众使用各项诉讼服务功能和查询公开信息。网站还建有阳光司法服务平台，分设当事人服务区和公众服务区，当事人服务区提供十二项功能，当事人通过密码登录后可以查询案件进展况、联系法官、提交问题等，比较有突破性的公开举措是向当事人提供了庭审视频查看功能和满意度评价功能。公众服务区提供也提供了十二项功能或链接，主要突显执行信息的公开和对涉诉资产的公开处理，其中有宁波法院执行网、“信用浙江网”个人未履行生效裁判失信信息、“信用浙江网”单位未履行生效裁判失信信息、淘宝拍卖会等。

司法透明度评估结果成绩排名前十的其他中院的互联网站也都突显司法公开功能，如成都中院建立了审判公开网站，对中院及辖区法院的立案信息、开庭公告、裁判文书、执行信息、部分庭审视频等信息集中做到网上公开。海口中院将裁判文书、法院公告等涉及“三大公开”的内容在网站置顶显示，在网站上公示海南法院干警配偶、子女及其他亲属从事法律职业情况，公示海南法院离任人员从事律师职业情况。有些法院还在影响力更大的门户网站上开设法院频道，进一步扩大司法公开的范围。

除建设法院官方网站外，“12368”司法服务热线在全国得到了推广应用，为公民获取司法信息提供了新的渠道，同时，最高人民法院、海南高院、武汉中院也开通了手机平台，向社会公众发布司法信息。

2. 上海一中院司法公开信息化建设实践考察

上海一中院在利用信息化手段落实司法便民和司法公开举措方面实践较早。2001年，上海一中院建立了官方网站，向公众提供诉讼指南、审务公开等信息，随后不断扩充网上诉讼便民的功能，丰富司法公开的内容，逐步增加开庭公告、裁判文书选登、执行曝光等信息，并于2008年推出网上在线诉讼服务平台，提供网上立案、案件查询、文书送达、证据交换、联系法官、判后答疑等诉讼全过程网上互动便民功能，被外国媒体称为为中国首家网上法院。2014年年初，上海一中院开发了执行事务中心网上辅助系统，通过互联网为执行案件当事人及社会公众提供司法服务，在方便人民群众联系执行法官的同时，通过执行线索举报、曝光台、网上追查等栏目，进一步促使被执行人按照生效法律文书自觉履行义务。

为适应移动互联网迅猛发展带来的新的应用需求，上海一中院在上海法院率先开发移动诉讼服务平台，适用于手机和平板电脑的应用，包括案件查询、联系法官、材料收转、诉讼费计算、交通路线查询、诉讼指南等，为当事人和社会公众提供随时随地可接入的诉讼服务功能。另外，上海一中院还利用室外公告屏、12368热线服务电话等信息化手段积极服务于司法公开。

3. 司法公开信息化建设中的普遍性问题

通过考察全国法院及上海一中院司法公开信息化建设情况，我们认为，人民法院在司法公开信息化建设过程中容易遇有以下几个普遍性问题。一是信息公开不够及时。有的法院在信息平台输入信息时，为保证信息准确，需要进行多次审核，这可能导致信息公开滞后性。如上海一中院对外公布生效的裁判文书时，法官确认并隐去当事人个人部分信息后，庭长和审管办还需进行审核，有时会导致裁判文书公开不及时。同时，有的法院信息平台上的信息更新不及时，无法向当事人展示最新的司法信息。二是互动功能不够便利。有的法院信息平台信息发布功能较强，但与社会公众交流互动的功能较弱。如上海一中院在官方网站上设置了举报邮箱、在线咨询栏目，但没有更多、更针对性的民众参与互动渠道，缺乏反馈机制，有时不能将处理结果及时向社会公众公布。三是应用功能不够便民。当前，人民法院利用互联网提供了较多的诉讼服务和司法公开应用，但部分网站还存在功能使用不够方便、网站响应速度不够快等问题。四是信息渠道不够多样。人民法院在虚拟社会开展司法公开的主要渠道是互联网站，手机APP应用平台、12368服务热线和室外公告屏等公开形式主要用于司法公开的补充手段，还有待进一步深入推进应用。

（五）司法公开配套机制建设实践情况检视

在司法公开实践过程中，人民法院要着力建设好司法公开运行与保障机制，为司法公开可持续发展打好坚实的基础。通过考察上海一中院的相关实践，我们发现，人民法院在建设完善司法公开配套机制过程中容易遇有以下几个问题。

1. 内部评价与公众感受不完全同步

现有司法公开模式仍以公权力为主导，在运行过程中，还存在少部分法官民主意识不健全、司法能力不全面，限制了司法公开成效的释放，常导致司法公开内部评价与公众感受不完全同步。一是民主意识不健全妨碍司法公开落实。推动司法公开，首先要在思想上明确克服排斥、抵触心理，明确依法公开并不是对法院、法官司法权的干涉，而是对依法独立行使审判权的有力保障，在观念上实现从法院权力本位向社会公众权利保障本位的转变。实践中，仍有少部分法官还未完全破除“司法工作不宜让公众知道太多”的旧有观念，未能感受到人民群众要求司法公开的合理性，这显然不利于推动司法透明、维护司法公正。二是司法能力不全面妨碍司法公开效能释放。司法能力影响着司法公开的质量，也决定着社会公众是否能够感受到公正权威的司法环境。法官要具备良好的法律适用能力，在立案审查、庭审驾驭、文书写作、司法执行过程中依法办事。法官也要具备良好的沟通交流和法律释明能力，认真向当事人解释诉讼程序、诉讼权利、法律规定等事项，使当事人在充分的信息交流中建立起对司法公开的直观感受。实践中，仍有少部分法官司法工作能力不足、不高、不强，常在审判工作中忽视了当事人在诉讼中的主体地位、不能充分保障当事人的诉讼权利，在这样的情况下，即使审判工作有较高的质量、较好的效率，仍可能使当事人产生司法不透明、不公正的感受。

2. 公开内容与公众需求不完全一致

我国现有司法公开各项机制涵盖了司法工作的整个流程，但人民法院在落实司法公开规范、挖掘司法公开深度方面还有不足，司法公开内容与公众需求并不完全一致。一是实体性公开不够深入。司法工作应当实现审理依据公开，增强司法工作的透明度和可预测性；并以司法公开促进司法工作规范，增强司法工作的权威性和公信力。实践中，仍有少部分人民法院实体性公开不够深入，如有的法院常就一些典型性案件总结内部执法意见，但此类意见很少通过适当的途径向社会公开，容易在社会上形成司法工作神秘主义的印象；还有的法院制作裁判文书时，还存在民事案由适用不当、错漏字、当事人信息记录错误、遗漏当事人诉辩意见、遗漏程序变更事由、对事实认定不当、对证据分析认证不够、法理辨析不当、适用法律错误等问题。上述问题都有可能影响司法公开效能的释放。二是程序性公开不够全面。司法工作应当做到立案、审判、执行等诉讼程序公开，实践中，仍有少部分法官还存在“实体公正是主体，程序公开是点缀”的想法，不重视司法程序公开，不能及时、全面地向当事人公开程序性事项。如少部分法官有时怠于告知当事人合议庭成员更换、审限延长、审判组织或审理程序变更、开庭日期变更等事项，这样的做法损害了当事人的诉讼权利，也可能使当事人产生诉讼程序不透明的感受。

3. 公开依据与保障机制不完全配套

司法公开是一个长期深化的过程，需要有明确的依据指引司法公开方向，以及有效的保障机制落实司法公开实效。实践中，现有司法公开依据尚不统一，保障落实机制还不够完善，在一定程度上制约了司法公开的顺利开展。一是公开依据不够统一。我国关于司法程序公开的法律依据主要散见于相关法律及司法解释中，除此之外，最高人民法院以及各地方法院也纷纷就司法程序公开出台了大量的规范性文件。上述法律规定和政策性文件往往比较原则，操作性不强，没有形成完整的规范体系，有时难以保障司法公开的有效实施。同时，还有一些依据属于法院内部文件，当事人和社会公众通常难以知晓，这制约了社会公众对司法公开的监督。[①] 二是保障机制不够完善。实践中，司法公开的现有保障机制还不够完善，在一定程度上妨碍了司法公开功能的发挥。现有司法公开评价机制以内部考评为主导，未充分考察公众的意见和建议，可能导致司法公开工作内外部评价不一致。同时，现有司法公开机制着力确保审判公开，但就其他法公开事项没有设置相应的救济机制，无法切实保障当事人权利。

三、司法公开长效机制的构建与完善

通过梳理司法公开各项制度、考察司法公开实践做法，我们发现，尽管人民法院在司法实践中已形成了多种司法公开渠道，但还缺少系统性的制度设计、长效性的制度构架，这影响了司法公开的整体功能发挥。《四五改革纲要》对深化司法公开提出了更高的要求，要求人民法院完善庭审公开制度、优化审判信息数据库、加强裁判文书公开平台建设、整合各类执行信息。人民法院要积极落实上述要求，探索构建司法公开长效机制的新思路新方法，确保司法公开可持续发展。

（一）审判流程公开平台建设

审判流程是人民法院在立案、庭审、听证、合议、宣判等诉讼过程中产生的各类静态和动态信息。人民法院建设审判流程公开平台的目标，就是要借助信息化手段，将上述审判信息依法向社会公开，提升司法工作透明度，

① 江必新、程琥：《司法程序公开研究》，载《法律适用》2014 年第 1 期。

增进公众对司法工作的了解与认同。

1. 形成工作协调机制，统筹审判流程公开

司法实践中，审判信息公开常由人民法院多个部门合作开展。以上海一中院为例，审判流程对外公开主要由立案庭负责，对内审判流程管理主要由审管办负责，案件审理过程中的文书送达、管辖权处理等工作主要由各审判业务庭负责。审判信息公开由多个部门分工合作，优点在于各分工部门均直接掌握相关材料，对内获取信息更加准确，对外提供信息更为及时。在现有的分工合作模式下，由于缺乏有效的工作协调机制以及居中协调部门，各分工部门的配合难免出现疏漏。当审判管理信息对外公开后，如果没有居中协调机构调控管理信息，将可能造成公开信息零散、混乱、滞后。人民法院有必要进一步完善工作协调机制，建立工作协调机构，统筹负责审判流程公开。工作协调机构可主要负责以下工作：一是根据司法公开各项规定、本院工作实际情况，并结合具体案件特点、当事人情况，把握审判流程公开内容与范围；二是协调审判流程公开的方式与媒介，做好内部沟通与外部协调；三是构建司法公开的反馈渠道、处理回应反馈信息；四是根据我国法治建设的总体要求以及司法公开实践情况，优化审判流程公开的工作流程与公开方式。

2. 形成内容管理机制，深化信息平台功能

许多人民法院均建设了官方网站，强化了司法信息发布功能，但仍缺少与社会公众沟通互动的功能。根据《三大平台建设意见》，审判流程公开平台建设的一个重要目标，就是要提升面对公众的互动功能，使公众通过平台提出的意见和建议，成为人民法院审判管理、审判监督、纪检监察和改进工作的重要依据。人民法院有必要在各类信息平台上设置交流互动板块，改变目前民意沟通渠道尚不清晰、畅通的状态，使民意沟通机制进一步公开化、制度化、规范化，使公众能够便捷地能够发表意见和建议，及时地了解案件进度。①

3. 完善审判管理机制，避免司法信息不对称

司法实践中，人民法院容易忽视公开审判流程信息变更情况，这容易导致当事人获取司法信息不及时、不对称的情况。人民法院应当进一步完善审判管理机制，有针对性地设置审判流程的信息点，尤其要及时记录审限的中止、中断、延长的时间及事由，并向当事人提示审计、审价、鉴定等容易导

① 最高人民法院司法改革领导小组办公室编：《司法公开理论问题》，中国法制出版社2012年版，第630页。

致案件长期积压的特殊事由。一方面，这有利于案件当事人更及时地获知审限变更的具体事由及期限，并更好地参与诉讼及履行诉讼权利；另一方面，这有利于有利害关系人及社会公众有效获得司法信息，并了解审判工作，增加对案件审理透明度、公正性的信心。

（二）裁判文书公开平台建设

裁判文书是人民法院审判工作的最终“产品”，是承载全部诉讼活动的重要载体，建设好裁判文书公开平台，向社会全面公裁判文书，是司法公开的重要环节。

1. 科学整合文书上网操作流程

司法实践中，裁判文书上网前需经多个部门、多道程序的修改、把关与审批，一般由案件承办人、书记员、内勤、上级法院操作人员各自操作、独立负责，这样的操作模式可能导致文书上网周期较长。人民法院可以探索建立统一的裁判文书公开信息平台，便于文书上传、修改、撤销的一站式操作。由案件承办人对文书真实性、及时性负责，并操作屏蔽文书隐私信息；另设专人管理裁判文书公开平台，负责全院裁判文书审核、上网、复核、撤回等工作，以提升工作效率。

2. 切实维护案件当事人隐私信息

当前，各类信息均可能通过网络飞速传播，如果裁判文书在公开时不当地披露当事人的私密信息，将可能造成当事人隐私被互联网放大。人民法院在裁判文书公开时，要准确把握当事人对个人隐私的感受，对当事人的隐私信息作必要的技术处理，将全面公开裁判文书与保护当事人权益统一起来。人民法院要进一步细化裁判文书公开规则，完善当事人隐私信息筛选标准，创新隐私信息筛选手段，以适应司法实践中不断复杂的情况。

3. 适时探索裁判文书撤回路径

如公开的裁判文书不恰当地泄露了当事人的隐私信息，为保障当事人权益，人民法院有必要适时探索裁判文书撤回路径，研究裁判文书是否可以撤回、撤回的申请人范围、职能部门及操作流程不明确的问题。

如明确裁判文书上网后可因申请而撤回，则撤回的申请人范围应当不限于狭义的案件当事人。为充分保护公民个人隐私，可以考虑将法定代理人、近亲属以及其他可能受到公开影响的利益相对人纳入到有权提出撤回申请人的范围。申请人作出申请后，法院是否准许撤回，则可由负责裁判文书上网的部门进行审核，并及时作出处理。因此，在法院内部也应明确承担文书上网职责的部门，便于统一管理，加强工作应对能力。

4. 有效规制裁判文书恶意使用行为

裁判文书并不受《著作权法》调整，当裁判文书通过网络向社会公众普遍公开后，任何人都能下载并使用裁判文书。如有人恶意使用公开的裁判文书，并侵害当事人利益的，司法实践应如何应对，目前还没有统一的做法。人民法院要进一步研究裁判文书的法律性质，探索限制他人恶意使用裁判文书的途径，促进裁判文书在社会中发挥正能量。

（三）执行信息公开平台建设

根据《执行公开意见》规定，法院执行信息将全方位、无缝隙式公开，以进一步规范人民法院执行流程公开工作，方便当事人及时了解案件执行进展情况，保障当事人和社会公众对执行工作的知情权、参与权、表达权和监督权。

1. 以信息科技为支撑，确立虚实结合的执行公开理念

在前互联网时代，执行信息公开主要以相关人员到执行法院查阅卷宗、法院书面及口头告知等方式进行。进入互联网时代后，人民法院的执行工作也当顺应时代发展潮流，突出互联网在法院执行信息公开中的主导地位，牢固确立以通过网络平台公开为主，以传统实体平台公开为辅的执行信息公开平台建设思路。对此，《执行公开意见》第2条也予以规定。在开发、应用官方网站的同时，人民法院也要充分重视微博、微信和微视等新型网络应用平台，将各类信息技术纳入执行信息公开平台建设之中，增强执行信息公开中的新媒体因素。

2. 以不同受众为主体，构建有所区隔的信息公开平台

执行案件信息种类繁多，若不加区分、事无巨细地都加以对外公开，将会增加司法成本，也会导致当事人和社会公众过度接受信息。因此，执行信息公开要区分不同的受众主体，在案件承办的不同时间节点，按照申请执行人、被执行人、利害关系人和社会公众等不同受众主体，有所区分地向公开相关执行工作信息，满足不同受众主体对案件执行信息的需求，并确保后续执行工作不受信息公开影响。一是对社会公开的执行信息。对社会公众而言，向其公开执行信息，主要是让其了解、监督和协助法院执行，对社会公众信息公开当把握概略公开、粗线条公开的原则，即仅向其公开案件的基本信息。具体而言，可向社会公众公开下列执行信息：案件的基本信息，包括执行案号、案件当事人信息、执行依据等；法院已采取的执行措施；悬赏公告、拍

卖公告等应向社会公布的公告类信息；需要得到社会公众协助的诸如限制出境名单、限制高消费被执行人名单、失信被执行人名单等需向社会公布的信息；其他可向社会公众公开的信息。二是对被执行人公开的执行信息。被执行人是执行措施的指向对象，向被执行人公开信息要做到“单向透明”的标准，即法院能了解被执行人行踪、财产状况等与案件执行相关的信息，同时也要避免被执行人逃避执行。在具体工作中，对被执行人的信息公开，应在执行措施实施结束且有效控制被执行标的物后，再向其公开执行信息；如查询到被执行人名下有某项财产，但尚未实际查控到位，即便查询到其财产的信息有很长时间，也要谨慎地向被执行人公开相关信息。三是对利害关系人公开的执行信息。在其正常获取向社会公众公开信息的基础上，公开与其权益具有利害关系的相关信息，如被执行房屋承租人的优先购买权、对另案抵押权人优先受偿的通知等。四是对申请执行人公开的执行信息。申请执行人是执行案件的重要主体，其及时了解和掌握执行的相关信息，不仅能实现其对案件的知情权，还能帮助法院了解、收集案件信息。除依法应予保密的诸如商业秘密、个人隐私、合议庭评议笔录等信息外，执行信息应对申请执行人全面、及时公开。

（四）司法公开评估机制的构建

有必要建立客观中立的评估机制，要能反映司法工作的实际情况，也能反映公众的真实感受；要能对司法工作作出全面评价，也能帮助人民法院查摆工作缺漏。

1. 探索中立评估机制

人民法院现有的工作考评机制，具有较强的专业性，而缺乏社会性。中立的评估机制应在法院内部评估的基础上，引入社会评价，并形成相对客观的评估结果。一是要科学选定内部指标。中立评估机制要便于操作，要以司法公信力、司法环境现状为考察对象，以分析司法公信力建设中的问题为基础，最终提出建设性的意见。选取指标要清晰合理，为评估机制提供真实的考评素材。指标权重要分配适当，能够形成对司法公信度的量化评价。内部指标和权重要不断调试，在实践中探索最优的评估机制。二是要引入社会评价指标。要适当增加社会评价指标，积极征询公众的意见建议，激发公众参与司法进步的热情。如美国加州法院分别于 1992 年、2005 年开展了司法公信力评估，由法官、律师和法学专家共同设计评估问卷，委托第三方开展评估调查，并将评估结论作为制定本州司法发展战略的重要依据。[①] 要合理设计调查方式，有效了解公众的真实感受，作为司法公信力评估的重要参考。如美国加州法院重点考察当事人对公共机构的态度、对法院的了解、诉讼经历、诉讼所遇障碍、对州法院工作绩效的评价和期望、法院分配正义情况等项目，涵盖面较广泛，收集的信息价值较高。[②]

2. 完善评估配套机制

人民法院要在完善配套管理制度上狠下功夫，保障评估意见的有效落实。一是要建立评估结论落实机制。司法公开评估结论形成后，需要法院各部门共同查摆不足、弥补漏洞，要建立工作协调机制，推动各部门分工协作、共同转化评估成果。要建立长效监督机制，确保评估结论全面落实，防止出现“口惠而实不至”的情况。二是要建立评估意见回应机制。中立司法公信力评估是一个双向反馈的过程，法院和公众是互相的反馈主体。评估结论形成后，人民法院要主动加强与公众的交流互动，回应公众提出的意见建议，并及时公开司法工作的新举措、新思路，与社会公众共谋司法工作发展之路。

（五）司法公开保障机制的构建

健全完善的司法工作机制，是司法公开规范、有效、持久开展的重要保障。[③] 人民法院要构建完善科学有效的保障机制，及时评估司法公开实效，修正司法公开方向，为司法公开有序运行提供动力，使司法公开始终符合时代发展特点。

1. 培养司法能力，提振公开自信

《最高人民法院关于增强司法能力提高司法水平的若干意见》指出，增强司法能力、提高司法水平，既是一件需要常抓不懈的大事，也是当前的紧迫任务。面对纷繁复杂的司法案件，人民法院要注重培养法官的司法能力，为司法公开、公正奠定基础。一是要着力培养法官的审判技能。帮助法官树立科学的司法理念，提高审判技能，以公正的司法工作提振司法公开的信心。增强法官的庭审驾驭能力、法律思维能力、文书写作能力。如上海一中院专门举办“资深法官经验谈”系列活动，邀请知名资深法官为青年法官传授审判技巧。二是要着力提升法官群众工作能力。帮助法官增强做群众工作的能

①② 蒋惠岭、黄斌编译：《美国加州法院的司法公信力评估机制》，载《人民法院报》2013年5月17日第8版。

③ 公丕祥：《司法公开：提升司法公信力的重要保证》，载《中国党政干部论坛》2012年第7期。

力，提升听取群众呼声、了解群众诉求、妥善处理司法案件的水平。增强与群众沟通、为群众服务的能力。如上海一中院在信访窗口设立“青年法官服务岗”，安排青年法官轮流上岗接待来访群众，在实践中锻炼群众工作能力。

2. 强化管理机制，狠抓公开落实

人民法院要在完善司法公开管理制度上狠下功夫，以科学规范的管理保障司法公开制度的深入落实。一是要建立科学的工作评价机制。评价机制要有监测功能，既能反映司法公开实际情况，体现司法规律，也能反映公众真实感受，评判工作得失。评价机制要有指引功能，既能对司法公开作出全面评价，也能帮助人民法院查摆工作缺漏，促进司法公开向内容实在、形式具体、成效显著的方向发展。二是要建立长效监督机制。司法公开的生命力在于长效落实，人民法院要通过监督机制，确保司法公开全面落实，作为常态。防止出现徒有虚名、“口惠而实不至”的情况。如上海一中院建立了定期检查和督促整改机制，加强对司法公开落实情况的督促跟踪，及时查找发现问题，提出整改意见并反馈整改结果。

3. 完善回应机制，延伸公开效果

司法公开是信息的双向反馈，法院和公众都是互相的反馈主体。人民法院要主动传递正面信息，将司法信息资源、审务信息、司法公开机制，通过展览、法宣、动态展示等各种形式，向案件当事人和社会公众公开，同时也要积极回应民众需求。发挥微博、在线诉讼、执行服务等网络平台的互动功能，充分利用网络的沟通便利和问答式交流互动，提升司法公开的实效和深度，切实回应并不断满足人民群众对司法公开的需求。

（六）司法公开信息平台的构建

信息化建设是人民法院顺应时代发展、增加司法工作信息技术含量、提升司法公开质效的重要途径，人民法院要正确认识信息技术对司法公开的影响，加快信息化建设步伐。随着信息设备、自媒体平台的普及，社会信息传播速度更快、范围更广、路径更多，每个人都能成为信息的传播者和接受者。要借助信息技术能准确把握不同受众对司法公开需求的差异性，丰富司法公开的内容与手段，与公众开展司法良性互动，提升司法公开的及时性与全面性。

1. 保障信息发布的及时性

人民法院要从信息系统建设、运维机制等两个方面同时着力，保障信息发布的及时性。一是要完善信息系统。结合最高人民法院对司法公开的要求，细化落实司法公开信息点的采集功能。在升级改造审判、执行系统时，设置流程管理结点信息点采集功能，将司法公开信息项作为必输项，增加自动校验和及时提醒功能，保证司法公开内容在审理和执行的过程中同步录入，并实现网上审核和对外发布功能。二是在要完善运维机制。落实信息更新责任和及时对外发布机制，对于已经发布在司法公开平台上的信息，落实信息列新责任机制，由发布信息的责任部门确定责任人及时检查信息的准确性，遇到因法律规定或相关政策变更应及时更新对应的已发布信息；对于待发布的公开信息，落实及时对外发布机制，由相关部门具体的信息产生人负责及时在信息系统中录入信息，如有审核流程应规定每个审核结点的时间要求，审核通过的信息由技术部门每日及时发布到对外司法公开平台上。

2. 增强信息平台的互动性

人民法院要推动公众有序参与司法活动，在建设司法公开信息平台时应进一步增加互动性功能，不局限于单向公开信息。注重拓宽民众参与的渠道，针对具体公开的内容设置收集公众意见的功能，尤其要增加对裁判文书的意见的收集。构建对收集意见的研究和回应机制，及时将结果向公众反馈。注重提升互动功能的效果，增加对官方网站在线咨询栏目和12368咨询热线的满意度测评，根据测评情况加强相关人员的业务培训，提高服务水平，树立便民利民的司法形象。

3. 提升信息平台的便捷性

建设司法公开信息平台是为了更好地服务于社会公众和当事人，要进一步提升信息平台的便捷性，方便法官及当事人的使用。一是发挥官方网站的主导作用。人民法院要借助官方网站，将司法公开的相关信息和各类功能在网站上集中展现，并放置在网站醒目位置，便于社会公众和当事人查看或使用。二是设计一站式登录功能。优化官方网站登录功能，当事人登录到诉讼服务平台后，即可使用诉讼服务平台中所有功能，无需重复登录；注重当事人的使用体验，增强诉讼服务功能操作的简单便捷性。三是集成法官工作平台。在官方网站上为法官提供集成工作平台，用于案件办理、信件回复、材料确认、咨询答复、消息推送，将不同渠道、不同内容、不同信息平台的司法公开反馈处理的事项集中在一个处理平台中，方便法官及时处理。

4. 推动信息平台的多样性

信息技术为司法公开信息化建设提供了发展机遇，人民法院要积极采取新技术、新举措，构建多样性信息化平台，增强司法工作的透明度。一是要利用新媒体推动司法公开。人民法院要逐步借助微信、微博等平台，建立移动式的司法公开平台，强化信息获取的即时性。探索建立手机APP诉讼服务系统，使社会公众及案件当事人使用手机、平板电脑，就能查询案件诉讼、执行信息，联系承办法官，提供诉讼、执行线索。二是要建立电子平台拓展送达方式。利用12368平台和官方网站的在线诉讼服务平台，建立电子送达平台，根据当事人的意愿，将案件从立案、排期、开庭、结案等诉讼事务信息，以手机短信或电子邮件的方式向当事人送达，主动发送诉讼程序变更信息，方便当事人参与诉讼活动。三是升级公告显示系统。适时升级人民法院公告屏显示内容，增加显示执行曝光、立案情况、诉讼指南、法院重大事件等信息，实现多个公告屏自动更新和定时显示的功能。

附：

1. 《上海一中院司法公开工作专项检查情况汇报》
2. 《2015年上海一中院司法公开工作要点》
3. 《司法公开全方位落实一百则修订说明、新旧对照表》
4. 《司法公开全方位落实一百则（2015年版）修订稿》

上海一中院司法公开工作专项检查情况汇报

司法公开工作是提升人民法院司法公信力的重要抓手，对确保司法公正，维护社会公平正义具有重要意义。自2011年上海一中院被最高人民法院授予全国“司法公开示范法院”荣誉称号以来，上海一中院司法公开制度全面实施至今已近三年。上海一中院结合自身情况，扎实推进司法公开，特别是2013年11月制定了《上海市第一中级人民法院司法公开全方位落实一百则》（沪一中法〔2013〕100号），对于推动上海一中院司法公开工作起到了积极作用。为了加强上海一中院贯彻司法公开制度的工作力度，确保制度落实和取得进一步的实效，现对今年上海一中院司法公开制度落实情况进行一次专项督查。将检查情况汇报如下：

一、专项检查的基本情况

本次司法公开工作专项检查自2014年10月8日至12月25日集中开展，分为四个阶段：第一阶段（10月9日至10月31日）为自查阶段，各部门结合上海一中院2013制定的《司法公开全方位落实一百则》，逐条对照进行自查，填写《司法公开工作自查表》，形成自查报告。第二阶段（11月3日至11月7日）为核查阶段，由院监察室、研究室共同对全院20个部门进行全面核查。第三阶段（11月10日至11月30日）为总结阶段，在部门自查与核查的基础上，对司法公开工作专项检查进行总结，形成司法公开工作专项检查报告。第四阶段（12月）为整改阶段，根据院党组的要求，对查找的问题进行修改，修订《司法公开全方位落实一百则》，进一步完善上海一中院司法公开工作的长效机制。目前，前三个阶段已经完成。

在自查阶段，所有部门开展了自查活动，通过岗位自查、集体讨论、清查工作记录等方式，核查了本部门司法公开的落实情况，总结了工作经验，分析了现存问题。所有部门均及时填写了《司法公开工作自查表》、撰写了自查报告，并按时上报。

在核查阶段，各部门负责人向监察室、研究室介绍了本部门开展自查的基本情况、司法公开的落实情况、行之有效的工作经验、落实相关制度的实际困难，有的部门还结合工作实际，对上海一中院相关制度的修改完善提出了有益的建议。

二、上海一中院司法公开的基本情况

根据上海一中院《司法公开全方位落实一百则》规定，上海一中院司法公开措施共分为6大类、100项。检查发现，所有措施中，落实的有93项，基本落实的有5项，未落实2项，总落实率达到98%。

（一）上海一中院司法公开的总体评估

上海一中院大部分司法公开措施有效落实，司法公开整体情况良好。

第一，立案公开措施。共有18项，落实18项，占总数的100%；其中第4项“专设1200热线电话，解答群众来电”的功能已经被市高院统一的12368诉讼服务热线平台所取代

第二，庭审公开措施。共有25项，落实23项，占总数的92%，基本落实2项，占总数的8%。

其中基本落实的有：第20项“对重大、热点案件，主动邀请人大代表、政协委员、律师、行业专家及公民代表等参与旁听”，部分审判庭因无重大、热点案件而未邀请人大代表、政协委员、律师、行业专家及公民代表等参与

旁听。

第34项“刑事案件开庭可依据法律规定，结合案件的实际情况，使用证人屏蔽作证系统，依法保护出庭作证的证人”，部分审判庭因缺少该类型案件未采取该公开模式。

第三，执行公开措施。共有16项，落实13项，占总数的81.25%，基本落实1项，占总数的6.25%，未落实2项，占总数的12.5%。

基本落实：第53项“在互联网站上开辟执行网上事务中心，在互联网站上开辟执行网上事务中心，设有执行公告、悬赏执行、执行指南、执行案件查询等栏目，每月更新2次；依法向社会公开执行案件的立案标准、执行依据、执行风险、执行规范、执行程序等有关执行的信息。”

未落实：第55项“设立执行接待信息预告系统，接待时间、接待法官姓名在屏幕上滚动播放。”第58项“对疑难复杂案件或社会关注较高的执行案件，每年邀请市人大代表、社会团体组织等前往执行现场不少于2次，就执行程序是否规范、强制措施是否适当等进行现场监督。”

第四，听证公开措施。共有5项，均已落实。

第五，文书公开措施。共有10项，均已落实。

第六，审务公开措施。共有26项，落实24项，占总数的92.3%，基本落实2项，7.7%。

基本落实：第92项“探索与行业主管部门等建立长效联动机制，针对一类问题邀请相关部门、单位进行研讨，并结合问题向有关部门或单位提出建议或意见。”第100项“根据审判工作的具体情况，加强与公安、检察、司法、监狱、律师协会、仲裁机构、社会团体及相关行政主管部门等的沟通联系，认真听取上述单位对法院工作的意见和建议。”部分审判庭无法与相关部门建立沟通联系。

（二）落实的项目

所有100项司法公开措施中，落实的有92项，分类说明如下：

1. 立案公开

一是设立“一站式”立案大厅。通过设立公告牌、电子触摸屏、多媒体视频、法院网站及现场纸媒等载体，依法公开各类案件的立案条件、立案流程、诉讼法律文书样式、诉讼费用标准、缓减免交诉讼费程序和条件、当事人的权利义务、诉讼和执行风险提示，以及可供选择的诉讼外纠纷解决方式等内容；立案大厅设立农业银行收费服务点，方便当事人缴纳诉讼费；设立休息等候区并配备通讯、复印等设备，方便当事人办理立案事务。比如：立案庭在立案大厅配备了诉讼指南等纸质材料，并放置在醒目位置，方便当事人阅看；还在立案大厅设置了电子触摸屏和电子屏幕，依法公开各类诉讼信息；另设置了各种诉讼文书样式，方便当事人书写各类申请和诉状；并配备了可上网的电脑、复印机等设备，方便当事人在立案过程中查阅各种信息，及时补全立案材料；还制作了《司法公开告知书》，向当事人明确提示可登录上海一中院官方网站了解公开信息，可享受上海一中院提供的23项诉讼服务。

二是设立诉讼事务中心。完善“诉讼事务中心”导诉、咨询、立案、查询、调解、接访、司法救助、判后答疑、司法辅助工作管理、法律咨询等功能；设置专职导诉人员，落实首问负责、一次性全面告知制度，减轻当事人诉累，保障当事人诉权。专设的1200热线电话已经被全市法院统一的12368诉讼服务热线取代。诉讼事务窗口和12368分平台均有专人负责，上述工作全部就位，每季度另对工作进行总结并撰写诉讼事务工作动态和12368工作情况。

三是设立在线诉讼服务平台。发挥“在线诉讼服务平台”资料下载、材料收转、网上立案、文书送达、联系法官、办案进度查询等功能，进一步加强面向社会公众的“一站式”在线诉讼服务系统的建设。比如：目前的在线诉讼服务平台，不仅包括当事人通过登陆上海一中院官网进入诉讼服务平台，还包括当事人通过登陆上海法院网进入的诉讼服务平台，均由进行跟踪和管理。

四是加强立案释明工作。实行窗口立案、公开排期制度，对于材料齐全且符合立案条件的，立案法官当场予以立案，并于立案当日排期开庭；对于符合立案条件但材料不齐全的，以通俗的语言向当事人说明立案要求，严格落实“一次告知、两次立案”，避免其多次往返法院；将电脑自动分案系统推行至全部民、商事二审案件；对不予立案的情形，除法律有特殊规定以外，一审案件在材料齐全之日起7日内向当事人出具信函告知、书面裁定等，及时做好立案释明工作；对不方便来院立案的当事人启动绿色通道上门立案；开通“院长在线”，每个月第二、四周的周四下午，安排一位院长在线提供法律咨询、听取意见和建议，对当事人提出的合理诉求登记备案，明确承办部门和办理期限。比如：立案庭另制作了《补正材料告知书》对在立案过程中当事人较易缺少的16份材料予以明确列举，提高告知效率，确保一次告知，两次立案；还设立立案疑难问题处理专窗，将每周四下午作为庭长或审判长接待时间，及时处理立案疑难问题；另对老、幼、病、残、孕等当事人通过在诉讼引导窗口加盖“优先办理专用章”的形式，开通绿色通道，提供优先服务。

五是建立来信来访接待机制。处理以院领导为收件人的信件时，应确定信件主办责任人，在3个工作日内作出程序性告知，并在办理完结后的3个工作日内作出结果反馈性告知。在信访接待室开设“法律援助”窗口，由上海市法律援助中心指派有经验的律师进行窗口接待，并做好登记管理工作。在信访窗口设立青年法官服务岗，全院35周岁以下的青年法官每日一人、轮流上岗，为来访群众进行法律释明、个案答疑，积极协助信访办工作人员处理群访、闹访、缠访等突发事件。

六是建立立案工作协作联动机制。建立辖区法院立案督办机制，对于当事人反映辖区法院不予立案的情形，经审查认为符合立案条件的，应在3个工作日内向辖区法院发送《督办函》；建立辖区法院立案巡查制度，每季度指派立案工作经验丰富的法官前往辖区法院进行指导。建立立案联动制度，对执法不统一的案件，通过条线联动及时予以协调解决。比如：立案庭定期召开辖区各法院立案庭庭长和联络员立案例会，汇总立案难题，研究解决对策，统一执法标准。

七是实现“委托社会机构从事司法辅助工作”过程全公开。通过全市法院统一网站公开财务审计、工程审计、资产评估、房地产评估、拍卖等司法委托工作信息；诉讼事务中心配备专人，每季度对超过规定期限未审结的委托案件进行原因分析并及时予以催办。

2. 庭审公开

一是群众旁听庭审提供便利。允许当事人的亲属、媒体记者和公众旁听依法公开审理的案件；设立旁听证发放处，公民可凭身份证等有效证件办理旁听证。通过网站、户外大屏幕以及院内楼层屏幕向社会公告每周及每日案件开庭信息，包括庭审案件的案号、案由、审判长姓名等内容。在审判大厅悬挂法庭示意图，设置安检设备和物品寄存柜。比如：刑二庭公开开庭审理市检一分院提起公诉的被告人上海泛鑫保险代理有限公司股东、实际控制人陈怡、公司顾问江杰集资诈骗一案中，被告人亲属、被害人及社会公众等56人在法庭内旁听了此案，保监局相关领导及保险公司人员等16人在第一会议室观看了庭审直播，被害人等29人在第五法庭观看了庭审直播。

二是加大案件审理公开力度。今年1～9月，上海一中院一审案件开庭率为95.3%，二审开庭率为57.6%，同比下降4.8个百分点，其中二审开庭审理案件数为6286件，同比减少293件。所有定案证据必须依法在法庭上公开质证，能当庭认证的，应当庭认证，未经公开质证的证据，不得作为认定案件事实的依据；除法律、司法解释规定可以不出庭的情形外，对当事人提出异议的证人证言、鉴定意见，或证人证言、鉴定意见对案件有重大影响，或合议庭认为有必要的，应通知证人、鉴定人出庭作证。公开合议庭成员的基本情况，依法保障当事人申请回避的权利。合议庭应将管辖权异议、申请回避的处理结果及时告知当事人；案件未能在法定期限内审结，需要延长审限的，应将有关情况及时告知当事人；依法中止诉讼的，应将有关法律文书及时送达当事人；对公开审理或者不公开审理的案件，应公开宣告判决，或在征得当事人同意后向其邮寄送达裁判文书；因罪犯有重大立功表现提请减刑的，提请减刑的起始时间、间隔时间或者减刑幅度不符合一般规定的，在社会上有重大影响或社会关注度高的，公示期间收到投诉意见的，人民检察院有异议的减刑假释案件一律公开开庭审理；对职务犯罪案件和危害国家安全、严重危害公共安全、严重暴力犯罪案件、有较大社会影响案件的被告人，以及黑社会性质组织的领导者、组织者和骨干分子、犯罪集团的首要分子和主犯进行减刑、假释时，一般应进行公开开庭审理。减刑假释案件一律实行裁前公示，将罪犯个人情况、服刑改造情况以及减刑假释依据等内容进行公示；比如：审监庭2013年12月1日至2014年9月30日，公开开庭审理减刑假释案件79件，其中，对职务犯罪案件和危害国家安全、严重危害公共安全、严重暴力犯罪案件、有较大社会影响案件的被告人，以及黑社会性质组织的领导者、组织者和骨干分子、犯罪集团的首要分子和主犯进行减刑、假释的，有36件。对检察机关与刑罚执行机关持有不同意见，或者公示期间受到投诉举报的减刑假释案件应公开开庭审理。

三是搭建信息化庭审公开平台。建设标准数字化法庭，所有审判法庭均配备同步录音、录像功能，每个庭审案件都有庭审光盘附卷。全院每年庭审网络直播不少于70次。比如：办公室截止于10月底直播网络庭审72次。刑事二审案件推行远程审判方式，全院每年不少于300件。比如：对于金山、奉贤、松江、闵行、浦东等偏远看守所的二审案件，刑一庭、刑二庭一般适用远程审判。自2013年12月1日至2014年9月30日，刑二庭刑事二审案件远程审判192件，刑一庭达到301件。

四是群众参与纠纷解决。充分发挥人民陪审员参与案件审判、监督审判活动、联系人民群众的重要作用。比如：今年1～9月全院适用普通程序审结一审案件501件，其中仅有3件案件未安排陪审员参审，陪审率达到99.4%，同比下降 0.4 个百分点，未陪审的 3 件案件均经过院领导审批。审理专业案件指定人民陪审员时，应结合其专业知识背景予以合理分配。积极完善多元调解机制，努力化解矛盾纠纷。配备调解人员不少于 4 人，每年调解案件不少于 200 件；增强调解工作的透明度，诉调案件一律纳入流程管理，将调解范围、调解人员的姓名、调解时限及调解进展等信息予以公开。

五是审判公开延伸。对于被判处缓刑的未成年犯，邀请其所在地或暂住地社工旁听宣判及参加法庭教育。对于被判处监禁刑的未成年犯应延伸法庭教育，入监后回访帮教。少年庭依托“上海市青少年法制教育活动基地”，每年给对口学校上法制辅导课 4 次，组织开展模拟法庭，组织暑期青少年法制夏令营活动等十余次。积极依靠社区矫治组织，跟踪帮教被判处非监禁刑和被假释的未成年犯，建立与帮教小组的工作联系制度，加强动态管理，积极探索监督教育机制。建立与监所、未成年人犯管教所工作联系制度，坚持对服刑未成年犯的回访帮教制度，并在监所、管教所内设立法官信箱，建立与服刑人员的沟通渠道，引导罪犯积极改造。比如：审监庭在 2013 年 12 月 1 日至 2014 年 9 月 30 日对去年裁定假释，目前尚在假释考验期内的罪犯进行回访，共发出《假释考验期罪犯情况调查表》123 份，收到反馈 108 份，对未收到反馈的，则通过电话等方式进行了联系。反馈的 108 份调查表中，除 61 人系暴力犯、毒品犯外，“三类”犯罪罪犯为 47 人。并首次将在外省市进行社区矫正对象纳入回访范围，共向 16 个省、市、自治区发出调查表 58 份，回收 43 份，个别地方社区矫正机构存在不回复、人难找的问题，影响回访效果。但从回复的材料来看，总体情况较好。在假释对象回访中，加强了再犯罪风险评估。从回访反馈的情况来看，大部分矫正对象能接受思想教育改造和帮教，按时报告活动情况，积极参加社区服务，遵守社区矫正的各项规定，评价为好与较好的占 88%。但也有少数社区矫正人员表现一般，极个别人员因有轻微违反社区矫正规定的行为受到矫正组织警告处罚，其中一人因赌博、吸毒被公安机关行政处罚，拟对其裁定撤销假释，收监执行剩余刑期。

3. 执行公开

一是执行措施公开。执行人员应及时将执行中的重大进展通知当事人和利害关系人，采取查封、扣押、冻结、划拨等重大执行措施后，5 个工作日内向当事人发放通知书，告知查封控制财产的具体内容、查封期限、到期申请续封等事项。当事人对评估报告提出异议的，有权通知评估机构在 10 日内作出说明或补正，必要时可组织评估机构及异议人进行听证。在拍卖动产 7 日前或拍卖不动产 15 日前在指定报刊及网上进行公告。

二是执行进程公开。执行人员及时告知当事人执行款项的收取发放、执行标的物的保管、评估、拍卖、变卖中的重点环节和重点事项。执行组配备“移动单体办案系统”，对有重大影响或群体性案件等实施摄录动态取证。比如：执行局各执行组认真学习“移动单体办案系统”的使用方法，并对有重大影响或群体性案件等实施摄录动态取证，使用次数位居我市同级别法院之首。

三是执行信息公开。当事人可以凭密码自行登录执行事务中心网上辅助系统查询相关执行信息和执行内容。公开有能力履行但拒不履行生效法律文书的被执行人信息，对未能履行的被执行人可实施限制出境、限制高消费等措施，并在网络上公开。对去向不明的被执行人，在报刊和网络上公告送达执行通知以及评估拍卖的相关事宜。当事人向法院申请要求参与财产分配，经审查符合法律规定的，应当制作参与分配方案，并送达当事人。

四是建设执行网上平台。在互联网站上开辟执行网上事务中心，设有执行公告、悬赏执行、执行指南、执行案件查询等栏目，每月更新2次；依法向社会公开执行案件的立案标准、执行依据、执行风险、执行规范、执行程序等有关执行的信息。比如：执行局于今年2月正式在互联网上开通运营了网上执行事务中心，进一步将执行服务实体植入到互联网中，通过线上咨询、预约和查询等方式，推动线下案件执行，进一步拓宽了当事人及社会公众了解和参与上海一中院执行的渠道。截止今年10月，事务中心共处理来信508件，接待来访244批（次），接听法律咨询和信访投诉电话411件（次），接受预约承办法官申请94人次，转递书面材料167件，

五是执行事务中心。完善执行事务中心咨询、查询、接访、执行事务办理等功能，并落实“首接责任制”。设立执行接待信息预告系统，接待时间、接待法官姓名在屏幕上滚动播放。每周三下午为固定的执行信访接待日，由庭长、审判长轮流听取案件当事人的反映和要求。比如：执行局截止今年10月，事务中心共处理来信508件，接待来访244批（次），接听法律咨询和信访投诉电话411件（次），接受预约承办法官申请94人次，转递书面材料167件，

六是监督途径公开。对疑难复杂案件或社会关注较高的执行案件，每年邀请市人大代表、社会团体组织等前往执行现场不少于2次，就执行程序是否规范、强制措施是否适当等进行现场监督。

七是执行案件回访。由执行局领导会同监察室纪检人员每年2次随机抽取不少于20件案件对当事人进行回访，听取当事人对执行人员贯彻执行公开

制度等各项规定的意见。比如：执行局每年随机抽取不少于20件案件对当事人进行回访，听取当事人对执行人员贯彻执行公开制度等各项规定的意见，同时还了解执行人员廉洁作风方面的情况。

4. 听证公开

一是全面推进相关案件听证工作。对申请再审案件应当实行公开听证，对本院生效的案件组成合议庭听证，对符合条件的案件推行“3＋1”听证模式，邀请特邀监督员共同进行听证；刑事申诉审查案件推行“监所听证”或采用方便当事人的方式进行。比如：申诉庭对所有申请再审的民商事案件实行公开听证，听证率达100％；积极拓展3＋1听证模式适用范围，从原先的民商事案件拓展到行政案件，邀请特邀监督员共同进行听证；对于刑事申诉审查案件，大力推行监所实地听证，但对于申诉人在外地监狱服刑的客观情况，部分刑事申诉案件未能到监所进行听证；对涉法涉诉信访疑难案件实行公开听证。对司法赔偿案件实行公开听证。比如：信访部门听证工作开展前会事先发约期接谈通知书给涉诉疑难案件当事人，听证会召开当日由三级法院、律师和居委会等社会团体组织人员组成听证团，联合接待当事人。事后出具听证结论。对执行程序中的案外人异议、不予执行的申请，和其他变更、追加被执行主体、多个债权人申请参与分配，以及法院认为有必要听证的重大事项，均公开听证。

二是完善相关案件的听证程序。公开听证参照庭审公开的有关规定，公告听证事由、时间地点、听证人员及听证参加人的权利义务等，旁听听证的程序参照旁听庭审的程序。比如：立案庭在公开听证前向当事人发约期接谈通知书，听证当日由三级法院、律师和居委会等社会团体组成听证团联合接待当事人，事后出具听证结论。

5. 文书公开

一是扩大文书公开范围。上海一中院各审判庭诉讼程序公开，立案时间、开庭时间、重大程序事项的变更、管辖权异议、审限延长、回避申请的决定等全部公开。诉辩意见公开，全面、公正地归纳当事人的诉辩意见。当事人对证据有异议的，举证、质证、认证内容公开，客观地反映双方举证、质证的意见和法院认证的理由。裁判理由公开，公开裁判所依据的法律、法规以及裁决的判断取舍过程，认真对待并全面回应当事人提出的意见主张，充分说明采纳或不采纳的理由依据，不得刻意回避或断然否定。少年庭在涉少裁判文书中附加诫勉语，使未成年人及其家属理解判决的结论及理由。

二是推行生效裁判文书上网。对可公开的已生效的一审、二审和执行中止或终结的裁判文书一律上网。在专门的裁判文书公开栏目，按照有关规定将各类裁判文书上网公布，并实现与“中国裁判文书网”对接，同时监督管理上网公布的文书数量、质量和信息安全等。比如：1月至9月，全院生效裁判文书上网数量共计11952篇，经审核不上网的文书数量共计1319篇。全院生效判决书上网率为99.54%，上网判决书共计5833篇。严格执行未成年犯前科免除报告制度，裁判文书上网、档案查阅均隐去未成年犯的姓名、住址、学习或工作地点等个人信息。

三是裁判文书附录法律条文。在所有裁判文书中附录作为裁判依据的相关法律条文，方便当事人和社会理解判决的理由及结论。

四是加强判后答疑工作。当事人申请判后答疑的，由作出判决的审判业务庭针对证据取舍、事实认定、法律适用等方面对当事人进行说明与解释。涉诉涉法的闹访案件，可采取与当事人所在社区、街道等组织沟通联系的方式，多渠道推动息诉罢访工作。

6. 审务公开

一是设立社会公众查阅电子诉讼档案服务平台。完善诉讼档案公开查询制度，方便当事人和诉讼代理人按照有关规定查阅和复印相关卷宗档案；完善诉讼档案电子化以及当事人和诉讼代理人远程异地查阅电子诉讼档案的服务平台，提供辖区法院及上海一中院诉讼档案的跨院审批以及就近查档的网络式服务。办公室相关实施细则已经上墙。

二是设立公众阅览室。免费提供法律书籍查阅服务，设立专用阅览座席，配备专职管理人员。比如：公众阅览室接待读者370余人次。

三是政策文件公开。向社会公开关于法院工作的方针、政策、各种规范性文件、非涉密司法统计数据及分析报告等。

四是设立法院公众开放日。2014年以来，办公室每季度开展“公众开放日”，共举行“公众开放日”活动8次300余名公众参加。公众可参观立案接待大厅、诉讼事务中心、法制长廊、二楼审判法庭、院史陈列馆、律师阅卷室、公众阅览室等。政治部、行政庭依托市委党校和组织部的培训基地，每年举办模拟庭审或庭审观摩不少于4次，旁听人员不少于200人次。

五是强化公开司法应对措施。办公室共发布《一中情况反映》5次，针对案件审理中的类案问题提出司法应对措施。

六是主动通报工作寻找改进空间。监察室每年主动邀请市人大代表、政协委员及特邀监督员进行座谈征询意见，向相关部门通报开展审判工作的情况并听取建议。

七是加大司法新闻宣传。办公室每年召开新闻通气会、新闻发布会、座谈会或研讨会，对本院的审判工作重大成果、社会关注的热点问题予以发布。加强与新闻媒体的联系和沟通，每年主动公布典型性案例。与媒体合办法制宣传栏目，每年固定栏目不少于2个。比如：办公室召开的“涉中国（上海）自由贸易试验区案件审判指引”新闻发布会，主动向社会公布典型案例20件。

八是加强审判经验总结。研究室总结出版上海一中院审判经验，展示调研成果的《审判前沿观察》，每年编辑出版2辑。按年度集中公布全院优秀案例。每年对外出版发行《上海市第一中级人民法院案例精选》，对外公布上海一中院精品案例100个。

九是加强网络宣传。进一步拓展官方网站和微博平台，完善微博信息的审核发布机制。加强舆情研判及应对机制，做好舆情处理和反馈工作。办公室以一中院新浪微博、腾讯微博、新民微博3个官微，一中英特网、法院网、公务网3个外网为载体，做好官方微博信息发布、外网信息更新等工作，并借中国法院网、上海法院网、新民网的网络庭审平台，把微博、网站、网络庭审三者结合，实时、立体、全方位互动，发布一中官方微博每天保持在10条以上，开通“小法槌”少年审判微信公众号。刑一庭今年下半年开庭审理的汉弗莱等非法获取公民个人信息案系全国首例在华外国人非法获取公民个人信息案，社会关注度极高，首次采用微博全程图文直播的方式对本案的庭审和当庭宣判情况进行直播，取得良好效果。

十是强化司法建议工作机制。各审判业务庭针对审判工作中发现的个案和类案问题，及时向有关单位提出司法建议，坚持发建议与听反馈并举，截止11月底，已经制发43期，反馈31期。各审判业务庭根据各庭自身情况，探索与行业主管部门等建立长效联动机制，针对一类问题邀请相关部门、单位进行研讨，并结合问题向有关部门或单位提出建议或意见。比如：刑一庭与市环保局、市禁毒办等单位建立长效联动机制，针对环境污染案件、毒品案件中出现的新问题、新形势进行研讨，并提出预防和惩处意见。刑二庭与银监局、海关缉私局等单位建立长效联动机制，针对金融犯罪案件、走私案件中出现的新问题进行及时沟通和研讨，并共同探讨预防和惩治意见。

十一是实行特邀监督员全程监督制度。监察室每年组织特邀监督员参加案件庭审旁听30人余次；参加信访窗口、院庭长接待60人余次。每年召开特邀监督员座谈会2次，通报上海一中院审判工作和队伍建设情况。为特邀监督员的工作提供便利，为每人配发适量法律专业书籍，将每季度全院主要工作情况和信息汇编成册予以印发等。

十二是实行司法公开工作检查制度。研究室、监察室每年对全院司法公开工作进行检查，及时查找发现问题，适时提出整改意见，并加强督促跟踪管理。对违反司法公开相关规定，损害当事人合法权益，造成不良后果的，由责任部门进行查处；对当事人和社会公众反映的违反司法公开规定的情况设专人进行核查并及时逐一反馈结果。

十三是畅通与不同阶层人员的互动渠道。通过举办适法统一法官沙龙、疑难问题研究小组等形式加强与高校专家学者的联系，推动审研互动，全院全年不少于6次。至今，上海一中院今年举行法官沙龙11次。研究室今年为复旦大学、华东政法大学、上海财经大学等高校开设法律课程：《审判实务》《庭审技巧》《判例技术》。各审判业务部门根据审判工作的具体情况，加强与公安、检察、司法、监狱、律师协会、仲裁机构、社会团体及相关行政主管部门等的沟通联系，认真听取上述单位对法院工作的意见和建议。

（三）基本落实的项目

检查中发现，司法公开100项措施中，基本落实的共有5项：

1. 第20项“对重大、热点案件，主动邀请人大代表、政协委员、律师、行业专家及公民代表等参与旁听”，部分审判庭因无重大、热点案件而未邀请人大代表、政协委员、律师、行业专家及公民代表等参与旁听。

2. 第34项“刑事案件开庭可依据法律规定，结合案件的实际情况，使用证人屏蔽作证系统，依法保护出庭作证的证人”，刑事审判庭表示将结合案件的实际情况，确定是否使用证人屏蔽作证系统，依法保护出庭作证的证人。

3. 第53项“在互联网站上开辟执行网上事务中心，在互联网站上开辟执行网上事务中心，设有执行公告、悬赏执行、执行指南、执行案件查询等栏目，每月更新2次；依法向社会公开执行案件的立案标准、执行依据、执行风险、执行规范、执行程序等有关执行的信息”，鉴于栏目设置更新需要执行局根据案件情况开展，更新程度次数不尽及时。

4. 第92项“探索与行业主管部门等建立长效联动机制，针对一类问题邀请相关部门、单位进行研讨，并结合问题向有关部门或单位提出建议或意见”，部门审判庭在自查时表示相关案件无需或者无法与行业主管部门建立长效联动机制。

5. 第100项“根据审判工作的具体情况，加强与公安、检察、司法、监狱、律师协会、仲裁机构、社会团体及相关行政主管部门等的沟通联系，认真听取上述单位对法院工作的意见和建议”，部门审判业务庭自查时表示在个案中相关行业部门有所沟通联系，建议整体的沟通联系，由院里统一出面。

（四）未落实的项目

检查中发现，上海一中院司法公开100项措施中，未落实共有2项：

1. 第55项“设立执行接待信息预告系统，接待时间、接待法官姓名在屏幕上滚动播放”，在检查中发现，由于执行法官变动情况较大，无法做到相应的预告。

2. 第58项“对疑难复杂案件或社会关注较高的执行案件，每年邀请市人大代表、社会团体组织等前往执行现场不少于2次，就执行程序是否规范、强制措施是否适当等进行现场监督”，执行局在自查中表示，未有适当的案件可以邀请市人大代表、社会组织现场监督。

三、上海一中院落实司法公开存在的问题

专项检查中发现，上海一中院在落实司法公开制度过程中，主要存在以下几类问题。

（一）司法公开意识不足

检查中发现，大部分庭室对司法公开有正确的认识，能够在工作中自觉执行司法公开各项制度，但也存在司法公开意识不足的问题，主要表现在：一是制度不够熟悉。个别审判业务庭不了解、不熟悉司法公开的各项规定，对一些司法公开措施未能真正理解吃透，导致部分措施落实情况有限。二是态度上有畏难心理。在填写司法公开自查表时，对于一些落实情况比较困难的项目，采取的不填或者回避问题的方式。

（二）司法公开制度有待完善

《司法公开全方位落实一百则》实施以来，公众对司法公开的落实有了新要求，对司法公开的评判有了新标准。应及时修订完善《司法公开全方位落实一百则》，对取得实效的措施，进一步细化完善；对不能满足现实需要的措施，进一步优化调整。

根据各部门的意见，《司法公开全方位落实一百则》在以下几方面有待完善：一是不符合现实需要的措施要整合。第4条的1200热线已并入12368平

台，立案庭建议，对本条进行修改；第17条规定的公开财务审计信息的情况不多。立案庭建议，对本条列举的公开信息内容进行调整。第55条“设立执行接待信息预告系统，接待时间、接待法官姓名在屏幕上滚动播放”，执行局的法官经常外调、出差，接待时间较难固定。执行局建议，根据实践情况调整本条规定。二是部分措施的责任部门要调整。第35条“刑事二审案件推行远程审判方式，全院每年不少于300件”，审监庭表示该庭审理减刑假释案件的地点一般在外地监狱，较难开展远程审判，建议调整本条规定的责任部门。第100条“根据审判工作的具体情况，加强与公安、检察、司法、监狱、律师协会、仲裁机构、社会团体及相关行政主管部门等的沟通联系，认真听取上述单位对法院工作的意见和建议”，民二庭、刑一庭、少年庭、审监庭认为，实践中，业务庭主要就具体案件与部分单位进行沟通，其他性质的沟通交流主要由上海一中院统一安排。建议调整本条规定的责任部门。三是部分司法公开工作要与最高人民法院对司法公开的措施的工作要求一致。执行局表示最高人民法院在今年9月印发了《关于人民法院执行流程公开的若干意见》的通知，建议上海一中院司法公开工作要与此契合。

（三）配套工作机制不到位

检查发现，部分司法公开措施缺乏配套支持，导致措施效果无法准确评估。一是工作记录不到位。有的司法公开措施虽已执行到位，但缺少相应的工作记录制度，导致无法有效计算工作量、无法准确评估工作效果。有些审判业务庭对司法公开工作的具体工作能够完成，但是却无法提供相应的具体指标。二是工作协同不充分。有的司法公开措施需要多个部门协同完成，如完成相关的探索与行业主管部门等建立长效联动机制或者加强与公安、检察、司法、监狱、律师协会、仲裁机构、社会团体及相关行政主管部门等的沟通联系，单靠一个审判审判庭无法完成相应工作，从而影响司法公开效果。

（四）司法队伍建设不充分

部分庭室反映，有的岗位人员配备不到位，影响了司法公开措施的效果。一是青年法官处理信访能力不足。上海一中院青年法官的年龄标准为35岁，青年法官队伍结构每年都可能发生变化。在实践中，青年法官主要负责为公众进行法律释明、个案答疑，一般无法单独处理群访、闹访、缠访等突发事件。二是12368平台工作人员不足。上海一中院12368平台工作人员较少，若不强化平台人力资源保障，无法实现工作期间人员的正常轮换。三是陪审员作用有限。各审判业务庭普遍反映，一审案件都有陪审员，但未发能发挥出作用，专业性不够强，经常参加类型案件审理的陪审员，能够主动明确地表达个人意见，而不经常参与类型案件审理的陪审员，一般无法有效表达观点，建议使陪审员更多地参与纠纷调解撤诉工作。

（五）办公硬件条件有待提高

部分庭室反映，有的岗位办公设备不充足、办公条件较简陋，客观影响了工作开展。一是上海一中院技术端口无法与高院对接。上海一中院官方网站的端口与高院官方网站的端口衔接不紧密，当事人在上海一中院网站“在线诉讼服务平台”登记的“联系法官”信息可直接显示在相关案件承办人的电脑系统中，而当事人在高院网站登记的“联系法官”信息无法直接显示在承办人的电脑系统中，需由立案庭收集相关信息后，再提示承办人。二是工作补助较低。高院向12368平台工作人员每月每人发放津贴1000元，上海一中院津贴水平低于高院。

四、进一步完善上海一中院司法公开工作的建议

根据上海一中院司法公开的基本情况、主要问题，专项检查组认为，需要通过采取以下措施，进一步推动上海一中院司法公开工作质效。

1.修订《司法公开全方位落实一百则》，形成工作要点

《司法公开全方位落实一百则》的部分内容已落后于司法实践，亟待修订。专项检查组对上海一中院司法公开进行评估后，研究室修订了《司法公开全方位落实一百则》。一是完善原有规定。对表述不规范的措施，改写提炼；对不符合司法实践需要的措施，调整优化；对未明确工作指标的措施，细化明确；对责任部门不明确的措施，重新理顺，设立牵头部门，保证各项措施规定明确、可操作性强。二是形成工作要点。根据最高人民法院司法公开的规定，结合各部门在实践中拓展的新举措和形成的成熟经验，形成了一些明年的工作要点。三是落实责任机制。明确司法公开措施的责任部门和牵头部门，协同落实司法公开工作。

2.充分发挥新兴媒体作用，加强网络平台建设

上海一中院的官方网站和微博，在传递工作信息、引导社会舆论、提供司法服务等方面起到了积极的作用。要继续顺应社会发展形势，加强人力物力支持，建设好网站、微博等信息平台，巩固司法公开的网络阵地。一是强

化信息平台的发布功能。提高信息平台的易用性，提高信息的更新频率，保证公开信息的充实性和严肃性，特别是信息的更新程度予以加强；二是强化信息平台的交流功能。利用网络平台与社会公众开展双向交流，接受公众的合理批评，吸收公众的意见建议。三是强化信息平台的服务功能。加大技术投入与保障力度，完善在线诉讼服务平台和执行在线平台，方便当事人参加诉讼、行使权利，增加微信工作号服务。

3. 进一步提升立案公开程度

继续加强立案工作软硬件建设，创新工作机制，不断提升立案公开水平。一是适当增加人员力量。12368平台工作量较大，人员素质要求较高，但目前工作人员较少，不能完全满足工作需要。可以根据实际情况，合理配备人员力量；强化对人员的持续培训，帮助提升工作技能；其他部门也要加强对诉讼事务中心工作的支持，共同为当事人提供便民服务。二是立案符合最新政策规定。根据十八届四中全会要求，我国立案审查制变为立案登记制，上海一中院立案庭做到有诉必理，有案必立，有状必登，诉状收受后，在七日内根据各案件的类型及相关要求，作出受理、要求补正或不予受理的决定。三是发挥多元化调解机制效能。继续探索多元化调解机制的功能定位，充分发挥ADR商事调解中心等多种调解机制的作用。四是完善信访接待机制。建立专业化信访接待队伍，建立信访案件及时记录与回馈制度，及时向当事人发放司法公开告知书、廉政回访卡、ADR商事调解书等材料，并积极回收当事人意见。调整青年法官队伍，强化信访能力锻炼。五是增强高中院网络对接。通过与高院技术沟通，建立当事人在高院网站登记的"联系法官"信息后直接显示在上海一中院承办人的电脑系统中，提升工作效率。

4. 进一步推进审判流程公开

审判流程公开是建立在庭审公开基础上的公开，是司法公开的核心内容之一。(1) 完善庭审过程中的司法便民措施。设立当事人候审区、律师休息室、检察官休息室。(2) 公开审判委员会成员的基本情况，依法保障当事人申请回避的权利。(3) 增强信息化手段在庭审公开中的作用。在案件审理过程中，所有案件均以手机短信、电子邮件等渠道，将案件审判流程节点信息，案件进展状态及有关材料向当事人及委托代理人公开。建设标准数字化法庭，所有审判法庭均配备同步录音、录像功能，每个庭审案件都有庭审光盘附卷。经合议庭同意，当事人可以获取该光盘。(4) 提升陪审员素养。加强对陪审员的业务培训，根据不同庭室的案件特点和情况，帮助陪审员了解基本法律知识、掌握基本法律技能，提升陪审员的综合业务素养。

5．进一步强化执行公开

执行公开是上海一中院司法公开工作需要强化的方面。根据最高人民法院的《关于人民法院执行流程公开的若干意见》的通知，全面完善上海一中院执行公开的措施，以公开透明、严谨细致的工作逐步消除当事人“执行难”的疑虑。一是执行进程全面公开。执行局在向案件当事人及委托代理人送达案件受理通知书、执行通知书、追加或变更当事人、委托代理人时，应当告知案件流程进展查询、接受电子送达执行文书的方法，并做好宣传、咨询服务等工作。执行组询问当事人、执行听证和开展重大执行活动时进行录音录像。执行活动结束后，该录音录像应当向当事人及委托人公开。当事人及委托代理人申请查阅录音录像的，经核对当事人、委托代理人身份信息后，及时提供查阅。二是用科技手段公开执行信息。建立电话语音系统，在立案大厅或信访接待等场所设立电子触摸屏，供案件当事人和委托代理人以及社会公众查阅有关执行公开事项。案件当事人、委托代理人可凭有效证件号码或组织机构代码、手机号码以及执行法院提供的查询码、密码，通过执行流程信息公开模块、电话语音系统、电子公告屏和触摸屏、手机应用客户端、法院微博、法院微信公众号等多种载体，查询、下载有关执行流程信息、材料等。三是完善网上执行平台。对执行裁定书、决定书以外的程序性执行文书，经当事人及委托代理人同意，通过执行流程信息公开模块，向当事人及诉讼代理人提供电子送达服务。当事人可以通过执行流程信息公开模块签收上海一中院电子送达的各类执行文书，并在下载或查阅上述电子执行文书时，自动生成送达回证，记录受送达人下载文书的名称、下载时间、IP等，并将送达回证归入电子卷宗。执行机构书记员负责跟踪受送达人接受电子送达的情况，提醒、指导受送达人及时下载、查阅电子送达的执行文书。执行组通过网上办案，自动生成执行案件电子卷宗。电子卷宗正卷向当事人及委托代理人公开。当事人及委托代理人申请查阅电子卷宗的，经核对当事人、委托代理人身份信息后，及时提供查阅。

以上是本次司法公开专项检查工作的主要情况，特此报告。

司法公开工作专项检查组

二〇一四年十二月十四日

2015年上海一中院司法公开工作要点

一、立案公开

(1) 窗口立案、公开排期，做到有诉必理，有案必立，有状必登。

(2) 及时向当事人发放司法公开告知书、廉政回访卡、ADR商事调解书等材料，并积极回收当事人意见。

(3) 建立专业化的信访接待队伍，建立信访案件及时记录与回馈机制。

二、审判流程公开

(1) 设立当事人候审区、律师休息室、检察官休息室。

(2) 公开审判委员会成员的基本情况，依法保障当事人申请回避的权利。

(3) 在案件审理过程中，所有案件均以手机短信、电子邮件等渠道，将案件审判流程节点信息，案件进展状态及有关材料向当事人及委托代理人公开。

(4) 建设标准数字化法庭，所有审判法庭均配备同步录音、录像功能，每个庭审案件都有庭审光盘附卷。经合议庭同意，当事人可以获取该光盘。

三、执行公开

(1) 执行组询问当事人、执行听证和开展重大执行活动时进行录音录像。执行活动结束后，该录音录像向当事人及委托人公开。

(2) 案件当事人、委托代理人可凭有效证件号码或组织机构代码、手机号码以及执行法院提供的查询码、密码，通过执行流程信息公开模块、电话语音系统、电子公告屏和触摸屏、手机应用客户端、法院微博、法院微信公众号等多种载体，查询、下载有关执行流程信息、材料等。

(3) 对执行裁定书、决定书以外的程序性执行文书，经当事人及委托代理人同意，通过执行流程信息公开模块，向当事人及诉讼代理人提供电子送达服务。

（4）执行组通过网上办案，自动生成执行案件电子卷宗。电子卷宗正卷向当事人及委托代理人公开。

（5）对执行申诉信访、执行督促、执行监督等案件的立案时间、案件承办法官和合议庭其他组成人员以及书记员的姓名、办公电话、案件处理意见、结案时间等信息予以公开。

司法公开全方位落实一百则修订说明

研究室经征求全院审判业务庭，综合部门的意见，对上海一中院《司法公开全方位落实一百则》进行了修订，其中共修订了26条，增加7条，归并7条，重新形成上海一中院新的司法公开全方位落实一百则（2015年版）。

司法公开全方位落实一百则修订说明、新旧对照表

类别	公开举措	具体做法	公开范围	牵头部门	责任部门
前言	为贯彻落实党的群众路线教育实践活动的有关精神，进一步扩大司法公开的范围，拓宽司法公开的渠道，实现依法公开、及时公开、全面公开，加强对司法公开工作的跟踪和监督，提高司法公开水平，规范司法行为，促进司法公正，结合本院工作实际，制定本规则。				
修正	为贯彻落实党的十八届四中全会精神，构建开放、动态、透明、便民的阳光司法机制，进一步扩大司法公开的范围，拓宽司法公开的渠道，实现依法公开、及时公开、全面公开，加强对司法公开工作的跟踪和监督，提高司法公开水平，规范司法行为，促进司法公正，结合本院工作实际，制定本规则。				
立案公开	设立“一站式”立案大厅	（1）通过设立公告牌、电子触摸屏、多媒体视频、法院网站及现场纸媒等载体，依法公开各类案件的立案条件、立案流程、诉讼法律文书样式、诉讼费用标准、缓减免交诉讼费程序和条件、当事人的权利义务、诉讼和执行风险提示，以及可供选择的诉讼外纠纷解决方式等内容。	社会	立案庭	办公室

续表

类别	公开举措	具体做法	公开范围	牵头部门	责任部门
立案公开	设立“一站式”立案大厅	(2) 立案大厅设立农业银行收费服务点，方便当事人缴纳诉讼费；设立休息等候区并配备通讯、复印等设备，方便当事人办理立案事务。	社会	立案庭	办公室
	设立诉讼事务中心	(3) 完善“诉讼事务中心”导诉、咨询、立案、查询、调解、接访、司法救助、判后答疑、司法辅助工作管理、法律咨询等功能；设置专职导诉人员，落实首问负责、一次性全面告知制度，减轻当事人诉累，保障当事人诉权。	社会	立案庭	
		(4) 专设1200热线电话，解答群众来电；协助做好全市法院统一的12368诉讼服务热线平台建设。	社会	立案庭	
		修正：删除“专设1200热线电话，解答群众来电”	社会	立案庭	
	设立在线诉讼服务平台	(5) 发挥“在线诉讼服务平台”资料下载、材料收转、网上立案、文书送达、联系法官、办案进度查询等功能，进一步加强面向社会公众的“一站式”在线诉讼服务系统的建设。	社会	立案庭	
	加强立案释明工作	(6) 实行窗口立案、公开排期制度，对于材料齐全且符合立案条件的，立案法官当场予以立案，并于立案当日排期开庭；对于符合立案条件但材料不齐全的，以通俗的语言向当事人说明立案要求，严格落实“一次告知、两次立案”，避免其多次往返法院。	社会	立案庭	

续表

类别	公开举措	具体做法	公开范围	牵头部门	责任部门
立案公开	加强立案释明工作	修正：实行窗口立案、公开排期制度，做到有诉必理，有案必立，有状必登，诉状收受后，在七日内根据各案件的类型及相关要求，作出受理、要求补正或不予受理的决定。立案人员在立案阶段对申请立案的当事人以口头谈话、书面通知、网络等多种方式进行释明指导工作。对不方便来院立案的当事人启动绿色通道上门立案。	社会	立案庭	
		增加一条：及时向当事人发放司法公开告知书、廉政回访卡、ADR 商事调解书等材料，并积极回收当事人意见。	当事人	立案庭	监察室
		(7) 将电脑自动分案系统推行至全部民、商事二审案件。	当事人	立案庭	监察室、审管办、办公室
		(8) 对不予立案的情形，除法律有特殊规定以外，一审案件在材料齐全之日起 7 日内向当事人出具信函告知、书面裁定等，及时做好立案释明工作。	当事人	立案庭	
		删除归并			
		(9) 对不方便来院立案的当事人启动绿色通道上门立案。	当事人	立案庭	
		删除归并			
		(10) 开通“院长在线”，每个月第二、四周的周四下午，安排一位院长在线提供法律咨询、听取意见和建议，对当事人提出的合理诉求登记备案，明确承办部门和办理期限。	社会	立案庭	

续表

类别	公开举措	具体做法	公开范围	牵头部门	责任部门
立案公开	建立来信来访接待机制	(11) 处理以院领导为收件人的信件时，应确定信件主办责任人，在3个工作日内作出程序性告知，并在办理完结后的3个工作日内作出结果反馈性告知。	社会	立案庭	
		(12) 在信访接待室开设“法律援助”窗口，由上海市法律援助中心指派有经验的律师进行窗口接待，并做好登记管理工作。	社会	立案庭	
		(13) 在信访窗口设立青年法官服务岗，全院35周岁以下的青年法官每日一人、轮流上岗，为来访群众进行法律释明、个案答疑，积极协助信访办工作人员处理群访、闹访、缠访等突发事件。	社会	立案庭	
		修正：在信访窗口设立青年法官服务岗，全院35周岁以下的青年法官每日一人、轮流上岗，为来访群众进行法律释明、个案答疑，积极协助信访办处理信访事件。	社会	立案庭	
		增加一条：建立专业化的信访接待队伍，建立信访案件及时记录与回馈机制。	社会	立案庭	
	建立立案工作协作联动机制	(14) 建立辖区法院立案督办机制，对于当事人反映辖区法院不予立案的情形，经审查认为符合立案条件的，应在3个工作日内向辖区法院发送《督办函》。	当事人	立案庭	
		(15) 建立辖区法院立案巡查制度，每季度指派立案工作经验丰富的法官前往辖区法院进行指导。	当事人	立案庭	
		(16) 建立立案联动制度，对执法不统一的案件，通过条线联动及时予以协调解决。	当事人	立案庭	

续表

<table>
<tr><th>类别</th><th>公开举措</th><th>具体做法</th><th>公开范围</th><th>牵头部门</th><th>责任部门</th></tr>
<tr><td rowspan="3">立案公开</td><td rowspan="3">实现“委托社会机构从事司法辅助工作”过程全公开</td><td>(17) 通过全市法院统一网站公开财务审计、工程审计、资产评估、房地产评估、拍卖等司法委托工作信息。</td><td>社会</td><td colspan="2">立案庭</td></tr>
<tr><td>修正：删除“财务审计”</td><td>社会</td><td colspan="2">立案庭</td></tr>
<tr><td>(18) 诉讼事务中心配备专人，每季度对超过规定期限未审结的委托案件进行原因分析并及时予以催办。</td><td>社会</td><td colspan="2">立案庭</td></tr>
<tr><td rowspan="6">庭审公开</td><td rowspan="6">为群众旁听庭审提供便利</td><td>(19) 允许当事人的亲属、媒体记者和公众旁听依法公开审理的案件；设立旁听证发放处，公民可凭身份证等有效证件办理旁听证。</td><td>社会</td><td colspan="2">法警支队</td></tr>
<tr><td>(20) 对重大、热点案件，主动邀请人大代表、政协委员、律师、行业专家及公民代表等参与旁听。旁听方式可根据情况安排现场旁听，也可通过庭审视频等方式让媒体和公众了解庭审实况。</td><td>社会</td><td colspan="2">办公室、审判业务庭、监察室</td></tr>
<tr><td>修正：主动邀请人大代表、政协委员、律师、行业专家及公民代表等参与旁听案件，每个审判业务庭每年不少于2次。旁听方式可根据情况安排现场旁听，也可通过庭审视频等方式让媒体和公众了解庭审实况。</td><td>社会</td><td>办公室</td><td>审判业务庭、监察室</td></tr>
<tr><td>(21) 通过网站、户外大屏幕以及院内楼层屏幕向社会公告每周及每日案件开庭信息，包括庭审案件的案号、案由、审判长姓名等内容。</td><td>社会</td><td colspan="2">办公室</td></tr>
<tr><td>(22) 在审判大厅悬挂法庭示意图，设置安检设备和物品寄存柜。</td><td>社会</td><td colspan="2">办公室</td></tr>
<tr><td>修正：在审判大厅悬挂法庭示意图，设置安检设备和物品寄存柜。设立当事人候审区、律师休息室、检察官休息室。</td><td>社会</td><td colspan="2">办公室</td></tr>
</table>

续表

类别	公开举措	具体做法	公开范围	牵头部门	责任部门
庭审公开	加大案件审理公开力度	(23) 依法对所有一审案件开庭审理，二审案件除简易案件外开庭率达到50%以上。	社会	审管办、审判业务庭	
		修正：对依法可以公开审理的一审案件开庭审理，二审案件除简易案件外开庭率达到50%以上。	社会	审管办	审判业务庭
		(24) 所有定案证据必须依法在法庭上公开质证，能当庭认证的，应当庭认证，未经公开质证的证据，不得作为认定案件事实的依据；除法律、司法解释规定可以不出庭的情形外，对当事人提出异议的证人证言、鉴定意见，或证人证言、鉴定意见对案件有重大影响，或合议庭认为有必要的，应通知证人、鉴定人出庭作证。	社会	审判业务庭	
		(25) 公开合议庭成员的基本情况，依法保障当事人申请回避的权利。	当事人	审判业务庭	
		修正：公开合议庭成员、审判委员会成员的基本情况，依法保障当事人申请回避的权利。	当事人	修正：审管办	审判业务庭
		(26) 合议庭应将管辖权异议、申请回避的处理结果及时告知当事人；案件未能在法定期限内审结，需要延长审限的，应将有关情况及时告知当事人；依法中止诉讼的，应将有关法律文书及时送达当事人。	当事人	审判业务庭	
		(27) 对公开审理或者不公开审理的案件，应公开宣告判决，或在征得当事人同意后向其邮寄送达裁判文书。	社会	审管办	审判业务庭

续表

类别	公开举措	具体做法	公开范围	牵头部门	责任部门
庭审公开	加大案件审理公开力度	(28)因罪犯有重大立功表现提请减刑的，提请减刑的起始时间、间隔时间或者减刑幅度不符合一般规定的，在社会上有重大影响或社会关注度高的，公示期间收到投诉意见的，人民检察院有异议的减刑假释案件一律公开开庭审理。	全体服刑人员	审监庭、少年庭	
		修正：删除“公示期间收到投诉意见的，人民检察院有异议的” 因罪犯有重大立功表现提请减刑的，提请减刑的起始时间、间隔时间或者减刑幅度不符合一般规定的，在社会上有重大影响或社会关注度高的减刑假释案件一律公开开庭审理。	全体服刑人员	审监庭、少年庭	
		(29)对职务犯罪案件和危害国家安全、严重危害公共安全、严重暴力犯罪案件、有较大社会影响案件的被告人，以及黑社会性质组织的领导者、组织者和骨干分子、犯罪集团的首要分子和主犯进行减刑、假释时，一般应进行公开开庭审理。	当事人	审监庭	
		修正：对职务犯罪罪犯、黑社会性质组织的犯罪罪犯、破坏金融管理秩序和金融诈骗犯罪罪犯进行减刑、假释时，一般应进行公开开庭审理。	当事人	审监庭	
		(30)减刑假释案件一律实行裁前公示，将罪犯个人情况、服刑改造情况以及减刑假释依据等内容进行公示。	全体服刑人员	审监庭	
		(31)对检察机关与刑罚执行机关持有不同意见，或者公示期间受到投诉举报的减刑假释案件应公开开庭审理。	全体服刑人员	审监庭	
		修正：对检察机关与刑罚执行机关持有不同意见，或者公示期间收到不同意见的减刑假释案件应公开开庭审理。	全体服刑人员	审监庭	

续表

类别	公开举措	具体做法	公开范围	牵头部门	责任部门
庭审公开	搭建信息化庭审公开平台	增加一条：当事人可以凭密码自行登录“中国审判流程信息公开网”或本院因特网，查询案件相关审判流程信息。在案件审理过程中，所有案件均应以手机短信、电子邮件等渠道，将案件审判流程节点信息，案件进展状态及有关材料向当事人及委托代理人公开。	当事人	审管办	办公室、审判业务庭
		(32) 建设标准数字化法庭，所有审判法庭均配备同步录音、录像功能，每个庭审案件都有庭审光盘附卷。	当事人	办公室	
		修正：建设标准数字化法庭，所有审判法庭均配备同步录音、录像功能，每个庭审案件都有庭审光盘附卷。经合议庭同意，当事人可以获取该光盘。	当事人	办公室	审判业务庭
		(33) 全院每年庭审网络直播不少于70次。	社会	办公室	
		修正：全院每年庭审网络直播不少于70次，视频直播不少于52次。	社会	办公室	
		(34) 刑事案件开庭可依据法律规定，结合案件的实际情况，使用证人屏蔽作证系统，依法保护出庭作证的证人。	社会	刑一庭、刑二庭、少年庭	
		(35) 刑事二审案件推行远程审判方式，全院每年不少于300件。	社会	少年庭、刑一庭、刑二庭、审监庭	
				修正：刑一庭、刑二庭、少年庭	

续表

类别	公开举措	具体做法	公开范围	牵头部门	责任部门
庭审公开	群众参与纠纷解决	(36) 充分发挥人民陪审员参与案件审判、监督审判活动、联系人民群众的重要作用。	社会	审管办	审判业务庭、
		(37) 审理专业案件指定人民陪审员时，应结合其专业知识背景予以合理分配。	社会	立案庭	
		(38) 积极完善多元调解机制，努力化解矛盾纠纷。配备调解人员不少于4人，每年调解案件不少于200件；增强调解工作的透明度，诉调案件一律纳入流程管理，将调解范围、调解人员的姓名、调解时限及调解进展等信息予以公开。	社会	立案庭	
	审判公开延伸	(39) 对于被判处缓刑的未成年犯，邀请其所在地或暂住地社工旁听宣判及参加法庭教育。	社会	少年庭	
		修正：对于被判处缓刑的未成年犯，邀请其所在地或暂住地社工旁听宣判及参加法庭教育。对于被判处监禁刑的未成年犯应延伸法庭教育，入监后回访帮教。	社会	少年庭	
		(40) 对于被判处监禁刑的未成年犯应延伸法庭教育，入监后回访帮教。	社会	少年庭	
		删除归并39条			
		(41) 依托“上海市青少年法制教育活动基地”，每年给对口学校上法制辅导课不少于4次，组织开展模拟法庭，组织暑期青少年法制夏令营活动等不少于3次。	社会	少年庭	

续表

类别	公开举措	具体做法	公开范围	牵头部门	责任部门
庭审公开	审判公开延伸	修正：合并4（1）7（9）81条：依托“上海市青少年法制教育活动基地”，每年开展青少年法制教育实践活动不少于2次，给对口学校上法制辅导课不少于4次，组织暑期青少年法制夏令营活动等不少于3次，每年向青少年开放不少于4次。	社会	少年庭	政治部
		(42) 积极依靠社区矫治组织，跟踪帮教被判处非监禁刑和被假释的未成年犯，建立与帮教小组的工作联系制度，加强动态管理，积极探索监督教育机制。	社会	少年庭	
		(43) 建立与监所、未成年人犯管教所工作联系制度，坚持对服刑未成年犯的回访帮教制度，并在监所、管教所内设立法官信箱，建立与服刑人员的沟通渠道，引导罪犯积极改造。	社会	少年庭、审监庭	
				修正：少年庭	
执行公开	执行措施公开	(44) 应及时将执行中的重大进展通知当事人和利害关系人，采取查封、扣押、冻结、划拨等重大执行措施后，5个工作日内向当事人发放通知书，告知查封控制财产的具体内容、查封期限、到期申请续封等事项。	当事人	执行局	
		修正：采取查询、查封、冻结、扣划、扣押等执行措施与采取司法拘留、罚款、拘传、搜查以及限制出境、限制高消费、纳入失信被执行人名单库等强制措施后，5个工作日内向当事人发放通知书，告知相关事项。	当事人	执行局	

续表

类别	公开举措	具体做法	公开范围	牵头部门	责任部门
执行公开	执行措施公开	(45) 当事人对评估报告提出异议的，应当通知评估机构在10日内作出说明或补正，必要时可组织评估机构及异议人进行听证。	当事人	执行局	
		(46) 在拍卖动产7日前或拍卖不动产15日前在指定报刊及网上进行公告。	社会	执行局	
		修正：执行财产处置信息，包括委托评估、拍卖、变卖、以物抵债等信息按照动产7日前或拍卖不动产15日前在指定报刊及网上进行公告。	社会	执行局	
	执行进程公开	增加一条：执行局在向案件当事人及委托代理人送达案件受理通知书、执行通知书、追加或变更当事人、委托代理人时，应当告知案件流程进展查询、接受电子送达执行文书的方法，并做好宣传、咨询服务等工作。对暂缓执行、中止执行、委托执行、指定执行、提级执行、执行和解、执行实施结案信息、执行期限或审查期限及其变更情况、执行和解信息及时通知当事人。	当事人	执行局	
		(47) 应及时告知当事人执行款项的收取发放、执行标的物的保管、评估、拍卖、变卖中的重点环节和重点事项。	当事人	执行局	
		(48) 执行组配备“移动单体办案系统”，对有重大影响或群体性案件等实施摄录动态取证。	当事人	执行局、办公室	

续表

类别	公开举措	具体做法	公开范围	牵头部门	责任部门
执行公开	执行进程公开	修正：执行组询问当事人、执行听证和开展重大执行活动时应当录音录像。执行活动结束后，该录音录像应当向当事人及委托人公开。当事人及委托代理人申请查阅录音录像的，经核对当事人、委托代理人身份信息后，及时提供查阅。	当事人	执行局	办公室
	执行信息公开	增加一条：除执行请示、执行协调案件外，执行组对受理各类执行案件应当及时向案件当事人及委托代理人预留的手机号码，自动推送短信，提示案件流程进展情况，提醒案件当事人及委托代理人及时接受电子送达的执行文书。	当事人	执行局	
		增加一条：建立电话语音系统，在立案大厅或信访接待等场所设立电子触摸屏，供案件当事人和委托代理人以及社会公众查阅有关执行公开事项。	当事人	执行局	办公室、立案庭
		(49) 当事人可以凭密码自行登录执行事务中心网上辅助系统查询相关执行信息和执行内容。	当事人	执行局	
		修正：案件当事人、委托代理人可凭有效证件号码或组织机构代码、手机号码以及执行法院提供的查询码、密码，通过执行流程信息公开模块、电话语音系统、电子公告屏和触摸屏、手机应用客户端、法院微博、法院微信公众号等多种载体，查询、下载有关执行流程信息、材料等。	当事人	执行局	办公室
		(50) 公开有能力履行但拒不履行生效法律文书的被执行人信息，对未能履行的被执行人可实施限制出境、限制高消费等措施，并在网络上公开。	社会	执行局	

续表

类别	公开举措	具体做法	公开范围	牵头部门	责任部门
执行公开	执行信息公开	(51) 对去向不明的被执行人，在报刊和网络上公告送达执行通知以及评估拍卖的相关事宜。	社会	执行局	
		(52) 当事人向法院申请要求参与财产分配，经审查符合法律规定的，应当制作参与分配方案，并送达当事人。	当事人	执行局	
		修正：当事人向法院申请要求参与债权分配和执行款收付的，经审查符合法律规定的，应当向当事人告知债权参与分配方案、债权分配方案异议、债权分配方案修改、执行款进入法院执行专用账户、执行款划付等信息。	当事人	执行局	
		增加一条：对执行裁定书、决定书以外的程序性执行文书，经当事人及委托代理人同意，通过执行流程信息公开模块，向当事人及诉讼代理人提供电子送达服务。当事人可以通过执行流程信息公开模块签收上海一中院电子送达的各类执行文书，并在下载或查阅上述电子执行文书时，自动生成送达回证，记录受送达人下载文书的名称、下载时间、IP 等，并将送达回证归入电子卷宗。执行机构书记员负责跟踪受送达人接受电子送达的情况，提醒、指导受送达人及时下载、查阅电子送达的执行文书。	当事人	执行局	办公室
		增加一条：执行组通过网上办案，自动生成执行案件电子卷宗。电子卷宗正卷应当向当事人及委托代理人公开。当事人及委托代理人申请查阅电子卷宗的，经核对当事人、委托代理人身份信息后，及时提供查阅。	当事人	执行局	办公室

续表

类别	公开举措	具体做法	公开范围	牵头部门	责任部门
执行公开	建设执行网上平台	(53) 在互联网站上开辟执行网上事务中心，设有执行公告、悬赏执行、执行指南、执行案件查询等栏目，每月更新2次；依法向社会公开执行案件的立案标准、执行依据、执行风险、执行规范、执行程序等有关执行的信息。	社会	执行局、办公室	
		修正：在互联网站上开辟执行网上事务中心，设有执行公告、悬赏执行、执行指南、执行案件查询等栏目，每月更新2次；在本院门户网站（政务网）下设的审判流程信息公开网上建立具有双向互动功能的查询执行流程信息模块，当事人可向案件承办人留言并于次日自动导入网上办案平台，执行案件承办人可通过网上办案平台对留言进行回复。依法向社会公开向社会公众公开执行流程、执行裁判文书、执行信息公开范围和查询方法等执行公开指南信息、执行案件的立案标准、执行依据、执行风险、执行流程、执行文书样式、收费标准、执行费缓减免交的条件和程序、执行规范等有关执行的信息和评估、拍卖及其他社会中介入选机构名册信息、司法解释、指导性案例、执行业务文件等。	社会	执行局	办公室
	执行事务中心	(54) 完善执行事务中心咨询、查询、接访、执行事务办理等功能，并落实“首接责任制”。	社会	执行局	
		(55) 设立执行接待信息预告系统，接待时间、接待法官姓名在屏幕上滚动播放。	当事人	执行局	办公室

续表

类别	公开举措	具体做法	公开范围	牵头部门	责任部门
执行公开	执行事务中心	(56) 每周三下午为固定的执行信访接待日，由庭长、审判长轮流听取案件当事人的反映和要求。	当事人	执行局	
	监督途径公开	增加一条：对执行申诉信访、执行督促、执行监督等案件的立案时间、案件承办法官和合议庭其他组成人员以及书记员的姓名、办公电话、案件处理意见、结案时间等信息予以公开。	当事人	执行局	
		(57) 每年邀请市人大代表、政协委员、民主党派人士等旁听执行裁决听证会不少于2次。	社会	监察室 执行局	
		删除归并58条			
		(58) 对疑难复杂案件或社会关注较高的执行案件，每年邀请市人大代表、社会团体组织等前往执行现场不少于2次，就执行程序是否规范、强制措施是否适当等进行现场监督。	社会	执行局	监察室
		修正：每年邀请市人大代表、政协委员、民主党派人士等旁听执行裁决听证会不少于2次。对疑难复杂案件或社会关注较高的执行案件，每年邀请市人大代表、社会团体组织等前往执行现场不少于2次，就执行程序是否规范、强制措施是否适当等进行现场监督。	社会	执行局	监察室
	执行案件回访	(59) 由执行局领导会同监察室纪检人员每年2次随机抽取不少于20件案件对当事人进行回访，听取当事人对执行人员贯彻执行公开制度等各项规定的意见。	当事人	执行局	监察室

续表

类别	公开举措	具体做法	公开范围	牵头部门	责任部门
听证公开	全面推进相关案件听证工作	(60) 对申请再审案件应当实行公开听证，对本院生效的案件组成合议庭听证，对符合条件的案件推行“3+1”听证模式，邀请特邀监督员共同进行听证；刑事申诉审查案件推行“监所听证”或采用方便当事人的方式进行。	当事人	申诉审查庭	
		修正：对申请再审案件应当实行公开听证，对本院生效的民事案件组成合议庭听证，对符合条件的案件推行“3+1”听证模式，邀请特邀监督员共同进行听证；刑事申诉审查案件推行“监所听证”或采用方便当事人的方式进行。	当事人	申诉审查庭	
		(61) 对涉法涉诉信访疑难案件实行公开听证。	当事人	立案庭	
		(62) 对司法赔偿案件实行公开听证。	当事人	国家赔偿委员会	
		(63) 对执行程序中的案外人异议、不予执行的申请，和其他变更、追加被执行主体、多个债权人申请参与分配，以及法院认为有必要听证的重大事项，均公开听证。	当事人	执行局	
		修正：(63) 对执行程序中的执行异议、执行复议、案外人异议、不予执行的申请，和其他执行主体变更、追加被执行主体、多个债权人申请参与分配，以及法院认为有必要听证的重大事项，均公开听证，并及时告知当事人执行听证时间、地点、相关案件的立案时间、合议庭成员及书记员的姓名和办公电话、执行裁决、结案时间等信息。	当事人	执行局	

续表

类别	公开举措	具体做法	公开范围	牵头部门	责任部门
听证公开	完善相关案件的听证程序	(64) 公开听证参照庭审公开的有关规定，公告听证事由、时间地点、听证人员及听证参加人的权利义务等，旁听听证的程序参照旁听庭审的程序。	当事人	立案庭、申诉审查庭、国家赔偿委员会、执行局	
文书公开	扩大文书公开范围	修正：组成合议庭公开听证的，参照庭审公开的有关规定，公告听证事由、时间地点、听证人员及听证参加人的权利义务等，旁听听证的程序参照旁听庭审的程序。	当事人	立案庭	申诉审查庭、国家赔偿委员会、执行局
		(65) 诉讼程序公开，立案时间、开庭时间、重大程序事项的变更、管辖权异议、审限延长、回避申请的决定等全部公开。	当事人	审判业务庭	
		(66) 诉辩意见公开，全面、公正地归纳当事人的诉辩意见。	当事人	审判业务庭	
		(67) 当事人对证据有异议的，举证、质证、认证内容公开，客观地反映双方举证、质证的意见和法院认证的理由。	当事人	审判业务庭	
		删除归并 68 条	当事人	审判业务庭	
		(68) 裁判理由公开，公开裁判所依据的法律、法规以及裁决的判断取舍过程，认真对待并全面回应当事人提出的意见主张，充分说明采纳或不采纳的理由依据，不得刻意回避或断然否定。	当事人	审判业务庭	
		修正：裁判理由公开，公开裁判所依据的法律、法规以及裁决的判断取舍过程，认真对待并全面回应当事人提出的意见主张及其举证，充分说明采纳或不采纳的该证据与意见的理由依据，不得刻意回避或断然否定。	当事人	审判业务庭	

续表

类别	公开举措	具体做法	公开范围	牵头部门	责任部门
文书公开	扩大文书公开范围	(69) 在涉少裁判文书中附加诫勉语，使未成年人及其家属理解判决的结论及理由。	当事人	少年庭	
		增加一条：公开执行案件受理通知书、执行通知书、财产申报通知书、询问通知、听证通知、传票和询问笔录、调查取证笔录、执行听证笔录等执行文书。	当事人	执行局	
	推行生效裁判文书上网	(70) 可公开的已生效的一审、二审和执行中止或终结的裁判文书一律上网。在专门的裁判文书公开栏目，按照有关规定将各类裁判文书上网公布，并实现与“中国裁判文书网”对接，同时监督管理上网公布的文书数量、质量和信息安全等。	社会	审管办	
		修正：可公开的已生效的一审、二审、刑罚变更和执行中止或终结的裁判文书一律上网。在专门的裁判文书公开栏目，按照有关规定将各类裁判文书上网公布，并实现与“中国裁判文书网”对接，同时监督管理上网公布的文书数量、质量和信息安全等。	社会	修：审管办	审判业务部门
		(71) 严格执行未成年犯前科免除报告制度，裁判文书上网、档案查阅均隐去未成年犯的姓名、住址、学习或工作地点等个人信息。	社会	少年庭	
	裁判文书附录法律条文	(72) 在所有裁判文书中附录作为裁判依据的相关法律条文，方便当事人和社会理解判决的理由及结论。	社会	审判业务庭	

续表

类别	公开举措	具体做法	公开范围	牵头部门	责任部门
文书公开	加强判后答疑工作	(73) 当事人申请判后答疑的，由作出判决的审判业务庭针对证据取舍、事实认定、法律适用等方面对当事人进行说明与解释。	当事人	审判业务庭	
		(74) 涉诉涉法的闹访案件，可采取与当事人所在社区、街道等组织沟通联系的方式，多渠道推动息诉罢访工作。	当事人	审判业务庭	
审务公开	设立社会公众查阅电子诉讼档案服务平台	(75) 完善诉讼档案公开查询制度，方便当事人和诉讼代理人按照有关规定查阅和复印相关卷宗档案；完善诉讼档案电子化以及当事人和诉讼代理人远程异地查阅电子诉讼档案的服务平台，提供辖区法院及上海一中院诉讼档案的跨院审批以及就近查档的网络式服务。	社会	办公室	
	设立公众阅览室	(76) 免费提供法律书籍查阅服务，设立专用阅览座席，配备专职管理人员。	社会	研究室	
	政策文件公开	(77) 向社会公开关于法院工作的方针、政策、各种规范性文件、非涉密司法统计数据及分析报告等。	社会	办公室、	研究室、审管办
	设立法院公众开放日	(78) 每季度开展公众开放日1次，公众可参观立案接待大厅、诉讼事务中心、法制长廊、二楼审判法庭、院史陈列馆、律师阅卷室、公众阅览室等。	社会	政治部	办公室
		(79) 依托上海市青少年法制教育基地，每年向青少年开放不少于4次。	社会	政治部、少年庭	
		删：与41条、81条合并			
		(80) 依托市委党校和组织部的培训基地，每年举办模拟庭审或庭审观摩不少于4次，旁听人员不少于200人次。	社会	政治部	行政庭
		(81) 每年开展青少年法制教育实践活动不少于2次。	社会	少年庭	
		删：与41条、79条合并。			

续表

类别	公开举措	具体做法	公开范围	牵头部门	责任部门
审务公开	强化公开司法应对措施	(82) 发布《一中情况反映》，针对案件审理中的类案问题提出司法应对措施。	相关机关	办公室	
	主动通报工作寻找改进空间	(83) 每年主动邀请市人大代表、政协委员及特邀监督员进行座谈征询意见不少于2次，向相关部门通报开展审判工作的情况并听取建议。	社会	监察室	
	加大司法新闻宣传	(84) 每年召开新闻通气会、新闻发布会、座谈会或研讨会不少于2次，对本院的审判工作重大成果、社会关注的热点问题予以发布。	社会	办公室	
		修正：每年召开新闻通气会、新闻发布会、座谈会或研讨会不少于2次，对本院的审判工作重大成果、社会关注的热点问题予以发布，每年主动公布典型性案例不少于4次。	社会	办公室	
		(85) 加强与新闻媒体的联系和沟通，每年主动公布典型性案例不少于4次。	社会	办公室	
		删除与84条归并			
		(86) 与媒体合办法制宣传栏目，每年固定栏目不少于2个。	社会	办公室	
	加强审判经验总结	(87) 出版总结上海一中院审判经验，展示调研成果的《审判前沿观察》，每年编辑出版2辑。	社会	研究室	
		(88) 按年度集中公布全院优秀案例。	社会	研究室	
		修正：按年度集中公布全院优秀案例，从中评选出“十大案例”向社会公开。	社会	研究室	办公室
	加强网络宣传	(89) 进一步拓展官方网站和微博平台，完善微博信息的审核发布机制。	社会	办公室	
		修正：进一步拓展官方网站和微博平台，建立微信公众号，完善微博信息的审核发布机制。	社会	办公室	

续表

类别	公开举措	具体做法	公开范围	牵头部门	责任部门
审务公开	加强网络宣传	(90) 加强舆情研判及应对机制，做好舆情处理和反馈工作。	社会	办公室	
	强化司法建议工作机制	(91) 针对审判工作中发现的个案和类案问题，及时向有关单位提出司法建议，坚持发建议与听反馈并举。	社会	研究室	审判业务庭
		(92) 探索与行业主管部门等建立长效联动机制，针对一类问题邀请相关部门、单位进行研讨，并结合问题向有关部门或单位提出建议或意见。	社会	研究室	审判业务庭
		删除与100条归并			
	实行特邀监督员全程监督制度	(93) 每年组织特邀监督员参加案件庭审旁听不少于30人次；参加信访窗口、院庭长接待不少于60人次。	社会	监察室	
		修正：每年组织特邀监督员参加案件庭审旁听不少于30人次；参加信访窗口、院庭长接待不少于60人次。每年召开特邀监督员座谈会2次，通报上海一中院审判工作和队伍建设情况。	社会	监察室	
		(94) 每年召开特邀监督员座谈会2次，通报上海一中院审判工作和队伍建设情况。	社会	监察室	
		删除归并93条			
		(95) 为特邀监督员的工作提供便利，为每人配发适量法律专业书籍，将每季度全院主要工作情况和信息汇编成册予以印发等。	社会	监察室	
	推行司法公开工作检查制度	(96) 每年对全院司法公开工作进行检查，及时查找发现问题，适时提出整改意见，并加强督促跟踪管理。	社会	监察室	研究室

续表

类别	公开举措	具体做法	公开范围	牵头部门	责任部门
审务公开	推行司法公开工作检查制度	(97) 对违反司法公开相关规定，损害当事人合法权益，造成不良后果的，由责任部门进行查处；对当事人和社会公众反映的违反司法公开规定的情况设专人进行核查并及时逐一反馈结果。	社会	监察室	
	畅通与不同阶层人员的互动渠道	(98) 通过举办适法统一法官沙龙、疑难问题研究小组等形式加强与高校专家学者的联系，推动审研互动，全院全年不少于6次。	社会	研究室	审判业务庭
		(99) 每年为高校开设法律课程不少于1门。	社会	研究室	
		(100) 根据审判工作的具体情况，加强与公安、检察、司法、监狱、律师协会、仲裁机构、社会团体及相关行政主管部门等的沟通联系，认真听取上述单位对法院工作的意见和建议。	社会	审判业务庭	
		修正：根据审判工作的具体情况，加强与公安、检察、司法、监狱、律师协会、仲裁机构、社会团体及相关行政主管部门等的沟通联系，认真听取上述单位对法院工作的意见和建议。探索与行业主管部门等建立长效联动机制，针对一类问题邀请相关部门、单位进行研讨，并结合问题向有关部门或单位提出建议或意见。	社会	修正：研究室	审判业务庭

司法公开全方位落实一百则（2015年版）修订稿

前言

为贯彻落实党的十八届四中全会精神，构建开放、动态、透明、便民的阳光司法机制，进一步扩大司法公开的范围，拓宽司法公开的渠道，实现依法公开、及时公开、全面公开，加强对司法公开工作的跟踪和监督，提高司法公开水平，规范司法行为，促进司法公正，结合本院工作实际，制定本规则。

一、立案公开

（一）设立“一站式”立案大厅

第一条 通过设立公告牌、电子触摸屏、多媒体视频、法院网站及现场纸媒等载体，依法公开各类案件的立案条件、立案流程、诉讼法律文书样式、诉讼费用标准、缓减免交诉讼费程序和条件、当事人的权利义务、诉讼和执行风险提示，以及可供选择的诉讼外纠纷解决方式等内容。（公开范围：社会，牵头部门：立案庭，责任部门：办公室）

第二条 立案大厅设立农业银行收费服务点，方便当事人缴纳诉讼费；设立休息等候区并配备通讯、复印等设备，方便当事人办理立案事务。（公开范围：社会，牵头部门：立案庭，责任部门：办公室）

（二）设立诉讼事务中心

第三条 完善“诉讼事务中心”导诉、咨询、立案、查询、调解、接访、司法救助、判后答疑、司法辅助工作管理、法律咨询等功能；设置专职导诉人员，落实首问负责、一次性全面告知制度，减轻当事人诉累，保障当事人诉权。（公开范围：社会，责任部门：立案庭）

第四条 协助做好全市法院统一的12368诉讼服务热线平台建设。（公开范围：社会，责任部门：立案庭）

第五条 发挥“在线诉讼服务平台”资料下载、材料收转、网上立案、文书送达、联系法官、办案进度查询等功能，进一步加强面向社会公众的“一站式”在线诉讼服务系统的建设。（公开范围：社会，责任部门：立案庭）

（四）加强立案释明工作

第六条 实行窗口立案、公开排期制度，做到有诉必理，有案必立，有状必登，诉状收受后，在七日内根据各案件的类型及相关要求，作出受理、要求补正或不予受理的决定。立案人员在立案阶段对申请立案的当事人以口头谈话、书面通知、网络等多种方式进行释明指导工作。对不方便来院立案的当事人启动绿色通道上门立案。（公开范围：社会，责任部门：立案庭）

第七条 及时向当事人发放司法公开告知书、廉政回访卡、ADR商事调解书等材料，并积极回收当事人意见。（公开范围：社会，牵头部门：立案庭，责任部门：监察室）

第八条 将电脑自动分案系统推行至全部民、商事二审案件。（公开范围：当事人，牵头部门：立案庭，责任部门：监察室、审管办、办公室）

第九条 开通“院长在线”，每个月第二、四周的周四下午，安排一位院长在线提供法律咨询、听取意见和建议，对当事人提出的合理诉求登记备案，明确承办部门和办理期限。（公开范围：社会，责任部门：立案庭）

（五）建立来信来访接待机制

第十条 处理以院领导为收件人的信件时，应确定信件主办责任人，在3个工作日内作出程序性告知，并在办理完结后的3个工作日内作出结果反馈性告知。（公开范围：社会，责任部门：立案庭）

第十一条 在信访接待室开设“法律援助”窗口，由上海市法律援助中心指派有经验的律师进行窗口接待，并做好登记管理工作。（公开范围：社会，责任部门：立案庭）

第十二条 在信访窗口设立青年法官服务岗，全院35周岁以下的青年法官每日一人、轮流上岗，为来访群众进行法律释明、个案答疑，积极协助信访办处理信访事件。（公开范围：社会，责任部门：立案庭）

第十三条 建立专业化的信访接待队伍，建立信访案件及时记录与回馈机制。（公开范围：社会，责任部门：立案庭）

(六) 建立立案工作协作联动机制

第十四条 建立辖区法院立案督办机制，对于当事人反映辖区法院不予立案的情形，经审查认为符合立案条件的，应在3个工作日内向辖区法院发送《督办函》。(公开范围：当事人，责任部门：立案庭)

第十五条 建立辖区法院立案巡查制度，每季度指派立案工作经验丰富的法官前往辖区法院进行指导。(公开范围：当事人，责任部门：立案庭)

第十六条 建立立案联动制度，对执法不统一的案件，通过条线联动及时予以协调解决。(公开范围：当事人，责任部门：立案庭)

(七) 实现"委托社会机构从事司法辅助工作"过程全公开

第十七条 通过全市法院统一网站公开工程审计、资产评估、房地产评估、拍卖等司法委托工作信息。(公开范围：社会，责任部门：立案庭)

第十八条 诉讼事务中心配备专人，每季度对超过规定期限未审结的委托案件进行原因分析并及时予以催办。(公开范围：社会，责任部门：立案庭)

二、庭审公开

(一) 为群众旁听庭审提供便利

第十九条 允许当事人的亲属、媒体记者和公众旁听依法公开审理的案件；设立旁听证发放处，公民可凭身份证等有效证件办理旁听证。(公开范围：社会，责任部门：法警支队)

第二十条 主动邀请人大代表、政协委员、律师、行业专家及公民代表等参与旁听案件，每个审判业务庭每年不少于2次。旁听方式可根据情况安排现场旁听，也可通过庭审视频等方式让媒体和公众了解庭审实况。(公开范围：社会，牵头部门：办公室，责任部门：审判业务庭、监察室)]

第二十一条 通过网站、户外大屏幕以及院内楼层屏幕向社会公告每周及每日案件开庭信息，包括庭审案件的案号、案由、审判长姓名等内容。(公开范围：社会，责任部门：办公室)

第二十二条 在审判大厅悬挂法庭示意图，设置安检设备和物品寄存柜，设立当事人候审区、律师休息室、检察官休息室。(公开范围：社会，责任部

门：办公室）

（二）加大案件审理公开力度

第二十三条 对依法可以公开审理的一审案件开庭审理，二审案件除简易案件外开庭率达到50%以上。（公开范围：社会，牵头部门：审管办，责任部门：审判业务庭）

第二十四条 所有定案证据必须依法在法庭上公开质证，能当庭认证的，应当庭认证，未经公开质证的证据，不得作为认定案件事实的依据；除法律、司法解释规定可以不出庭的情形外，对当事人提出异议的证人证言、鉴定意见，或证人证言、鉴定意见对案件有重大影响，或合议庭认为有必要的，应通知证人、鉴定人出庭作证。（公开范围：社会，牵头部门：审管办，责任部门：审判业务庭）

第二十五条 公开合议庭成员、审判委员会成员的基本情况，依法保障当事人申请回避的权利。（公开范围：当事人，牵头部门：审管办，责任部门：审判业务庭）

第二十六条 合议庭应将管辖权异议、申请回避的处理结果及时告知当事人；案件未能在法定期限内审结，需要延长审限的，应将有关情况及时告知当事人；依法中止诉讼的，应将有关法律文书及时送达当事人。（公开范围：当事人，责任部门：审判业务庭）

第二十七条 对公开审理或者不公开审理的案件，应公开宣告判决，或在征得当事人同意后向其邮寄送达裁判文书。（公开范围：社会，牵头部门：审管办，责任部门：审判业务庭）

第二十八条 因罪犯有重大立功表现提请减刑的，提请减刑的起始时间、间隔时间或者减刑幅度不符合一般规定的，在社会上有重大影响或社会关注度高的减刑假释案件一律公开开庭审理。（公开范围：全体服刑人员，牵头部门：审监庭，责任部门：少年庭）

第二十九条 对职务犯罪罪犯、黑社会性质组织的犯罪罪犯、破坏金融管理秩序和金融诈骗犯罪罪犯进行减刑、假释时，一般应进行公开开庭审理。（公开范围：当事人，责任部门：审监庭）

第三十条 减刑假释案件一律实行裁前公示，将罪犯个人情况、服刑改造情况以及减刑假释依据等内容进行公示。（公开范围：全体服刑人员，责任部门：审监庭、少年庭）

第三十一条 对检察机关与刑罚执行机关持有不同意见，或者公示期间

收到不同意见的减刑假释案件应公开开庭审理。（公开范围：全体服刑人员，责任部门：审监庭）

（三）搭建信息化庭审公开平台

第三十二条 当事人可以凭密码自行登录“中国审判流程信息公开网”或本院因特网，查询案件相关审判流程信息。在案件审理过程中，所有案件均应以手机短信、电子邮件等渠道，将案件审判流程节点信息，案件进展状态及有关材料向当事人及委托代理人公开。（公开范围：社会，牵头部门：审管办，责任部门：办公室、审判业务庭）

第三十三条 建设标准数字化法庭，所有审判法庭均配备同步录音、录像功能，每个庭审案件都有庭审光盘附卷。经合议庭同意，当事人可以获取该光盘。（公开范围：当事人，牵头部门：办公室，责任部门：审判业务庭）

第三十四条 全院每年庭审网络直播不少于70次，视频直播不少于52次。（公开范围：社会，责任部门：办公室）

第三十五条 刑事案件开庭可依据法律规定，结合案件的实际情况，使用证人屏蔽作证系统，依法保护出庭作证的证人。（公开范围：社会，责任部门：刑一庭、刑二庭、少年庭）

第三十六条 刑事二审案件推行远程审判方式，全院每年不少于300件。（公开范围：社会，责任部门：刑一庭、刑二庭、少年庭）

（四）群众参与纠纷解决

第三十七条 充分发挥人民陪审员参与案件审判、监督审判活动、联系人民群众的重要作用。（公开范围：社会，牵头部门：审管办，责任部门：审判业务庭）

第三十八条 审理专业案件指定人民陪审员时，应结合其专业知识背景予以合理分配。（公开范围：社会，责任部门：立案庭）

第三十九条 积极完善多元调解机制，努力化解矛盾纠纷。配备调解人员不少于4人，每年调解案件不少于200件；增强调解工作的透明度，诉调案件一律纳入流程管理，将调解范围、调解人员的姓名、调解时限及调解进展等信息予以公开。（公开范围：社会，责任部门：立案庭）

（五）审判公开延伸

第四十条 对于被判处缓刑的未成年犯，邀请其所在地或暂住地社工旁

听宣判及参加法庭教育。对于被判处监禁刑的未成年犯应延伸法庭教育，入监后回访帮教（公开范围：社会，责任部门：少年庭）

第四十一条 依托“上海市青少年法制教育活动基地”，每年开展青少年法制教育实践活动不少于2次，给对口学校上法制辅导课不少于4次，组织暑期青少年法制夏令营活动等不少于3次，每年向青少年开放不少于4次。（公开范围：社会，牵头部门：少年庭，责任部门：政治部）

第四十二条 积极依靠社区矫治组织，跟踪帮教被判处非监禁刑和被假释的未成年犯，建立与帮教小组的工作联系制度，加强动态管理，积极探索监督教育机制。（公开范围：社会，责任部门：少年庭）

第四十三条 建立与监所、未成年人犯管教所工作联系制度，坚持对服刑未成年犯的回访帮教制度，并在监所、管教所内设立法官信箱，建立与服刑人员的沟通渠道，引导罪犯积极改造。（公开范围：社会，责任部门：少年庭、审监庭）

三、执行公开

（一）执行措施公开

第四十四条 采取查询、查封、冻结、扣划、扣押等执行措施与采取司法拘留、罚款、拘传、搜查以及限制出境、限制高消费、纳入失信被执行人名单库等强制措施后，5个工作日内向当事人发放通知书，告知相关事项。（公开范围：当事人，责任部门：执行局）

第四十五条 当事人对评估报告提出异议的，应当通知评估机构在10日内作出说明或补正，必要时可组织评估机构及异议人进行听证。（公开范围：当事人，责任部门：执行局）

第四十六条 执行财产处置信息，包括委托评估、拍卖、变卖、以物抵债等信息按照动产7日前或拍卖不动产15日前在指定报刊及网上进行公告。（公开范围：社会，责任部门：执行局）

（二）执行进程公开

第四十七条 立案庭、执行局在向案件当事人及委托代理人送达案件受理通知书、执行通知书、追加或变更当事人、委托代理人时，应当告知案件流程进展查询、接受电子送达执行文书的方法，并做好宣传、咨询服务等工作。对暂缓执行、中止执行、委托执行、指定执行、提级执行、执行和解、执行实施结案信息、执行期限或审查期限及其变更情况、执行和解信息及时通知当事人。（公开范围：社会，责任部门：执行局）

第四十八条 应及时告知当事人执行款项的收取发放、执行标的物的保管、评估、拍卖、变卖中的重点环节和重点事项。（公开范围：当事人，责任部门：执行局）

第四十九条 执行组询问当事人、执行听证和开展重大执行活动时应当录音录像。执行活动结束后，该录音录像应当向当事人及委托人公开。当事人及委托代理人申请查阅录音录像的，经核对当事人、委托代理人身份信息后，及时提供查阅。（公开范围：当事人，牵头部门：执行局，责任部门：办公室）

（三）执行信息公开

第五十条 除执行请示、执行协调案件外，执行组对受理各类执行案件应当及时向案件当事人及委托代理人预留的手机号码，自动推送短信，提示案件流程进展情况，提醒案件当事人及委托代理人及时接受电子送达的执行文书。（公开范围：社会，责任部门：执行局）

第五十一条 建立电话语音系统，在立案大厅或信访接待等场所设立电子触摸屏，供案件当事人和委托代理人以及社会公众查阅有关执行公开事项。（公开范围：社会，牵头部门：执行局，责任部门：办公室、立案庭）

第五十二条 案件当事人、委托代理人可凭有效证件号码或组织机构代码、手机号码以及执行法院提供的查询码、密码，通过执行流程信息公开模块、电话语音系统、电子公告屏和触摸屏、手机应用客户端、法院微博、法院微信公众号等多种载体，查询、下载有关执行流程信息、材料等。（公开范围：当事人，牵头部门：执行局，责任部门：办公室）

第五十三条 公开有能力履行但拒不履行生效法律文书的被执行人信息，对未能履行的被执行人可实施限制出境、限制高消费等措施，并在网络上公开。（公开范围：社会，责任部门：执行局）

第五十四条 对去向不明的被执行人，在报刊和网络上公告送达执行通知以及评估拍卖的相关事宜。（公开范围：社会，责任部门：执行局）

第五十五条 当事人向法院申请要求参与债权分配和执行款收付的，经审查符合法律规定的，应当向当事人告知债权参与分配方案、债权分配方案异议、债权分配方案修改、执行款进入法院执行专用账户、执行款划付等信

息。（公开范围：当事人，责任部门：执行局）

第五十六条 对执行裁定书、决定书以外的程序性执行文书，经当事人及委托代理人同意，通过执行流程信息公开模块，向当事人及诉讼代理人提供电子送达服务。当事人可以通过执行流程信息公开模块签收上海一中院电子送达的各类执行文书，并在下载或查阅上述电子执行文书时，自动生成送达回证，记录受送达人下载文书的名称、下载时间、IP等，并将送达回证归入电子卷宗。执行机构书记员负责跟踪受送达人接受电子送达的情况，提醒、指导受送达人及时下载、查阅电子送达的执行文书。（公开范围：社会，牵头部门：执行局，责任部门：办公室）

第五十七条 执行组通过网上办案，自动生成执行案件电子卷宗。电子卷宗正卷应当向当事人及委托代理人公开。当事人及委托代理人申请查阅电子卷宗的，经核对当事人、委托代理人身份信息后，及时提供查阅。（公开范围：社会，牵头部门：执行局，责任部门：办公室）

（四）建设执行网上平台

第五十八条 在互联网站上开辟执行网上事务中心，设有执行公告、悬赏执行、执行指南、执行案件查询等栏目，每月更新2次；依法向社会公开向社会公众公开执行流程、执行裁判文书、执行信息公开范围和查询方法等执行公开指南信息、执行案件的立案标准、执行依据、执行风险、执行流程、执行文书样式、收费标准、执行费缓减免交的条件和程序、执行规范等有关执行的信息和评估、拍卖及其他社会中介入选机构名册信息、司法解释、指导性案例、执行业务文件等。（公开范围：当事人，牵头部门：执行局，责任部门：办公室）

（五）执行事务中心

第五十九条 完善执行事务中心咨询、查询、接访、执行事务办理等功能，并落实“首接责任制”。（公开范围：社会，责任部门：执行局）

第六十条 设立执行接待信息预告系统，接待时间、接待法官姓名在屏幕上滚动播放。（公开范围：当事人，牵头部门：执行局，责任部门：办公室）

第六十一条 每周三下午为固定的执行信访接待日，由庭长、审判长轮流听取案件当事人的反映和要求。（公开范围：当事人，责任部门：执行局）

（六）监督途径公开

第六十二条 对执行申诉信访、执行督促、执行监督等案件的立案时间、案件承办法官和合议庭其他组成人员以及书记员的姓名、办公电话、案件处理意见、结案时间等信息予以公开。（公开范围：社会，责任部门：执行局）

第六十三条 每年邀请市人大代表、政协委员、民主党派人士等旁听执行裁决听证会不少于2次。对疑难复杂案件或社会关注较高的执行案件，每年邀请市人大代表、社会团体组织等前往执行现场不少于2次，就执行程序是否规范、强制措施是否适当等进行现场监督。（公开范围：社会，牵头部门：执行局，责任部门：监察室）

（七）执行案件回访

第六十四条 由执行局领导会同监察室纪检人员每年2次随机抽取不少于20件案件对当事人进行回访，听取当事人对执行人员贯彻执行公开制度等各项规定的意见。（公开范围：当事人，牵头部门：执行局，责任部门：监察室）

四、听证公开

（一）全面推进相关案件听证工作

第六十五条 对申请再审案件应当实行公开听证，对本院生效的民事案件组成合议庭听证，对符合条件的案件推行“3＋1”听证模式，邀请特邀监督员共同进行听证；刑事申诉审查案件推行“监所听证”或采用方便当事人的方式进行。（公开范围：当事人，责任部门：申诉审查庭）

第六十六条 对涉法涉诉信访疑难案件实行公开听证。（公开范围：当事人，责任部门：立案庭）

第六十七条 对司法赔偿案件实行公开听证。（公开范围：当事人，责任部门：国家赔偿委员会）

第六十八条 对执行程序中的执行异议、执行复议、案外人异议、不予执行的申请，和其他执行主体变更、追加被执行主体、多个债权人申请参与分配，以及法院认为有必要听证的重大事项，均公开听证，并及时告知当事人执行听证时间、地点、相关案件的立案时间、合议庭成员及书记员的姓名

和办公电话、执行裁决、结案时间等信息。（公开范围：当事人，责任部门：执行局）

（二）完善相关案件的听证程序

第六十九条 组成合议庭公开听证的，参照庭审公开的有关规定，公告听证事由、时间地点、听证人员及听证参加人的权利义务等，旁听听证的程序参照旁听庭审的程序。（公开范围：当事人，牵头部门：立案庭，责任部门：申诉审查庭、国家赔偿委员会、执行局）

五、文书公开

（一）扩大文书公开范围

第七十条 诉讼程序公开，立案时间、开庭时间、重大程序事项的变更、管辖权异议、审限延长、回避申请的决定等全部公开。（公开范围：当事人，责任部门：审判业务庭）

第七十一条 诉辩意见公开，全面、公正地归纳当事人的诉辩意见。（公开范围：当事人，责任部门：审判业务庭）

第七十二条 裁判理由公开，公开裁判所依据的法律、法规以及裁决的判断取舍过程，认真对待并全面回应当事人提出的意见主张及其举证，充分说明采纳或不采纳的该证据与意见的理由依据，不得刻意回避或断然否定。（公开范围：当事人，责任部门：审判业务庭）

第七十三条 在涉少裁判文书中附加诫勉语，使未成年人及其家属理解判决的结论及理由。（公开范围：当事人，责任部门：少年庭）

第七十四条 公开执行案件受理通知书、执行通知书、财产申报通知书、询问通知、听证通知、传票和询问笔录、调查取证笔录、执行听证笔录等执行文书。（公开范围：社会，责任部门：执行局）

（二）推行生效裁判文书上网

第七十五条 可公开的已生效的一审、二审、刑罚变更和执行中止或终结的裁判文书一律上网。在专门的裁判文书公开栏目，按照有关规定将各类裁判文书上网公布，并实现与“中国裁判文书网”对接，同时监督管理上网公布的文书数量、质量和信息安全等。（公开范围：社会，牵头部门：审管

办，责任部门：审判业务部门）

第七十六条 严格执行未成年犯前科免除报告制度，裁判文书上网、档案查阅均隐去未成年犯的姓名、住址、学习或工作地点等个人信息。（公开范围：社会，责任部门：少年庭）

（三）裁判文书附录法律条文

第七十七条 在所有裁判文书中附录作为裁判依据的相关法律条文，方便当事人和社会理解判决的理由及结论。（公开范围：社会，责任部门：审判业务庭）

（四）加强判后答疑工作

第七十八条 当事人申请判后答疑的，由作出判决的审判业务庭针对证据取舍、事实认定、法律适用等方面对当事人进行说明与解释。（公开范围：当事人，责任部门：审判业务庭）

第七十九条 涉诉涉法的闹访案件，可采取与当事人所在社区、街道等组织沟通联系的方式，多渠道推动息诉罢访工作。（公开范围：当事人，责任部门：审判业务庭）

六、审务公开

（一）设立社会公众查阅电子诉讼档案服务平台

第八十条 完善诉讼档案公开查询制度，方便当事人和诉讼代理人按照有关规定查阅和复印相关卷宗档案；完善诉讼档案电子化以及当事人和诉讼代理人远程异地查阅电子诉讼档案的服务平台，提供辖区法院及上海一中院诉讼档案的跨院审批以及就近查档的网络式服务。（公开范围：社会，责任部门：办公室）

（二）设立公众阅览室

第八十一条 免费提供法律书籍查阅服务，设立专用阅览座席，配备专职管理人员。（公开范围：社会，责任部门：研究室）

（三）政策文件公开

第八十二条 向社会公开关于法院工作的方针、政策、各种规范性文件、非涉密司法统计数据及分析报告等。（公开范围：社会，牵头部门：办公室，责任部门：研究室、审管办）

（四）设立法院公众开放日

第八十三条 每季度开展公众开放日1次，公众可参观立案接待大厅、诉讼事务中心、法制长廊、二楼审判法庭、院史陈列馆、律师阅卷室、公众阅览室等。（公开范围：社会，牵头部门：政治部，责任部门：办公室）

第八十四条 依托市委党校和组织部的培训基地，每年举办模拟庭审或庭审观摩不少于4次，旁听人员不少于200人次。（公开范围：社会，牵头部门：政治部，责任部门：行政庭）

（五）强化公开司法应对措施

第八十五条 发布《一中情况反映》，针对案件审理中的类案问题提出司法应对措施。（公开范围：相关机关，责任部门：办公室）

（六）主动通报工作寻找改进空间

第八十六条 每年主动邀请市人大代表、政协委员及特邀监督员进行座谈征询意见不少于2次，向相关部门通报开展审判工作的情况并听取建议。（公开范围：社会，责任部门：监察室）

（七）加大司法新闻宣传

第八十七条 每年召开新闻通气会、新闻发布会、座谈会或研讨会不少于2次，对本院的审判工作重大成果、社会关注的热点问题予以发布，每年主动公布典型性案例不少于4次。（公开范围：社会，责任部门：办公室）

第八十八条 与媒体合办法制宣传栏目，每年固定栏目不少于2个。（公开范围：社会，责任部门：办公室）

（八）加强审判经验总结

第八十九条 出版总结上海一中院审判经验，展示调研成果的《审判前沿观察》，每年编辑出版2辑。（公开范围：社会，责任部门：研究室）

第九十条 按年度集中公布全院优秀案例，从中评选出“十大案例”向社会公开。（公开范围：当事人，牵头部门：研究室，责任部门：办公室）

（九）加强网络宣传

第九十一条 进一步拓展官方网站和微博平台，建立微信公众号，完善微博信息的审核发布机制。（公开范围：社会，责任部门：办公室）

第九十二条 加强舆情研判及应对机制，做好舆情处理和反馈工作。（公开范围：社会，责任部门：办公室）

（十）强化司法建议工作机制

第九十三条 针对审判工作中发现的个案和类案问题，及时向有关单位提出司法建议，坚持发建议与听反馈并举。（公开范围：社会，牵头部门：研究室，责任部门：审判业务庭）

（十一）实行特邀监督员全程监督制度

第九十四条 每年组织特邀监督员参加案件庭审旁听不少于 30 人次；参加信访窗口、院庭长接待不少于 60 人次。每年召开特邀监督员座谈会 2 次，通报上海一中院审判工作和队伍建设情况。（公开范围：社会，责任部门：监察室）

第九十五条 为特邀监督员的工作提供便利，为每人配发适量法律专业书籍，将每季度全院主要工作情况和信息汇编成册予以印发等。（公开范围：社会，责任部门：监察室）

（十二）推行司法公开工作检查制度

第九十六条 每年对全院司法公开工作进行检查，及时查找发现问题，适时提出整改意见，并加强督促跟踪管理。（公开范围：社会，牵头部门：监察室，责任部门：研究室）

第九十七条 对违反司法公开相关规定，损害当事人合法权益，造成不良后果的，由责任部门进行查处；对当事人和社会公众反映的违反司法公开规定的情况设专人进行核查并及时逐一反馈结果。（公开范围：社会，责任部门：监察室）

（十三）畅通与不同阶层人员的互动渠道

第九十八条 通过举办适法统一法官沙龙、疑难问题研究小组等形式加强与高校专家学者的联系，推动审研互动，全院全年不少于6次。（公开范围：社会，牵头部门：研究室，责任部门：审判业务庭）

第九十九条 每年为高校开设法律课程不少于1门。（公开范围：社会，责任部门：研究室）

第一百条 根据审判工作的具体情况，加强与公安、检察、司法、监狱、律师协会、仲裁机构、社会团体及相关行政主管部门等的沟通联系，认真听取上述单位对法院工作的意见和建议。探索与行业主管部门等建立长效联动机制，针对一类问题邀请相关部门、单位进行研讨，并结合问题向有关部门或单位提出建议或意见。（公开范围：社会，牵头部门：研究室，责任部门：审判业务庭）

关于检察建议回应机制运作实践的调研

上海市第一中级人民法院课题组*

检察建议是人民检察院为促进法律正确实施、促进社会和谐稳定，在履行法律监督职能过程中，结合执法办案，建议有关单位完善制度，加强内部制约、监督，正确实施法律法规，完善社会管理、服务，预防和减少违法犯罪的一种重要方式。① 简言之，检察建议是人民检察院履行法律监督职责和参与社会综合治理的一种形式。② 党的十八届四中全会指出，全面推进依法治国，需要形成高效的法治实施体系、严密的法律监督体系。作为法律监督的有效形式，检察建议及其回应机制的构建与完善，是确保法治实施，完善法律监督的题中之义。作为本文研究对象的检察建议，仅指人民检察院履行法律监督职责向人民法院发送的检察建议。2011 年 3 月，最高人民法院与最高人民检察院会签了《关于对民事审判活动与行政诉讼实行法律监督的若干意见（试行）》（以下简称《两高会签文件》），对再审检察建议与其他针对审判活动的检察建议进行了区分。2012 年《民事诉讼法》吸纳了《两高会签文件》的相关规定。基于此，检察建议可以分为两类：（1）再审检察建议，即人民检察院对刑事、民事、行政申诉案件，不采取抗诉方式启动再审程序，而是向人民法院提出检察建议，由人民法院自行启动再审程序进行重新审理。根据《民事诉讼法》第 208 条第 2 款的规定，地方各级人民检察院对符合抗诉条件的判决、裁定、调解，经检察委员会决定，可以向同级人民法院提出再审检察建议。（2）工作改进检察建议，《民事诉讼法》第 208 条第 3 款规定，各级人民检察院对审判监督程序以外的其他审判程序中审判人员的违法行为，有权向同级人民法院提出检察建议。《民事诉讼法》第 235 条规定了人民检察

---

* 课题主持人：王珊；课题组成员：屠春含、王军、郁甲利、颜海燕、秦玉罕。

① 参见《最高人民检察院关于人民检察院检察建议工作规定（试行）》第 1 条。

② 张思卿：《检察大辞典》，上海辞书出版社 1996 年版，第 4 页。

院对民事执行活动的法律监督，由此，诉讼违法监督检察建议还有可能针对民事执行活动中审判人员的违法行为。实践中，各级人民检察院依照2009年最高人民检察院关于《人民检察院检察建议工作规定（试行）》（以下简称《检察建议规定》）第5条第5项的规定，对人民法院在执法过程中存在苗头性、倾向性的不规范问题，也可以提出改进工作的检察建议。

一、现行检察建议及回应机制运行现状

（一）再审检察建议逐渐成为与抗诉相当的监督方式

近年来，检察监督摆脱了以抗诉为中心的单一监督模式，多元化监督的理念逐渐受到重视。2009～2013年，全国检察机关提出的民事、行政再审检察建议数量一路上扬，从2009年的6714件上升至2013年的15538件，并至2011年首次超出了提起抗诉案件的数量，该年度全国检察机关提起民事、行政抗诉10332件，提出再审检察建议10411件。与此同时，再审检察建议的采纳率也不断上升，从2009年的69.2%，上升至2013年的85.7%，净升16.5个百分点①（详见图一）。

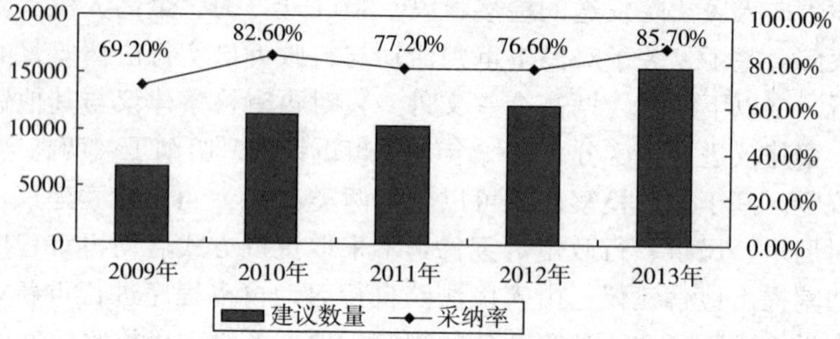

图一 2009～2013年全国检察机关民事、行政再审检察建议提出数与采纳率

① 2009～2012年数据来自《中国法律年鉴》（2010年卷～2013年卷），中国法律年鉴出版社2014年版，“检察工作”部分；2013年数据来自《最高人民检察院工作报告》。

（二）针对执行和类案监督的检察建议不断增加

2006年，检察机关开始探索对法院执行活动的监督，最高人民检察院转发了四川泸州、河南登封的经验，并开展了专项调研。① 2011年3月，最高人民法院、最高人民检察院（以下简称“两高”）联合下发通知，在12个省（自治区、直辖市）开展民事执行活动法律监督试点工作。试点省份的检察院会同法院制定实施意见，确定441个检察院为试点单位。试点开始至2012年8月，检察机关共向法院发出检察建议28140件，采纳率达到88%。②

2010年起，检察机关探索开展类案监督，针对诉讼活动中适用法律不统一、同案不同判等问题，建立起类案监督工作机制。③ 2011年，黑龙江省检察院对法院4类问题86件案件提出监督意见，采纳率达到100%。④

（三）有关检察建议的制度规范过于原则

尽管“两高”早在2011年3月联合发布了会签文件，而且，随着《民事诉讼法》于2012年的修改，检察建议也已从检察监督实践发展成为法定诉讼程序内的重要监督方式，但是作为一项制度，其仍处于初级阶段，相关的制度规范过于笼统和原则。如《民事诉讼法》虽明确，对于人民法院在诉讼活动中有程序性违法行为存在，损害当事人诉讼权利的，可以采用民事、行政检察建议的方式督促人民法院依法纠正，但涉及该项制度的实际操作，则少有具体规则可循，以致检察建议在实践运作中，无论是检察机关的制发还是人民法院的回应，均显得散乱无序。

二、现行检察建议制发及回应机制存在的问题

（一）制发与回应对接不畅影响制度成效的发挥

检察建议回应与检察建议的制发路径能否顺畅对接，是影响该项机制成效的重要因素。实践中，检察建议的制发流程与路径并不统一，对于检察建

① 《中国法律年鉴》（2007年卷），中国法律年鉴出版社2008年版，第189页。

② 曹建明：《人民检察院关于民事行政检察工作情况的报告（摘要）》，载《检察日报》2012年12月26日。

③ 《中国法律年鉴》（2011年卷），中国法律年鉴出版社2012年版，第210页。

④ 《中国法律年鉴》（2012年卷），中国法律年鉴出版社2013年版，第218页。

议应以哪个单位的名义出具，能否跨级、跨区域提出，《检察建议规定》中已经相当明确，但检察机关在具体操作上仍存在差异。经课题组对2009年至2013年期间上海一中法院及辖区各法院收到的共计184件检察建议进行分析考察，发现有的检察建议以某检察院驻监察室的名义发出，极个别检察建议甚至未加盖制发单位公章。对于此类制发主体不适当的检察建议，大部分收到法院作退回处理，亦有个别法院不予理会，影响了检察建议发挥法律监督的功效。

实践中，跨区发送检察建议的现象比较普遍，特别是刑事检察建议跨区发送的现象较多。应当说跨区发送检察建议于法无据，特别是针对个案的跨区监督有悖属地管辖原则，尤其是再审检察建议，如果案件确需再审，则会给检察院的出庭等后续监督工作带来一系列的不便，因此，不少法院收到后作退回处理。据统计，2011年至2013年，上海一中法院及辖区各法院共计收到跨区发送的刑事检察建议54份。这54份检察建议中，再审检察建议（包含建议再审的检察公函、函、纠正违法通知书等）31份，其中法院采纳并再审的9件，采纳并裁定更正的6件，采纳并函复待被告人逮捕归案后再审的1件，未采纳再审意见并书面函复的11件，未采纳再审意见并口头回复的2件，建议机关不再要求再审的1件，尚在处理中的1件（详见图二）。

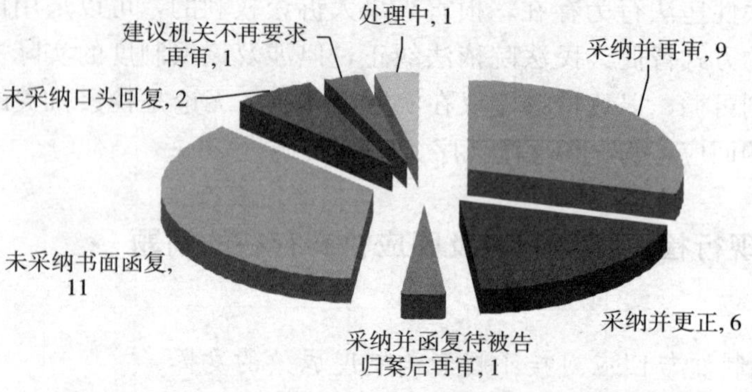

图二 2011～2013年上海一中法院及辖区法院收到的跨区发送刑事再审检察建议处理情况

（二）制发瑕疵制约回应机制的构建与完善

检察建议的制发程序是法院回应机制构建的前置程序，中肯的、具有针对性的检察建议可以为审判工作的改进提供前进的动力；泛泛的、不具针对性的建议则将导致法院的回应文件无的放矢，使得检察建议的功能难以充分发挥。可见，检察建议本身的内容、形式及制发程序运行对法院回应机制的构建与完善影响深远。

1. 文书质量有待提高

（1）文书名目繁多，影响法院及时分类处理与管理。课题组查阅的前述184件检察建议中，86份为民事、行政检察建议，98份为刑事检察建议。从86份民事、行政检察建议的名称来看，“检察公函”1份，“关于对××一案的意见函”1份，“对××案件的函”2份，其余82份均为“检察建议书”；从98份刑事检察建议的名称来看，“检察建议书”25份，“再审检察建议书”4份，“刑事再审检察建议书”23份，“刑事再审建议函”4份、“检察意见书”1份、“纠正违法通知书”18份，“纠正审理违法意见书”1份，“检察公函”10份、“公函”4份、“函”5份、监所检察建议书1份，还有2份检察建议无任何名称。由以上可见，工作改进检察建议书与检察机关常用的其他文书如纠正违法意见书、行政公文等混同使用，[①] 一定程度上给受建议法院的管理及回复处理造成了“散”和“乱”（详见图三）。

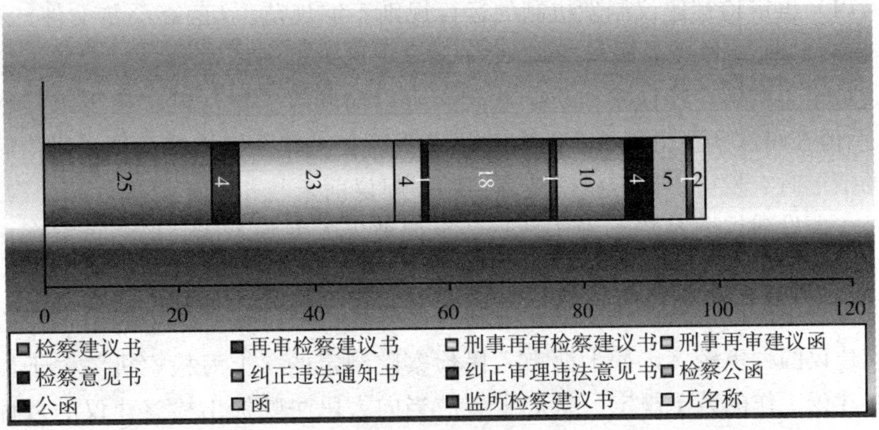

图三 2009～2013年上海市一中院及辖区法院收到的刑事检察建议名称分布情况

（2）质量参差不齐，影响法院回应工作质效。《检察建议规定》第4条规

① 如针对法院对被告人“宣告缓刑前未开展社会调查”，有的区检察院以“纠正违法意见书”建议法院纠正，有的则以“检察建议书”形式要求法院纠正。又如针对法院“错误送达执行通知书”，有的区检察院以“纠正违法意见书”建议法院纠正，有的以“检察建议书”形式要求法院纠正，还有的以“检察公函”的形式要求法院纠正。

定："提出检察建议应当有事实依据，并且符合法律、法规及其他有关规定，建议的内容应当具体明确，切实可行。检察建议一般包括以下内容：（一）问题的来源或提出建议的起因；（二）应当消除的隐患及违法现象；（三）治理防范的具体意见；（四）提出建议所依据的事实和法律、法规及有关规定；（五）被建议单位书面回复落实情况的期限等其他建议事项。"但是，我们在调研中发现，某些检察建议缺乏相关要素，质量存在瑕疵。如有的再审检察建议对再审事由阐述得不很清楚，令人费解；有的再审检察建议未列举证明再审事由成立的证据，也未引用建议再审所依据的法条，缺乏严肃性；有的篇幅过短，缺乏说理性；有的篇幅过长，针对性不强，指出问题雷同，改进措施大同小异；有的仅仅指出问题的所在，具体的建议则付诸阙如。这些问题的存在不仅影响人民法院回应文件的质量，也有违检察机关制发检察建议的初衷。此外，检察建议的行文格式缺乏相对固定的首尾部分，有待统一。有的标明了签发人，或者附具了制发单位联系人信息，大部分检察建议则缺乏这两方面内容，导致了法院与制发部门沟通联络上的不畅。

2. 运作机制有待规范

（1）再审检察建议制发机制的运行规则不够规范。《两高会签文件》第7条规定："地方各级人民检察院对符合本意见第五条、第六条规定情形的判决、裁定、调解，经检察委员会决定，可以向同级人民法院提出再审检察建议。"但在司法实践中，再审检察建议未明确表明其系经检察委员会讨论后发出的情形时有发生。部分检察院因在制发建议前未与相关单位进行充分沟通，以至于所发建议内容缺乏操作性，甚至在被告人下落不明、启动再审存在障碍的情况下制发再审检察建议。

（2）工作改进检察建议制发机制的运行亟待梳理。实务中适用工作改进检察建议的种类较多，如上海市人民检察院制定的《上海检察机关关于加强检察建议工作的若干规定》就规定有应当向人民法院提出检察建议的六种情形。[①] 有些地方检察机关工作改进检察建议的适用范围存在任意性，每个办案部门、每项监督工作均可制发检察建议，即使与法律监督无关的工作，也制发检察建议。[②] 检察建议本身及运作流程上存在的瑕疵，导致法院回复机制完善困难。为规范检察建议的适用，理应对其类型进行归纳整理并加以规定，

① 参见《上海检察机关关于加强检察建议工作的若干规定》（2010年2月4日上海市人民检察院检察委员会第1次会议通过）第5条。

② 朱春莉：《检察建议的实践运用与规范》，载《人民检察》2009年第6期。

避免在实践中造成混乱。

（三）回应欠规范影响制度预期效果的实现

检察建议是人民检察院行使宪法赋予的法律监督权的重要方式。人民法院回复检察建议，不仅是对宪法赋予的法律监督权的尊重，也是督促改进自身工作不足的要求。因此，对于检察建议的回应，从形式到内容应当做到细致、务实、及时，突显针对性以及后续的改进与落实。

1. 回应文件的形式有待统一

形式的统一是规范性的要求，是构建科学合理的检察建议回应机制的题中之义。调研中发现，检察建议回应文件的形式尚存诸多问题，有必要进一步统一和规范。

（1）字号需要统一编发。绝大多数的检察建议回应文件没有编发统一字号，多以案号作为识别标志，个别回复文件既无字号也无案号。我们认为，以案号作为识别标志不利于检察建议回复文件的查找，也不利于对检察建议的跟踪落实。如前所述，工作改进检察建议适用范围越来越广，不少建议并不是针对某一个案提出，受建议法院难有对应的案号。因此，有必要在对检察建议编发字号的基础上，对回应文件参照检察建议的序号编发统一字号，并统一扫描进入数据系统，进行实时跟踪。

（2）标题有必要作出统一规定。目前，检察建议回应文件的名称在法律法规上尚属空白，实践中的名称亦存在诸多差别。如有的法院采用“函”这一简单名称，有的法院直接列出抬头，省略了名称，有的法院将名称定为“对沪某检函〔2010〕39号公函的回复”或者“关于某检建〔2011〕36号函的回复。”标题的随意性直接影响到回复文件的规范性。

（3）落款的形式不够统一。调研中发现，绝大多数检察建议回应文件均盖有法院的印章，但是在落款部分，有的回应文件既盖有印章且以文字标出法院名称，有的回应文件则单纯在日期上加盖印章，无文字标出法院名称，细节的差别也将损害回应机制构建的规范性、严谨性与统一性。

2. 回应内容的针对性有待加强

从课题组调研的法院发出的部分回应文件中仍可发现不少内容缺乏针对性。表现在：（1）回应文件“礼貌性”语言过多，分析问题不够深刻。以某区法院为例，其（2009）某民一（民）监字第2号检察建议回应函中，花较大篇幅对检察机关表示“敬意”“感谢”和“欢迎”，并回顾了检察机关就类似问题提出建议，且本院予以采纳的历史。“礼貌性”“客套性”语言在私人之间信件交往中有利于加深彼此之间的感情，但是在监督者与被监督者之间的公文来往中广泛存在，不仅降低了写作者与阅读者的工作效率，且该类语言过多则必然占用问题分析和改进的语言篇幅，对于工作的改进将产生负面影响。从法律理论上讲，检察建议作为监督者与被监督者之间的一种沟通方式，是工作职责的要求，且监督者与被监督者相互之间过于“礼貌”和“客气”，不可避免的削弱宪法设置监督机关的目的和初衷。

（2）回应文件的论述重心存在偏颇。检察建议回应文件是针对检察建议提出的问题进行回复，其主旨应当是对检察建议提出的问题表示是否采纳。如采纳建议，则应当指出自身工作在哪些方面存在瑕疵，并重点回复自身将采取的改进措施。但是，从调研中发现部分检察建议的回应文件并未达到上述要求。一方面，法院回应文件对是否采纳检察建议缺乏明确的表态，其中既含有对检察建议提出问题的认可，又存在对该类问题之所以存在的辩解，许多时候无法从回复文件中判断是否采纳检察建议内容。另一方面，检察建议回应文件的论述重心没有放在改进措施这一环节。检察建议设置的初衷即在于促进人民法院通过监督改进工作。那么，检察建议的回应文件理应将论述重点放在如何改进该项工作上。调研发现，个别检察建议的回应文件并没有达到上述要求。如（2009）某民一（民）监字第2号检察建议回应函在表述建议提出的问题是普遍存在的问题，市高院已将该类问题作为重点课题后，仅表示“本院将分析原因，找出问题，采取有效措施，改进薄弱环节……”，将本应重点论述的改进措施一笔带过。又如（2011）某民一（民）监字第1号检察建议回应文件中，对检察建议提出的问题指出三个方面均“不存在”问题，且已在合理期间内将财产保全裁定书送达当事人，但在文件结尾处却又说“本案在诉讼文书的送达及保全执行的过程确实存在不妥”，并一笔带过“本院将就本案存在的问题进行研究后，进一步建立和完善内部工作机制，以保障当事人的合法权益。”以上所述检察建议回应文件对改进措施要么高度概括，要么表示今后进行调查研究。我们认为，检察建议的答复应言之有物，在做好充分调查研究后，以科学严谨的态度作出回应，否则检察建议监督机制很难收到切切实实的效果。

3. 回应的及时性有待增强

检察建议是检察机关向人民法院建议案件再审及指出工作瑕疵的重要载体，法院对检察建议的回应是否及时，采取的改进措施是否迅捷到位，对检察建议作用的发挥至关重要。调研中发现，检察建议的回应期间长短不一，最多的长达数月，有必要加以规范（详见图四、图五）。

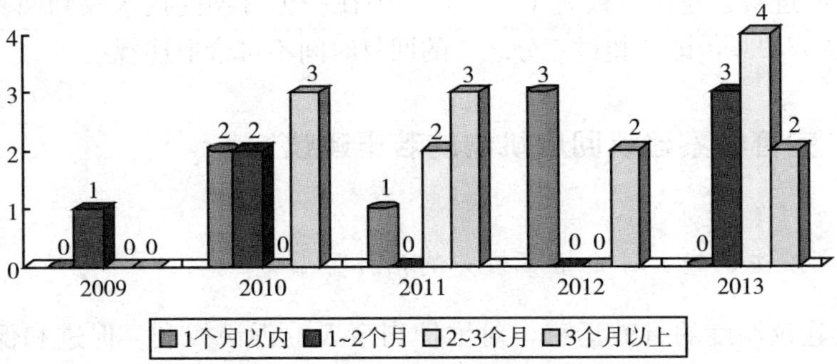

图四　2009～2013 年上海市检察机关发出的民事、行政再审检察建议回函期间统计

图四、图五系上海全市检察机关 2009 年至 2013 年间所发出的民事、行政再审检察建议和工作改进检察建议收到回函期间的统计情况。[①] 参照《上海市高级人民法院关于再审检察建议办理的暂行办法（试行）》第 8 条的规定，人民法院对再审检察建议应当在案件立案受理之日起的三个月内复查完毕。《上海市高级人民法院关于检察建议办理的暂行办法》第 8 条规定，对于工作改进检察建议，一般应当在受理之日起一个月内办理完毕。虽然上述文件公布于 2013 年 8 月，但对于衡量检察建议回复的时效性具有一定的参照性。根据该衡量标准，上海市各级检察机关 2009 年至 2013 年间所发出的民事、行政再审检察建议总数为 28 份，其中在三个月期间内未收到回复函的为 10 份，占 35.7%；发

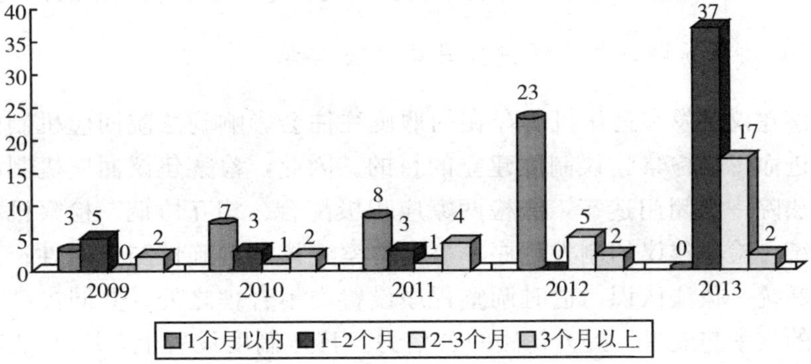

图五　2009～2013 年上海市检察机关发出的工作检察建议回函期间统计

① 数据来源于上海市人民检察院民检处。

出的工作改进检察建议总数为 125 份，其中在一个月期间内未收到回复函的为 84 份，占 67.2%，即有超过三分之一的回复时间不符合上述规定。

三、完善检察建议回应机制的若干建议

（一）依法审查，尊重检察机关的法律监督

检察建议制度的有效运行，对维护当事人的诉讼权利、促进和保障诉讼法律制度的顺利运行、维护司法公正与权威具有重要意义。因此，法院在构建检察建议回应机制时，必须秉持尊重与支持检察监督的原则，保障检察监督权的正常行使。诚如最高人民法院江必新副院长在“两高”组织召开的共同维护司法公正和司法权威座谈会上所指出的，人民法院的诉讼活动接受检察机关的法律监督是我国政治制度和司法制度的特点之一；依法接受检察机关的法律监督是建立公正、高效、权威的社会主义司法制度的客观需要；进一步加强检察机关法律监督是新一轮司法改革的重要任务。人民法院应当充分认识接受检察机关法律监督的重要意义，提高接受监督的自觉性。① 特别是对于检察机关所提工作改进检察建议，人民法院要秉持“有则改之，无则加勉”的态度诚恳对待。为体现检察监督的严肃性，法院对于检察建议应当予以充分重视，对于每一份检察建议都应指派专门部门审查处理，落实工作责任，扎实调研、认真回复，确保检察建议回复函件的内容和形式都符合规范要求，以充分发挥检察建议促进司法公正、提升审判质量和效率的作用。

（二）法检协调，相互促进提升司法公信力

检察建议制发和运作机制存在的瑕疵往往会影响到法院回应机制的有序运行，进而影响检察建议制度建立的目的。因此，检察建议回应机制的构建不应是法院一家闭门造车，法检两家应积极配合、相互协调。检察机关应当规范与统一检察建议的制发程序，提高检察建议的准确性与针对性；法检两家应不断统一执法认识，适时调整程序设置中不合理之处，共同提高检察建议运行的效率与效果，提升司法的公信力。具体制度设置上，（1）法院应当认真对待、及时回复。法院内部应建立较为完备的检察建议反馈、落实与考评机制，督促具体承办检察建议的部门及时办理、及时回复、及时落实。（2）

① 参见《共同维护司法公正和司法权威》，载《检察日报》2011 年 5 月 10 日。

检察机关应厘清检察建议的适用范围。为确保检察建议回复机制运作顺畅，确保检察监督实效，检察机关应当准确界定再审检察建议与抗诉以及与工作改进检察建议的适用边界，准确界定工作改进检察建议与纠正违法意见书的适用边界。检察机关应当以节约监督成本、提升监督效率为前提，选择适当的监督方式。特别是对裁判中虽有错误，但不符合再审程序启动条件的，应当通过提出工作改进检察建议方式进行监督，以切实提高再审检察建议的严肃性与实效性。

（三）全程管控，设置统一受理、分类处理流程

为提升检察建议处理效益，法院应指令一个或两个部门统一受理和管理检察建议。但是针对不同类型的检察建议，则应区分具体的内容，指派不同的部门处理，实现检察建议处理的专业化。

对再审检察建议而言：首先，法院应对再审检察建议案件实行统一管理、专门审查。法院收到检察机关的再审检察建议材料后，应先由立案庭作形式审查，重点审查材料是否齐全，建议主体是否适格，是否属于可提出再审检察建议的裁定、判决或调解，是否指明再审事由，程序要件是否已经满足等。符合受理条件的，则编立专门的“检建审”案号，移交审监庭进行实质审查；因材料不齐全等原因不符合受理条件的，及时告知检察机关在合理期限内补足材料；如经补正仍不符合受理条件的，则书面告知检察机关不予受理，说明理由，并将材料退回。针对当前部分检察机关忽视级别管辖与属地管辖规定，跨级、跨辖区发送再审检察建议的现象，收到检察建议书的法院可作退回处理。如检察机关认为仍有必要提起再审检察建议的，则可以通过检察机关内部的沟通、协调机制，将案件移送给作出生效裁判法院的同级人民检察院，由后者提出再审检察建议。其次，由审监庭对正式立案的再审检察建议案件进行实质审查。审查方式以成立合议庭进行书面审查为主，如有需要也可举行听证或者依职权调查。审监庭审查后，如认为再审检察建议的内容成立，经审委会讨论决定后应当提起再审；如认为检察院提出的理由不充分，原生效判决、裁定或者调解不符合再审情形的，应不采纳再审检察建议，并直接书面函复检察机关，说明理由；如认为再审检察建议反映的问题属实，但因案件的特殊情况不宜提起再审的，应及时与该检察院沟通，说明情况，双方共同协商寻找妥帖可行的解决方案；当事人已达成和解协议并履行完毕，且不损害国家利益、社会公共利益和第三人利益的，及时函复检察院，说明理由，不予再审。最后，要规范管理函件回复流程。再审检察建议的回复，

视情况宜采用函复或者直接寄送决定再审的民事裁定书等形式。若采用函复形式，落款部分则统一参照公文样式，在日期上盖有法院印章，省略法院名称的文字表述。不予受理的，寄送不予受理的函；决定不予再审的，寄送不予再审的函；决定再审的，寄送决定再审的民事裁定书。再审结案后，再行寄送再审裁判文书。

对工作改进检察建议而言，其回应机制的构建，应当依据“三大诉讼法”以及《最高人民法院、最高人民检察院、公安部、国家安全部、司法部关于对司法工作人员在诉讼活动中的渎职行为加强法律监督的若干规定（试行）》《两高会签文件》等有关法律、规范性文件的精神，并参考公文管理的相关办法进行。首先，应明确由立案庭归口接收。① 工作改进检察建议原则上由接受建议的人民法院立案庭负责统一接收。检察机关将检察建议直接发送到涉案部门的，接收部门应在收到后二日内移交立案庭，统一办理登记、分类、分发工作。立案庭在编立统一字号后，根据建议的内容分发至相关部门进行后续处理。其次，由建议所涉部门负责具体办理。各相关部门接到分流办理的检察建议后，应当落实人员就建议涉及事项认真审查、核实，确认建议是否采纳，并根据相关核实情况逐案书面回复检察机关。检察机关提出的检察建议所指问题确实存在的，应依法纠正，并及时回复检察机关；无法立即纠正的，应当将有关情况及时回复检察机关，并落实整改措施，防止相同问题继续出现；检察机关提出的检察建议内容无法核实或者确实有误的，应将核实过程、理由和结论等回复检察机关。工作改进检察建议的回复以“函”的形式，并以立案庭统一编发的检察建议字号作为序号，编发统一的“复”字号（检建复字第×号），便于查阅和跟踪落实。最后，由审监庭负责备案与跟踪。各部门对工作改进检察建议的处理意见应报审监庭备案。审监庭对各审判业务庭提交备案的反馈意见应当定期梳理，对检察建议工作中存在的认识不一、有待商榷的问题进行汇总，通过联席会议等形式与检察机关相关部门加强沟通研讨，从而保障检法之间有关检察建议的制发、接收、回复，以及后续跟踪、监督的畅通。

① 对检察建议的接收，目前各法院做法不统一，有的法院统一归口由审监庭负责，如上海市黄浦区人民法院（参见《黄浦法院2013年度检察建议办理情况白皮书》，载上海法院信息网）。本文建议由立案庭归口接收，主要基于人民法院“立审分立”工作原则，加之信访件处理、再审立案等均由立案庭归口接收的职能分工的考量。

分权模式下执行权授权行使研究

上海市第一中级人民法院执行局课题组*

引　言

近年来，人民法院不断加大执行工作的改革与创新力度，但由于受司法体制机制等因素的制约，一些深层次的问题仍难以触及。2011 年 11 月 19 日发布的《最高人民法院关于执行权合理配置和科学运行的若干意见》（以下简称《意见》）将执行权划分为执行实施权和执行审查权，前者的范围主要包括财产调查、控制、处分、交付和分配以及罚款、拘留措施等实施事项，后者的范围主要包括审查和处理执行异议、复议、申诉以及决定执行管辖权的移转等审查事项。这标志着执行权行使分权制衡模式的初步建立，对于防止执行中的乱作为、不作为等问题有较大的作用，然而，对于当前民事执行所面临的主要直接困难——案多人少的矛盾并无根本解决之道。因此，在当前司法改革的大幕开启之时，如何在推进执行权更好的分权运行的同时，解决执行实践中直接面临的难题，需要我们从制度的层面予以考虑，并提出解决之道，本文即是基于这一目的的探索。

本文所称的执行权授权行使，指的是执行法院通过特别授权的方式，将部分执行权范围内的权限，授权给满足一定条件的院外机构，由受托机构根据授权，按照相关法律对受托执行事项独立执法、自行承担责任的制度。

* 课题组成员：奚强华、冯惠民、汪立军、阮国平、唐荣刚、康邓承。

一、理论实践与改革大潮的契合：执行权授权行使的理论可行性与现实必要性分析

（一）执行权性质的双重属性，为执行权授权行使提供了理论可行性

关于执行权性质，主要有司法权、行政权以及司法行政权三种观点，一般认为通说是司法行政权说，即民事执行权具有司法权和行政权的双重属性，[①]《意见》对于执行权的划分，应基本是该说在司法实践中的体现。具体而言，执行权的执行裁决权基本属于司法权的范围，强调被动、中立、公正等司法权特性，执行实施权应更多属于行政权性质，更强调主动性、倾向性，效率等价值。依据我国《宪法》的规定，“人民法院依照法律规定独立行使审判权，不受行政机关、社会团体和个人的干涉。”因此，在现行的执行体制下，执行裁决权因其司法权的性质，专属于法院，应当是没有多大的异议的，执行实施权因其浓厚的行政权性质，应当说并非法院执行机构的当然职权，而实践中将部分行政职能委托给社会机构，也是普遍的做法，如政府购买公共服务，实际上就是将部分政府职能委托给社会机构行使。实际上，部分执行事项能否由执行机构以外的主体来行使，主要应当考虑以下几个方面：一是效率，执行实施权的内容，多是与查封、扣押、处分被执行人财产等，此类事项的特点便是时效性要求高，稍有迟延即可能造成被执行人的财产脱离控制，因此，需要对被执行人的财产线索作出即时反应，但是当前执行中案多人少的现状（具体情形将在下文叙述），如果将执行实施权全部交由执行机构实施，往往很难做到这一点。二是合法，毫无疑问，执行实施权属于公权力的范围，按照公权力法无明文规定不得为的基本原则，其归属于哪一主体实施应当有法律或者相关规定的授权，当前，除了评估拍卖等一些特定的执行事项依照司法解释等规定可以委托给执行机构以外的主体外，很少有法律法规或者司法解释规定执行机构以外可以实施执行权的部分，因此，在没有法律法规规定的前提下，将部分执行权能委托给其他机构，存在法律障碍，但这也正是本文试图努力改变的地方，相信这也是真正解决执行所面临的困境的正确途径。因此，从执行权的性质来说，将其中的具有行政权性质的部

① 参见谭秋桂：《民事执行权的配置方式与民事执行体制的构建》，载《法律适用》2006年第12期；侍东波：《论民事执行权性质及执行机构设置》，载《法律适用》2008年第10期。

分权能委托给执行机构以外的主体，从其性质上是可行的。

（二）当前执行机构人少案多矛盾空前突出，为法院执行授权行使提供了现实需求空间

当前，中级法院和基层法院执行机构中，案多人少的矛盾已成为一个普遍现象，而正在如火如荼推进中的司法体制改革，重点之一即是控制法官员额，如在上海的改革方案中，即将法官的员额控制在总人数的33%，因此，在可以预见的将来，法官的整体数量必将减少，并且执行机构较其他审判部门减少的员额可能更多，所以，势必加剧案多人少的矛盾。据上海法院2011年至2013年司法统计数据显示，三年中，全市法院执行案件收案量分别为98246件、105311件和111190件，年均增长约6.38%。而在此期间，全市法院执行法官数量基本维持在450人至480人之间，执行法官人数并未遵循随案件数量逐年增长的趋势而增长。2013年，上海全市执行法官的人数为479人，平均每人办理执行案件232件。基于执行案件基本归由基层法院管辖的实际，基层法院执行法官的年办案数量则远超上述平均数。如闵行法院在2013年受理执行案件9247件，而该院执行法官仅有18名，人均办案514件。按照当前的法律规定，每一起执行案件，被执行人的房产、股权、车辆、银行存款、工资收入等财产均属于必查项目。因此，每起案件至少得实施5项财产查控行为，且许多被执行人拥有多个银行账号、多处房产，就必查财产项目而言，该院执行法官该年至少得实施2570起财产查控行为，即使除去依照集中的点对点查询等方式，部分本市的银行存款、工商、房产等信息可以无需承办法官实地查询，工作量依然十分巨大。若再将银行账号3个月就得续封一次等计入其中，其工作量还得大幅增加。而当前，随着余额宝、具有财产价值的网络虚拟财产等新财产类型的不断涌现，实际查控行为远超上述统计。而当前，法定的年实际工作日约为250天，该院执行法官每天至少需实施10起左右财产查控行为。在当前被执行财产分散各处，且车多路堵的情况下，上述繁重的任务越发成为一项可望而不可及的梦想。加之当前国家紧缩编制、严控公职人员，特别是在当前司法改革控制法官员额，且很有可能进一步缩减执行机构法官人数的情况下，传统的增编加人的扬汤止沸型解难办法已步入尽头，必须创新思维，将社会力量引入到法院执行中，将部分执行权能委托给执行机构以外的主体，以期另辟蹊径解决好这一亟待破解的难题。

（三）执行权过度集中所呈弊端及域外司法实践，为法院执行权授权行使提供了动力和样本

当前，我国执行案件普遍实行的是“独任制”的执行模式，即由一名执行法官自始至终负责整个案件的执行（不排除部分执行事项，如案件的执行异议、案外人异议由其他法官处理）。此种承办模式，虽然具有效率高的优势，但由于缺乏有效的监督制约，滋生不少司法不廉等问题，当前社会中存在的对法院执行机构、执行人员的一些负面看法，与这一点不无关系。一些法院虽然也在尝试分权制约，如将案件按照一定的节点，由不同的承办人分段执行，但因依然是在执行机构内部的分权，相互制约的效果还不明显。随着对执行权性质的认识的深入，以及为了防范执行中廉政等风险的必要，构建执行权分权制约机制成为一种现实需要，《意见》出台的初衷亦可能基于这一点。而将社会力量引入到法院执行中，通过适当的方式将部分执行权能授予法院以外的机构，可以彰显内外分权行使过程中所应有的分权制约效能。另外，从域外相关情况来看，无论是大陆法系的法、德，还是英美法系的英、美等国，都建有职能相类似的执达员制度，即技术含量较低、重复性的事务性工作由执达员实施，执行法官则主要负责执行裁决、监督等事项。如德国的司法执达官本质上并非法官，一般只在执行法院的监督下办理较为简单的执行法律事务，但执行标的仅限于有形动产，而执行法院主要负责比较复杂或者含有高难度法律问题判断的执行案件等。[①] 目前，虽然国内将执行案件或者部分执行事务委托给独立第三方行使的研究还比较少，但在民事诉讼中诸如委托社会力量评估拍卖，委托社会力量进行鉴定评审等事务则比较成熟，可为法院执行引入社会力量提供有力的借鉴。此外，在当前一些法院中，已大量存在社会力量介入法院执行的案件，如协助执行网络中的协助执行单位，有的法院还参照人民陪审员的模式，聘用陪执员参与实际执行等。但现行的陪执员等尝试，都存在着人员素质不高、不独立担责等问题，只是变相地帮助法院增加了些人手，而运行机制和执行效率等方面，与先前并无二异。此外，“政府购买公共服务已经成为当前我国改革和发展的主要内容和重要目标……”[②] 因此，法院借鉴政府购买公共服务的方式，将社会力量引入到法院执

① 参见严军兴、管晓峰主编：《中外民事强制执行制度比较研究》，人民出版社2006年版，第52～61页。

② 赵玉宏，郭万超：《我国政府购买公共服务模式分析》，载《城市管理与科技》2013年第1期。

行之中，是解决当前法院案多人少的有效途径。

（四）社会专业法律服务机构的蓬勃发展，为法院执行权授权行使奠定了必备的人力基础

近年来，随着法学高等教育的飞速发展，法学高等院校毕业生源源不断进入劳动力市场。据统计，截止 2014 年年初，中国拥有 634 所法学院系；法学专业在校生人数已达 30 多万人，比改革开放之初增加了 200 多倍，且在校生规模还在不断扩大。[①] 而据麦可思研究院与《麦可思研究》编辑部，在中国社会科学院举行“2013 中国大学生就业报告发布暨研讨会”上公布的信息，2012 届法学本科毕业生的就业率排名居于倒数第三名（见下表）。

2012 届就业率较低的主要本科专业（前 10 位）

主要本科专业名称	毕业半年后就业率（%）
生物科学与工程	85.4
音乐表演	85.9
法学	86.0
数学与应用数学	86.0
……	……
全国本科生平均	91.5

另据上海市律师协会对外公布的数据统计，截至 2013 年年底，上海市共有律师事务所 1222 家，同比增长 5.3%，全市共有律师 16692 人，同比增长 6.1%。而根据上海市律师协会 2007 年发起的，对全市 49 名 35 岁以下的青年律师执业调查显示，受访律师一半以上年收入在 1 至 5 万元，34.9%的律师收入在 5 至 10 万元，只有 13.9%的律师收入在 10 万元以上，[②] 而决定收入的最根本的因素就是收案数量与质量，新入行的律师因为案源缺乏，导致收入不高。由于没有最新的统计数据可印证，但根据笔者的了解，最近几年来，虽然上述的状况有所改观，但其基本形态仍未得到根本的扭转，即当前法学专业毕业生的数量很大，就业艰难，律师行业又有大量新进入的律师案源不

① 马海燕：《中国法学专业在校生超 30 万，亟需涉外法律人才》，载中国新闻网 http://www.chinanews.com/edu/2012/09～21/4202591.shtml，2014 年 4 月 19 日访问。

② 王凤梅：《青年律师生存状态调查报告出炉》，载上海市律师协会网站 http://www.lawyers.org.cn/info/80f78af9dca142d8845e05992ae037b2，2014 年 4 月 19 日访问。

足，收入较低。因此，在当前法学毕业生供大于求，法律市场尚未完全激活的情况下，上述亟待就业和拓展业务的大批专业法律人才及法律服务机构，为法院执行引入社会力量提供了庞大的法律专业人才储备。

（五）司法改革试点与自贸区建设的大幕开启，为执行权授权执行提供了契机与平台

十八界三中全会通过的《中共中央关于全面深化改革若干重大问题的决定》决定推进法治中国建设，目的是深化司法体制改革，加快建设公正高效权威的社会主义司法制度，维护人民权益，让人民群众在每一个司法案件中都感受到公平正义。随即，上海等六省市的司法改革大幕据此徐徐开启。当前，社会舆论以及相关主体的关注点大多集中在司法人员分类管理的改革上，实际上十八界三中全会决定，重点与核心就是要健全司法权力运行机制，优化司法职权配置，健全司法权力分工负责、互相配合、互相制约机制，加强和规范对司法活动的法律监督和社会监督。最高人民法院亦相应的部署了司法权运行机制改革。毫无疑问，当前语境下的司法权包括了执行权，结合执行权运行的自身的不足以及其当前面临的现实困境，执行权的运行机制改革，理所当然应包括在司法改革之中。

前面已经提到，将执行权授权给执行机构以外的主体行使，存在一个主要障碍就是没有法律的明确规定。因此，结合上海同时试点司法改革与推进自贸区建设的巨大优势，在自贸区范围内先行试点，不仅可以检验执行权授权行使是否具有可操作性，也可以为执行权运行机制的整体改革积累经验。同时，根据上海自贸区建设的整体构想和部署，其被赋予先行先试的任务，在相关法律的适用上，拥有暂时调整适用的权力。所以，在上海自贸区率先试行社会力量参与法院执行工作，不仅可以解决与当前法律架构相冲突的尴尬，而且还为社会主体参与法院执行试点提供了绝好机会：（1）自贸区的目标之一就是要达到法治环境规范，要形成可复制、可推广的经验，以期发挥示范带动、服务全国的积极作用，促进各地区共同发展，为全面深化改革和扩大开放探索新途径、积累新经验，而这其中当然也包括执行法制环境的建设和完善。（2）自贸区拥有先行先试的政策红利，为法院执行引入社会主体创建了难得的试验平台，进而有效避开法律依据不足的尴尬。（3）自贸区本身范围较小，在自贸区进行相关试验改革可控性比较高，不至于产生大的不利影响。（4）自贸区的经济、社会环境更为复杂，在其境内获得的经验，具有更高的可推广性和可复制性。因此，在当前环境下，立即整体推进执行权

授权执行基本很难行通，而通过小范围试点，总结改进后再推广的方式，不仅可以享有政策的红利，也符合改革的规律。

二、参与门槛的从高设定：确保参与主体不敢滥为且有所作为

执行权授权行使，不仅是缓解当前执行机构案多人少矛盾的权宜之计，更是逐步推行执行实施权与执行审查权内外相分离的根本举措。故，在执行权授权行使的进入门槛设置上，当坚持从高设定的原则，确保将优秀的、诚信的、综合能力强的社会主体吸纳进来。

参照人民法院选定委托、评估拍卖等机构的标准，以及出于试点的谨慎考虑，可从参与机构的资格限定和以及参与人员的资格限定两方面设定必要的准入门槛。

对于参与机构，可设置以下两项准入指标：一是主体资格的限定，即参与法院执行的机构应当依据相关的法律法规依法设立，具有独立的民事主体资格，如律师事务所应当依据《律师法》《律师事务所管理办法》等法律法规的规定依法登记设立。二是一定资产数额的限定，如需拥有固定的经营场所以及拥有一定的资本等。要求参与执行的社会机构具备一定的资产，主要是考虑到其错误执法后的责任承担，若其在执行过程中出现违法行权或工作失误，给相关主体造成损失的，能够具有承担责任的能力，否则将会引发次生纠纷。基于执行案件的类型不一以及执行实施行为的要求不同，当设定统一的综合标准，即参与机构年度资产总额不得低于人民币 500 万元，且年度交纳企业所得税不得低于人民币 100 万元，以确保违法行权后有足够的财力自负其责。三是机构类型的限定，参与执行需涉及大量的法律理解与适用，故，参与执行的机构当以律师事务所或者专业的法律服务机构为主。四是规模条件的限定，承接一般案件财产调查与查控任务的，律师事务所应有执业律师 20 人以上，以及具有法律专业学科背景的人员若干，以确保具备独立担当相应任务的人力基础。

此外，还需设立必要的禁止性准入门槛：一是信誉门槛，即不能或者在一定时期内不能具有违反行业道德或者违法违规的记录，如律师事务所及所内律师因违反行业规范，受到行业处分或受到行政处罚的；不能存在有偷税漏税行为等；二是回避门槛，即参与法院执行的社会机构或其成员，系执行案件当事人、代理人或利害关系人的，则不得参与该执行案件的执行。

三、介入事项的有限赋予：明晰社会主体参与法院执行的从属地位

根据民事执行理论，民事执行权主要分作执行裁决权和执行实施权两大项子权力。从各国民事执行的具体实践来看，执行裁决权往往都配置于法院，即便是执达员制度历史十分优久的法国亦为如此。[①] 故对于社会主体参与法院执行的介入权能而言，对于执行裁决权而言，当排除于其所能介入的内容之外。对于执行实施权，根据其内涵之所盖，其包括调查权、实施强制措施权、执行财产处分权以及其他执行行为实施权等分支权能。根据我国素来以法院为单一执行主体的司法实践，以及念及当前法律等因素的制约，在试点初期，社会主体不能全部介入分享所有的执行实施权，而应持谨慎态度，有限受托行使部分执行实施权。基于稳妥起见、逐步深入的考虑，当前，社会主体可介入和分享下述执行实施权。

（一）被执行财产的调查实施权

调查权是实施强制执行的一项重要权力，是保障案件得以兑现的重要条件。根据执行实务中所常见的调查类型来分，其可划分为：一种为与被执行人不相接触的背对背式调查，如到第三财产登记或管理机构诸如银行、工商、证券等部门调查被执行人名下财产状况等，此类调查数量很大；另一种则为与被执行人相接触的面对面式调查，如搜身、入户搜查等，此类调查数量相对较少。对于第一种类型的调查，可赋权给社会主体予以调查，一方面可以大大减轻执行机构的调查压力，另一方面可以给参与主体提供足够的案件来源，维持其参与的动力。而对于第二种类型的调查，因其可能会涉及对被执行人人身等使用强制执行力，进而可能涉及对当事人的人身自由的限制，法律对其实施的主体及适用条件等要求都非常高，故对这一类财产调查内容，仍应当归由法院执行人员依法行使。

（二）被执行财产的控制措施采取权

本文所谓的控制权，即在上述的财产调查中，发现被执行人有可供执行的财产时，即可根据金钱、动产、不动产和财产权利等不同执行对象，分别

① 参见谭兵主编：《外国民事诉讼制度研究》，法律出版社2003年版，第412页。

采取查封、扣押、冻结、划拨等方式，将被执行财产交由执行法院所掌控的行为。承上节所述，此中的控制权，仅限于被执行财产，而不包含对被执行人及相关责任人的人身控制。此中，社会主体在对被执行财产的控制上，其控制权的最终的指向只能归结为执行法院所掌控，即被执行资金的划拨流向等，只能是执行法院的代管账户，而不能划转到社会主体自身的账号，即便是申请执行人的账户，也不得由其直接转入，而只能由执行法院依法予以发还给申请执行人。此即社会主体仅拥有对被执行财产的控制措施采取权，而绝不得拥有被执行财产的实际控制权和处分权，以防范其在行权过程中发生不可预测的道德风险，确保案件当事人的利益。

（三）被执行人资产状况核查及其他违法行为调查实施权

《民事诉讼法》第241条规定，被执行人未按执行通知履行法律文书确定的义务，应当报告当前以及收到执行通知之日前一年的财产情况。该项规定，在找寻到被执行人的情况下，被执行人一般均会提交财产申报表，但按图索骥、逐项查验财产的工作却是一项十分琐碎的任务。许多法院因执行人员人手紧张等问题，致使申报财产的查验工作出现走过场的现象，使得被执行人财产申报制度未能发挥其应有的威慑效能。故，此项工作交由社会主体实施后，不仅能够有效解决法院因人手紧张的问题，而且还能有效彰显该项制度的打击与威慑效应。另外，最高人民法院还出台了《关于限制被执行人高消费的若干规定》及《关于公布被执行人失信名单信息的若干规定》等法律文件，对不诚信被执行人形成了有效威慑。但由于法院人手不足等因素，致使对被执行人违反上述规定的调查取证等方面存在严重不足，使得一些违反上述规定的被执行人未能及时得到应有惩罚。故，参与法院执行的社会主体在不干涉被执行人人身自由的情况下，可通过调取被执行人高消费走账记录、高档酒店住宿监控等形式，来获取被执行人违法高消费的初步证据，为执行法院依法对其实施惩罚奠定必要的证据基础。

四、相互关系的清晰界定，严格区分相关各方的权责边界

清晰界定执行法院与受托参与法院执行的社会主体之间的关系，是维系社会主体参与法院执行制度建设的一项基础性工程。此前，一些执法机构所招募的一些诸如协管员之类的辅助执法人员，因受其与所在执法单位之间存在关系界定模糊、职责区分不清等问题，致使执法过程中滋生出社会热点问

题后，曾出现执法单位将责任推诿给协管员，而被社会戏谑为“临时工”现象，严重影响到了国家机关的公信力。故，法院执行中引入社会主体时，应当引以为戒，严格界定执行法院与参与执行的社会主体之间的关系，按照规范授权、独立行权、各负其责的原则，设定好各自的权力边界。

（一）执行法院对社会主体介入执行拥有程序决定权和全程监督权

在当前法律语境下，人民法院仍需当仁不让地成为强制执行的主体，将社会主体引入法院强制执行，并非意味着执行法院即可充当“甩手掌柜”，就可理直气壮地自身的职责转嫁给社会主体，就可颐指气使地指挥社会主体去完成本应由执行法院所担负的法定职责。而是基于当前执行事务空前膨胀、提升执行效率以及实现分权制约目标等因素的综合考虑，将强制执行中的部分事务性事项交由社会主体去完成，所介入的社会主体仍只起着补充和辅助作用，执行法院仍是强制执行的第一责任人。执行法院第一责任人主体地位的确立，即昭示着执行法院在社会主体的介入和监督上占据着主导地位，其主导性主要体现在以下两个方面：第一，是执行法院对社会主体的介入拥有程序决定权。此项权力包括两方面的内容，一是程序的启动权，即表明社会主体介入法院执行的权力非与生俱来，而是需得执行法院的明确授权，即需执行法院一事一授权或多事一授权，且社会主体的行权范围只能严格限定在执行法院所授权范围之内；二是程序的终止权，这一权力是与其后的监督权结合的，即执行机构在监督实施的过程中，发现相关主体违法行权的，可以终止其实施执行措施的权利。第二，是执行法院对社会主体的行权拥有全程监督权。执行法院一旦授权与社会主体，即刻褪去是相应事务的执行实施权，但同时即刻拥有对授权事项之全程监督权。执行法院对社会主体实施监督权，可遵循两种模式予以提起，一种为依职权提起；另一种则为依案件当事人的申请予以提起。监督的范围当严格限定在所授权之范围内，主要监督是否存在渎职、滥权和越权等行为，与前述程序决定权相结合，以确保社会主体在行使法院部分执行权中不敢滥为。

（二）社会主体在执行法院授权范围内拥有独立执法实施权

权责分明、独立行权、责任自担，是检验社会主体参与法院执行试点建设能否取得成功的关键性因素之一。故在社会主体参与法院执行试点建设中，首当其冲的，便是要防范社会主体与执行法院之间存在人身依附关系和职责混同等问题。当前，可从以下三个方面加强各自独立性建设：一是社会主体的行权边界当严格限定在授权范围之内。即参与法院执行的社会主体只能在所授权的范围内行权，法院授权书是其行权的权源，是其行权的红线和边界，逾越即违规，相关当事人即可要求其赔偿。二是独立行权的范围涵盖授权事项全部内容。即执行法院一旦将某项执行事务授权于社会组织，其即对该授权事项具有排它性的独享权，非其存有违法行权之事实，执行法院即不得将该授权予以变更或撤销。三是执行法院只具监督权。执行法院一旦授权出去，便对授权事项只具有监督权和成果归享权，而不能具有任何的干扰或替代行权行为。而此种监督一般也只能是事后的监督，而不能以事前防范为由干预社会主体的行权，亦即不干（干预）过程只看结果（即成果）。

（三）执行法院和社会主体在各自职责范围内独立承担责任

从上述“参与门槛的从高设定”一节即可得知，所介入的社会主体均系具有独立法人资格的民事主体。根据《民法通则》第 36 条之定义，法人是具有民事权利能力和民事行为能力，依法独立享有民事权利和承担民事义务的组织。而根据第 37 条法人所应具备的条件，即需有必要的财产或经费和能够独立承担民事责任中可看出，法人具有承担责任的能力。故，社会主体参与法院的强制执行后，在授权范围内行权时，一旦出现违法或渎职等行为，当独立承担损害赔偿责任。对于社会主体错误执法所造成的损害，受害人的索赔对象当指向谁？基于申请执行人是直接向法院申请强制执行，而其并未与社会主体发生过任何的授权与委托关系，仅系执行法院与社会主体之间的直接授权。故，从便于当事人索赔等需要，一旦社会主体在行权时造成执法损害的，受害人可直接向执行法院索赔。事后，执行法院可再向社会主体追偿。对于将来该项制度发展到申请执行人可自主选定社会主体参与执行时，该社会主体对造成执法损害的，相关当事人则可向该社会主体索赔。

五、赋权路径及报酬计付，致力激发社会主体参与执行的后劲

俗语云：无利不起早。在现代商品经济社会里，正当的逐利行为非但不具贬义性，反而是创造社会财富、推进社会发展的根本动力。尤其是作为具有商事主体资格的律师事务所等商事主体而言，获取必要的利润不仅是其获以设立的前提，更是维系其生存和发展的必要物质基础。故，给予参与法院执行的社会主体以相应的服务报酬，是激发社会主体参与法院执行的根本措施。

根据《国务院诉讼费用交纳办法》第38条及第12条等法条的规定，强制执行费用均由被执行人承担。这一费用承担原则，不但加大了不诚信被执行人的失信成本，迫使被执行人主动且尽快履行法定义务，而且也不经意中为社会主体参与法院执行获取报酬预留了制度窗口。但此种制度性窗口，如果一旦被肆无忌惮地加以滥用，就将变为对被执行人权益无以复加的制度性戕害。故，当针对执行法院必查必控财产项目和当事人自选查控财产项目，有区分地确定付费主体及报酬标准，以确保社会主体获得必要报酬的同时，既能兼顾到执行法院的支付能力，又不至于损害到被执行人的合法权益，实现各方权益的相得益彰。

（一）法院依职权必查必控事项的赋予路径及报酬计付

根据当前的法院强制执行实践，除非执行依据所判明直接给付特定标的物，以金钱为给付内容的强制执行，执行法院一般需对被执行人名下的下述财产状况进行详尽查控：银行存款、机动车辆、房地产、工资收入（个人）、股权投资以及申请执行人提供的有形财产线索等，上述财产查控内容，应当说是当前每个执行法院实施财产查控必做的规定动作。对于上述规定内容的财产查控项目，其实施义务主体应当归属于执行法院，执行法院可将上述事务授权于社会主体实施。由于执行法院将本应归由自己所担负的任务授权给社会主体去完成，执行法院必定由此节余了相应的执法成本，法院应将该节余部分支付给实际承担劳务付出的社会主体。否则，不仅执行法院有以此谋利之嫌，而且被执行人还存在有为此重复付费之虞，进而损害到被执行人的权益。对于该部分必查财产事务的报酬记付问题，基于其查控方法较为简便，查控路径简单明了，所投入的人力成本普遍较小，以及鉴于当前法院办案保障经费标准普遍偏较的现状，对该部分劳务报酬计付，可参照机动车强制险与商业险的做法，即上述必查必控财产项目的报酬计付标准，以满足社会主体必要查控成本支出兼顾微薄盈利为原则，由执行法院支付，待有执行到位财产时，再从执行到位财产中予以扣除。

（二）申请执行人自选执行事项的赋予路径及报酬计付

对于上述规定查控项目之外的财产查控，诸如具有财产价值的网络虚拟财产、现今种类繁多但权属登记形式不一的大额团购券以及如今发展劲头正猛的互联网理财产品（如余额宝、微信的财富通）等，由于此类新型财产，许多并不一定是采取实名登记的方式直接记载于被执行人名下，而是通过被执行人手机号码或其他与其身份具有连接关系的方式登记拥有，如有的被执行人以其微信账号在网上认购和囤积有大量的代币券或团购券。对此类必查财产范围之外的财产有查控需求的，申请执行人可采取列举的方式申请法院予以调查和控制，执行法院可将其申请授权与相应的社会主体予以调查和控制。对此部分的报酬，则可采满足实际支出成本的基础上，允许其获取合理利润的报酬计付原则，由申请执行人向调查机构预付可能实际支出的成本，若该申请查控的财产实际执行到位的，则从中优先扣付给预付查控费用的申请执行人，若未实际查控到财产的，则由该申请执行人自担。对于采取该部分财产查控措施的合理利润部分，则视该项查控有否实际查控到财产，实际查控到位的，则依实际被查控到位的财产数额为基本计付标准，按下述比例从上述最终执行到位的财产中优先支付给调查机构作为其合理利润：

实际查控并最终执行到位财产数额（人民币）	支付合理利润报酬的计付比例
1万元至10万元	按照2.5%交纳
10万元至20万元	按照2%交纳
20万元至50万元	按照1.5%交纳
50万元至100万元	按照1%交纳
100万元至200万元	按照0.9%交纳
200万元至500万元	按照0.8%交纳
500万元至1000万元	按照0.7%交纳
1000万元至2000万元	按照0.6%交纳
超过2000万元以上部分的	按照0.5%交纳

上述这一报酬计付模式，既可防止在当前完全免费申请法院查控模式下，申请执行人因其无需产生任何查询成本，便时常出现一些求偿心切的申请执行人，频繁向执行法院提交一些道听途说的所谓财产信息，要求执行法院予以查控的情况。此类子虚乌有的所谓财产线索，不仅浪费了大量的司法资源，而且还常反遭致申请执行人的投诉和不满。上述这一报酬计付模式，为申请执行人在规定财产查控项目之外的财产查控需求，设置了一定的成本支出风险，不仅可促使申请执行谨慎提供财产线索，而且还能有效激发社会主体查控更多财产线索的积极性，进而有效提升执行工作效率和案件执行到位率。

《刑法修正案（八）》实施后盗窃案件相关问题研究

上海市第一中级人民法院课题组*

《刑法修正案（八）》将多次盗窃、入户盗窃、携带凶器盗窃、扒窃与盗窃财物数额较大并列纳入盗窃罪的范畴，盗窃罪的定罪量刑受到了较大影响。为了准确适用法律的新规定，2013年4月2日最高人民检察院、最高人民法院发布了《关于办理盗窃刑事案件适用法律若干问题的解释》（以下简称《盗窃解释》），具体明确了盗窃罪的定罪量刑标准。即使如此，对几类特殊盗窃相关的新疑难问题研究依然薄弱，司法实践中仍然存在诸多争议。

一、现实的困境

案例一：2013年5月22日夜，被告人黄某某在上海市徐汇区田林街道某小区楼下盗窃价值人民币（以下币种相同）150元的自行车一辆，后黄某某被上海市公安局徐汇分局处行政拘留十日；同年8月2日夜，黄某某在上海市长宁区虹桥路街道某小区盗窃电瓶车时，因突生怜悯之心，便放弃盗窃并离开；同年12月11日夜，黄某某在上海市徐汇区天平路街道某小区盗窃电瓶车时被公安机关抓获，后如实供述了上述事实。

案例二：2013年7月19日凌晨，被告人李某窜至上海市奉贤区某乡镇被害人梁某的住处，采用捂嘴、掐脖子、言语威吓等手段，强行与梁某发生性关系。因梁某乘机反抗呼救，李某遂用力掐压被害人脖颈致其窒息死亡。在逃离现场前，李某又将被害人放在床上的一部价值人民币600元的手机拿走。

案例三：2014年4月26日23时许，被告人刘某某携带长柄老虎钳窜至上海市闵行区某小区盗窃电瓶车时被小区保安王某某发现，刘某某向王某某挥动长柄老虎钳，并借机逃脱。

---

* 课题主持人：黄祥青，课题组成员：周强、任素贤、秦现锋。

案例四：被害人周某某在上海市金山区某大酒店二楼包厢内请朋友吃饭，并随手将自己的皮包放置于身旁的空椅子上。被告人陶某某利用其单独负责该包厢服务的便利条件，趁人不备，从周某某的皮包内窃得现金10000元。

盗窃罪相关的疑难问题集中在《刑法修正案（八）》新增加的四类特殊类型的盗窃罪。在以上4个案例中，行为人均实施了新类型的特殊盗窃行为。案例一中，行为人实施了三次盗窃行为；案例二中，行为人非法入户后实施了强奸、抢劫和盗窃行为；案例三中，行为人携带犯罪工具实施了盗窃行为；案例四中，行为人在公共场合盗窃了被害人随身携带的财物。对于这些形式不一的盗窃行为该如何定罪量刑，即使《盗窃解释》已经对多次盗窃、入户盗窃、携带凶器盗窃和扒窃作出了规定，但是并未消除所有分歧。尤其是在面对上述具体案件时，更是见仁见智。

二、法律的解释

《盗窃解释》第3条规定：二年内盗窃三次以上的，应当认定为“多次盗窃”；非法进入供他人家庭生活，与外界相对隔离的住所盗窃的，应当认定为“入户盗窃”；携带枪支、爆炸物、管制刀具等国家禁止个人携带的器械盗窃，或者为了实施违法犯罪携带其他足以危害他人人身安全的器械盗窃的，应当认定为“携带凶器盗窃”；在公共场所或者公共交通工具上盗窃他人随身携带的财物的，应当认定为“扒窃”。《盗窃解释》根据立法规定和司法实践，较好地对特殊盗窃行为的概念作出了界定，但是却忽略了特殊盗窃行为成罪要件中是否存在数额标准的问题。对此，有观点认为，《刑法修正案（八）》将多次盗窃、入户盗窃、携带凶器盗窃、扒窃与普通盗窃数额较大并列规定，已经将这些特殊盗窃明确规定为行为犯，故特殊盗窃行为的成罪要件中不存在数额要求，一旦实施此类行为，即构成犯罪。对此，我们持有不同见解，主要理由阐述如下：

1. 法律解释应当注意条文内部的相当性。同一法律条文之中，并列存在多项规定的情况下，在对每一项内容进行理解和解释时，应当注意条文内部并列规定的法律相当性。这一点，在关于抢劫加重犯的理解和解释中已经有较为成熟的研究，即通过限缩解释对抢劫罪八种加重处罚情节中的部分情节进行限缩解释，从而使并列的规定达到法律的相当性，避免刑罚的失衡。这一思路，在盗窃罪中同样适用。根据《盗窃解释》的规定，盗窃罪中普通盗窃数额较大的标准为1000元至3000元以上。多次盗窃、入户盗窃、携带凶器盗窃、扒窃的犯罪金额只有十几元甚至几元钱的情形下，该行为对社会的危害性明显有别于普通盗窃已达数额较大的行为。如果在特殊盗窃的成罪要件中不作数额要求，将会导致法律条文内部的规定不具有相当性，最终导致刑罚的失衡。

2. 法律解释应当注意罪名之间的平衡性。在对法律条件进行理解和解释时，应当注意罪名之间的平衡性，尤其应当注意同类罪名和相关罪名的平衡。在对盗窃罪的条文进行解释时，应当将盗窃罪放置于侵犯财产罪这一大类犯罪中进行考量，不能一叶障目，不识泰山。在常见的侵犯财产罪的罪名中，一般认为社会危害性从大到小分别为抢劫罪、抢夺罪、敲诈勒索罪、盗窃罪、诈骗罪。比盗窃罪更为严重的抢夺罪和敲诈勒索罪的成罪要件尚有数额较大的要求，盗窃罪的成立也应当有相应的数额要求。从法律体系解释视角看，将三种特殊盗窃罪与同属财产犯罪的抢夺罪和敲诈勒索罪作比较，后两罪在侵犯他人财产基本属性的基础上也同样兼具对于被害人人身安全的现实危险性。依社会常识鉴别，抢夺罪因采用公然夺取方式，敲诈勒索罪因采用直接的暴力、胁迫方式，相对于总体上采用秘密窃取方式的特殊盗窃罪来说，对于被害人人身安全的危险性发生几率更高、危险系数更大；亦即抢夺罪、敲诈勒索罪的整体社会危害性程度尤烈一些。就成罪标准来看，立法者明确规定构成抢夺罪、敲诈勒索罪均以达到“数额较大”标准为必要。依照“举重以明轻”的当然解释规则，危害程度相对较轻的特殊盗窃罪，至少应当设置与此相当的定罪门槛。否则，同类财产犯罪的定罪标准就失去起码的协调性与正当性。

3. 法律解释应当注意条文之间的体系性。在对法律条文进行理解和解释时，应当具有整体性的眼光，不能仅仅狭隘于个罪的文字规定。当今世界各国刑法的体例基本是由总则和分则两部分构成。总则对分则具有指导和制约的作用……刑法总则与刑法分则紧密结合、相辅相成，才能充分和有效地实现刑法的各项功能和任务。[①] 我国《刑法》总则第13条规定：……但是情节显著轻微危害不大的，不认为是犯罪。根据这一“但书”的规定，特殊盗窃行为的成罪要件中也应当具有一定的数额标准，如果多次盗窃、入户盗窃、携带凶器盗窃、扒窃的犯罪金额仅为几元，又不存在累犯、前科等法定、酌定从重情节的，应当可以根据“但书”的规定，以情节显著轻微危害不大为

① 陆诗忠：《论我国刑法分则规范的完善——以总分则之关系的合理定位为切入点》，载《河北法学》2006年第5期。

由而不认为是犯罪，否则将导致刑法过于苛责，更会导致刑法总则和分则的适用冲突。

4. 法律解释应当注意法律制度的协调性。在对法律条文进行理解和解释时，应当具有全局性的眼光，从刑事法律制度的体系对法律规定进行解释。有观点认为，结合我国劳动教养制度废除的背景，盗窃罪的立法修改是将违法和犯罪合一的一元化体系的尝试。我们认为，这种观点有待商榷。我国传统的刑事法律制度是行政违法、劳动教养和刑事处罚并行的违法——犯罪二元化体系，即使劳动教养制度不复存在，以治安管理处罚为代表的行政处罚制度仍然存在，认为特殊盗窃罪的规定是我国刑事立法有意将违法与犯罪合二为一的一种尝试的见解，明显缺乏现行法律制度的支持。因此，在对盗窃罪作出解释之时，应当考虑到行政违法行为的存在，对特殊盗窃行为的成罪要件中设置数额标准，以给予盗窃行为的行政处罚留有空间，否则将导致行政违法处罚制度被架空，带来法律制度间的不协调。

对于特殊盗窃行为成罪要件中的数额标准，笔者认为，可以根据刑事政策、犯罪态势、地域平衡等因素，参酌普通盗窃数额较大的标准，取普通盗窃罪数额较大规定的50%至80%为宜。

三、特殊盗窃罪的认定

我们赞同司法解释中关于“多次盗窃、入户盗窃、携带凶器盗窃和扒窃”的相关规定，但是认为有必要进一步探讨多次盗窃、入户盗窃、携带凶器盗窃和扒窃规定中相关概念的内涵和外延，尤其要注重研究“三次”“入户”“携带”“凶器”“公共场所”“随身携带”等重要概念。结合司法解释的规定和上述案例，我们可以清晰地确定多次盗窃的认定难点在于“次数”的认定，入户盗窃认定的难点在于“户”和“入户”的认定，携带凶器盗窃的认定难点在于“携带”和“凶器”的认定，扒窃的认定难点在于“公共场所”和“随身携带”的认定。

（一）多次盗窃的认定

《盗窃解释》第3条第1款规定：二年内盗窃三次以上的，应当认定为“多次盗窃”。这一规定具有现实合理性，一方面，《盗窃解释》将多次限定于三次以上符合司法实践规律。多次盗窃的处罚根据在于行为人的犯罪习性及人身危险性，这又须在一定的时间段内有较多次的行为方能体现；另一方面，

《盗窃解释》将时间段限定于二年内也是基于现实考虑。若无时间条件限制，不仅会因为举证难度等增加司法成本，而且可能会陷于重刑主义的泥潭；若时间条件限制过短，则可能无法应对当下盗窃案件多发的形势，削弱刑法的威慑力。实践中，对于多次盗窃的认定应当注意以下四个方面：

1. 概括犯意与多次盗窃的认定

在一个概括的犯罪故意支配之下，连续实施多次的盗窃行为，如果各行为之间时间间隔较长，如数月，认定为多次盗窃自然无太大争议；如果各行为之间时间间隔较短，在大致相同的时空范围内，如在同一个夜晚连续对邻近的多个学生教室行窃，财物价值未达数额较大，能否认定为多次盗窃？我们认为，对此可以借鉴《最高人民法院关于审理抢劫、抢夺刑事案件适用法律若干问题的意见》中的规定，即对于行为人基于一个犯意实施犯罪的，如在同一地点同时对在场的多人实施抢劫的；或基于同一犯意在同一地点实施连续抢劫犯罪的，如在同一地点连续地对途经此地的多人进行抢劫的；或在一次犯罪中对一栋居民楼房中的几户居民连续实施入户抢劫的，一般应认定为一次犯罪。转换至多次盗窃中，对于行为人基于一个犯意实施犯罪的，如在同一地点同时对在场的多人实施盗窃的；或基于同一犯意在同一地点实施连续盗窃犯罪的，如在同一地点连续地对途经此地的多人进行盗窃的；或在一次犯罪中对一栋居民楼房中的几户居民连续实施入户盗窃的，一般应认定为一次犯罪，而不应当直接认定为多次盗窃。因为依据行为人一朝一夕的行为表现，很难得出其盗窃成性的稳妥判断。

2. 犯罪未完成形态与多次盗窃的认定

盗窃既遂行为计入多次盗窃的次数自然没有异议，但对于盗窃未遂、中止、预备等行为能否计入多次盗窃的次数尚存争议。对此，我们认为：第一，盗窃未遂行为可以计入多次盗窃的次数。多次盗窃的处罚根据在于行为人的犯罪习性及人身危险性，只要行为人着手实施犯罪，其犯罪习性及人身危险性已然体现，即使因为意志外的原因而犯罪未遂，也不应当影响多次盗窃的次数认定。第二，盗窃预备行为可以不计入多次盗窃的次数。一方面，盗窃预备行为的社会危害性较小，反映出行为人的人身危险性也不大，且犯罪预备行为的侦查、举证存在较大难度，故一般可以不计入多次盗窃的次数；另一方面，对于犯罪行为的性质、危害结果等严重的盗窃预备行为，必须予以刑事处罚的，也可以计入多次盗窃的次数。第三，盗窃中止行为，尤其是应当免除处罚的盗窃中止行为，不宜计入多次盗窃的次数。目前，实务上业已形成典型判例，即犯罪中止是表明行为人主观恶性及人身危险性减弱的事实，不宜用作相反方向的佐证依据；否则既违背法律逻辑性，也在刑罚适用上可能遭遇现实的困境，故一般不宜计入犯罪次数。①

3. 刑事、行政处罚与多次盗窃的认定

单从主观恶性及人身危险性程度方面考量，行为人在两年内受过刑事或行政处罚后仍不思悔改、再行盗窃，相较于没有受到过刑事或行政处罚的三次盗窃行为来说，前者似乎显现更大的处罚必要性。但是，根据刑法上的禁止重复评价原则和刑法适用的系统协调性出发，我们认为：对于两年内受到刑事处罚的盗窃行为，不能计入盗窃次数；但受到行政处罚的盗窃违法行为，不受此限。一方面，如果对已经受到刑事处罚的行为计入多次盗窃的次数，明显违反禁止重复评价原则，且可能造成累犯制度适用的混乱。前一刑事处罚为有期徒刑以上刑罚，后一处罚因认定为多次盗窃也应当为有期徒刑以上刑罚的，如果按照多次盗窃定罪处罚，能否适用累犯的法律规定，这将成为逻辑悖论。另一方面，单纯受到行政处罚的盗窃违法行为并不存在上述各种问题。行政处罚与刑事处罚的法律性质不同，自然不违反刑法中的禁止重复评价原则，也无关刑法适用的体系协调性，将此类行为纳入多次盗窃中进行刑事评价自然不存障碍。值得注意的，从有利于被告的原则，已经执行的行政处罚日期应当折抵之后判处的刑限。

4. 扒窃等特殊盗窃与多次盗窃的认定

扒窃等其他三种特殊盗窃行为能否计入多次盗窃的犯罪次数，这一问题实质在于扒窃等其他三种特殊盗窃行为的成罪要件中有无数额标准要求。在扒窃等其他三种特殊盗窃行为并无数额要求，甚至是行为犯的观点之下，只要实施了扒窃等特殊盗窃行为，盗窃罪已经成立，即使还有其他类型的若干次盗窃行为，也只是盗窃犯罪数额认定的问题，自然不存在多次盗窃犯罪次数认定的问题。我们认为，扒窃等其他三种特殊盗窃行为成立盗窃罪也应当有犯罪数额标准的要求，所以我们赞同多次盗窃不仅包括普通盗窃行为，而且包括特殊盗窃行为的观点。如果行为人因两年之内实施情节显著轻微危害不大的入户盗窃、携带凶器盗窃或扒窃行为三次以上，可认定为“多次盗窃”。②

---

① 参见赵秉志主编：《刑事法判解研究》（2011年第4辑），人民法院出版社2010年版，第101页。当被告人中止犯罪且没有造成损害时，依法应当免除处罚。如果将此种中止犯计入犯罪次数，构成多次犯罪，由此产生的刑罚量必然大于两次犯罪之果，于是很难与中止犯应当免除处罚的规定相协调。

② 张勇：《盗窃罪司法解释新论》，载《河北法学》2013年第10期。

（二）入户盗窃的认定

《盗窃解释》第3条第2款规定：非法进入供他人家庭生活，与外界相对隔离的住所盗窃的，应当认定为“入户盗窃”。在认定入户盗窃时，关键应当准确把握“户”和“入户”的界定。

1. “户”的认定

根据司法解释的规定，“户”应当具备两个特征：一是居住功能性。居住功能性要求户必须是正常供人家庭生活的场所。根据这一要求，正在装修的房屋、尚未入住的房屋、长期闲置的房屋等不能认定为“户”，因为这些房屋均未具备正常的居住功能。二是物理相对隔离性。物理相对隔离性要求户必须与公共场所存在明确的分隔界限和设施，这种隔离性的强度在不同情况下略有不同，如供人家庭生活的牧民的帐篷、渔民的渔船等虽然与普通的住宅围墙、房门的隔离性强度不同，但是仍然可以认定为“户”。

2. “入户”的认定

“入户”的认定关键在于区分“在户盗窃”和“入户盗窃”。对于“入户”的认定，一定要结合处罚的事实根据进行判断，否则处罚就会失去实质合理性。一方面，对于合法入户后实施盗窃行为的不能认定为入户盗窃。入户盗窃的处罚根据不仅在于其对公民财产权益的侵害，还在于其危害了公民的住宅安宁。在合法入户后实施盗窃的情况下，如受邀请至被害人家中参加宴会，宴会中临时起意盗窃的，被害人只是财产权利受到了侵害，住宅安宁并未受到侵害，所以合法入户后临时起意盗窃的应当认定为普通盗窃。另一方面，以故意杀人、强奸等严重犯罪故意入户实施相应犯罪后又实施盗窃行为的，也不宜认定为入户盗窃。基于非法侵入他人住宅的行为只能被评价一次，如果不能将其从故意杀人、强奸等犯罪中明确分离出来，就应当认为已经将其在故意杀人、强奸等严重罪行中一并进行了评价。否则，难免有重复评价之虞。

（三）携带凶器盗窃的认定

《盗窃解释》第3条第3款规定：携带枪支、爆炸物、管制刀具等国家禁止个人携带的器械盗窃，或者为了实施违法犯罪携带其他足以危害他人人身安全的器械盗窃的，应当认定为“携带凶器盗窃”。在认定“携带凶器盗窃”时关键应当准确把握“携带”和“凶器”的概念，并考虑刑法条文整体的协调性。

1. “携带”的认定

“携带”的认定应当注意两个关键点：一是携带凶器的随身性。携带凶器盗窃有别于普通盗窃的处罚根据在于对他人人身安全的现实危险性，这种现实危险性的发生要求凶器必须是随身携带的。如果行为人意图夜间侵入学生宿舍盗窃，并且为了盗窃准备了砍刀，但是在进入被害人居住的宿舍楼下时将砍刀暂时放置于宿舍楼外，盗窃行为得逞后携带砍刀逃离。因行为人着手实施犯罪行为时，并未随身携带凶器，所以不能认定为携带凶器盗窃。二是携带凶器事实的推定性。只要行为人实施盗窃行为时随身携带了凶器，一般就应当认定为携带凶器盗窃，除非有证据证明该器械确实不是为了实施犯罪准备的。如行为人受妻子之托去商店购买菜刀一把，归途中因发现路边有自行车一辆未上锁，且周围无人看管，便将该自行车推走。现有证据能够证明行为人购买菜刀确实不是为了实施盗窃行为所备，可以不认定为携带凶器盗窃。

2. “凶器”与“盗窃工具”的界分

根据司法解释的规定，足以危害他人人身安全的器械都可以视为凶器。根据这一规定，携带仿真玩具刀枪行窃的，因仿真玩具刀枪不具有危害他人人身安全的属性，不能认定为携带凶器盗窃。

值得注意的是，对于携带盗窃作案工具行窃的，某些作案工具在功能作用上可能具有一定的杀伤力，譬如用于剪切摩托车、电动自行车锁具的长柄老虎钳等，其能否作为凶器认定，则不能单凭客观性能一个方面作出判断。正因为它具有犯罪工具与凶器的双重属性，则应当结合行为人的主观犯意与客观行为表现，综合作出判定。如果盗窃者确实仅仅用作行窃工具，整个盗窃过程中也没有用于侵害、威胁他人人身安全的，则不宜认定为携带凶器盗窃。否则，既可能在个案上发生认定案件事实不准的问题，有客观归罪之嫌；也可能在法律政策层面，导致大量的携带盗窃作案工具的案件被当作携带凶器盗窃予以认定，从而背离限缩解释的方向，酿成打击面过宽之弊。当然，如果有共犯等证言证实，或者盗窃者有将上述长柄老虎钳等兼作侵害他人人身安全用途的，也可以认定为携带凶器盗窃。

3. 扒窃的认定

《盗窃解释》第3条第4款规定：在公共场所或者公共交通工具上盗窃他人随身携带的财物的，应当认定为“扒窃”。对于扒窃的认定难点，集中在“公共场所”和“随身携带”的认定上。

（1）公共场所与公共交通工具的认定

扒窃行为应当发生于公共场所或者公共交通工具之上。扒窃除了直接接触被害人身体、威胁不特定人的安全外，还因为在人群密集、流动性大的公共场所或者公共交通工具上行窃，涉及面广，严重降低了公民的社会安全感，故需要予以严惩。公共场所是指对公众开放的场所，既包括不特定人的多数人能够进出的场所，也包括特定的多数人能够进出的场所。公共交通工具也应当具有公共场所相类似的属性。对此，应当值得注意的有两个问题。一是，酒店包厢等半封闭的场所是否属于公共场所。我们认为，酒店包厢等半封闭的场所因管理服务的需要采取了必要的限制，但不影响其公共场所的属性。首先，此类场所具有公共场所要求的人员陌生性特征。酒店包房内的客人与包厢的酒店服务人员之间通常是陌生的；包厢内请客的主人与来宾虽然可能相熟，但是来宾之间可能是陌生的。其次，此类场所具有公共场所要求的人员流动性特征。流动性是一个相对的概念，不能因为某一时刻的静止而否认流动的存在。包厢内的服务人员是流动的，包厢内的客人也是流动的。再次，此类场所具有公共场所要求的人员多数性或不特定性特征。此类场所内的人员通常为多数，且具有随机性，是不特定的人员。最后，此类场所具有公共场所要求的场所开放性特征。此类场所尽管其与外界相对隔离，但是并未完全封闭，酒店服务员等仍然可以自由进出，也不能禁止其他人员基于合理理由的进出，故应属于不特定人可以进入且有多数人在内的场所。二是，在出租车上盗窃是否属于扒窃。出租车在乘坐人上车后行驶的过程中与外界完全隔离，已经完全丧失了开放性的属性。同时，结合将在出租车上抢劫不认定为在公共交通工具上抢劫的司法实践，在出租车上盗窃的通常不宜认定为扒窃。

（2）随身携带财物的认定

对“随身携带的财物”如何理解，理论界和实务界存在以下观点：第一种观点：物理接触说，即随身携带的财物“只能是被害人贴身放置在衣服口袋或者包中的财物”。[①] 放置于火车或汽车等交通工具行李架、座位旁和挂在座椅背上的衣服口袋或者包中的财物都不属于随时携带的财物。第二种观点：随时支配可能性说，即随身携带的财物是指被害人带在身上或者放置于身边附近，置于其随时可能的现实支配之下的财物。随身携带的财物“首先，可以肯定的是，财物主人贴身穿着、佩戴或者拎在手上的财物属于随身携带的财物……其次，财物虽然未附着于主人的身体，但距离极近，可用身体随时

① 肖怡：《对扒窃入刑限制条件之探析》，载《人民司法》2011年第21期。

直接触摸、检查时，属于随身携带的财物”。[1] 第三种观点：目光可能可及说，即随身携带的财物是指被害人带在身上或者放置于身边附近，处于被害人目光可能可及之处的一切财物。从被害人角度看，根据社会一般观念，随身携带财物既包括手中握有该财物或将财物放置于衣裤口袋、随身的挎包中的典型情形，也包括放置于身边的目光可及的财物。[2] 如在火车、地铁上窃取他人置于货架上、座位下的财物的，均属于扒窃。

我们同意第二种观点，因为如何理解“随身携带财物”的含义，应当在遵循扒窃自身语义的前提下，结合《刑法修正案（八）》对公民人身安全特殊保护的立法目的予以解释。既不能过分狭隘，也不能过分宽泛，否则前者将导致刑法的无奈，有悖于严厉打击扒窃犯罪的立法精神，后者将导致刑罚的无度，有悖于刑法的谦抑原则。扒窃被立法者采纳的原因是其对被害人的人身安全存在潜在的威胁：一是盗窃被害人放置于身上的财物，因为财物与被害人身体存在直接的物理接触，盗窃行为对被害人的人身安全必然存在潜在的威胁；二是盗窃被害人放置于身边且能够随时支配的财物，因为财物和被害人的空间距离极近，盗窃行为对被害人的人身安全存在的潜在威胁也不能小觑。对于被害人放置于身边行李架上，且能够随时支配的财物可以视为随身携带的财物；若放置在较远处行李架上的财物，则不宜被视为随身携带的财物。在后一种情形之下，行为人和被害人存在较远的空间距离，盗窃行为并不会给被害人的人身安全造成潜在的危险，没有必要对这种情形从严处罚。我们认为，物理接触说过分限缩，不利于立法目的的实现；目光可能可及说过于宽泛，存在刑法滥用的可能性；随时支配可能性说较好地把握了刑法对公民人身安全予以特殊保护的立法目的，以盗窃行为可能对被害人人身安全造成的潜在威胁为标准确定随身携带财物的范围，较为合理。

综上所述，对于案例一：被告人黄某某的第一次盗窃行为虽已接受行政处罚，但是仍得计入多次盗窃的次数；第二次盗窃行为系犯罪中止，且未造成损害，应当不计入多次盗窃的次数；第三次盗窃行为系犯罪未遂，可以计入多次盗窃的次数，故黄某某的行为不宜认定为多次盗窃。对于案例二：被告人李某的入户行为应当放置于强奸罪、抢劫罪中进行评价，其后的盗窃行为只是利用了之前犯罪行为所造成的非法在户的状态，不宜认定为入户盗窃，

---

① 陈家林：《论刑法中的扒窃——对〈刑法修正案（八）〉的分析与解读》，载《法律科学（西北政法大学学报）》2011 年第 4 期。

② 吴加明：《刑法修正案（八）中“扒窃”的司法实践认定》，载《中国检察官》2011 年第 7 期。

否则有违重复评价原则之嫌。对于案例三：被告人刘某某携带的长柄老虎钳系足以危害他人人身安全的器械，且刘某某存在将该犯罪工具作为凶器使用的故意和行为，故应当认定为携带凶器盗窃。对于案例四：被害人陶某某在公共场所盗窃他人随身携带的财物，应当认定为扒窃。

审判数据的应用与分析研究

上海市第一中级人民法院课题组*

随着最高人民法院“天平工程”及判管理决策精细化、科学化要求的不断提升，我们正迎来以大规模生产、共享和应用数据为主要内容和特征的大数据时代。在此时代背景下，国家司法审判信息库建设的不断推进，以及司法公开化、信息透明化和审审判数据源头多、内容丰富、格式多样的特点更加凸显，“闲置”数据和非结构化数据也越来越多，法院对审判数据的应用与分析能力已提到战略性高度。目前，法院对审判数据的应用还存在着数据应用意识不足、数据可用性不强、数据应用能力不高等三方面问题，同时亦面临着各业务系统数据结构整合难度较大、法院审判业务与数据分析全面创新人才紧缺、中央数据库对生产库的依赖导致数据及时性降低等挑战。为此，课题组从顶层设计、数据管理、数据应用、数据分析、数据专门人才保障、数据安全保障等多个方面寻求解决途径，并通过数据分析技术科学识别和有效获取数据中的价值，同时将其更好地应用于服务执法办案、法院管理、科学决策、司法公开和社会公众等多个方面，从而推动法院对于审判数据的应用与分析工作取得新进展、实现新突破。

一、概述

（一）审判数据的定义

审判数据是指法院在审执案件过程中产生的所有信息，以案件基本信息为基础涵盖司法政务、队伍建设、司法保障等多个方面。审判数据具有源头

* 课题主持人：周赞华（原上海市第一中级人民法院副院长），课题组成员：沈维嘉、易金森、张能、宋轶群。

多、内容丰富、格式多样的特点。从数据来源看，既有本院产生的，也有通过数据交互方式从其他单位或平台获取的；从数据内容看，包含当事人、案件实体特征、适用程序、适用法律、裁判结果、流程走向、记录日志等；从数据类型看，包含图片、庭审录像、音频、文件等；从数据的增长趋势看，近年来法院每年案件数量在千万以上，并以近10%的速度递增，每件案件有几百个信息项，这些构成了人民法院的审判数据。

（二）数据应用的定义

数据应用是指可以发挥数据价值去服务用户更高效地办公、更优地做决策、更规范地公开的一种应用形式，它充当着信息的分析展示者和价值的使能者[①]的角色。比如淘宝数据魔方、百度指数、电商的CRM平台等都是数据应用。数据应用产生的原因来源于用户办公、决策中对理性证据的参考与追求。我们知道，所有的决策及行动都是基于“某种参考”，最简单的参考是人的直觉，比之为优的是过来人的经验，但往往实践中拍脑袋的决策越来越难，决策者思维模式需要从直觉、经验性、模糊化的管理向数字化、智能化、精细化转变，最优的决策往往需要依靠数据。随着数学、计算机科学的普及，数据在决策过程中的价值越来越大。数据好比数据应用的原材料，它通过对数据的挖掘、分析处理和可视化展现等方式（即数据分析技术）形成数据应用。

（三）数据分析的定义

数据分析是指对数据进行分析并从中提取有价值信息的方法。一般包含五个方面：可视化分析、[②] 数据挖掘算法、[③] 预测性分析、语义搜索引擎、[④] 数据质量和数据管理。受限于数据分析对数据存储服务器、计算的要求以及

① 使能者系指运用计算机技术与挖掘模型对所提供的数据进行分析挖掘，不仅能够呈现数据的发展趋势和特点，还可以提供对策建议，引导用户展开后续补救的执行流程。

② 可视化系指利用计算机图形和图像处理技术，将数据转换成图形或图像在屏幕上显示出来，并进行交互处理的理论、方法和技术。可视化分析主要用于海量数据关联分析，由于所涉及的信息比较分散、数据结构有可能不统一，而且通常以人工分析为主，加上分析过程的非结构性和不确定性，所以不易形成固定的分析流程或模式，很难将数据调入应用系统中进行分析和挖掘。

③ 数据挖掘算法是根据数据常见数据挖掘模型的一组试探法和计算。为了创建模型，算法将首先分析所提供的数据，并查找特定类型的模式和趋势。

④ 语义搜索引擎系指通过对网络中的资源对象进行语义上的标注，以及对用户的查询表达进行语义处理，使得自然语言具备语义上的逻辑关系，能够在网络环境下进行广泛有效的语义推理，从而更加准确、全面地实现用户的检索。

数据的快速增长对数据分析和处理的迫切需求，数据分析技术在移动运营商、银行、互联网等行业的应用起步较早，如移动业务包的制定、信用卡诈骗的识别、个性化营销和产品的定向推广等。近几年随着数据存储技术、网络技术的迅猛发展，云计算技术、商业智能及数据挖掘在企业信息系统中的融合应用，各行业和部门逐渐将数据作为战略资产，在关注内部数据的同时注重外部数据的整合和利用，逐步将数据驱动代替传统的经验和直觉，未来通过云、大数据和数据仓库的结合，提供以数据为基础的高附加值的创造性服务。

大数据时代，数据分析的发展趋势主要在以下几个方面：一是数据的驱动需求更强，更加重视数据的全面性而非随机性，要求数据的采集更大、更全；二是随着行业内、外部数据的融合交互，对数据整合力度和安全、访问控制等处理算法的要求更高；三是对语音、视频、图片等非结构化数据的提取、处理更加广泛和深入；四是运用智能分析、数据挖掘模型解决业务问题的能力逐步提高；五是更加关注数据间的关联关系和动态趋势，而非因果关系和静态数据。

二、法院对审判数据的应用现状

（一）存在的问题

数据应用意识不足。受体制及人员专业性的制约，法院系统不少人员仍在一定程度上存在着重定性轻定量、重观点轻数据的传统思维模式，没有将数据作为决策的重要依据，只管维持现状不注重对架构、部署的优化升级，只管埋头办案不注重数据信息的积累和分析，只管凭个人经验、走访考察等方式调研不注重对数据发展规律及态势的分析，不善于用数据说话、用数据管理、用数据决策，不能深刻理解数据是司法活动信息化的时代内涵，进而亦不利于人民法院的信息化建设和科学发展。

数据可用性不强。法院的数据与应用需求相差较远。一是数据规范性较差。当前各地人民法院的数据库建设标准不一，案件信息项的定义不规范，缺乏关联校验与质量监控，特别是一些基础、重点信息项（如案件字号）的标准亦不统一，直接影响了统计数据的准确性。二是数据信息不够全面。各类数据相对封闭，信息孤岛现象严重，一些有价值的信息没有记录和存储，如合议庭意见、当事人的诉讼请求、刑事案件的犯罪行为等信息缺失，除此之外涉及当事人在诉讼中的活动及判后意见、队伍管理信息、司法保障信息也存在未信息化或没有共享的情形。三是数出多门现象较为严重。因指标计算口径不同、数据库不同、数据来源多样等因素，使得不同平台、不同报表甚至不同部门出具的同一指标数据不一致，造成数据不敢用的问题突出。四是数据响应较慢。一些地区审判执行信息系统建设时间久，基础架构及开发模式等都明显落后于当前信息技术的发展水平，数据计算成本高，报表、指标的调整、新增开发周期长，如新增一张报表就要几天的时间，不能满足目前的数据应用需求。五是数据实时性较差。重点的指标在一个统计周期结束后才计算，数据存在滞后性，只能做事后分析不能做事中、事前监控，不能及时发挥数据的引导及预警作用。

数据应用能力不高。法院数据库存储了丰富的审判数据，这些宝贵的资源因缺乏有效的整合、分析挖掘和利用而被“埋没”。具体表现在如下几个方面：一是数据整合程度低。来自不同平台、系统的数据没有进行有效整合，涉及多源头数据的指标及报表需要从代码上进行关联计算，开发难度大，维护成本高，使用不便捷。二是报表展现形式单一。大部分报表服务止步于上级法院“关心”的重点质效指标数据及司法统计报表，报表系统承载的信息内容较少、维度不细，仍有大量数据处于沉睡状态，造成信息资源浪费，制约司法统计的职能发挥，不能满足相关业务部门的数据需求，亦不能充分其发挥服务领导决策的职能作用。三是统计分析方法原始，分析不够透彻。大部分的统计分析手段仍停留在随机抽样、汇总等比较原始的方法上，且分析的角度单一、固化，分析结果停留在表面，不能深层次挖掘原因，不能根据具体分析场景采用合适的分析方法。四是非结构化数据信息提取程度不高。大量的庭审直播、文书、案卷材料、案件图像等信息被搁置，没有进行挖掘利用。五是司法统计分析职能定位模糊。司法统计分析人员工作局限于数据的汇总和核对，要么不懂计算机和统计，要么只懂技术不了解业务，法律、计算机、统计分析三合一人才稀少，相关的培训和交流机制较少，很大程度上制约了法院对审判数据应用能力的提升。

（二）现实的需求

如前文所述，审判数据存在着源头多、格式多样、增长速度快等特点，且“闲置”数据和非结构化数据越来越多。为了更好地服务审判决策、司法公开及法官办案，法院对于数据的整合、数据的实时性、挖掘分析和应用能力已提到战略性高度。

在思维观念方面。要深化数据意识，加强数据管理，重视数据的收集、整理、分析和挖掘及数据应用系统的建设，积极学习、探索多种数据分析方法，善于通过数据发现问题、判断趋势，运用数据服务法官办案、服务决策管理、服务社会公众，做到用数据说话、用数据管理、用数据决策。

在数据建设方面。一是要加强数据系统的可扩展性。对于新的数据应用需求，系统能够快捷、低成本地实现。二是要保障基础数据的准确性。准确的数据一方面是进行有效数据分析与应用的前提，另一方面也可以大大减少数据预处理的时间，提高数据计算与分析效率。实际工作中，对数据中非法字符、格式不统一、错误信息的识别与处理往往会占用大量的时间。三是要保障数据的有用性。要优化案件信息项设置，根据实际应用与调研需求增加有分析价值的信息项，减少无用或不好用信息的录入。四是要保障数据的全面性。不仅要采集案件基本信息，还要采集案件流程流转、用户访问点击、投诉信访、司法公开、队伍建设等一切与审判执行工作有关的数据，同时还要与相关法院、检察机关、公安、司法机关、银行等的案件数据实现共享，摆脱信息孤岛现状。五是要将多平台数据进行整合。要以案号为主键将一起纠纷的所有信息整合为一张大宽表，实现案件一审、二审、再审、执行等信息的串联，全方位展现一起纠纷的进程、审理与管理信息，为后续分析、应用做好数据准备。六是要保障数据的及时性，提升数据处理的速度。对于本院的数据处理最好能做到实时。这是因为，一方面实时数据可以将数据处理时间分摊到全天，数据处理可以用足“每一秒”，降低时间成本；另一方面数据具有时效性，数据延迟越久价值就越低。七是要加强数据的管理和监控。特别是要加强与其他平台数据交互的监控，能及时发现问题迅速回滚，防止数据丢失、漏传。

在数据应用和分析方面。一是要降低数据获取、分析门槛，提升数据查询的便捷性及数据分析的透明性和直接性。法院各层级管理人员、数据分析人员可以通过数据应用直接接触数据，通过数据发现问题，让数据真正“说话”，而不是有了问题再去通过层层组织架构找数据，或者为了说明某个观点而去求助于数据。二是要提高指标数据展现的清晰度，使数据的发展态势、同比环比等变化情况一目了然。三是要提升报表设计水平，丰富报表内容。一方面增加报表数据的多维展现，满足不同部门、不同角色对同类数据的分析需求，既可多角度对同一报表、数据进行查询、分析，如对于案件收、结、存数据既可按部门、案件类别、审级等维度展现，也可按照全院、庭、合议庭、法官等维度下钻；另一方面报表展现的数据应尽可能全面，将相关联的数据设计在一张报表中，减少数据分析人员多报表间切换的操作。要统一不同平台、不同报表同一指标的名称、公式和计算规则，避免出现不同平台、不同报表同一指标数据不一致的情况。四是要加大非结构化数据信息提取的探索和研究。审判数据中非结构化数据包括裁判文书、合议庭评议笔录、审委会讨论笔录等文本数据及图片、视频、音频、计算机日志文件等，其涵盖的信息大大超出想象，是结构化数据所不能替代的。对其进行挖掘提取可对结构化数据予以补充，丰富审判数据。五是要提升数据科学化应用和分析水平。在指标应用方面，改变指标运用片面、僵化的局面，加强指标综合性应用的能力和合理区间的应用，能够根据具体场景选用合适指标，运用多个指标多角度进行分析；在分析方法方面，改变分析方法原始、单一的局面，掌握多种分析方法，能够根据具体问题灵活使用适当方法，深层次挖掘问题原因，保证分析结论的正确性和可实施性，避免分析浮于表面。支持数据挖掘模型的轻量级嵌入，随着分析手段的不断深入及分析需求的复杂度提高，一些分析、挖掘模型的建立需要借助统计分析软件，对于所建立的数据模型数据系统应能够方便嵌入，实现对数据的自动挖掘和分析。

（三）面临的挑战

各业务系统数据结构整合难度较大。目前全国法院的审判、执行管理系统（即办案业务系统）还没有统一，各地法院数据采集的时间、范围、标准均不统一，审判业务流程不统一。在现有的情形下建立数据大集中、统一管理，需要在各地法院数据建设充分调研与梳理的基础上出台详尽的数据字典及规范标准，确保各地法院能够按照规范标准提供数据。同时还需要配置数据校验规则，对数据的完整性、规范性进行校验。对于审判工作中的新业务、新情况及个别省市法院因事故而导致的数据延迟及缺失情况，能够及时作出兼容及容灾预案，保证数据收集的完整性和指标计算的及时性。

法院审判业务与数据分析全面创新人才紧缺。法院现有的数据分析主要是基于固式报表，很难勾勒出案件的全景视图。而大数据的分析模式不仅需要通过多维报表来多角度、多粒度地展现数据，还需要引入数据挖掘、语义分析、预测性分析、机器学习①等模型，找出隐藏在表象下的隐形因素，不断自适应地调整，以便作出更好的决策。这需要数据分析人员具有更高的素质，

① 机器学习是近二十多年兴起的一门多领域交叉学科，涉及概率论、统计学、逼近轮、凸分析、算法复杂度理论等多门学科。机器学习算法是一类从数据中自动分析获得规律，并利用规律对未知数据进行预测的算法。

不仅要对审判业务有较高的理解力，而且要有很强的数据挖掘、分析建模的能力。以便于能够利用大数据处理工具和分析技术将庞杂的审判数据、投诉信访数据等迅速高效地转化为决策支持数据，准确反映审判工作的变化情况，从而作出科学决策。

中央数据库对生产库的依赖导致数据及时性降低。为保证数据应用中数据的准确性，国家司法审判信息库（即中央数据库）的数据需要等待各省市法院审判、执行数据库（即各地生产库）的数据都完整到位后才能开始后续的整合、处理和计算。实际操作中还存在单一地点安全事故、网络通讯堵塞等问题引起的数据漏传、缺失等风险，由此将导致全国法院数据收集、处理准确性和及时性的降低。

三、法院对审判数据应用的解决方案

在顶层设计方面。进一步加强最高人民法院的数据建设指导职能，尽快实现全国法院系统的审判数据大集中。统一各地法院案件信息库建设标准，包括信息项的设置、名称、数据类型、内容、信息项间校验规则及数据采集、交换、共享规范等，保障数据格式标准、数据内容规范，为审判数据大集中做好数据准备。建立有序、可持续发展的数据建设运行机制，由最高人民法院统一制定数据建设规划，避免各地法院多重开发、缺少统一规划而造成资源耗费。可先从信息化基础较好、技术强、条件较好的法院试点，摸索积累经验，逐步推进数据中心建设进程。

在数据管理方面。一是多渠道提升数据的质量。一方面，在案件流程流转过程中加强信息点之间关联校验，及时发现漏输、错输的信息项予以提示；另一方面，加强信息项非法字符的识别和逻辑校验，对于数字内容的文本输入型信息项，如身份证、手机号码等在前台输入时从字符长度及输入内容是否含非数字等设定校验规则，在文本型信息项后台存储过程中，对在不同输入模式下的文字如全角半角、非法字符等能统一转换、剔除。此外，为了便于数据分析人员筛选、使用数据，根据数据项的准确情况标识准确度，对于非必输的、探索性的和无法通过其他信息项关联校验的准确度不高的信息项要标识明确，便于数据应用人员根据情况酌情予以使用，以避免因对该类数据的过分依赖而作出错误的分析决策。在案件结案后，根据上述规则对案件再次予以校验监控，二次保障数据质量。二是多方面保障信息项的可用性。对系统中信息项修改需求归口管理，在信息项的设置上，管理部门应综合考虑信息项输入类型、输入内容、输入工作量等方面，对于可通过其他信息项准确衍生出的信息应避免新增，新增设的信息项在试运行时间应重点监控，保证信息项的价值，控制性价比不高的信息项，避免无用信息项，最大化保证有效信息的完备性。三是加强数据的生命周期管理。在数据计算任务管理方面，通过分类处理提高数据及时性，如对于办案类、重点监控类、提醒类等响应及时性要求高的数据、指标、报表等可实时予以计算，而对于复杂、计算周期较长、及时性要求不高或需依赖其他平台获取等的数据可视情形予以延迟处理，同时优化计算规则满足应用需求，避免出现如全实时性或全延迟性等不科学、固化的计算方案；在数据的有效性管理方面，对信息项、指标的有效周期进行集中管理。大多数信息项、指标都会因诉讼法、法标和管理需求等的变化进行新增或修改，需要对信息项的名称、开始日期、结束日期等进行设置和维护，针对指标定义、计算公式、案件范围及有效期间进行设置和维护，便于后续的使用和分析；对于同一信息项存在新、老数据的，建立对应关系表，如民事案由存在2003版、2008版和2011版，需建立三个版本案由间的对应关系表，将历史案件案由通过对应关系表统一对应到最新版本再进行对比分析。四是加强案件信息的多维整合。将通过数据共享获取的多单位、多平台与审判执行工作有关的数据经预处理后集中到数据中心，通过主键将数据进行关联，在案件信息上将审理、当事人及诉讼参与人信息、诉讼费缴纳、EMS记录、投诉信访等相关信息予以整合，在审判程序上将案件一审、二审、审判监督程序、执行等整个流程予以串联，形成一张扁平大宽表，全景化展现案件信息，为后续的数据应用和数据分析做准备。

在数据应用方面。一是优化案件查询系统。在查询方式上，将模糊查询与精确查询相结合，将快捷查询、专题查询与组合查询相结合，将单次查询与周期性定制查询相结合，提供多种查询方式满足多种角色不同需求；在查询范围上，将数据库中存储的案件和信息项全面开放，实现案件信息的自助化提取，这样可以便于数据应用人员通过查询系统提取所需数据，通过灵活设置需导出的信息项等，增加查询内容的广度和深度，不再需要经技术部门从数据库调取；在复杂查询的条件设置中，通过设定“与、或、非”等条件逻辑关系，并加以括号来调整条件的优先级，再辅之以便捷的操作方式和操作界面实现以往仅能在数据库中实现的复杂多条件查询，从而降低复杂数据的查询获取门槛。二是优化报表展现方式，提升报表制作水平。将不同部门、不同维度的同类报表予以整合，将相同分析主题的关联性指标予以合并，实现一个报表从院、庭、合议庭、法官下钻到个案，并可按案件类别、审判程序、案由等多维度进行展现，使报表的综合性增强，从而便于多层次多角度综合分析数据。三是优化指标管理模式。建立指标库，统一对指标名称、定义、计算公式、案件范围和用户权限进行维护，数据应用、分析中涉及的指标均从该库中调用，避免数出多门；在指标的配置上实现定制化与自助化相结合，将重点关注的指标强制展现给用户，其他的指标则可根据用户需求自主从指标库中选择，在用户权限的范围内想看什么数据就能看到什么数据，增强指标展现的灵活性；提高指标的可视化水平，在重点指标展现上，可通过数据可视化技术采用适合的图形图像予以展现，使指标的变化趋势更直观、清晰；在调研分析中，增加分析报告的可视化元素，尤其是一些时间跨度长、维度多、数值类型多样的较为复杂且难于用文字阐述的数据，可借助分析图形代替文字表达，增加分析报告的可读性与简练性。四是加强非结构化审判数据的挖掘与应用。审判数据包含多种类型的非结构化数据，如文本、图片、视频、音频、计算机日志。不同类型的数据分析技术不同，不同内容的数据包含的信息也不同。对该类非结构化数据的分析应用应找准突破点，以有实际应用需求为目的，以能准确、较多地提取出有价值信息为原则。如裁判文书系文本型数据，其所包含的案件当事人及诉讼参与人、当事人诉请、案件由来、案情描述、判决主文等信息内容丰富、价值高，因这些信息涉及的文书格式和语句较为规范且文本挖掘技术相对成熟，因此可以其为突破口，将文书中相关信息提取并转化为结构化数据，既可用于对审判执行信息系统中相关信息项的校验，也可用于对原有结构化数据予以补充，为后续分析和应用做数据储备。

在数据分析方面。一是加强统计分析、挖掘方法的学习和实践。建立司法统计分析方法的培训与交流机制，并结合审判数据现有分析成果及其他行业分析方法实践予以转化，再根据分析场景灵活选择分析方法，以提高数据分析的科学化水平。二是加强指标等数据的分析与应用。深入理解审判质效指标的公式及含义，注重合理区间的应用，善于运用一类指标综合性、全面性分析问题；将分析节点前置，如在重点指标监控中增加警示区间预警功能、在案件数的分布图中增加案件数量趋势及工作量预测等，将分析节点从事后的静态分析向事中的预警监控及趋势预测转变；在目标数据的选择上，改变以往抽样分析的方式，将分析的基础数据从抽样向全覆盖转变；在分析的思路上，改变以往单一因果性分析的方式，将分析思路从因果分析向逻辑推理、关联性分析转变。三是加强数据建模能力的培养。相关人员至少需掌握一种分析软件，对于一些较为复杂的数据分析需求，如已有的模型无法实现，则需要借助统计分析软件改进或重新创建模型，并通过数据系统将模型嵌入自动挖掘和分析。

在数据专门人员保障方面。因数据的应用与分析属于专业性较强的岗位，需要建立健全专门的人才保障机制。在最高人民法院和各地高级人民法院建立数据研究部门，最高人民法院负责数据中心建设的顶层设计、基础性数据的研究及其他数据的指导等工作，各地高级人民法院负责按照最高人民法院的部署及所管辖地区案件情况开展数据研究及建模工作，中级及基层人民法院则负责从基层工作实践中培养相关数据分析与应用人才。加强与高校、研究院与企业等之间的合作交流，开展培训，提升相关人员的业务及科技水平，同时还需加强对法院各层级管理人员与干警的科技培训，增强数据意识，熟悉相关的数据应用系统和数据处理工具，一方面帮助其提升数据处理、分析能力，另一方面对数据应用的升级、优化也具有反哺作用。

在数据安全保障方面。完善安全机制的设置，建立数据库系统、应用系统和数据共享平台的安全保障设置，使系统免遭破坏。完善数据权限的控制，设置不同人员对案件流转、案件信息、指标数据与报表的权限清单，特别是对敏感、机密数据的权限控制，保证各用户不能看的数据看不到。

四、数据分析技术在法院的应用场景

面对如此丰富、庞大的数据，法院也在提高数据价值的体现上做了一些尝试和探索，如静态报表、即席查询、[①] 统计分析，大多是在数据本身较初级方面，相比于互联网、金融、电信等行业成熟的大数据应用模式，法院在定制服务型、智能型、使能型的数据服务与数据应用方面还涉猎较少。本部分先从数据的整合与集成谈起，并以此为基础结合数据分析技术在服务法官办案、服务决策分析、服务社会公众等三方面的应用情形来构建审判数据应用与分析的场景。

（一）搭建数据整合层

构建案件全景视图。数据应用与分析的基础是对基本信息的有效整合，将案件在基层法院、中级法院、高级法院甚至最高人民法院一审、二审、再

① 即席查询系指用户根据自己的需求，灵活地选择查询条件，系统能够根据用户的选择生成响应的统计报表。

审、复核、申诉、执行、信访投诉等信息全面集中整合，打通各级法院审判、执行数据库。一起纠纷诉讼至法院后，可能会历经一审、二审、申诉、执行等多个程序。相应地，也会有多个案号，在现有的法院数据结构中属于多个案件，不便于查找、分析。整合案件全景视图，一是可将该起纠纷呈现在审判、执行管理系统中，承办人可便捷、直观地追溯整起纠纷的流转过程和相关信息；二是将分散在各法院各数据库中的审判、执行信息予以整合，作为查询统计或数据应用的中间层，减少数据应用对底层数据结构的依赖，提高搜索的效率和减少开发的代码复杂度；三是便于向社会或当事人开放查询。将该同一起纠纷的一审、二审、再审等案件设置统一的二维码，且在出具给当事人的相关材料如开庭传票、裁判文书等材料中都印有该二维码，通过扫描即可查阅整起纠纷审理过程、审判组织、开庭时间、裁判情况、诉讼费缴纳等信息。二维码的设置也可为日后其他开放性应用提供更为便捷的查询入口。

构建司法信息360°集合。建立标准化管理规范，引入元数据标准化定义模块、数据库命名规则规范、业务规则校验模块、指标管理模块等，将审判信息、投诉信访信息、人事信息、法律知识信息、非结构化信息、外部交互等多系统多类型数据汇总整合，打造基于精细透视业务底层表现的核心整合层，对应用层的数据展现与实时计算进行有力支撑。

（二）服务法官办案

利用数据分析技术提升法官办案系统的智能性和灵活性，智能推送法官在办案过程中想要获取的信息，及时预警需关注的信息，提升信息化给法官办案带来的便利性。法院在这方面的应用可以包括以下几类：

案件流程的组件化。因审级、案件字号等的不同，案件的审理流程也不尽相同。将每类案件的审理流程解构成多个模块，形成如立案、分案、排期、办理、结案、归档、移送等审判模块集合，每一个模块都是一个独立的功能，且可单独开发，当所有模块开发完成后，将这些模块运用计算机技术重构组合即可成为一类案件的审理流程，若有新增的案号或涉及模块更改仅需重新配置即可，可灵活应对业务需求的更改。同时可细化流程管控，如可对每个模块的节点时限、信息项设置的合理性及输入情况的完整性进行监控。

相似案件的识别与推荐。识别相似案件主要用于在法官办案时推送与当前在办案件相类似案件的审理情况作参考，避免出现同案适法不统一的情况。实践认为诉讼标的种类相近且法律构成事实相近的案件可为同类案件。但从审判信息点的设置看，与这两方面相近的信息点有案由、诉讼标的、裁判依据、对当事人诉请的支持情况等，但因案由设置较笼统，不能相对清楚地反映法律构成事实，传统的信息点和匹配规则无法对相似案件有效识别，故法律构成事实的自动解析与提炼成为相似案件识别的难点。对此，可参考目前在搜索和微博中常用的通过文本挖掘技术识别关键字标签的方法，先通过分词算法①将裁判文书中涉及案件事实的主要词语标签提炼出来，转化成结构化数据，再通过相关规则（如法官对本案最为关心的信息点）根据相关度对数据库中有关案件予以排名，支撑相似案件的智能排名与推荐。

智能信息的提醒与推送。智能信息的提醒与推送功能即是在法官办案的过程中，根据该案件所经历的和当前所处的阶段，智能提醒与推送法官审理时限、流程节点监控及办案助手等方面信息的功能。在审理时限上，如案件已经过立案、分案、排期阶段，当前停留在待开庭阶段，系统将已经历同样阶段的相同审级相同案由的案件的审理天数与当前案件进行比较，提示承办法官用时情况的合理性，如“X%案件审理天数多于此案件”或者“该阶段平均停留天数为Y天”；在流程节点监控上，设置超期立案、超期排期、开庭未按期评议、超审限、各类审限扣除事由、恢复计算审限情况等节点跟踪提示；在办案助手上，增加系列串案、关联案件、参考案例、相似案件、法律法规、实用计算工具等方面信息的主动推送服务。通过智能信息的提醒与推送一方面可帮助承办法官和书记员合理安排各阶段的审理时长，保持科学的办案节奏，另一方面也可以提供备忘提醒和办案辅助智力支持的功能。

文本信息的结构化处理。裁判文书是法院非结构化数据之一，对裁判文书的结构化处理与信息提取是对法院现有结构化信息的有力补充。文书中含有文书种类、案号、案由、当事人情况、案件来源、诉讼费承担、裁判情况、审判组织等诸多信息，这些非结构化文本信息可通过文字处理技术及特征提取转化为结构化数据，一是可以将提取出来的信息点与审判、执行管理系统中的信息点进行校对，审核确认后对审判、执行管理系统中的信息进行回写、补充；二是可以通过语义分析判断文中的错字、别字、漏字等情况，辅助法官和书记员对文书的纠错校对；三是可以与审判、执行管理系统中结构化数据融合在一起成为服务法官办案、决策分析与社会公众的重要数据来源。

虚假诉讼的识别。虚假诉讼是指民事诉讼双方当事人恶意串通，合谋编

① 对于一句话，人可以通过自己的知识来明白哪些是词，哪些不是词，但如何让计算机也能理解？其处理过程就是分词算法。

制虚假事实和证据向法院提起诉讼，利用法院的审判权、执行权，非法侵占或损害国家、集体、公民的财产或权益的诉讼行为。一般此类案件具有特定的阶段、案由及当事人。从已发现为虚假诉讼的案件作为分析样本，可通过分类算法①找出虚假诉讼的特征点和识别规则，从而计算出案件为虚假诉讼的概率，对虚假诉讼的识别作出预判和警示。

（三）服务决策分析

利用数据分析技术转换数据分析的模式，从“直觉”决策到依靠“数据”决策，实现从局部应用分析向全面应用分析的转变，提升覆盖法院内各管理层、各职能部门的分析能力，提升可视化分析工具的精细度，提升分析技术的先进性，促进法院工作的可持续发展。法院在这方面的应用可以包括以下几类：

可定制化的信息查询与报表推送。在案件信息查询上，打破以往信息项固定的模式，打开数据库的大门，将数据库中的信息项完全开放，用户可以按主题选择配置相关的输入查询项和输出信息项，定制查询任务的计算时间，灵活便捷地完成案件定位与查询导出的功能；同时还可以通过类似百度等浏览器的搜索功能模糊查询，降低复杂数据的查询提取门槛；支持案件的批量交互功能，即批量输入给定的一批案件，通过关联提取数据库中想要的信息。在报表的定制与推送方面，改变以往固定报表的模式，实现报表的多维钻取，如案件收、结、存数据报表，在时间维度上，可自由选择报表计算的时间范围，横向上可按地域、法院、审判庭、合议庭、承办人等不同维度展现，纵向上可按案件类别、审级等维度展现。在数据的可视化方面，传统的数据分析往往是分析出结果后，通过可视化效果展现处理，而数据可视化技术是在展现的过程中分析数据，洞察数据的内在价值。在报表的推送方式方面，可在以往报表展现平台的基础上增加邮件报表、手机报表等推送形式，按人定时发送定制，用动态可视化技术呈现审判管理和人员业绩情况，辅助各层级管理主体及时作出决策。

可视化、精细化的全程留痕管理。数据分析技术的发展带来了管理决策模式的改变，从而可以打造出融合可视化与精细化管理于一体的系统模块和流程引擎。建立流程引擎系统，可细化记录办案过程中包括开庭信息录入时

---

① 分类算法系是解决分类问题的方法，是数据挖掘、机器学习和模式识别中一个重要的研究领域。分类算法通过对已知类别训练集的分析，从中发现分类规则，以此预测新数据的类别。

间、排期时间、合议庭信息录入时间、分案时间等的每个时间节点，并自动记录输入日志，做到全程留痕；建立工作流引擎，可视化案件审理流程，灵活应对业务流程的变化和管理；将业务功能模块化，允许用户自定义工作台帐，将常用的操作功能、重点关注的指标和备忘提醒等放置在醒目位置；建立统一的指标定义与业务校验平台，使管理的颗粒度更为细化。

专题性的分析与数据挖掘。可以将数据分析模式从样本模式转换为全数据模式，从简单的案件数据统计转换为深度挖掘分析，运用符合科学的算法和模型来处理和分析所收集的数据。这样不仅能够通过合理的维度统计案件数据，发现指标的异常情况，同时还能通过数据的模型化处理精准定位影响因素。并给出预测性分析及优化方案。如可以对新开发运行的裁判文书纠错系统采用A/BTest方法，即对案件按照一定的比例加载，对加载与未加载裁判文书纠错系统的文书质量进行比较分析，评估裁判文书纠错系统对文书质量的提升度。该方法也同样适用于电脑自动分案系统、法官办案系统等新开发运行的系统与模块的效果分析中。此外，还可以运用时间序列分析法根据指标过去一段时间的数据来预测未来发展趋势；运用相关性分析法根据某项指标与其他指标的相关性来定位指标异常的原因及预测发展趋势，还可以通过汇集多种数据挖掘算法搭建“集成模型”。

指标的科学性应用研究。案件数据只有被科学地转换为指标，并合理地应用才能客观反映司法审判的情况，体现出数据的价值。近年来，法院在审判质效评估指标体系的建设与应用方面已做了较多有益的探索，如建立审判质效指标综合评估体系，从公正、效率、效果等三方面对司法审判工作进行综合评价，同时对指标的合理区间进行研究与测算，提升指标体系应用的科学性；又如建立多数据业务的统一指标管理模块，减少指标维护的复杂度，解决不同系统同一指标的定义和计算口径不一致的问题；再如案件复杂度系数也是指标应用研究之一，目的是给不同的案件设置一个反映案件难度（或工作量）的系数，该系数的研究可从三个关键点着手，一是对案件分类，区分审级、案件类别和审理程序；二是对每类案件建立一批目标案件群，该批案件由资深专家确定难度（或工作量）等级；三是通过因子分析[①]法定位出影响案件难度（或工作量）的影响因子及因子系数，最终确定每个案件的复杂度系数。

① 因子分析系指研究从变量群中提取共性因子的统计技术。

（四）服务社会公众

利用数据分析技术加强司法公开平台的建设及相关服务性数据应用，为其提供数据资源的支撑，提升司法公开的透明度，增加司法为民的便捷性。法院在这方面的应用可以包括以下几类：

司法公开的平台建设。随着全国各地法院司法公开的不断推进，审判流程、裁判文书与执行信息等审判信息的公开化已成趋势。今后当事人可随时随地通过电脑、移动设备输入案号、身份证号、或扫描二维码等方式查询案件的审理、执行流程及相关信息。如可以查看案件当前审理状态及审判组织、裁判文书及庭审录像等信息；查询诉讼费缴纳信息并直接链接至网上银行或支付宝缴纳诉讼费；查询开庭排期情况，若不能按期参加庭审可通过网上申请调整或撤销。在信息交互上，可通过网络窗口、微信、电话、邮件等建立法院与当事人之间的沟通和服务机制，如给当事人发送开庭提醒、文书寄出通知、交通查询等服务，实现与当事人之间的畅快沟通和精准互动。通过微博、互联网等社交媒体倾听群众声音，了解群众需求，推动审判业务更新与审判资源优化，特别是可以通过 WEB 挖掘[①]与媒体分析技术[②]寻找舆论、政策、热点等因素对案件数量增减的影响，及时对案件趋势作出预判。

虚假传票电话的防范。虚假传票电话一直困扰着社会公众与法院，对人们的生活带来极大影响。虽然法院系统多次通过网络新闻、发布会等形式进行相关的宣传，但仍未能有效遏制诈骗的发生。建立虚假传票电话的防范机制是利用数据分析技术实现智能安全防范的一个典型应用实例。可通过建立传票电话白名单和黑名单的形式，帮助社会公众查询和判断虚假传票电话。白名单可以由法院系统提供，汇集全国法院的电话号码；黑名单可以由社会公众对已接到的虚假传票电话打上标签，然后通过审核列入，并与电信等运营商合作，进入黑名单的电话直接在后台屏蔽，同时在互联网或 APP 应用上提供传票电话的查询入口，便于社会公众予以有效判断。

数据协助政府服务。在大数据背景下，法院将按照统一的数据规范和要求，积极推进与政府部门的数据协作，加强与其他行业数据的统筹使用，共同协商数据的价值挖掘与分享，助力智慧城市的建设。随着生活水平的不断

---

① WEB 挖掘系指利用数据挖掘技术与 WWW 相关的资源和行为中抽取感兴趣的、有用的模式和隐含信息，涉及 WEB 技术、数据挖掘、计算机语言学、信息学等多领域，是一项综合技术。

② 媒体分析技术系指通过探测算法识别出音频、视频影像中代表的内容和表现的问题。

提高及互联网、移动终端的不断普及，社会公众对各类生活资讯越发关注，通过对用户的地理位置、兴趣点、职业、医疗、交通、金融等信息的深入挖掘，找出用户特征，挖掘司法需求，个性化对其推送相关的法制宣传或司法服务，为社会公众提供更准确、及时、便利的服务，改变传统“简单平面”的生活常态，通过数据分析技术使司法服务变得更加泛在。[①] 另外，现行法律法规的施行情况、存在的问题在一定程度上也能通过司法信息体现出来，可以利用相关数据监控以及科学的数据分析来呈现相关情况，从而可以对未来立法的完善提供借鉴。

五、数据分析技术在法院的发展趋势

大数据时代背景下，分析即服务和数据即服务将成为常态，法院对数据分析与数据应用的依赖度将会越来越高。主要体现在：

未来司法信息公开化程度将越来越高。司法公开是宪法原则，是社会主义民主的应有之义。为了促进司法公正、提升司法公信力，司法信息的公开化程度将越来越高。未来，大部分案件信息当事人可以通过电脑、移动终端等设备进行查询、下载、在线办理和咨询。社会公众可以通过微博、社交等媒体对关注案件及审理情况进行搜索、评论，将审判流程和司法信息曝光在人民群众的监督下。越来越多的司法信息数据应用将通过接入互联网、APP等方式面向社会公众。

未来对数据处理与标准化程度要求将越来越高。大数据时代为法院信息化的发展与信息应用带来了前所未有的机遇和挑战。随着最高人民法院“天平工程”及国家司法审判信息库建设的不断推进，审判、执行管理系统（即办案业务系统）的全国统一与生产库的集中是必然趋势。规范标准的数据是数据应用与数据增值的基础。大数据将加速信息技术的创新与融合发展。应对大数据的有效存储、实时分析等挑战，将推动一体化数据存储处理服务器与内存计算等产品的升级创新，从而加速数据标准化程度的建立进程，最终实现全国法院司法信息数据的大集中。

未来数据应用的智能化水平将越来越高。信息时代，很多企业的管理决策已从“业务驱动”转变为“数据驱动”，数据成为管理决策的强有力依据。

① 泛在（Ubiquitous）概念的引入源于20世纪90年代，原为拉丁文，意思是“神无所不在”，用以形容电脑已全面融入人们的生活之中，无所不在地为人们提供各种服务。

法院也同样拥有丰富的数据资源，不仅存储了大量结构化的审判信息数据，而且随着法院数据采集存储结构的升级调整，图片、视频、音频、社交网络、移动终端媒介等大量非结构化数据也在被收集和分析。这些审判数据中潜藏着巨大的价值，可提高分析的时效性及预警预测能力，提升数据应用的智能性。未来，从某种意义上说，数据的收集能力与数据的分析能力可以决定一家法院的“智商”，关乎其服务法官办案的智能与便捷，关乎其服务决策分析的迅速与准确，关乎其服务社会公众的透明与便民。

中国（上海）自由贸易试验区框架下政府信息公开机制研究

上海市第一中级人民法院课题组*

中国（上海）自由贸易试验区总体方案的主要任务和措施中提出，提高行政透明度，完善体现投资者参与、符合国际规则的信息公开机制。这是总体方案对自贸区内加快政府职能转变提出的要求，也是对自贸区内政府信息公开机制的要求。众所周知，上海自贸区绝非政策洼地，而是一块体制机制改革的“试验田”，其对政府信息公开机制的新要求，也是这场改革试验的内容之一。根据自贸区提出的要求，政府信息公开制度的改革发展以提高行政透明度为宗旨，体现投资者参与以及符合国际规则则是实现目标更为具体的发展要求和发展路径。目前，上述要求仅针对自贸区内行政体制而言，但根据中央对上海自贸区“形成可复制、可推广的经验，服务全国的发展”的要求，符合自贸区要求的政府信息公开机制，也应当在适应本地实际的基础上，做到可复制、可推广，并逐步辐射全国。

论及政府信息公开制度，就不得不提到它在宪法和政治上的属性。从宪法学角度说，政府信息公开主要是为保障公民对政府行为的知情权而建立的制度，基于知情权这一宪法权利，是公民宪法权利不断发展的产物。随着宪法权利的进一步发展，若宪法框架下的制度仅满足公民平等、自由等基本权利，已经远远不能适应当代社会的要求，发展权的概念应运而生。发展权是个人、民族和国家积极、自由和有意义地参与政治、经济、社会和文化的发展并公平享有发展所带来的利益的权利。发展权已逐步为国际社会所认同，其外延十分广袤，包括个人发展权与集体发展权，也包括各个领域的发展权。本文所要讨论的自贸区要求下的政府信息公开机制，正是基于公民及社会组织的发展权，具体而言，其宪法学上的基础已经超出知情权的范畴，扩展到

* 课题主持人：孙敬沪，课题组成员：岳婷婷、刘智敏。

投资者或企业在政府信息公开领域的发展权。

一、政府信息公开机制的新要求

（一）本市政府信息公开制度简述

由于宪法学及行政法学的研究起步较晚，我国对知情权及政府信息公开的学术研究时间不长，而在立法层面上，政府信息公开制度的正式建立应该上溯至2003年。当年，地方政府在“非典”事件处置中面临的困境，很大程度上推动了我国政府信息公开制度的建立。本市自2004年制定《上海市政府信息公开规定》后，全面铺开了政府信息公开工作，此后，该规定又于2008年随着国务院制定《政府信息公开条例》而修改。

本市现行政府信息公开机制有两大特点：一是主动公开与应申请公开并重。其中，主动公开是目前信息公开机制的主体。大量关于行政职能、机构组成、行政程序等的信息，被行政机关通过数字化手段主动公开，很大程度上使我们告别了去行政机关办事必须参照各种现场告示和手册“现学现办”的尴尬。在崇尚面向对象和“私人定制”的现今，应申请公开政府信息对致力于提供完善信息公开服务的政府而言，无疑也非常重要。

二是以满足公民知情权为重点，服务于保障民生的行政目的。政府信息公开工作的目的并非为公开而公开，它服务于国家在宪法及行政两个层面的需要。在宪法层面，目前本市乃至我国的政府信息公开工作，都是围绕公民知情权展开，而在实现具体行政目的的层面上，则侧重于公开与民生保障息息相关政府信息，为保障民生的行政目的服务。《政府信息公开条例》中所述的主动公开内容，也主要体现与人民群众切身利益有密切联系的一类政府信息，在这一点上，《上海市政府信息公开规定》与《政府信息公开条例》的精神一致。

我们从上述两个特点可知，现行机制以主动公开为主，辅之以应申请公开，侧重于满足公民知情权，服务于保障民生的行政目的。但是，正如前文提及，自贸区对政府信息公开机制的要求，其宪法权利层面的理论基础在于投资者或企业发展权，仅仅停留在知情权层面，已不能满足该要求，也无益于进一步提高行政透明度。此外，以主动公开为主兼有应申请公开的机制固然面面俱到，但对投资者而言，其更愿意看到主动公开内容的不断扩大。因为通过“申请与答复”方式获取信息的效率要远低于主动公开。而且，应申请公开的信息一般是投资者必须投入大量时间才能获取的个性化信息，对此，投资者更加倾向于通过市场途径实现，即通过专门搜集信息的企业获取，而非向政府伸手，毕竟，政府行政管理受约束较大，效率一般要低于专事收集信息企业。

应该说，自贸区总体方案中提高行政透明度的要求，与目前政府信息公开机制的努力方向一致，但由于其宪法权利基础、服务对象，公开方式等方面的差异，使得我们必须重新审视目前的机制。在检讨目前机制与新要求之间差距之前，我们首先应当明确对照检查的标准，即何谓体现投资者参与，何谓符合国际规则。

（二）体现投资者参与的要求

投资者不可能直接参与政府信息公开机制的建立，所谓体现投资者参与，是指政府信息公开机制应当满足投资者的理性要求，使得投资者乐于在该机制下进行投资，参与该机制下的商业活动。我们在国际贸易活动中看到，在管辖地法律允许的情况下，买卖合同的当事人有时不适用本国法签订合同，而是选择遵循《联合国国际货物销售合同公约》或者其他国家的法律签约，这体现了合同当事人对这些规则的信任。任何规则最终都要贴近人类的理性要求，否则必将被抛弃。投资者的理性要求，可以归纳为对投资安全与投资回报的要求，前者决定生存，后者决定发展。我们认为，为满足投资者的理性要求，政府信息公开机制应能起到帮助投资者熟悉投资环境、防范法律风险、发现商业机会等作用。

1. 政府信息公开制度应能帮助投资者熟悉投资环境，这是投资者对政府信息公开制度的基本要求。投资环境内涵丰富，包括自然环境、市场环境、人文环境等，不一而足，但与投资者联系最为密切的，恐怕还是法制环境。政府信息公开意义上的法制环境，指投资地普遍遵循的行政机关据以运行的全部规则，上至国家法律，下至行政机关的“厅堂告示”。投资者需要稳定的规则，而在此之前，他们先要知道这些规则，若规则没有在适当的信息公开制度下得以公开，那么，投资者的资本将始终处于惶惶的不确定性中，即便偏好风险的投资者，面对未知的规则，也难免望而却步。因此，政府信息公开制度首先应能帮助投资者了解投资环境，将投资留住。

2. 帮助投资者防范法律风险。法律风险，是指由于法规不明确或交易不受法律保障，从而使合约无法履行而为交易双方带来损失的风险。[①] 所谓风险，即可能性，对投资者而言，法律风险是“因法律不明确而造成交易不合规”的可能性。其中的“法律”，指有法律效力的交易规则，包括狭义的法律法规以及监管机构制定的影响交易的普遍性规则；法律风险释放的后果，很可能使原本合规的交易不合规，进而使投资者在交易中处于不利地位，最终遭受损失。法律风险多见于金融领域，因为该领域是完全由法律法规等规则构建起来的虚拟交易平台，且创新最频繁，最容易出现规则缺位和不明确。在一些发达国家，随着金融立法日趋繁复，金融监管日趋严格，金融交易商面对金融执法中名目繁多的可能导致违法的情况，不得不投入大量合规成本，并对此怨声载道。2004 年，HSBC（汇丰银行）估计其在很多国家的合规成本大概一年要 4 亿英镑。在英国市场上，“合规人员”大概占到所有金融服务雇员的 5%。[②] 上海自贸区身处新一轮改革大潮最前沿，区内企业创新和政府转型同样面临执法规则不明确的窘境，尤其是作为重点改革领域的金融市场，尤其面临较高的法律风险。

我们可以将法律风险理解为投资环境中法制环境变动而形成的风险。投资者既不可能直接决定法制环境变动与否，也没有能力保持制度稳定，投资者减少法律风险的唯一手段就是及时应对规则变化，而做到这一点的前提则是及时了解规则变化。此时，投资者自然寄希望于政府主动、及时公开其所指定的规则，希望政府通过信息公开机制及时公开法律、法规、规章等规范性文件，尤其是据以执行这些规范性文件的政策、规定、规则，帮助企业合规。若政府无法做到这一点，甚至反其道而行，怠于公开，则无异于自己制造法律风险。

3. 帮助投资者发现商业机会。商业机会是投资者获得收益的重要条件，一般而言，政府应当致力于营造投资环境，而非直接帮助企业盈利，但是，客观地说，盈利有利于提振投资者信心，促使其深入、持续地实施投资，实现投资与再投资的良性循环，最终有利于实现繁荣市场、促进民生等行政目的。运用政府信息公开制度引导产业发展方向，间接帮助投资者寻获商业机会，是行政机关达到行政目的的有效手段。这种“以建言、指导等非权力手段，要求国民，协助有道国民以达行政机关所期待行为之作用，可以纳入现

---

① 唐波：《新编金融法学》，北京大学出版社 2005 年版，第 266 页。

② ［英］Roger McCormick：《金融市场中的法律风险》，胡滨译，社会科学文献出版社 2009 年版，第 4 页。

代政府行政管理理念中的行政指导”。[1] 有学者认为，本来行政机关为实现行政目的，要求国民作为或不作为时，原则上有依法规定，发布正式命令之义务。但现代行政之实务，当新事态发生而行政须采取必要之措施时，常常欠缺相关适当之法律规定。行政机关不能放任事态不为闻问，因为如何补足法律之欠缺或不备，以适当地对应行政需要亦是行政机关之责任。此时使用非正式之行政手段，常能发挥功能，而行政指导正是具有发挥补充法治行政不足之功能。[2] 行政机关通过政府信息公开方式进行行政指导，促使投资者于政府信息中发掘商业机会，这固然是一种高明行政手段，但其难度也可想而知。这对政府收集、制作、保存的能力以及其信息本身的质量有很高的要求，同时，还必须把握好介入商业行为的程度，避免直接进行微观调控，超出行政指导范畴，导致实质上的不公平。

（三）符合国际规则的要求

上海自贸区总体要求中，三次提及“国际化、法治化”。在全球化思维和依法治国空前深入人心的现时，再提国际化和法治化，无疑是在强调我国政府对国际规则的适应已经刻不容缓。在加快政府职能转变方面，上海自贸区总体要求明确，按照国际化、法治化的要求，积极探索建立与国际高标准投资和贸易规则体系相适应的行政管理体系。在这一前提下，自贸区提出建立符合国际规则的政府信息公开机制，就是要求该机制应当符合全球范围政府信息公开立法的现状和趋势。

纵观各国政府信息公开立法，无论是美国1966年《信息公开法》及后续多份备忘录、英国2000年《信息自由法》，均体现了及时、全面、平等的信息公开原则，以保障公民知情权。同时，我们也看到，政府信息公开立法在保障知情权的方式方法和切入点方面，与过去确有不同。近年来，世界各国信息公开领域发生一些新变化，包括信息公开法律从被动公开到主动公开的转型、关注重心从法律采纳到法律实施的转变和以依法为主到以依服务方式实施信息公开法律。[3] 这些变化趋势，无论是强调主动公开、关注法律实施还是依服务方式进行公开，都以信息公开受众的感受为切入点，与体现投资者参与的精神一致。我们在建立符合自贸区框架的政府信息公开机制时，应当

---

① 参见［日］原田尚彦：《行政法要论》，学阳书房1995年第3版，第171页。

② 参见翁岳生：《行政法》（下册），中国法制出版社2009年版，第902页。

③ 肖卫兵：《从国际信息公开领域新变化审视我国信息公开制度》，载《情报理论与实践》2014年第1期。

认识到这些变化的要求。

二、政府信息公开工作的突出问题——以行政审判为视角

在政府信息公开制度下，既有以上新要求的“阳春白雪”，也不乏行政审判中所反映出的“下里巴人”。诚然，目前我国行政审判中所涉及的政府信息公开问题，还停留在如何保障公民基本知情权的层面，甚少出现企业为保障投资权益而进行政府信息公开诉讼。近期，最高人民法院公布了2013年全国法院政府信息公开十大案例（以下简称“十大案例”），其中所涉信息公开申请基本由公民提起，体现了保障公民知情权的精神。虽然如此，但从行政诉讼中所反映出的行政机关在处理公民信息公开诉求时的问题，我们也可管窥其对商业投资可能产生的影响，发现目前机制与自贸区框架要求之间的差异。

（一）主动公开机制尚不完善

《最高人民法院关于审理政府信息公开行政案件若干问题的规定》第3条规定，公民、法人或者其他组织认为行政机关不依法履行主动公开政府信息义务，直接向人民法院提起诉讼的，应当告知其先向行政机关申请获取相关政府信息。对行政机关的答复或者逾期不予答复不服的，可以向人民法院提起诉讼。由此可知，一些本应主动公开的政府信息，在诉讼中均以应申请公开的面目出现。如十大案例中，姚新金、刘天水诉福建省永泰县国土资源局案中所涉及的政府信息，即可看做行政机关应主动公开的政府信息。通过司法实践，我们可以看到，有一些应当主动公开的政府信息，实际上没有得到及时主动公开。目前，《政府信息公开条例》与《上海市政府信息公开规定》均明确以公开政府信息为原则，不公开为例外，这符合信息公开立法在世界范围内的潮流，但它的问题也显而易见，即过于原则，缺乏可操作性。同时，对政府应如何及时公开一些较低层级的规范性文件，在执行中也存在问题。

（二）信息不公开标准模糊

无论对主动公开还是应申请公开，无论立法还是司法实践，信息在何种情况下不公开都是一个老问题。目前，涉及国家秘密的政府信息属绝对不公开信息，涉及商业秘密及个人隐私的政府信息，属相对不公开信息。上述规则已被大多数国家信息公开立法所采纳，符合国际规则。但目前我国信息公开制度中认定信息涉及商业秘密、个人隐私的标准还比较模糊，而具体认定

标准则恰恰是从事商业活动的投资者所关心的内容。

此外，公开后很可能危及国家安全、公共安全、经济安全和社会稳定的政府信息不应公开，此为世界各国通行的做法，但界定信息涉及上述四项因素又非常困难，因此，在各国立法中明确上述规则的立法例较少。境外投资者对这种理论与实践的矛盾尤为敏感，尚无明确的解决方法。

（三）信息不存在问题

目前，在应申请公开信息领域，信息不存在问题较为普遍。所谓信息不存在问题，即申请人要求行政机关公开信息，该信息应当由受理申请的行政机关制作或获取，但行政机关经查找，确未发现申请人要求获取的信息，即告知申请人信息不存在于本机关。申请人在诉讼中往往难以举证证明信息客观上确实存在，最终导致败诉，无法获知信息。有的情况下，行政机关虽有相应职能，但在行政管理中确无制作、获取之必要，因此没有制作或获取；有的情况下，行政机关疏于履职，确未制作、获取信息；还有情况下，行政机关制作、获取了信息，但未妥善保存；也有极少数情况下行政机关以此为借口拒绝公开信息。对投资者而言，其一般无意追究政府不公开行政责任，但无论上述何种情况，投资者都客观上无法达到获取信息的根本目的，从而影响投资者作出投资决策。因此，信息不存在问题必须得到妥善解决，至少应当逐步减少。

三、构建自贸区框架下的政府信息公开机制

（一）建立更为完善的主动公开机制

20世纪90年代后，倚重被动公开或依申请公开的拉伸型信息公开法在世界银行等国际组织的推动下得以向全球领域内其他国家迅速推广，其具有很强的敌对和个人权利至上色彩。近年来，世界各国越来越重视突出主动公开积极作用的推出型信息公开法。如奥巴马上台后，无论是《信息公开法备忘录》，还是美国司法部的信息公开法指引，以及总统预算与管理办公室的《公开政府指令》都提到了要加强主动公开的力度。[①] 正如前文所述，主动公开效率高，没有对抗性，深受投资者欢迎，因此，建立更为完善的主动公开机制，

① 参见肖卫兵：《论我国有局限的推出型信息公开法》，载《行政法学研究》2010年第3期。

是目前的立法趋势。我们应从明确主动公开内容，提高主动公开效率角度完善该机制。

首先，应当在信息公开原则中引入负面清单管理思维。与其说投资者关心主动公开的内容，不如讲其关心不主动公开的内容。目前，《政府信息公开条例》及上海市规定都指出了若干大类应主动公开的信息，但真正与“公开为原则，不公开为例外”匹配的，应当是对例外的明确，也就是将例外情况下不主动公开的信息类别制成“负面清单”，展示在投资者面前，才能让投资者更清楚地了解能够通过主动公开获取的信息。其次，应当提升发布信息的反应速度，尽可能在制作、获取信息的同时公开信息，并通过网络方式予以公开。在很多情况下，政府不及时公开信息，实际是无法把握信息公开的后果。这实际是优化政府决策过程的问题，只有切实有效地进行调研，凡事跨前一步，预先谋划，并在决定与执行之间留下充分的时间，才能让社会各界广泛接受决策。从这一角度考虑，及时公开政府信息也有利于行政机关提高决策能力。第三，对行政机关而言，其主动公开的烦恼在于难以辨别主动公开信息的真伪对错，也倾向于规避由于信息错误而产生的法律责任，这就导致了主动公开范围及内容的逐渐缩小。对此，应当进一步合理设定政府信息公开考核机制，对于因政策调整等因素而引发的错误公开，不应追究责任。

（二）严格限制信息不公开

基于满足投资者获取政府信息要求的考量，行政机关作出不公开信息的决定前，无论在主动公开还是应申请公开的情形下，都应当严格审查不公开理由。基于对公民个人隐私的保护，对信息是否涉及个人隐私的审查标准不宜过于狭窄。面对商业活动，个人隐私比较容易受到侵害，典型的如公民肖像被非法用于商业宣传。因此，政府信息是否涉及个人隐私，其审查标准可以适当放宽。对商业秘密的认定，则可以参考《反不正当竞争法》的定义，而行政机关在政府信息公开工作中认定商业秘密，应当格外谨慎。因为在民商事活动及诉讼中，对商业秘密的认定相当严谨，若在行政工作中任意认定商业秘密，则容易导致信息持有人或相关人员利用行政机关的认定主张法律上的其他权利。

（三）完善政府信息制作、获取、保存制度

解决政府信息不存在的问题，根本上还是要完善完善政府信息制作、获取、保存制度。对于法律法规规定行政机关必须制作、获取、保存的政府信

息，在行政管理过程中即应做到。若出现信息经查询不存在的情况，首先应当进行补充制作或者获取，填补信息空白，保证政府信息的完整性和连续性，对于已经制作、获取，但未妥善保存的信息，应当及时寻获并按规定保存、公开。此外，还应建立相应的责任追究制度，对与信息不存在有关的责任人员进行追责。

（四）政府信息公开的费用与成本

为维持高水平的政府信息公开机制，难免产生高昂的行政费用与成本。比如在2002年，美国主要的政府部门在信息公开法方面的工作花费将近2.83亿美元。[①] 在实际政府信息公开工作中，我们也看到，行政机关为维护主动公开的信息，消耗了大量人力物力财力。应申请的政府信息公开工作同样需要消耗大量行政资源，如查找、提供、答复申请人，甚至应对可能发生的诉讼，都需要资金成本和人工成本。虽然在完善政府信息公开机制过程中，可能面对行政成本提高，但提供用以服务投资者的政府信息，仍然应该是无偿的，即便是能够带来巨大商业机会的相关信息，其本身的公益性决定了无偿性。因此，在信息公开立法中应当坚持无偿提供原则，行政机关也有义务为政府信息工作的顺利开展提供保障。

① 美国总审计署（US General Accounting Office）报告，转引自［美］威廉·R·安德森：《美国〈信息公开法〉略论》，彦廷、任东来译，载《南京大学学报（哲学社会科学版）》2008年第2期。

研讨纪实

“加强二审职能、推进适法共识”2014年第七期法官沙龙活动纪实

主办单位：上海市第一中级人民法院、长宁区人民法院、上海市政法学院刑事司法学院、上海市法学会未成年人法研究会

时　　间：2014年9月3日（星期三）14：00至17：15

地　　点：虹桥路1200号，上海市第一中级人民法院四楼多功能厅

主 持 人：郭文龙（上海市第一中级人民法院研究室法官）

蒋红玮（上海市第一中级人民法院少年审判庭副庭长）

黄　琦（上海市律师协会常委、副会长）

王建平（上海市长宁区人民法院少年审判庭庭长）

一中院郭文龙：一中院法官沙龙最早形成于1998年，一直延续到现在，最近这几年活动比较多。目前的格局是由一中院研究室负责运作，每次活动我们都是联合其他相关的部门，比如说这次，我们是联合一中院的少年庭一起举办。本次活动主办方也是采用联合的方式，主办方包括上海市第一中级人民法院、长宁区人民法院、上海市政法学院刑事司法学院、上海市法学会未成年人法研究会。这次法官沙龙，一中院的研究室和少年庭作为承办方，长宁法院以及上海市政法学院和上海市法学会付出了极大的劳动，在此向他们表示感谢。

活动正式开始之前，我想提醒大家注意一下，今天现场的椅子摆放是比较轻松的格局，这其实有一种心理暗示，沙龙不是一次正式的会议，只是大家就一个话题进行比较自由的讨论。我们希望沙龙的过程是这样的：有头脑的激荡、观点的交锋，擦出很多的火花。现场有工作人员会把这些火花收集起来，固定下来，以某种形式向社会传播，这是我们所期待的。

除了四家主办方，我们还有幸邀请到了来自各个方面的人士，包括来自最高人民法院的领导、本地各机关以及专家、学者和媒体朋友。下面我把话

筒交给第一轮的主持人蒋红玮庭长。

第一主题：当前法院面临的未成年人司法保护困境

一中院蒋红玮：刚才郭文龙先生已经介绍过这次沙龙由上海市第一中级人民法院、长宁区人民法院、上海市政法学院刑事司法学院、上海市法学会未成年人法研究会四家联合主办。今天的议题主要有三个，因此我们设了三个主持人，我有幸担任第一个议题的主持人。

首先请允许我介绍出席这次沙龙的主要嘉宾。出席我们今天沙龙的有最高人民法院研究室的马东巡视员，市妇联刘琪副主席，一中院刘力副院长，一中院张志杰专委，市政协常委、市律协黄琦副会长，市高院少年指导处朱妙处长，市教委青保办朱坚主任，市法学会研究部张志军副主任，市检察院一分院未检处刘金泽处长，长宁法院秦明华副院长，上海小希望之家理事长、作家陈岚女士，福建莆田阳光青少年服务中心许如金主任，以及来自高校的专家、学者、媒体朋友和一中、二中辖区的法官代表，还有检察官代表，在此对各位的到来表示衷心的感谢，同时对于大家即将发表的真知灼见表示热切的期待。

在审判实践中，法官直接面临未成年人的司法保护问题，今天这个议题是由长宁区法院审理的一起变更抚养关系的案件所引发，下面我们先请长宁法院少年庭顾薛磊法官简要介绍一下案情，以此来切入今天的议题。

长宁法院顾薛磊：大家好！先自我介绍一下，我是来自长宁法院少年庭的顾薛磊，我发表的题目是《对于法院所遇被弃儿童困境情况的分析》。下面请看长宁法院的一个录像（视频播放）。这个案子的案情和背景情况我大致介绍下，2013年5月我们审理了这起案件，出于对未成年人的保护，我们暂时把这个孩子叫乐乐。乐乐的妈妈王某起诉到法院，请求变更抚养关系，要求孩子的父亲刘某抚养孩子。这个案子的背景是这样的：王某当时是一名足浴店员工，性交易以后生下乐乐。案件的矛盾点在于我们当时出于社会关护、心理情况等的考虑，认为孩子跟妈妈会比较好，就把孩子判给了妈妈，爸爸每月付1200元抚养费，由于爸爸是没有收入的，抚养费相对来说是比较高的，这也是矛盾的激发点。2013年8月9号，妈妈把6岁的乐乐遗弃到法院，当时正值周五，我们一下子没有了头绪，没有部门来接收，我们只好让一个法官把孩子领回了家，所以乐乐就成了法院手中的烫手山芋，到底该怎么处理？这是一个问题。

紧跟着，第二个问题来了：法院接收乐乐的窘境在什么地方？因为没有一个临时性收留未成年人的单位和机构。我们来看照片，这是长宁救助站，旁边立了一块牌子，这个地方是临时性的，但是当时没有一家单位和机构接收。照片上我带孩子在吃肯德基，还有一张是孩子在法官的办公室玩电脑，旁边是乐乐和法官妈妈吃早饭的照片，还有我们帮孩子复习功课。后来孩子情况怎么样了呢？我们分组来看，第一张照片我们跟孩子分手了，分手了以后通过民政局暂时把孩子寄养在民办福利院，这个福利院条件很差，是专门接纳脑瘫儿的。第一张照片里，抱着乐乐的就是徐妈妈，当时这个孩子看到我们进去了以后，他一句话都不说，就紧紧地抱着徐妈妈，过了十几分钟就说了一句话“我想回家”。我当时问了他“你想回谁的家?”他说“我想回法官妈妈的家”。我们很多法官后来看到这张照片都流下了眼泪，民办的福利院并不适合这个孩子居住。8 月 29 日，乐乐妈妈提出要把这个孩子带回去，事实上她的目的是向法官施压。右边第一张照片，妈妈跪下来，她很懊悔，觉得对不起这个孩子。我们告诉她“你再也不能遗弃这个孩子了”，妈妈拿着我们给孩子的书和礼物，把这个孩子带走了。前面的很多照片都是我亲自拍的，所以对这个案子感同身受。

这个案子判了以后，我们法官做了哪些工作？第一项工作，就是让他找到家的感觉。我们来看两张照片，第一个是我们给这个孩子过生日，孩子是 9 月份回去的，10 月 10 号是他生日，我们给他过了个生日。我对这个孩子印象最深的一件事，是在民办福利院，我跟他说“你能不能给我们笑一个?”然后这个孩子跟我说“我不知道什么是笑，妈妈没有教过我。”我想，笑是不需要人教的，所以可以看出这个孩子从小到大经历了很多艰辛，没有多少快乐的日子。第二张照片是我们给他切蛋糕，旁边的一张照片是我们拍的全家福，当时一些爱心人士也在场。让他找到家的感觉，这是我们法官觉得要做的工作。第二项工作，就是我们给乐乐妈妈找了份工作。不过妈妈情况比较特殊，有点好吃懒做，最终没有去工作。

我们重点要说的是，这个案子给我们的反思是什么？这件事给孩子造成了很大的心理影响。大家请看这张图片，这张图片是乐乐画的画，这就是心理学所说的“房、树、人”，即通过画房子、树木和人，来看这个孩子的心理评价。在乐乐的画中，房、树、人这三个东西都偏小，反映乐乐的焦虑不安和自卑；树杂乱无章，反映孩子毫无意识；好的一方面是树叶茂盛，说明孩子生命力旺盛以及对知识很渴望；树干粗，说明乐乐有抵抗情绪和对现实的无奈；房上还有一个窗，代表对外界强烈接触的愿望，但是没有沟通的途径；

树没有树根，说明没有家的感觉。值得注意的是，他还画了一个女人，虽然他当时没说画的是妈妈，但是我们看到这个女人跟他妈妈很像。乐乐既渴望母爱又对妈妈有一种敌视感，可见，被遗弃对孩子的影响是很大的。

我还记得刚把乐乐送到福利院的时候，乐乐还记得法官妈妈、法官爸爸，但是在第三个礼拜我们再来的时候，他已经不记得我了。实际上我是这个案子的承办法官，我见了这个孩子总共有20多次。孩子在民办福利院受到很大刺激，选择遗忘，所以说孩子的心理受到很大影响。后面我们做了一个罗夏墨迹测试报告，反映了孩子情况不太好，对社会有偏激感，有报复社会的情绪。考虑到当时这个孩子已经6岁了，出现这个情况是很不好的。

第二大块我想说的是被弃儿童的情况。这个照片上的小男孩是乐乐，旁边还有个小姑娘，小姑娘也是被遗弃的。父母遗弃孩子的现象并不是个例，据不完全统计，长宁法院受理的离婚案件中，25%的父母都不要孩子，其中这25%中有10%采取遗弃的方式。原因大致有三个：第一是经济困难，第二是向法官施压，第三是法律对遗弃行为处罚不力。

鉴于以上事实，我主要提下面几点建议：一、及时建立儿童庇护所。设置专门的区域和儿童房间，使儿童不受身体伤害和性侵；设置专门的看护；配备专门的心理咨询师。二、社会帮助及时跟进。三、救助体制更完善。四、司法体制进行修改。我们现在的法律很多都是规定在各种条件都不具备的情况下，民政、居委会才能担任监护人，我认为不该适用排除法。

一中院蒋红玮：谢谢顾薛磊法官的详细介绍，而且提了几条很好的建议。福建莆田阳光中心在工作中也遇到一些类似的案例，下面请许如金主任来给我们讲一下她在实际工作中遇到的情况。

福建莆田阳光青少年服务中心许如金：非常荣幸参加今天的研讨会，也感谢主办方给我这次学习的机会。我今天主要通过个案来讲述我在工作中遇到的困扰，希望专家、学者给我一些建议。基本情况是这样的：2013年8月8日，报纸刊登了一个10岁男孩满身是伤的报道。阳光中心派我去走访，我联系报社记者找到了这个男孩家，这个小男孩叫小龙。我们在跟小龙的母亲交谈的时候，她一直诉说她的人生是怎么不幸，经济困难，没有低保，孩子没户口，但是不承认孩子的伤是她打的。我们去村委会了解情况，村委会说没有低保的原因是妈妈情况比较特殊，她长期不在家，并说孩子确实是母亲打的。然后我们找到派出所，派出所同意给孩子办户口，我们又找到镇政府，他们也同意给小龙妈妈办低保。考虑到小龙家比较困难，我们决定给予他们经济帮助，大约一个礼拜左右，我们买了电饭煲、床、电风扇、学习用品等送到他家，基本上能想到的都买了。10 月小龙补办了户口，母亲也申请到了低保。我们阳光中心筹集了 1 万元慰问金给小龙妈妈，并派了专门的工作人员对她进行了心理辅导。

2014 年 1 月初的时候，我们多方了解到母亲又有不断殴打孩子的行为。我去现场看了好几次，没有一次看到孩子身上没有伤的，我问孩子“是谁打的?”孩子说“是妈妈”，但是在妈妈面前又不敢说了。我们告诉妈妈，这样殴打孩子的行为构成虐待，不能再打了，妈妈也承诺不打孩子了，但是事实上，妈妈对孩子的殴打从来没有断。我们组织训诫了一下，小龙妈妈写了保证书，但是不起作用。今年 5 月 30 日，孩子又被打得满身是伤，公安机关对妈妈作出了行政拘留 15 天的处罚决定。我们协调市救助站对孩子临时保护，但是 15 天后孩子怎么办，是大家最大的困扰。

我当初提出如果确定是妈妈打的，构成虐待罪；如果不构成虐待，能不能撤销监护权？我们刚开始以虐待罪起诉到法院，但是法院不予立案，理由是诉讼主体不适合。我们几个人坐下来商量，从《未成年人保护法》第 53 条入手，以撤销监护再次立案，经过跟法官探讨，认为在程序上可以走特别程序。根据《民法通则》第 16 条以及最高人民法院 1999 年的解释，群体诉讼主体明确规定了村委会可以作为诉讼主体，我们最终以此立案。2014 年 7 月 12 日，法院支持了我们的诉讼请求，撤销小龙母亲的监护权，并指定村委会作为小龙的监护人。这个个案办理过程中，我遇到很多困扰，希望在座各位能给我一些指导。

困扰一：实际运用法条时遇到的困难。《民法通则》第 16 条、第 18 条以及《未成年人保护法》第 53 条规定，父母或者其他监护人不履行监护职责，或者侵害未成年人的合法权益，经教育不改的，人民法院可以根据有关人员或单位的申请，撤销其监护人的资格，依法另行指定其他监护人。运用这条法条的时候，我在想，什么是“不履行监护职责”? 没有细化；“经教育不改”，也没有细化。所以说裁定空间特别大，这个案子能不能赢，我们当时并不清楚。困扰二：撤销监护权案件的诉讼主体积极性问题。我们提议村委会作为监护人的时候，村委会主任的说法是“第一法律没有规定，第二我不懂得怎样参与这个审判，第三就算审判下来了，孩子丢给谁，难道我来养吗?”困扰三：撤销监护权之后，未成年人后期安置的问题。村委会如果没有合适的地方，那么孩子的生活谁来管？当时为了不让母亲再伤害孩子，我们进行帮忙，但是如果有更多的孩子，那怎么办？困扰四：监护权回归的问题。我刚开始问小龙“要不要回到妈妈身边?”小龙不愿意，说“妈妈会把我打死的”。这让我感触很多，于是我跟小龙暗示说“妈妈不是想打你，她不是有意的”，隔了一段时间，我再问“等妈妈有钱了愿意跟妈妈回去吗?”小龙不再说恨妈妈之类的话，而是说“我想想”。经过我们对妈妈不断疏导，母子之间的隔阂慢慢被磨平之后，小龙能不能再回到妈妈身边？怎么回归？困扰五：这个撤销监护权案件，我们是出于公益目的，大家积极把好事做好，但是遇到类似案件该如何处理？如果小龙有财产，撤销监护权会不会被有目的的社会组织利用？诉讼本身的动机和目的怎么评估？目前没有很好的办法。困扰六：行政机关之间如何理清关系？就这个个案来说，相关部门相互配合，村委员在行政机关的压力下承担了监护人职责，但是如果没有行政机关压力，仅仅是个人诉讼的话，问题解决的可能性有多大？

一中院蒋红玮：大家有什么高见，可以就这一议题，发表自己的看法。

长宁法院秦明华：大家下午好！我是长宁法院的秦明华。作为一名从06年底07年初专门从事青少年司法工作的法官，始终有个词萦绕着我——无奈。人们总是说法官是守护正义的最后一道屏障，法官是包青天，法官能够解决世界上一切不公正的案件，但是多年的从业经验告诉我：法官不能解决一切不公正的难题。涉及未成年人案件有很多为难之处，第一个困扰是涉未成年人民事案件。父母离婚，打抚养权案件，父母亲把气撒到孩子，把孩子放在法院。法官把孩子带回家，这只是临时性的救助，不是长期的办法。我在少年庭当庭长时，有一对父母亲矛盾特别大，父亲有别墅不住，带着孩子失踪，母亲屡次打探望权案件，胜诉没问题，但是难执行。

另外一个困扰是刑事审判过程中，父母犯罪，特别是父母吸毒、贩毒被判刑的，孩子没有其他亲属抚养。在参加法官沙龙之前，我在将近一年的时间搜集了很多资料，也翻看《法制日报》《上海法制报》等相关报章、媒体上相关的报道。民政、妇联、青少年保护工作者都在呼吁加强儿童福利制度的完善，呼吁儿童福利法的推出，我也注意到北京佟丽华律师作为专门从事青少年保护的专家，他有个团队在做相关调研工作，搜集相关资料，主要是关于事实上没有形成抚养的儿童，我们叫他事实孤儿，也就是父母在，但是找不到。截至2012年，事实孤儿有五、六十万，法院碰到这种问题怎么办？司法、社会怎么保护？所以今天长宁法院作为主办方之一，组织专家、学者共同探讨这个问题，期待突破司法保护中碰到的瓶颈，希望政府、社会公益组织及各界有识之士，有力出力，有钱出钱，有点子出点子，形成全社会保护未成年人的立体网络。

作家陈岚：刚才法官的讲话对我触动很大，所以我就迫不及待地发言了。

我是作家陈岚，也是小希望之家青少年关爱中心的发起人。小希望之家成立至今，紧急干预 17 名儿童生存危机，把他们从死亡线边缘救下来。我们还在全国几个地方设立小希望困境儿童之家，前后庇护了 100 多名事实孤儿，花费成本低，但是效果非常好。

我先说一下我们紧急干预的几个孩子的情况。有个孩子出生时脑积水、先天脊椎开裂，刚生下来就被他父亲扔在妇产科床底下，三天没有喂水喂奶。同病房的产妇把这件事发到网上，我们的志愿者搜索到这个网页，报到我们机构中来，就凭借这无名无姓的帖子，我们紧急寻找了一天，终于找到这个医院。经过跟医院核实，发现真的有这样一个孩子，医生、护士都知道，但是都没有干预。我们志愿者连夜赶来，给他钱，给他支持，总算把孩子救下来了。孩子最后被他父亲送到上海，但是孩子父亲态度是这样的：如果你要救他，孩子就甩给你们，否则就按我自己的方式来处置。在那种情况下，我们先不计较别的，只能先救这个孩子。当然后面问题还很多，比如监护权问题、孩子的身份问题、户口问题，但是不管怎样，孩子的命保住了，也动了第一期的手术，现在是我们小希望之家的吉祥之星。

这样的孩子还有很多，我们的做法是无论如何都会用我们的帮助和服务手段去保护他，先保命。当我们确定他的状态，如果此刻不干预就会死，就一定要去救。实际上，我们做的是一个完整的儿童福利保障法的一个环节。如果国家建立完善的儿童福利保障法的话，最初会有国家对于贫困或者特殊家庭儿童的食品、经济、医疗的援助，确保这个高危家庭是在社工网络的监管或者预警之下的，比如说这个妈妈是少女妈妈，那个爸爸是吸毒的，这个家庭有家暴史，这些人群首先进入了社会的社工网络的预警，这时候他会得到心理支持、经济、食品支持，尽可能杜绝危机发生在第一线。到第二步如果对孩子的虐待或伤害已经到了非常严重的时候，司法就会介入。在美国，家庭儿童社工权力大到什么程度？只要我判定这个儿童是危险的，下一步就有危险，我们可以在警察到来之前把孩子带走。儿童的利益是优先的，是第一位的。美国的保护体系，只要涉及儿童，比如说家暴，妻子报警说“他打了我”，这是普通案件；如果妻子下一步说“他打了孩子”，这就不再是一个普通案件，儿童权利监管委员会马上介入，把孩子带走，全面调查、评估，区分几个等级的处理方式。前一块是社工、社会的救助，中间是司法的干预，最后是儿童法庭的审判。这里最重要的核心问题，也是全社会最关注的问题，就是监护权剥夺的问题。我们特别期待关于剥夺监护权这一立法的完善，我们在救助一线深刻地感受到，在救助中没有立法支持，所有救助都是不可能的。

上个礼拜，我们刚刚救助了一个儿童。一个父亲当街把自己小孩的四个指甲全部拔掉。父亲虐待孩子这件事，街坊和派出所都知道，父亲酗酒、吸毒、家暴，把他母亲打得瘫痪在床，把他父亲气死了，很显然孩子跟着他一定是危险的。但是派出所仅仅判定孩子是轻微伤，只对这个父亲作出了行政拘留7天的处罚，孩子还是跟着父亲。我们当时判定孩子处境很危险就立刻赶去干预，虽然处理过程中，这个父亲突然打人，打了我一下，但是问题最终解决了。父亲被行政拘留，派出所协助我找到孩子母亲，最后母亲出面把孩子从福利院领了出来，我们也取得了母亲的授权，包括解除他们的同居关系，以虐待罪起诉这个父亲，并且剥夺了他的监护权。

当然这是很幸运的个例，我们找到了母亲，因此我们可以有一个合法的起诉主体，我们还有一系列法律的依据，但是更多的孩子他们怎么办？我相信许多人虽然有心，但是没有法条依据，也很困难。当然我只是把我们的困境来向各位老师做一个展示，作为儿童福利机构，我觉得我们除了司法的判决、剥夺监护权的核心问题之外，也需要大量儿童庇护所。儿童庇护所作为独立的第三方，接受法庭的安排，让孩子在这里容留一段时间，我们有专门的心理医生以及后续的一些措施，我们有能力保障孩子的身心健康和恢复。如果有这方面的孩子需要保护的，我们会积极配合，我们有一流的心理专家、一流的医生，还有非常强大的志愿者团队，也有一个法律的志愿团队，我们有志于做最早的一批儿童庇护所。谢谢大家！

市教委青保办朱坚：大家好！我是青保处朱坚。第一，我想谈的是法院面临的未成年人司法保护，是不正常的，应该纠正和化解。法院是审判机关，把孩子扔在法院，毕竟是不适当的。法院应该和民政、福利院、儿童庇护所取得联系。前面提到的民办福利院，这里很多是不正常的小孩，而困境儿童都是正常的小孩，从儿童福利最大化来讲，困境儿童不能在这里得到很好的关爱，因此不同的儿童应该做不同的分类。从眼前个案来看，跟现有儿童福利机构建立联系，解决个案问题，才是法院应该做的。如果法院还要处理这类事情，从某种意义上讲，也不是成本的最大化。

第二，我想谈一下现在比较时髦的一个词：综合治理。这包含几层意思：一、对于父母来讲，依法履行法定职责还是主要的，但是每个父母情况不一样，如何责令他依法履行职责？有的家庭实在经济困难，实在没办法，再怎么训诫也没用。这时候可以通过介绍适合他的工作，使他有一技之长。二、小孩天生跟父母有亲缘关系，民办机构再好，但是俗话说“金窝银窝不如自家的草屋”，孩子跟父母还是最好，当然如果父母确实不能履行监护职责的除外。再就是，万一撤销监护权，父母有条件了或悔悟了，还应该给父母一个机会，一味地剥夺不一定是最好的方法。谢谢各位！

长宁法院钱晓峰： 大家好！我是长宁法院少年庭的钱晓峰，首先我代表法院对许主任和陈岚老师表示感谢，你们的工作是对我们包括法院在内的、有志于保护未成年人权益的团体、机关的莫大支持。因为对我们国家来说，由于未成年人保护事业还在发展过程中，还有很多不详尽、不完善的地方，因此非常想得到社会各界的支持。

从法院的角度来说，我们法院所碰到的诉讼困境儿童，包括被遗弃在法院、向法院施压的，也包括父母被判刑，孩子没法安置的。我们碰到的问题是孩子的安置问题，一是紧急安置，二是长期安置。比如前面提到的乐乐，首先面临紧急安置，我们当时想到福利院，但是福利院只能收留孤儿、找不到父母的弃儿。第二我们找到救助站，但是救助站告诉我们，这里条件简陋，对孩子的身心健康不利。最后我们找民政局，民政局特事特办，出钱委托民办福利院来收留乐乐。

我们的个案可能是妥善处理了，但是如果遇到十件或一百件这样的事情，我们该怎么处理？有没有制度性保障？我这里最近告诉大家一个好消息，最高人民法院、最高人民检察院、民政部、公安部正在起草监护权转移的指导意见。这对《民法通则》第 18 条、《未成年人保护法》第 53 条所规定的撤销监护权这个法律制度，实际上是个细化。原来是没法操作的，比如谁来起诉？有关单位和个人到底是谁？起诉了以后，谁把孩子从家里带走？带走后如何安置？剥夺监护权以后孩子到底给谁？我们碰到的很多案子不是父母抢孩子，而是很多父母都不要孩子。到底谁来代表国家行使国家最高监护人这个职责？所以这涉及一系列的法律制度完善的问题。刚才陈岚女士讲述了很多她救助的孩子，政府不能救，医院不能救，民政部门不能救，最后只能依靠社会志愿组织，这一定程度上是制度不完善的悲哀。制度完善之前，这样的悲剧一天天在发生，所以我们不能等待，我们只能通过各种各样的努力来完善。

我觉得在制度完善之前有个案的救助，在制度建立过程中，我们应该对一些制度进行一些切磋。第一，谁来起诉？按照《民法通则》的规定，未成年人在受到虐待、遗弃等侵害的时候，必须由他的法定代理人、成年兄弟、祖父母、外祖父母或者其他关系密切的亲友来起诉。除此之外，我们可不可以考虑公益诉讼，让社会公益组织作为诉讼主体，这就解决了刚才许主任提到的谁来起诉的问题。您能说服村委会来起诉很了不起，但是很多地方的村委会、居委会有种种顾虑，不愿意起诉。第二，起诉之后安置在哪里？谁把孩子从困境中带走？现在正在拟定的关于监护权转移的草案，把这个权利赋予了公安。另外，设立儿童庇护所，这关系到儿童的紧急安置。长宁救助站目前开辟了一两个房间专门安置困境儿童，我们希望儿童庇护所像妇联的家暴庇护所一样普遍推广。第三，关于撤销监护权的案子。法院在作出这样的判决时是很谨慎的，我们认为孩子最适合在家庭中成长。父母不是天生做父母的，我们能不能通过给予父母教育、医疗方面的支持，对于生活困难的，给予就业等指导，使父母更称职？父母的监护权被剥夺了以后，是不是能有一个考核期？这对父母经过考察，回心转意，有能力抚养孩子了，能否把监护权还给他？这需要立法和司法通盘考虑，把社会各方面的资源整合起来，建立未成年保护的资源平台，使司法保护、政府保护和社会保护整合起来。

上海财经大学麻国安：大家目前都是同一个声音，我对此有不同的看法。首先，我觉得，法院在定位上是个司法机关，在困境儿童问题上，法院的很大功能是转介绍，比如我们发现火灾不需要救火，而是呼叫打119，我个人认为转介绍千万不能忘记。法院遇到被遗弃儿童，要做的是打110，这涉及公检法的分工问题。公安是行政机关，这类问题该找行政部门。从大的方面来看，司法困境是客观存在的，但是从个案来讲是，个人认为这其实是法院自己制造的难题。公安的职责就是保护公民的人身财产安全，大家都说有困难找公安，没有说有困难找法官，大家的思路要解脱出来。其次，谁来起诉的问题。许主任讲到说服村委会起诉，我是很佩服的，因为我来自农村，所以我对农村的情况是很了解的，如果我是村主任，我是死活不会起诉的，在农村，自己的孩子还顾不过来，怎么来养别人家的孩子？关于起诉主体，我们千万不能忘记还有检察院，检察院是法律监督机关，承担民事监督、国家公诉的职责，检察院介入的情形，等同于精神病人的强制医疗，由检察院提出强制医疗的申请书，法院作出判决。

我这里给大家提供思路，希望大家有不一样的声音。前面大家都提到机构缺乏，到目前为止，我认为机构是不缺乏的，青少年权益保障部门很多，就是没有形成联网，因此无论怎么健全都是缺乏的。关于监护权剥夺，都落脚到法条缺乏上，法条也是不缺。《未成年人保护法》第53条有规定，只是没有细化，但是法条不可能每条都细化，我们把工作做到前面，法条才能细化。所以大胆去做吧，儿童权益最大化。

作家陈岚：我补充麻老师一句话，其实所有齿轮都已经存在了，只是没有按照应有的顺序转起来。

一中院蒋红玮：谢谢各位嘉宾的精彩发言，刚才多位嘉宾就第一个议题发表了真知灼见，接下来我们进入第二个议题，请律协黄琦副会长主持。

第二主题：当前上海困境未成年人政府保护的现状分析

市律协黄琦： 非常荣幸受邀参加这次沙龙，并有幸担任第二阶段主持人，这个议题有两个主题发言人，我们先请第一位发言人市妇联刘琪主席发言。

市妇联刘琪： 各位好！我是市妇联主席刘琪，今天很高兴代表上海市妇联来参加这个会议。其实这样的研讨会我们已经开过很多次，有好几次是务虚的，还有很多专题会是推动个案的解决，今天很遗憾的是公安和民政没有参加。说到政府保护，妇联不算政府组织，妇联是党领导下的群众组织，我们为什么介入未成年人保护？妇联有一块职责，就是负责妇女儿童的权利维护。我原来最早来自检察院，从事过法律工作，我在妇联工作时接触到人大代表提案，是关于医院的滞留儿童问题。去年我们妇联牵头，委托上海政法学院做了关于医院滞留儿童的调研，协调这些儿童的解救工作，目前有两个儿童在我们的推动之下已经回家，另外还有两个个案在协调过程中。

我今天的发言是关于医院内滞留的困境儿童的保护工作，我主要就工作中的启发做一个发言。去年下半年，我们对医院内滞留儿童进行了调研，做了数据分析。上海因为地域关系，滞留儿童问题严重，五年间大约有 1000 人，这些绝大多数是找不到父母的，但是还有一部分是有父母的，甚至还有父母是本地人。我们主要推动解决的是有父母的孩子，我们最近协调的是父母双方或一方在上海的，大概十个孩子。我想把几个个案简单说一下。一个孩子的生母是未婚妈妈，孩子滞留医院三年多，孩子有病，欠了很多医药费，医院报案，公安认为是家庭内部纠纷也不介入。另一个是父亲吸毒在逃，妈妈未婚，父母都有吸毒史，这两个孩子经过我们大半年的协调，都被妈妈领走了。

在实际工作中，我有很多感触，在这里跟大家分享一下：（1）医院要完善制度；（2）公安要依法履职；（3）法院要激活程序；（4）民政要托底保障；五、社会组织要加强关爱。具体来讲，我认为医院要做到事先防范，事后报案。不要等到孩子滞留到医院，才想到找父母。我们发现父母登记的信息都是不全的，我们建议医院在孩子刚入院的时候，就要做好信息登记工作。公安要依法履行职责，积极出警。寻找滞留儿童的父母，对父母进行教育训诫甚至行政拘留。法院要激活程序。《民法通则》《未成年人保护法》都讲了法院有权依据有关人员或者有关单位的请求，依法撤销监护人的监护职责，至于程序如何激活，我们敢不敢跨前一步，敢不敢创新，敢不敢落实到具体案件中，来把程序激活。当然如果现在没有司法解释，也没有相应依据，我们只能建议修改《民法通则》《民事诉讼法》，能不能把撤销监护权明确一个专门的程序，包括诉讼主体是谁，谁来诉讼，社会组织或检察院可不可以来起诉。我们妇联也可以来起诉。民政要托底保障。民政局是代表政府的，上海市的妇女儿童保护工作是国际先进、国内领先，却有这么多儿童生活在这么差的条件下，很遗憾。大家牢固树立儿童利益最大化、国家是儿童最高监护人的观念，希望地方政府层面在未成年人保护方面往前一步。社会组织加强对父母的持续性关护。俗话说“虎毒不食子”，我相信狠心扔孩子的父母是有苦衷、有困难的。孩子领回去的，要跟踪帮助，这是我们社会组织该做的。虽然很难，但是我们在前进，我们大家一起努力。

市律协黄琦：感谢刘主席，刘主席很有想法，也很有办法，妇联在帮助困境儿童方面做了很多工作。下面请作家陈岚女士围绕政府对困境儿童的保护现状来做一个发言。

作家陈岚：实际上我也是赞成麻老师的看法的，现有的儿童福利保障的立法体系还不健全，它本身是国家亲权理论，这个理论是1834年提出的，自此拉开了人类历史上儿童福利保障的序幕，这个理论认为，当父母不履行监护职责时，国家有权代父母行使监护权。这个理论到今天已经过去100多年，在这一百多年间，其中1889年英国有了第一部儿童权益保障法案，整个20世纪被称作儿童的黄金世纪。《联合国儿童权利公约》也是在这个期间产生，这是世界缔约国最多的公约，中国也是缔约国之一。更重要的是大多数国家在这个时期都出台了跟儿童权益保障有关的法律。没有一个国家的法律是一蹴而就的，大家一起来努力，在理念上，认识到儿童不是家庭的私有财产，而是关系到国家未来的福祉。这个理念不扭转，国家在保护未成年人方面永远是缺位的。就像我们在救助的时候，我们明明知道孩子跟着父亲是很危险的，但是观念上，警察还是说“打自己孩子的那个父亲”。这种说法是不对的，这个孩子首先是个人。为了怕孩子有危险，我们没有别的办法，只能跟着这个父亲，这也反映了一个问题，我们小希望之家没有执法权，只能写信、申诉要求他们，唯一的办法就是把事情做到极端直到引起关注。

回到民政上来，南京饿死女童事件中，女童的祖母两次到派出所，要求把女童安置到福利院，派出所和民政都拒绝了。如果福利院有一个人网开一面，哪怕收留6个月，等到孩子的父亲出狱了，就不至于发生这样的惨案。

惨案发生后，所有人的良心都非常疼痛，还给我们国家在国际上造成非常大的不良影响。我们为什么要坐视这种事情发生呢？为什么官员在执行的时候不是“老吾老以及人之老，幼吾幼以及人之幼”？这个问题不单单是法律、伦理问题，而是良知问题。归根到底，在儿童福利保障没有立法之前，我们要推动儿童福利保障立法，在完善立法之前，我们要抛开自己的身份，我们不再是官员、法官，也不是儿童救助的专业人士，我们只是父亲、母亲，在遇到这样的个案的时候，稍微搭一把手，拯救的不仅仅孩子的生命，也是整个社会的良知。

市高院朱妙：刚才说到司法、行政的困境，我这两天都遇到了。浦东法院受理了一起儿童监护权案件，一个孩子被父亲抛弃，母亲再婚，继父不允许孩子进家，母亲自己居无定所，所以没法保护孩子，提起撤销监护权的诉讼。孩子没地方住，法院进行了协调，找了很多福利院都不愿意接受，理由是这个孩子有父母的。最后有一个崇明的福利机构愿意接收，我们就把孩子送到崇明，但是孩子的读书成了问题。所以这两天我和未保委的朱处长保持密切联系，希望孩子能借读在崇明，朱处长也很为难，跟我讲到行政上的困境，就是孩子经常居住地是浦东，应该是浦东的学校接收他，不应该是崇明的学校接收他。还有就是这个孩子学习很差，浦东法院少年庭的庭长就建议，能不能考虑到他的实际情况，让他留级，这样可以稍微跟上进度，到了学校以后才可以有点学习兴趣。所以，我就把这两个难题出给未保委的朱处长。

市法学会张志军：大家好！我是上海法学会张志军，听了大家发言，我很感动，也很受启发。未成年保护的问题出现这么多情况、不足，跟儿童权益最大化要求和社会主义国家的性质不相符合。这个本不该成为问题的问题却成为今天的主题，非常遗憾。

法学会是人民团体，下设很多研究会，未成年法研究会是其中之一。围绕今天这个主题，我想谈三个观点：（1）十八届三中全会提出创新社会治理体制，上海市委韩正书记领衔的一号调研课题就是创新社会治理，加强基层建设。未成年人保护的重要性体现在哪里？这应该是创新社会治理的重要组成部分，应该上升到创新社会治理的高度，来加以认识和推进。（2）未成年人权益保护，政府要承担主体责任，基础在于基层组织。未成年人保护法鼓励社会力量参与，但是政府应承担主要内容。要加强制度建设，依靠某个领导的电话指示不具有可持续性。（3）未成年人权益保护的立法完善以及司法该做什么。现有的法律规定有很多不足，操作性不强。刚才讲到的监护权的剥夺，除了司法解释外，从人大立法的角度对立法进行修改是可以做到的。

关于诉讼主体，前面法官也讲到，村委会可以作为主体，“可以”是一种权利，不具有强制性义务，如果法律规定某一单位必须要承担起诉讼主体的义务，不行使就承担法律责任，事情就好办多了。另外，明确政府、司法的职责和边界。父母把孩子扔在法院，找哪里哪里不要，如果职责边界明确，规定哪家单位是必须接受的，就不会推脱。司法守住的底线是通过司法审判来保护未成年人的合法权益，而不是把政府该做的揽到法院。尤其现在正面临司法体制改革，法院做了不该做的事情是不是也是司法体制需要改革的问题？

市律协黄琦： 前面嘉宾提到民政缺位的问题，我们跟民政也有过接触，民政在这方面缺位，也是因为现行的制度有让他们为难的地方。

第三主题：困境未成年人的行政与司法干预的制度模式探讨

长宁法院王建平： 最近看到报纸上刊登了全国人大常委会关于未成年人保护的执法检查，报告表明，为解决农村留守儿童、城乡流动儿童监护不力和安全保护问题，政府相关部门、共青团、妇联等组织需创新解决问题的方式。我们今天所要讨论的话题，就是在诉讼过程中，父母为了诉讼以外的目的，或者拒绝抚养，或者出于报复对方的目的，把孩子遗弃到法院。孩子失去监护，我们应该通过什么程序救助？这是司法难题。下面我们进入第三议题，请高院朱妙处长发言。

市高院朱妙： 我很赞成陈岚女士和麻老师的观点，我们现在很多机构都有，这些机构就像齿轮，应该转起来。当然如果自顾自地转，也不能完全解决问题，关键是如何使这些齿轮相互咬合，顺畅地转动，司法、行政怎么衔接起来。刘主席讲到的两个案例，是有选择性的，对被遗弃三年的，我们可以启动遗弃罪；父母吸毒的，是本身没有监护能力，是不是启动民事上的撤销监护权？我们联系过民政，民政部门也说可以破例收。我在想，这么多部门如果都有这样一个职责的话，应该有一部法律来规定会更有力。立儿童福利法，这是我走到哪里都在极力呼吁的。黄律师作为政协委员，他在连续两届政协会议上提过此提案，我也想说，上海能不能率先推出儿童福利条例？如果齿轮咬合的话，就必须先要树立国家亲权理念，孩子是国家的未来，国家是儿童的最终监护人，父母不履行监护职责，国家应该管起来。

儿童福利法应该建立那些机制？首先是发现机制。孩子被虐待，父母没有履行监护职责的话，老师、村民委员会、公安、医院都有报告的义务，比如向儿童保护部门、公安部门报告儿童处于困境，这就是发现机制。然后是临时庇护机制。比如设在民政部门的临时庇护所，长宁区的民政局已经前进了一步，可以给儿童提供临时庇护所，也就是案子起诉到法院，孩子不需要法官妈妈带回家，民政可以庇护。第三是建立评估机制。需要专门的组织来评估，事情严重到什么程度？是刑事犯罪还是民事纠纷？如果确实构成犯罪，公安要介入；如果轻微伤害，庇护所、民政要对证据进行搜集，同时在临时庇护期间给予儿童心理干预。第四是司法程序。如果评估下来需要启动民事或刑事程序，就进入司法程序，法院可以受理撤销监护权案件，也可以启动遗弃罪，但是碰到的最大问题是谁来起诉的问题。法院审理案件时，能不能启动《民法通则》上的紧急保护令，把孩子先保护。关于谁来起诉的问题，我们给最高人民法院提的意见是儿童保护组织来起诉，我们比较赞成妇联、共青团、儿童福利组织作为诉讼主体，他们对法律比较了解。村委会对法律缺失，并且村委会本身还有很多其他事务。启动司法干预以后的结果，无非是儿童能不能再回到原来的家庭，还有民事上撤销监护权，以及涉及刑事犯罪方面的问题。我赞成给父母一个机会，我建议是不是设置暂时撤销的期限，比如说半年或者一年对父母进行教育。司法程序后，临时撤销监护权，假设经过一段时间的教育，父母可以履行监护职能的话，孩子是不是可以回归家庭？如果不适合继续做监护人的话，由国家监护。我赞成最高人民法院的观点，就是在孩子被寄养或收养一年或者两年之后，原家庭不能再把孩子领回去，孩子应该有稳定的生长环境。

国家监护机构建立之后，民政应该有托底机构。如果孩子不能被收养，必须有托底机构来保护。我觉得这些机制是儿童福利法最基本的架构，同时还涉及卫生部门，对儿童进行身体检查、心理干预，还有户籍问题，涉及公安户籍政策，还有受教育问题。如果仅仅解决最基本的生存需求，仅仅是让孩子吃饱、有地方住，对于儿童的发展是远远不够的。福利部门对儿童的长期看护是下策，家庭氛围还是很重要。儿童福利法应该把这些都整合起来。我去台湾地区考察少年及家事法院，他们有一个房间，劳动局、警署、卫生部门、消防等所有的牌子都在长条会议桌上放着，这些部门每个月来一次。法院收了案件，如果遇到教育、卫生、劳动等问题，就立刻通知相关部门，根据儿童福利法把所有事情派发出去。组织资源还是应该有法律规定下来，我赞成立儿童福利法。

长宁法院王建平：谢谢朱处长的发言，在最高层还没关注到基层问题的情况下，基层应该先行先试，积累经验，为顶层设计提供宝贵的素材。下面我们请最高人民法院马东巡视员发言。

最高人民法院马东：大家下午好！很高兴受邀参加这次法官沙龙，应该说这是我第一次参加这种形式的会议。这次沙龙无论是形式上、氛围上还是人员的参与上，都与一些工作会议、研讨会议不太一样。特别是发言表述和内容更轻松、更开阔，通过交流，大家提出真知灼见，听到很多法院之外的人士的声音，这对于我们有积极的意义。这个平台，对我们开阔视野、拓展思路、交流思想、分享思考和体会很有帮助。我个人听到大家对案例的剖析以及精彩的发言也深受启发。

关于困境儿童，目前媒体关注比较多的主要涉及监护权问题。最近发生的比较多的是监护人缺失、监护不当或者故意侵害未成年人合法权益，使未成年子女陷入危险境地，甚至导致发生严重事件。通过这个平台，我们法官和各界人士相互交流，共同推动热点、难点问题的解决，这对我们的工作是有积极影响的，同时对立法、司法、行政的干预也有推动作用。刚才提到媒体报道的困境儿童，是很多因素造成的，监护人本身的文化水平不高、自身素质差外，特别是社会公共道德缺失和执法部门缺失等一系列因素的叠加，造成了不幸事件的发生，值得我们思考。我认为要解决这个难题，主要从以下几个方面入手：（1）理念的根本转变。过去传统文化认为，生儿育女是私人的事，跟社会、政府无关，这种观念造成邻居街坊、路过人士看到父母打孩子、遗弃孩子置之不理，包括一些执法部门也认为这是私人的事情。实际上国家作为儿童最大的监护人，也要负监护责任。国家监督和监护是非常必要的。作为父母、社会团体、职能部门、司法部门都需要转变理念，理念不转变，遏制不幸事件的发生是很困难的。台湾地区电影《刮痧》反映了文化的冲突，我们从中感悟到公共权力介入、政府介入的作用，反映了政府职能怎么体现。政府对儿童的保护理念问题，要落到法律规定和制度上来，要从各方面强化这种理念。（2）要从机制和职能转化上思考。案件发生后，民政部门之所以不介入是按照有关规定来的，临时看护孩子的法律是没有的。整个社会机制要运转，必须健全未成年人临时保护机构、未成年人救助保护机构，一定要有接收的部门，未成年人保护机制才能运转。另外是职能的转变。我们政府管得很多，经济啊，审批啊。外国的政府通过经济规律、法律法规运转，需要介入的，比如对儿童虐待、教育方式不当的问题，我们的政府应该多向这方面倾斜。

这些年我国对未成年人的保护工作取得了很大成就，预防、矫治未成年人犯罪连续四年大幅下降。全国人大常委会关于未成年人保护法的执法检查报告显示，对《未成年人保护法》从2006年修订至今，在贯彻上整体是予以肯定的，但是也存在一些严重的问题。我前段时间参与执法检查报告的审议，这里简单讲一下落实未成年人保护法过程中存在的主要问题：（1）未成年人人身安全问题仍然突出。我们国家每年有5.5万未成年人意外死亡，其中溺水、交通事故是主要原因。据教育部门统计，这5.5万人有80%来自农村。（2）奸淫、猥亵、拐卖、虐待、遗弃未成年人案件不断发生。未成年吸毒人数逐年增加，其中2012年比2011年增加27%，2013年比2012年增加26%。

出现这一系列的问题有很多原因：（1）家庭、学校对未成年人保护存在薄弱环节，家庭监护职责在部分人群中没有有效地履行，造成拐卖、遗弃、性侵、伤害未成年人的案件非常多，特别是留守儿童这一特殊群体。此外还有校园性侵、体罚的问题。（2）社会保护不力。父母虐待孩子，邻里街坊都知道，但是没有人去管。国外的法律比较具体，一些国家的法律明确规定，知情不报是要担责任的，法律的强制力保证了，一旦发现虐待情形，必须举报。在社会保护方面，我们存在一些缺失。此外，网上不良信息造成的负面影响也很大。（3）政府管理部门依法保护未成年人权益的意识亟待提高。各成员单位缺少协调沟通，工作形成不了合力；政府部门重经济发展，轻视社会管理；有关部门的组织协调、政策支持、资金投入、监督管理缺失等。（4）未成年司法保护措施有待进一步落实。司法打击不及时，全面准确执行未成年人保护法存在偏差，过多的是对涉罪未成年人的司法保护，忽视被侵害未成年人的保护。（5）相关法律法规不完善。民法中监护制度不够具体，可操作性不强，对监护权停止、剥夺怎么操作？法律都没有具体规定。《刑法》中的虐待、遗弃罪、收买被拐卖儿童罪等需要修改补充，比如虐待罪仅限家庭成员，像幼儿园、保姆对非亲属儿童实施虐待，除非造成伤害，否则不构成虐待罪，很难在法律得到处理。

其次，社会管理缺乏对未成年人特殊保护。最重要的是现行法律中没有专门的儿童福利法，特别是相关法律中虽然有儿童福利方面的条款，但是缺乏对保障对象、实施主体、资金来源、保障方法、保障水平系统问题的规范。这是国家层面在法律体系方面比较重要的缺陷，所以实施报告提到把《未成年人保护法》纳入七五普法的重要内容。因为我们在调查了解中发现，教师、警察对《未成年人保护法》不了解，说明《未成年人保护法》宣传的重要性。另外还有完善未成年人监护制度问题。民政部门及有关部门要在总结试点经验的基础上，推动建立家庭监护为基础，以社会监督和国家干预为保障的监护制度，这也是实施报告中专门提出的一个建议，其中还包括完善未成年人福利制度，这些都应该加以关注。

再次，关于行政干预和司法介入的问题。法律的生命力在于实施。法律如何落实？就是把它具体化，使其具有可操作性。去年根据中央有关领导批示，我们和民政部开始进行未成人司法解释规范性文件的起草，已经做了大量工作。2014年9月1日，最高人民法院、最高人民检察院、公安部、民政部联合制定《关于依法处理监护人侵害未成年人权益行为的意见》（以下简称《意见》），我们在北京举办了专家论证会，从讨论的情况来看，应该来说这个稿子相对比较成熟了，估计今年年内应该出台，这也是我们今年的重点工作。这对于我们目前解决监护权的问题有很大的作用。

我这里把《意见》的主要内容简单说一下：一是规定了公安如何及时干预、处置侵权案件和民政部门担负临时监护和起诉的责任。对公安在什么样的情况下、什么时候、该怎么去做，做了具体的规定。民政部作为兜底的部门，法律规定其他部门可以去起诉，当这些部门都没有的时候，民政部门作为最后一道屏障。此外，民政还承担临时监护的职责，也就是说案件发生时，民政部门要带离被侵害未成年人。二是涉及司法方面的问题。关于人身安全保护裁定，根据《民事诉讼法》第100条、第101条关于诉讼保全的规定，此外这个规范性文件还参考了最高人民法院2008年《涉及家庭暴力婚姻案件审理指南》中的有关规定，对受到伤害的未成年人人身保全进行了细化，尽量使有关的法律具体化、有可操作性。三是界定取消监护资格的情形。《意见》规定了可以取消监护资格的情形，这是对《未成年人保护法》第53条，不履行监护职责或者侵害未成年人合法权益这个条文的进一步明确。我们在讨论过程中也会有一些争论，什么情况下可以恢复监护权？什么情况属于终身剥夺？另外还有监护资格被撤销以后，变更监护权的问题。孩子是否能回归到原来的家庭？我们既要考虑父母和孩子之间的亲情，同时也要考虑到，如果回归到原来的家庭，会不会对孩子造成继续的伤害。如果说剥夺权利若干年之后，孩子已经在新环境中生活安定，若再回到原来家庭，对他的身心健康发展是不是有利？这都需要从很多方面来进行评估。

今天这样一个法官沙龙，提供给我们一个平台，借助这个平台，我深入了解到法院系统之外各界人士在未成年人保护方面一些很好的做法以及付出的努力。他们的一些真知灼见对我个人来讲也是一个自我丰富、自我完善的过程。我对主办方邀请我参加这次沙龙再次表示感谢。

长宁法院王建平：谢谢马东巡视员的发言。通过发言，我们听到最高层研究这些问题的信息，这对于我们今后开展工作会带来很多的益处。

市检察院一分院刘金泽：我是市检察院一分院的刘金泽，我主要讲三层意思：一是我赞同检察机关在保护未成年人不受非法侵害中应该起到一定作用。检察机关有指控犯罪、证实犯罪的职能，但是在实际工作中，我们会遇到许多问题。举个例子来说，虐待犯罪分两款，第一是自诉案件，第二是公诉案件，我们曾经起诉过虐待犯罪，是家暴导致妇女自杀，这算公诉案件。我们在实际工作中基本没有涉及第一款，但是关于第一款，我们是不是无作为呢？答案是否定的。法律规定被害人因为种种原因不能告诉，检查机关可以代为告诉，我们是有法律规定参与到自诉案件上来。事实上，我们实际工作中没有遇到过自诉案件，原因很多，其中最重要的有两个：第一，检察院如果代为告诉，这个案件是自诉案件还是公诉案件？是不是由于检察院参与案件马上变为公诉案件？人民检察院起到什么作用？侦查权怎么分配？公安机关是不是也要纳入到里面负责侦查？证据如何取得？第二，自诉案件可以调解，可以撤诉，但是检察院介入之后，是不是可以完全按照自诉模式进行操作？这是非常困扰我们的问题。我们这个齿轮也想转动，但是如何转是个难题，但是我们表态，我们可以跟法院和公安机关一起商议，尝试好的方法和程序。

二是我想提醒在座的各位，在处理未成年人案件时需要冷静。未成年人很容易引起我们同情心。我们传统的文化背景是怎样的？教育孩子是私人的事情，私人的事情是很排斥别人来干预的，这不仅是家长同样也是孩子的观念。中国有自己的教育方法。我们有句话叫“棍棒下出孝子”，我们在孩子的时候被父母打过，我们成为父母的时候也打过孩子。如何区分教育方式和虐待孩子？对孩子的暴力方式怎么把握？孩子和父母毕竟有血缘关系，血浓于水，如果我们强力介入，要么把父母判刑，要么切断他们的关系，目前的矛盾我们是解决了，但是会不会产生新的矛盾？案子起诉到法院以后，如果父母幡然悔悟了，我们该怎么办？父母和孩子骨肉分离的后果，我们能不能承担？因此，我们对强力介入要慎之又慎，一般还是采取行政、民事的方法。国家是孩子的监护人，这无疑是正确的，但是紧接着是第二句话，国家是孩子最后的监护人。遇到问题，不是需要政府自己冲上去，而是通过制度的设立、对家长的教育来解决。

三是孩子虽小，但是也有自身的意愿。关于剥夺监护权、是否寄养在福利院、能够回归家庭等这些问题，感觉都是我们自己在想，我们是不是也要征求孩子的意愿？家庭对孩子的成长还是最好的，我们在保护孩子的时候，不能想当然，要考虑孩子的要求，更多地考虑孩子的呼声。

上海社科院尹琳： 大家好！我是上海社科院的尹琳，我国的儿童福利法缺失造成很多问题，我想谈两点我的看法。第一，关于国家监护权，我赞成检察院一分院刘处长的观点，虽然国家是儿童的监护人，但是不提倡强力介入。《联合国儿童权利公约》也要求，除非在不得已的情况下，我们不能把孩子从父母身边带走。当然儿童表达能力缺失，他的意愿是很难考虑的。关于儿童福利法，朱处长讲到一个评估机制，儿童福利法中涉及的机构需要进行综合评估，到底是否应该剥夺监护权。另外，我认为儿童福利法中不应该涉及刑事，刑事的内容应该由《刑法》来规定。第二，关于解决途径。我认为在立法前提下，儿童福利机构怎样建设是关键。父母健在但是无监护能力的儿童该不该被收容？我们需要建立保护、福利设施，但是形式可以多种多样，如果孩子仅仅是长大了，但是没有家庭的氛围，这对孩子的成长不利。我赞成扩大收养范围，简化程序。孩子在儿童福利机构待几年以后，到底该不该返回家庭？我认为是应该的。家庭才是社会最基本的细胞。儿童福利法中一定要有一个机制，来改善、援助家庭。儿童更适合生活在他的家庭。最后，我认为首要的是儿童福利立法，这是最基本的前提。

上海政法学院王娜：大家好！我是上海政法学院的王娜，我首先要跟大家通报一个消息。上海政法学院成立了一个国家智库，关于青少年司法保护研究和服务。前面刘琪主席谈到的立法推动工作，我们一直都有参与。在实际工作中，我们也遇到一些困难，这里我想谈两点想法。首先，我非常同意马东巡视员的观点，困境儿童的保护问题是一个社会问题，是由很多因素造成的。儿童权益保障是个永恒的社会话题，没有止境，这涉及人对自身的认知。传统文化认为，孩子是父母的、家庭的，纵观我们对儿童认识的整个发展历史，我们的观点从孩子是父母所有，包括人身依附和财产的一部分，到家庭所有，到国家所有。今天应该树立的观念是儿童属于他自己，有独立人格，他是社会成员的一份子。家庭、父母、社会、国家有责任、义务保障他的安全、健康和快乐的权利，这是社会存在发展的一个基本前提。传统观念有值得继承的地方，但是我们要看到社会在变化，今天的中国已经不是传统的中国了，为什么留守儿童会成为一个大的社会问题？因为我们的理念和社会的变化严重脱节，所以说，理念的变化很重要的。

其次，我想说的是法官做的正是儿童保护首位的基本理念，任何机构、任何组织、任何人在儿童处于危机状态时，首先做的就是救援。法官做的就是这样的事情，包括妇联的所作所为是值得赞扬的，这恰恰是未成年人司法保护的希望和未来。在推动中国未成年人保护方面，中国的司法系统作出了前瞻性的推动。归根到底，这两点实际上是关于怎么来认识孩子和父母，家庭和国家的关系。国家是重要的监护人，不是最后的监护人，当儿童处于困境的时候，他是首位的。法国有匿名生育权，不管你是谁，你生下这个孩子可以不留任何姓名，法律不会追究父母的责任，但是国家要承担养育这个孩子的责任。

上海财经大学麻国安：我是希望强调可操作性，所以说一定要强制婚检、孕检，这样能筛选天生缺陷的儿童。

一中院郭文龙：我们沙龙有个固定模式，活动的最后，会请高院领导对这次沙龙活动做个点评，然后由本院的领导对这次活动做一个小结。下面先请高院的朱妙处长点评。

市高院朱妙：关于这次法官沙龙，我谈三点体会：第一，参与范围广。我们今天的活动叫法官沙龙，其实参与的范围非常广不仅限于法官，还包括专家、学者、媒体朋友。各部门的同志们都发表了各自观点，而且大家都是意犹未尽。第二，讨论非常深入。大家在谈各自的观点中，有交流也有交锋，讨论的质量非常高。第三，交流顺畅。马东巡视员也听到了我们一线的意见，会把我们上海的意见带上去。最高人民法院在制定规范性意见的时候，可以以此作为参考，同时，我们也借此机会听到马东巡视员带来的最高司法层面的一些意见。

一中院刘力：今天我受陈立斌院长委托参加这个会议，听取了专家学者、法官围绕困境儿童保护问题展开的研讨。这次沙龙意义重大：第一，困境儿童问题不是小问题，“困境”的概念很大，具有重大的现实意义。第二，困境儿童问题是需要迫切解决的。第三，会议取得丰硕的成果。各位专家、学者、代表具有广泛性，在内容上，有长宁法院的案例，还有许主任解困的努力、作家的亲身经历、马东巡视员的真知灼见和最高层关于未成年人保护的最新消息，还有很多专家、学者的观点、意见。这些发言包含有理性的光芒、思想的火花，还涉及很多理论探讨，对我们都有很大启发。

沙龙从讲困境入手，刚开始气氛是很沉闷的，我们在工作中遇到很多难题，理念难、立法难，之后是执法机关职责不明确、行政机关手段不完全具备、机构之间协调不顺畅，但是经过研讨，我们看到了出路，更看到了曙光。研讨中涉及未成年人保护的理念、路径、方法问题，而不仅仅是制度模式的问题。第一，关于理念的问题，我很受启发，包括国家监护人理念、未成年人优先保护理念、立体保护理念以及有限保护理念。第二，关于路径问题，前提是建立健全法律体系，还有健全保护网络。我们有很多工程，有阳光之家、小希望之家，有这么多工程介入是非常好的，未成年人问题产生的源头在社会，归根结底还是社会问题。又比如说健全网络，需要行政机关、司法机关、社会组织及媒体形成合力，共同推动问题的解决。另外还有朱妙处长提到的四个机制，还有很多解决问题的方法，比如个案稳妥解决方法和逐步解决方法。总体上来讲，我们的沙龙成果丰硕，最后我们要共同感谢各位专家、学者、媒体、法官的参与以及精彩的发言，谢谢大家！

一中院郭文龙：今天的议题围绕困境展开，大家借此表达了自己的观点和看法，可以说整个话题让我们后背凉，内心暖，振聋发聩的声音比歌颂更有价值。我宣布本次沙龙结束，谢谢大家！

“加强二审职能、推进适法共识”
2014年第九期法官沙龙活动纪实

主办单位： 上海市第一中级人民法院、上海市第二中级人民法院、上海财经大学

时　　间： 2014年9月26日（星期五）14：00至17：30

地　　点： 虹桥路1200号，上海市第一中级人民法院四楼多功能厅

主 持 人： 金　成（上海市第一中级人民法院民事审判第六庭法官）
郭文龙（上海市第一中级人民法院研究室法官）

记 录 人： 印　铭（上海市第一中级人民法院民事审判第六庭书记员）
黄海波（上海市第一中级人民法院民事审判第六庭书记员）

整 理 人： 张文婷（上海市第一中级人民法院民事审判第六庭助理审判员）

一中院郭文龙： 大家好！欢迎参加由上海一中院、上海二中院、上海财经大学共同举办的“加强二审职能、推进适法共识”法官沙龙暨调研之友活动。今天来到活动现场的领导有上海一中院汤黎明副院长、上海二中院陈萌副院长、高院民五庭杨路庭长，让我们用热烈的掌声欢迎。今天参加活动的还有上海市租赁行业协会、上海市律师协会信托业务研究委员会、上海国际经济贸易仲裁委员会、上海仲裁委员会的领导，上海财经大学、华东政法大学的专家学者，高院、上海二中院、基层法院的同仁，欢迎大家。本次沙龙将围绕融资租赁合同纠纷中的法律适用疑难问题展开探讨，下面请上海一中院民六庭金成法官主持讨论。

一中院金成： 感谢各位嘉宾今天来参加本次沙龙活动。今天主要就“融资租赁法律关系的性质及效力认定”以及“回购合同的认定和法律适用问题”两个专题展开研讨。现在开始第一个专题的讨论，首先请上海一中院单素华法官为大家介绍专题的内容。

一中院单素华： 在介绍专题内容之前，我先就本次沙龙活动做些简单介

绍。本次活动是由上海一中院、上海二中院联合上海财大联合主办，这也是继今年7月一、二中院联合发布融资租赁合同纠纷审判白皮书后，两个中院的又一次联手。举办本次沙龙活动，目的是为了对融资租赁合同纠纷审判实践中遇到的一些疑难问题，通过研讨的方式进行进一步探讨。本次活动我们有幸得到上海财经大学的鼎力支持，相信通过本次理论界与实务界的紧密结合，能够对本次沙龙所提出问题讨论出更好的结果。下面我首先介绍第一个讨论专题，该专题是关于融资租赁法律关系的性质及效力认定问题。之所以将这个问题提出来加以讨论，是因为近年来随着融资租赁行业的不断发展，融资租赁实务中融资租赁物的品种也日益增多，这使得审判实践中也陆续产生了法律适用上的难题，尤其是2014年3月1日《最高人民法院关于审理融资租赁合同纠纷案件适用法律问题的解释》（以下简称《融资租赁解释》）实施以后，我们对相关问题的看法，可能会产生一些变化。在《融资租赁解释》出台之前，《合同法》是我们审理融资租赁合同纠纷案件的主要法律依据，而《合同法》在融资租赁合同这一章节主要侧重以合同当事人的权利义务这个角度来界定融资租赁法律关系的性质，对租赁物的类型是否会对融资租赁法律关系的定性产生影响未作涉及。而在《融资租赁解释》出台之后，我们注意到，该解释第1条就明确了融资租赁法律关系认定的相关法律要素，其中很重要的一点就是将融资租赁标的物的性质作为认定是否构成融资租赁法律关系的要素之一。那么认定标准该如何考量，审判实践中对此也产生了不同的看法。因此讨论的必要性与急迫性就体现出来。

讨论专题一：融资租赁法律关系性质及效力认定

一、租赁物的属性与融资租赁法律关系性质的认定

本议题列举的两个案例在座各位手头都有书面材料，就不做详细介绍了。其中，第一个案例是以厂房在建工程作为融资租赁物，第二个案例是以建筑装潢材料这一消耗性的物品作为融资租赁物。当然上述这两个案例仅仅是作为代表，实践中作为融资租赁物的品种远不止于此。对于融资租赁物属性到底应该如何界定，是否应加以限制，在案件审理中产生了不同的观点。一种观点认为，融资租赁法律关系的特性在于融资与融物相结合，所以只要租赁物能够承担物权担保的功能，都可以作为租赁物进行融资租赁交易，法律不

宜对融资租赁物的范围作出过多限制。这种观点是鼓励以融资的方式来支持实体经济的发展的。另外一种观点则认为，并非所有具有物权担保功能的物均可不受限制地作为融资租赁法律关系中的标的物。有些物从属性上而言，不适宜作为融资租赁的标的物，如无体物、消耗物、权利。对于这些物，虽然目前法律尚未明确作出限制性规定，但从租赁物的取回权以及损失赔偿等现实问题的角度考虑，不宜将其纳入融资租赁物的范围。当然在第二种观点下，又引申出另外一个问题，也就是说，如果因特定物而致使融资租赁法律关系不成立的情况下，该如何认定合同的性质与效力。就上述问题，我们很想听听在座各位专家的真知灼见。

浦东法院林晓君：我先来谈谈我的看法。近两年，我们浦东法院受理的融资租赁案件数量增长较快，这与宏观经济形势密切相关。在审理这类案件的过程中，我们也遇到了同样的困惑。如第一个讨论议题提到的融资租赁物的属性问题，我们在审理中也是遇到了融资租赁标的物五花八门的情况。对这一问题，鉴于法律至今也未对融资租赁物的范围作出明确的禁止性或限制性规定，因此，我们基本上还是倾向于以尊重当事人的意思自治，确认融资租赁合同的性质与效力的思路来审理此类案件。但同时我又在思考，在法律没有明确规定的情况下，法官们审理案件的重点要落在哪里。对此，我很赞同《最高人民法院关于融资租赁合同司法解释理解与适用》[①] 一书中提到的观点，人民法院认定融资租赁合同关系，并非要限定融资租赁公司的经营范围，而是要解决特殊租赁物的融资租赁合同的效力以及当事人之间的权利义务关系问题。也就是说，法院在案件审理中需要考虑的是，如何认定当事人之间的权利义务，以及如何处理如涉及合同解除后租赁物的取回权以及损失赔偿问题。至于融资租赁标的物是否属于融资租赁公司的经营范围，并非审理的重点。从这个角度出发，我倾向于将单庭长介绍的上述两种观点进行结合，也即，融资租赁法律关系的特点在于融资与融物相结合，只要这个租赁物具有融资担保的功能，应该就可以作为租赁物。司法在法律没有禁止性规定的前提下，不宜对融资租赁物的范围从裁判角度作出限制。但同时，从司法裁判要解决租赁物的取回权以及损害赔偿额角度考虑，有些不适宜作为融资租赁的标的物的，也不应纳入融资租赁物的范围。问题在于，如何来衡量某些物是否适宜作为融资租赁的标的物呢？我认为有两个衡量的标准：（1）审查

① 最高人民法院民事审判第二庭编著：《最高人民法院关于融资租赁合同司法解释理解与适用》，人民法院出版社 2014 年版。

租赁物的权属是否明确，也就是当事人是否真实拥有并有权处分标的物，只要权属明确，就不妨碍其成为租赁物。（2）租赁物的取回权是否可以行使，也就是说，该租赁物能够起到进行变价交易以弥补出租人损失的功能。因为租赁物本身其实起的就是担保的功能，所以只要其能够弥补出租人的损失，就可以作为一个租赁物。根据上述两个衡量标准，上述案例中提到的如无体物、消耗品，因不能满足行使取回权的要求，而并不适宜作为融资租赁标的物。至于权利，不能一概而论，要具体分析，但我认为只要符合上述两个衡量标准，就可以作为融资租赁的标的物。

上海财大宋晓燕：对于融资租赁物的性质是否影响合同效力的问题，我听刚刚林法官的介绍，觉得法院在目前审理案件的过程中，已充分体现了商事审判的思维，做到对当事人意思自治的充分尊重。针对案例中反映的问题，我认为其中蕴含着一个商事审判思维的边界问题，也就是说，在法律上是否有必要对融资租赁物的性质进行一个非常清晰的划分。我认为，融资租赁在本质上是一个商事交易，如刚刚林法官谈到的，融资租赁物实际上起到的是类似于物权担保的功能，因此才需要考虑租赁物的取回权以及损失赔偿问题。既然如此，作为一个以营利为目的专业性融资租赁公司，其同意以消耗物等担保功能不那么强的物品作为融资租赁物，并且愿意承担相应的风险，那么为什么要由法院替他操心租赁物能否取回的问题呢？但这个问题如果在商事之外又涉及金融业，我认为又要做不同的判断，需要考虑一个边界，也即金融风险的问题。我国目前是非常鼓励金融创新的，但问题在于，很多在国外很成熟的业务引进到我国后很容易变形，以创新之名行突破法律边界之实的情况比比皆是。所以我的观点是，在涉及金融领域尤其是金融风险的情况下，需要对租赁物的性质等做一些审慎的思考。

一中院金成：谢谢宋教授的发言。宋教授又提出了一个更深层次的问题，就是法院的司法活动在何种情况下可以介入或应该介入到正常的金融商业法律关系中。这可能是需要我们长期思考的问题。还有哪位嘉宾愿意发表自己的意见？

二中院王益平：目前无论是在司法实务界还是在理论界，对于融资租赁物都存在很大争议。我想从融资租赁行业以及国外的情况两方面同大家做一下交流。首先，从融资租赁的行业角度，目前不管是银监会主管的金融融资租赁，还是商务部主管的普通融资租赁，其相关部门规章对融资租赁物的范围界定都存在着差异。如商务部将融资租赁物限定在固定资产范畴，但固定资产是否包括不动产，是否包括无形资产，仍存在较大争议。再如包括国际融资租赁公约中对租赁物范围的限定，是说为经营所用也即用于商业用途的这样一些设备以及所附带的不动产。从我们国内融资租赁的发展情况看，前段时间北京成立了一家北京市文化资产融资租赁公司，专做文化资产的融资租赁。所谓的文化资产可能就会包括著作权、商标权以及专利权等，这就对我们现在司法乃至业界关于融资租赁物的认识有所突破。我注意到其出资人之一是一家北京市的无形资产管理委员会，这样一个政府背景下设立的融资租赁公司，其业务如何开展，相关商事行为的法律效力如何，相信随着今后相关纠纷的出现，业界以及司法界都会给出一个明确的态度，我们可以持续关注。其次，我想从国外的融资租赁立法角度谈谈国外对融资租赁物的看法。日本对融资租赁物也未作出明确的界定，但实践中日本的融资租赁主要还是集中于动产，对于知识产权类日本也认为不属于可以作为融资租赁标的物的范围，对于不动产，日本虽然允许做，但是因为将不动产作为融资租赁标的物进行交易，其成本要高于将不动产作抵押贷款，因此日本的融资租赁时间中以不动产为标的物的融资租赁并不多见。美国对融资租赁主要是规定在统一商法典中，对融资租赁物也未作出限定，动产、不动产以及知识产权都可以包括在内。由此可以看出，国外的立法例对融资租赁物的范围并非限定得那么严格，但鉴于在我国融资租赁的发展尚处于起步阶段，所以考虑到风险问题，对融资租赁物限定得仍比较紧。就金融租赁这块而言，金融监管的口径是严禁针对不动产做融资租赁交易的，理由是：（1）金融监管有这方面的要求，觉得不动产风险比较大；（2）不动产涉及国家对不动产调控的政策，如果放开融资租赁做不动产业务，可能会影响到国家对不动产的调控。而从商务部监管的口径来看，其对不动产目前仍采取比较包容的态度，处于商务部主管下的普通融资租赁公司，实际上也在大量地在做不动产融资租赁业务。结合上述融资租赁行业以及国外的情况，我个人的意见是，对融资租赁物的界定边界，可能会随着融资租赁行业的发展，产生一定的变化，我认为此范围可能会越来越宽泛。因此，司法不宜轻易地因租赁物不符合目前司法审判的标准而否定融资租赁法律关系，目前还要看监管部门的态度，只要监管部门对租赁物范围未作出禁止性规定，司法就不宜因租赁物的问题而否定融资租赁法律关系的性质和效力。

一中院金成：谢谢王法官的发言。王法官的发言很精彩，且秉持了上海二中院一向中外兼收的风格，也很严谨。他提出了我们当前面临的一个现状，也就是很多问题是政府行为在做市场创新的时候，对法律考虑得没有那么完善而产生的，司法机关面对这样一种情况，与政府的行政权力行使以及金融监管之间如何去衔接，如何去配合，这当然也是个很大的议题，需要我们持续去思考和探索。下面还有哪位嘉宾要发表意见？

二中院玄玉宝：关于融资租赁标的物的范围界定问题，大家的争议主要集中于是否限定为有体物，无体物包括知识产权等无形财产能否作为融资租赁的标的。对此，我认为，如果单纯从规范的角度而言，目前的法律规定包括合同法以及最高人民法院相关司法解释均没有明确限定为有体物。而从实体经济发展的情况来看，在当前的信息时代，财产的形态不断地从有形财产不断向金融财产，向知识产权财产的形态演变。法律也应当顺应这种时代的变化，服务于实体经济的上述发展。就这一角度而言，我认为不应对租赁物的范围做过多限制。至于之前有法官提到的融资租赁的取回权问题，我认为对于无形财产而言，其法律制度是具有设计性的，无形财产的使用和流转更多的是一种制度构建，而非基于自身的形态所产生的，因此通过合同约定或者制度设计，也能够很好地实现类似于取回权这样的一种结果。综合我的观点，我倾向于第一种观点，没有必要做更多的限制。

上海国际经济贸易仲裁委员会副秘书长黄文：虽然目前贸仲受理的融资租赁纠纷案件，其所涉的标的物多限于机器设备或其他有形物体。但听了刚刚几位的发言，我很受启发。我的理解是应当从所有权的角度加以考虑，也就是说融资租赁公司出租的必须是自己享有所有权的物。一个物品，如果要作为融资租赁的标的物，无论是从供应商处采购，还是从承租人处回购过来，其所有权一定是要转移至融资租赁公司名下，融资租赁公司再将物出租给承租人。如若不是，就不能称其为出租。那么具体到案例一中提到的在建工程，设备附件可以转让，但在建工程是一个未来权益尚不确定，甚至应当是业主所有的物品或者是一种权益，在所有权都没有转移的情况下，如何能够成立融资租赁法律关系呢？综上，我的观点是，应当要在所有权的概念上加以判断。

一中院金成：谢谢黄秘书长的发言。黄秘书长是确立了一个规则，也即所有权是否转移以及能否转移的问题。实践中我们确实也遇到了相关案例，以道路作为融资租赁物，但是由于道路依附于土地，土地的所有权是国有的，因此权利人仅享有使用权，在这种情况下，能否构成一个融资租赁标的物，也是值得讨论的问题。下面还有没有其他嘉宾接着发言？

上海财大宋晓燕：通过刚刚的讨论，已经很清晰地出现了两种观点。我还是要强调金融产品的特殊性，因为不同的金融产品，其特点也各异。具体到融资租赁这样一个金融产品上，没有其他主体为融资租赁公司分担风险，也基于此，在融资租赁业务模式里有物权担保这样一个很强的要求，如果任由融资租赁公司放松对融资租赁物的要求，认为由其自担风险，鉴于融资租赁公司纳入进我们这两年提到的影子银行中，如果融资租赁公司纷纷倒闭，其中就隐含着金融风险。因此要针对不同的金融产品具有的不同特性，以及可能引发的金融风险，综合进行分析。

一中院金成：谢谢宋教授的再次精彩发言。经过刚刚的讨论，租赁物范围的界定问题已经上升到了我们对金融市场的监管到底是要安全还是要创新和效率的高度。下面还有哪位嘉宾需要发表意见？

上海财大樊健：融资租赁合同关系是买卖合同关系和租赁合同关系的叠加，一般而言，在买卖合同领域中标的物问题不是特别大，问题主要出在租赁部分上。按照合同法的规定，一般租赁物均是不可消耗物，不动产或知识产权具有不可消耗性，作为融资租赁物未尝不可。但类似于装饰材料等消耗物，可能就不适合作为租赁物。如果都不具备租赁物的属性，那显然也不适合作为融资租赁法律关系中的标的物。

上海财大唐冠虹：对融资租赁合同关系中对租赁物的范围的界定问题，我认为争议可能产生于对融资租赁国际公约中所使用的 equipment 的理解上。在英美法中，equipment 一词通过案例的解析，涵盖的范围非常广，这点与大陆法系特别是我国国内的解释可能存在差异。在英美法中，人力资源、知识产权也就是我们谈到的无体物，都是在 equipment 的范畴内的。我的疑惑是，在这些案件中当事人是否要求法院对租赁物作出认定，如果当事人未提出，司法机关为什么要对租赁物作出界定。我的观点是，融资租赁法律关系作为一个合同法律关系，其精髓是要看要约与承诺，如果合同当事人在签订协议时，双方出于意思自治对标的物形成了一致的认识，我认为法院不应当再做另外的解析。

长宁法院刘亚玲：这里对唐教授的疑问作出回应，在当事人未对租赁物提出异议的情况下，法院为什么要介入，这是因为融资租赁物的确定可能会影响到合同的定性乃至效力认定，而合同的效力问题是价值判断的问题，司法对此要主动干预。因此，即使当事人没有抗辩，法院也必须首先判断，合同是否有效。在有效的前提下，按照合同约定来处理，如果合同被认定为无效，司法就要进行干预矫正。

一中院金成：谢谢财大两位老师的发言。看来大家的分歧还是存在的，这也侧面反映了我们召开沙龙来讨论这个问题是非常有必要的。如果都是统一的意见，也无需再讨论。鉴于时间所限，对于第一个问题的讨论暂时到这里。如果还有嘉宾有意见要发表，可以在后面的讨论中一并提出。接下来我们继续讨论第一个专题下的第二个问题。请该议题的介绍人做内容和观点介绍。

二、融资租赁物的价值与租金构成比例对融资租赁法律关系认定的影响

一中院张冬梅：刚刚讨论的是租赁物的属性对融资租赁法律关系的性质影响，下面讨论的议题也与租赁物有关，但角度是融资租赁物的价值与租金构成的比例与融资租赁法律关系的认定关系。结合大家手头的案例，我做下相关背景介绍。这个案例中是承租人在案件审理中提出租赁物真实价值并非在合同中约定的515万，认为当时的价值是不足200万，并且以这个事实为依据，主张出租人对此是明知并且是为了迎合承租人的资金需求而进行的合同上的设计。承租人抗辩称双方之间名为融资租赁合同，但实际上是非法的放贷行为。鉴于该租赁公司并非金融租赁公司，且设备买卖价款虚高超过四倍，所以认为合同应作为非法借贷无效合同处理。引申出的讨论问题是：(1)租赁物价值与租金构成比例在什么样的范围内可以认定为合理的？我们的困惑是，这在司法实践中是很难去量化的一个问题，因为租赁物的基础价值不一样，具体确定一个比例去作为一个统一的标准，是否具有合理性？还是说要根据个案中租赁物的属性等要素进行区别对待，到底在司法实践中如何去处理？我们提出这个问题来讨论，也希望学者为我们提供理论上的依据。(2)本案是一个售后回租的案例。在售后回租的情况下，出租人是否要对租赁物的价值承担审查义务。对此我们也存在两种观点：第一种观点认为，售后回租租赁业务中，租赁物的原所有权人为承租人，出租人系根据承租人出具的相关租赁物价值证明来确定融资金额。在承租人不能提供充分的证据证明，对于租赁物价格及租金明显偏离租赁物实际价值这一情况，出租人系出于明知但故意为之的，不应由出租人承担相应的不利后果。如出租人未主动行使撤销权，应确认双方签订的融资租赁合同的性质及效力。另一种观点认为，融资租赁业务实质上是通过融物方式实现企业融资的目的，并以此区别于借款法律关系。其中，租赁物承担物权担保的功能，因此，租赁物实际价值是确定租金的一个重要因素。融资租赁公司作为专业从事融资租赁业务的赢利性机构，在开展融资租赁尤其是售后回租业务中，应当负有对融资租赁物的价值进行实质性审查的义务，必要时可以采取同品牌、同类型产品询价或评

估等方式。如果融资租赁公司怠于履行上述义务，而查明的事实又显示融资金额确实明显偏离租赁物实际价值的，则有悖于融资租赁合同的本质属性。针对上述两个问题，希望听听在座各位的观点。

浦东法院林晓君：判定融资金额偏离租赁物的实际价值，一则在实践中很难确定标准，是以50%为依据还是60%为依据？二则此处租赁物的价值的确定，必须是当时签订合同时的价值，但纠纷诉至法院时往往已经有很长的时间跨度，则如何来认定当时的租赁物价值？因此这个问题在实践操作上具有一定难度，但并不能因为难就回避问题，我们仍然需要在理论上去探讨，是否具有认定租赁物件的价值与租金的构成比例对融资租赁关系认定影响的必要性。对此我的观点是，不能简单以价值与租金构成比例来判定是否构成融资租赁法律关系。理由如下：租赁物价值与融资金额是否大致相等，并不是融资租赁合同法律关系的生效要件，因此没有去审查的理由。虽然《合同法》第243条规定，融资租赁合同的租金，除当事人另有约定的外，应根据购买租赁的大部分或者全部成本，以及出租人的合理利润来确定，但该条是一个规范性条款而非效力性条款，不具有否定双方法律关系的效力。并且，对于融资租赁而言，承租人支付的代价并非是租赁标的物用于使用的代价，而是融资的代价。因此，融资租赁合同中确定的融资标准和租赁合同中租金确定的标准是不同的，也即，前者租金确定标准是根据融资金额来确定的，而非根据以租赁物租赁要收回的回报来确定。所以我认为，出租人防控风险主要是对承租人自身偿债能力的评估，租赁物风险仅是一种补充的手段，完全可以由融资租赁合同当事人根据自身承受风险的能力自由约定，不应由法院根据租金总额是否偏离租赁物价值就来认定不构成融资租赁法律关系。

宋教授刚刚谈到的金融风险问题，司法当然也会考虑判决对金融风险的影响，但是我认为，当事人确定租赁物件以及约定租赁物价值，还是属于当事人自身对风险的控制衡量问题。欧美的做法大多未对融资租赁物的范围作出限定，但是他们的业务也都在正常开展，也许在这个过程中他们承担了一定的风险。但是正如不动产在这些国家，在没有被限制作为融资租赁的标的物的情况下，并没有成为融资市场的主要租赁物，他们主要还是以机器设备等为主，就足以说明融资租赁公司在经营过程中能够充分衡量自己的风险，这应由市场来调节。当然控制风险也是需要的，但我认为这是监管部门的职责，而非法院需要考虑的问题。

关于出租人是否应对租赁物价值承担合理审查义务，我持肯定观点，但我认为这种审查义务应限定于合理审查而非实质性审查。法院在审理中，对租赁物根本不存在或者租赁物基本不具有价值的情况，可以认定不构成融资租赁合同关系。但如果仅从价值偏离就否定融资租赁法律关系，我认为是不利于融资租赁行业的发展，并且在实践中也存在一定难度的，难以做到公平公正。

长宁法院刘亚玲：今天讨论的两个问题，一个是融资物的确定问题，另一个是融资租赁中租金的构成对法律关系的影响问题，这两个问题表面上看起来是个案当中的一些具体问题，但实质上背后可以上升为金融创新中以及当事人意思自治当中，司法应当如何规制、如何保护这样一个大的问题。首先，对融资租赁业务的创新司法如何规制，是不是租赁物可以没有任何边界？对此我个人观点是，首先创新肯定是要有边界的，融资租赁物的范围也应当有所限制。在法律没有规定的情况下，就要结合融资租赁法律关系的特性来判断边界。融资租赁作为融资与融物相结合的模式，其中很关键的一点就是取回权是否能够行使。我认为，只有物具有可转移性，取回权才能行使，融资租赁法律关系的性质才能够体现。以装饰材料为例，其添附到了建筑上之后丧失了可转移性，因此不能作为融资租赁的标的物。审判实践中，还有一些将易耗品如水泥挡板作为融资租赁物，消耗了之后物的效用就不再存在了，对于这样一些物，我认为，其不具有融资租赁法律特征中物的特性，不应当作为融资租赁标的物。

第二个问题在本质上是契约自由中司法的规制问题。双方约定了某一价值，实践中产生纠纷一方又抗辩称约定的价值严重偏离物的实际价值，此处就涉及意思自治如何来审查，如何来认定的问题。对此，我同意林庭长的观点，理论上请学者来论证一下。我的观点比较务实，是从实践操作的角度出发，我认为问题在于，如果法院要主动审查租金的构成对融资租赁法律关系的影响，那么是否所有案件法院都有义务去审查，但目前我们很多案件被告不应诉，有些被告都已关闭不再继续经营，甚至有的连机器设备都找不着了，租赁物的价值根本没办法确定，在这种情况下，要求法院主动审查租金的构成对融资租赁关系的影响，也缺乏可操作性。基于此，我认为应当从务实的角度，结合具体的个案进行考虑。在被告到庭并提出抗辩的情况下，运用举证责任分配规则，要求被告对原告明知租赁物价值远低于约定价值进行举证。如果没有充分证据的话，就应当按照契约自治的原则，确认双方约定的设备价值为真实价值。此外，虚高设备价格对于融资租赁公司而言，风险是扩大的。刚也有嘉宾提出，融资租赁公司愿意承担风险扩大的后果，司法就无须主动干涉。这是我们在办理案件中的一些困惑和思考。

上海仲裁委员会金融部部长陆春玮：融资租赁是融资和租赁相结合的一种业务模式，与传统租赁一个本质性的区别就在于，后者以承租人租赁使用物件的时间来计算租金，而前者以承租人占用融资成本的时间来确定租金。因此，出租人在设定租金时应该考虑如下几个方面的因素，包括租赁物的购买价值以及在其上设定的运输费、保险金，购买租赁物向银行贷款所产生的融资成本，融资租赁公司要实际支出的包括员工工资、办公费用等在内的营业费用，融资租赁公司的合理利润等。在这个问题上，我同意刚才法院两位法官的观点，我认为出租人在设定租金时其实是基于自身实际情况的考虑，如果其融资成本比较小，则在设定租金方面可能就与实际租赁物的价值对应性较高。也就是说，租金的费用到底应该高出租赁物的实际价值多少才算合理，这本身应该是出租人应该要考虑的问题，比较难作出一个很具体的界定。基于这一点，我个人观点是应该从宽考虑，只要不存在明显的低值高估的情况，应当予以认可。关于出租人是否负有合理审查义务的问题，我认为在融资租赁法律关系中，一般情况下，作为出租人的融资租赁公司相对处于主导地位，他要考虑是否承接这单业务，如何设定租金以及可能面临何种风险，因此在售后回租中，出租人应当对租赁物价值负有合理审查义务，如应实地考察租赁物是否真实存在，核实回租人当初购买租赁物时的实际价值，然后根据租赁物的折旧情况来合理确定租金。但考虑到出租人毕竟并非租赁物的实际使用者，他对租赁物的专业领域行业也并非十分精通，因此只要出租人尽到了合理的审查义务，尽到了通常的注意义务，就应当认定其尽到审查义务。这是我的个人观点。

一中院金成：谢谢陆部长的发言。看来在这一点上，仲裁与司法达成了一致。

高院杨路：对前面探讨下的两个问题，我谈一下我的观点。首先是融资租赁标的物的问题。我认为，融资租赁不论在名称上如何表述，毕竟是一种市场上的融资行为，也就是说融资是本质特征，只不过是他采取了买卖和租赁相结合的方式，从而形成了一个有别于其他融资法律关系的融资行为。对于融资租赁物的界定，我也查阅了国际融资租赁公约，我认为，至少从国际融资租赁公约里关于融资租赁物的定义来看，至少范围不应该过窄。此外，在《融资租赁解释》出台前，最高人民法院曾在上海召开过研讨会，当时对融资租赁物的范围是否要进行限制，以及界定到何种程度，争议很大。如果界定过窄，在融资租赁行业的发展又出现了新的变化和因素的时候，司法解释会成为制约行业发展的禁锢，但如果过宽，又有这样的担心，是否还能称其为融资租赁法律关系。因此尺度很难把握，从司法解释最终出台的版本看，对这个问题是做了模糊处理，但我个人认为，从融资租赁司法解释理解与适用[①]来看，他并非持一种比较狭窄的范围界定思维模式，所以在审判实践当中，我比较倾向于持一种相对宽容的态度，在没有法律行政法规禁止性规定的情况下，不宜否定其效力。当然其中有一个因素必须要考虑，《合同法》第52条规定，认定无效必须依据法律和行政法规，但问题在于，金融市场有其特殊性，其发展的快速性决定了金融市场上更多的禁令性禁止性规定都体现为金融政策，因为要上升为法律和行政法规周期太长。在这样的情况下，是不是要全部尊重意思自治呢？我觉得也并不尽然，我认为，对于某些禁止准入的规定体现为通知或者内部规定的情况的，司法要有明确的态度。也就是说，如果涉及相关金融政策的话，司法必须要与政策作出有效的衔接，而不能无视这些金融政策对金融市场的要求。这就要求我们既要有一个宽容的态度，但是这种宽容的态度又不能是无限的。

至于租赁物价值和其构成比例，以及出租人是否应当承担合理审查义务问题，我不太赞成司法过多干预。因为对租赁物价值和租金的比例，交易双方基于经营上的判断或者基于商业上判断有各自的考虑。法官不能替代交易双方的原意。所以我并不特别主张在这个问题上去认定其合理性。此外，超过多少为合理，是30%还是50%，设定这样一个标准也很难。因此，把这个问题交给交易双方为妥，他们会去衡量各自风险和收益，在一个充分竞争的市场环境中，即便开始会有偏差，但是随着市场的成熟，定价必然会趋于合理。对出租人的合理审查义务，我认为很难做一个原则性的界定，恐怕还是要结合具体的合同、具体的标的物作出判断。

一中院金成：谢谢杨路庭长的发言。杨路庭长总是从大局上给我们指导。似乎大家对第一个专题下的第二个议题观点比较趋于一致。那么我们先休息十分钟。休息后继续进行第二个专题的讨论。

讨论专题二：回购合同的认定和法律适用问题

二中院符望：在目前的融资租赁行业中，发生纠纷后，相比较于物的取回，追究回购责任也是融资租赁公司采取比较多的手段。我结合材料中列举

① 最高人民法院民事审判第二庭编著：《最高人民法院关于融资租赁合同司法解释理解与适用》，人民法院出版社2014年版。

案例向大家介绍下。这个案例中反映出如下几个方面问题：(1) 回购担保合同如何定性，对此有三种不同观点，第一种观点认为就是担保合同，第二种观点认为是附条件的买卖合同，第三种观点认为回购合同是附条件的买卖合同为形式，为保证融资租赁合同履行为目的的一种混合合同，具有保证和买卖的双重属性。(2) 所有权与风险的转移问题。具体来说，针对所有权转移，如果在回购人支付回购款后，出租人仅仅是签发租赁物所有权转移证书债权转让证书即视为完成交付，则如果最终回购人未能取回租赁物，风险由谁承担。另一个是转付租金的问题，转付租金因为要在不同的当事人之间流转，这是否加剧了回购人的风险。对此，一种观点认为，因为回购人承担的是担保的性质，而根据担保法的规定，未经保证人同意，变更主合同内容并且加重债务人债务的，保证人不再承担保证。相反观点认为，回购合同是一种无名合同，合同中约定了可以转付租金并没有加重债务，且回购合同的条件的成就应该根据合同的约定，和委托付款协议没有必然的联系。第三个小问题是回购条件成就后，出租人是否应立刻通知回购人。因为随着时间的经过，罚息等不断在增加，回购人的回购成本也随之增加。一种观点认为，回购人具有回购的及时通知义务，如未进行及时通知，回购人可以就迟延通知进行抗辩，并请求法院调整罚息数额。相反观点则认为，立即通知缺乏合同依据，因为承租人违约后，经济状况好转会补交租金，如果立即通知可能使承租人丧失合同利益，对出租人设定通知义务不利于本合同的履行。针对上述问题，希望能够听取各位法官和专家的观点。

黄浦法院朱奇：回购业务的设计初衷是为了确保融资租赁公司在融资租赁业务开展的过程中获得强有力的担保，进而实现风险可控。因为实践中回购人也即生产商大多是大型国有企业或上市公司，具有足够的担保能力。基于此，我个人观点是，如果能从缔约的本意和制度设计的初衷出发，将回购认定为担保，对审判效率以及租赁公司实现债权的效率都能得到有效的提高。遗憾的是，目前上海三级法院包括最高人民法院对此都未予以明确表态。关于承租人委托销售商支付租金的问题，我认为与回购也是捆绑在一起的，其实三方合作模式中的具体操作问题，如果将回购认定为担保，这个问题也就可以一并解决了，因为最终的责任人和风险承担方都是销售商也即回购人。

二中院符望：朱奇法官提到审判实务的方便性，我也提两个观点供大家思考。(1) 刚刚朱法官提到设备生产商和销售商大多是上市公司或国企，那么如果认定为担保的话，按照公司法的相关规定，上市公司对外提供担保可能会涉及一系列复杂的权限或程序上的要求，这样是不是与便捷性相违背。

（2）如果认定为担保，就不可避免要考察担保期间的问题，而担保期间一直以来也是比较复杂的法律问题，将回购套入担保的法律框架内是否妥当。

一中院金成： 朱奇法官刚刚提出了一个很切实的思路，就是在一个不规范的市场上，是否应以当事人的真实合意或者真实的缔约目的为出发点来认定法律关系并分配双方的权利义务。不知道还有哪位嘉宾要发表意见？

财大博士： 根据《合同法》第 45 条，附生效条件的合同自条件成就后生效。案例中，双方签订的合同对回购的生效条件约定很明确，所以我认为应将其认定为附条件的买卖合同。

二中院王益平： 我基本上同意将回购担保合同定性为担保合同，但是要增加一个限定，即“非典型担保合同”，理由有如下几点：（1）回购合同与传统意义上我们理解的担保合同，在法律特征的描述上是有区别的，传统意义上的担保合同是单务性合同，也就是说，债权人无须向担保人支付对价。而在回购合同中，回购人作为担保人的角色，负有支付回购款的义务，但在其支付回购款之后，融资租赁公司同时负有一个对价支付义务，即交付回购的标的物的义务。从这个意义上而言，回购合同是双务性合同，与担保合同的单务性具有很大的区别。（2）从司法实践以及行业的实际操作这两方面出发考虑。司法实践领域，在《担保法》的司法解释起草过程中，对于回购担保这样一种模式也已经予以了认可。并且，回购在很多行业中也实际存在，如证券回购，银行信贷过程中的保对仓业务模式，房地产的贷款中购房人拖欠还款时开发商承担的回购责任。这些实际运用的回购交易模式，其初衷和目的都是为了防范和控制风险，实际上起到的就是一个担保作用。将定性问题解决好，那么其后的两个问题也就是具体的法律适用问题，比较容易解决。如针对回购人支付回购款所产生的问题可以适用《担保法》。针对出租人在收到回购款之后承担的交付义务问题，则应适用《合同法》或《物权法》的有关规定等。我认为目前存在问题是，由于回购的标的物是由承租人使用，那么在回购中就存在标的物到底能否交付的风险。目前回购合同中，出租人往往是通过约定将实际取回租赁物取回这一义务附加给回购人一方，也即出租人不负责实际交付标的物，仅通过签发所有权转移凭证，也即指示交付的形式履行交付义务。但由于回购合同的签约主体仅涉及出租人和回购人，承租人并没有参与到回购合同制定过程中，因此无形中增大了回购人风险，待回购条件满足时，承租人完全可以“买卖不破租赁”等为由拒绝向回购人交付租赁物。有鉴于此，从完善合同角度出发，我建议应将承租人也纳入回购合同主体，这样有利于出租人履行通知义务，也有利于回购人有合同依据去向承租人主张标的物。

上海贸仲黄文：我认为要具体分析回购担保合同中是否包含了类似于保证责任的描述。如果仅约定在承租人不付租赁费的情况下，出租人有权要求回购人对租赁物进行回购，那应当认定这是一种单项的回购合同。但如果合同中约定承租人如不支付租赁费，义务人要承担共同的付款责任或者是连带责任，这里面就包含有担保责任的意思了。所以我的观点是，要根据条款的具体约定，区别对待。对于第三个小问题，我认为一旦回购合同约定的回购条件成就，作为出租人的融资租赁公司就应当有义务在合理的时间内通知回购方，因为不及时通知会扩大回购人的损失。在这种情况下，对扩大损失部分不应予以支持。

上海财大葛伟军：对于回购合同的定性，刚刚讨论主要集中于两种观点：(1) 认为构成保证合同，(2) 认为属于附条件的买卖合同。我的观点是，无论对合同如何定性，都是从不同的角度去看待同一问题，目的都是为了确定双方的权利义务关系。我个人更倾向于后者，我认为保证合同必须要具备严格条件，如必须在合同中表明保证字样。如果当事人没有明确的表示，法院不能代替当事人去推测存在这样一个保证的意思。另外，我觉得值得反思的是，国外的实践更注重于物的担保，而在我国目前诚信体系尚不完善的情况下，人的担保却被大量运用。我认为，人的担保最终要转化为物的担保，在我国应大力推广浮动抵押来代替人保。

针对第一个专题中的租赁物范围问题，大家都提到了以知识产权作为标的的融资租赁。我个人观点是，这其中包含的问题比较复杂。首先有必要将知识产权和知识产品进行一个区别，在知识产权作为租赁标的物时，出租人虽享有知识产品的所有权，但仅是占有该知识产品，知识产权仍属于作者。如果要对著作等知识产品进行复制等，仍应得到作者同意。至于租赁物是否一定要限于经营财产，我觉得并不尽然，这个范围可以放宽。以上是我粗浅的想法。

二中院玄玉宝：我认为不能将回购合同认定为保证合同。必须明确一点，一个合同具有担保功能并不必然是担保合同。如债的加入也具有担保的功能，但是与保证是有严格区别的，即使其具有担保功能也并不构成保证合同。我认为，综合考量，回购合同更符合附条件的买卖的特征，也可以说兼具有保证和买卖的属性，但如果单纯认定为保证的话，在法律上存在障碍。

浦东法院林晓君：我认为，在审判实务中对担保性质的认定，并不一定要具有担保或保证的名称，还是要追究当事人的真实意思表示。只要合同中有约定，在主债务人不履行合同义务的时候，其他主体要承担相应的支付款项的责任，我认为这种意思表示就构成担保的性质。对于回购这个问题，我的观点是，只要约定的回购条件以及回购价款等合同要素明确，则不管是担保的性质还是附条件的买卖合同的性质，出租人都可以依据合同约定直接向回购义务人主张权利，性质的认定对权利人的权利影响不大。其实很多回购的约定并非是一个实质性的双务合同的约定，并不是说出租人一定负有将租赁物件取回的义务。大多都是仅约定在承租人不履行义务的时候，回购人就要承担付款义务，且一般对回购价款的范围也是有明确约定的。我认为这与处理担保合同具有很强的相似性，所以我认为还是要看当事人的意思表示以及约定的具体内容。对于回购标的物的取回权问题，我认为出租人仅承担通知义务而非交付义务。因为合同中出租人不可能约定对租赁物负有交付义务，这对于出租人而言很难履行，所以这种约定在实践中也不可能存在，出租人只要向回购人出具权利证书，确认权属转让就应视为其履行完交付义务。对于转付租金的风险问题，我认为只是履行方式的不同，并未加重回购人的责任，因此我同意第二种观点。对于回购条件成就后出租人是否负有通知义务的问题，我认为，出租人应该要在合理的时间内通知回购人。相关的法律依据我认为可以适用《合同法》第119条，在一方违约的情况下，另一方要采取措施防止损失的扩大，否则，对扩大损失部分无权向对方主张。这是对出租人行使权利的一个规制，因为实践中约定的罚息标准是比较高的，如果任由出租人不受限制得行使权利，对回购人不公平合理。当然，合理期间必须要有一个标准，如出租人向承租人主张租金，承租人已明确表示拒付租金，而且在合理的期间之内比如说3个月，那么在这种情况下，我认为出租人就应当向回购人主张。如果未在合理期间内主张，则对增加的损失部分，我认为出租人无权主张。

一中院金成：林庭长又提出另一个思路，也就是不必过多纠结于性质问题，只要合同约定的效力不存在瑕疵，那就应当依约履行。

一中院郭文龙：融资租赁这个话题可能本身涉及范围很广，但是出于时间考虑，我们事先规划本次活动时，对话题也做了些限制。沙龙到这个阶段，关于具体法律问题的探讨应该告一段落。根据沙龙的管理，问题讨论之后我们通常会请上级法院代表对沙龙做点评，然后由主办方对沙龙活动总结。我们首先有请高院杨路庭长为我们的沙龙活动做点评。

高院杨路：今天的沙龙研讨活动我觉得收获很大。目前高院也定期举办金融审判联席会议，但是金融审判联席会议主要还是集中在法院内部，是三级法院之间就某些法律问题开展研讨，最终就达成共识的一些问题形成法律适用标准，这样的会议欠缺了一点，就是倾听多角度的、行业的、学者们的观点，所以我觉得今天能够在这个沙龙活动中听到这么多来自各行业，各位专家学者们意见，对我们司法的思路还是非常有启发，这是我想说的第一点。

我想说的第二点是，对于今天讨论的主题，虽然大家还存在不少分歧。但总的一点，我感觉，国外的金融创新产品引进到我们国家本土化后，经常会出现异化。正如之前大家谈到的，为什么在国外运行得似乎很不错的融资租赁交易模式，在我国的实践中会出现那么多问题，对此我的理解是，作为一个总体的市场融资体系而言，国外的成熟市场融资渠道较多，并且在这些较多的融资渠道里又会进一步细分。国外成熟市场的这种体系化特征，使得其在法律关系的界定方面相对也较为容易一些。而我国目前的融资渠道仍相对有限，导致各行业往往会突破原有的业务模式进入到其他领域。这一大背景下，如果单纯从法律关系的角度去衡量我国当前融资租赁行业开展的经营模式的话，可能不完全契合，只能适当进行放宽，如果单纯从司法实务角度出发，认为因为要讲求法律关系的纯洁性而去否定现实中具体在运行和操作的模式，就等于堵掉了不少条融资渠道，这至少对中国现阶段的市场而言，并不是太有利。因此，这实际上还是一个价值衡量的过程，我们更希望市场本身能够更加深入化、系统化、体系化去发展，但在这一目标尚未完全实现的情况下，如果司法直接从源头上堵死，这恐怕不是我们所期望达到的一个目的。所以在探讨融资租赁中出现的这样一些新的情况、新的现象时，我认为我们司法还是需要持一种相对比较开放的、宽容的态度，这是一个理念的问题。

第三点是，今天的讨论具有很强的针对性和实效性，对我们统一上海全市法院关于融资租赁纠纷案件中相关问题的执法思路非常有帮助。这是一个好的开始，今后我们可以将这种形式的讨论拓展至其他各个金融法律领域。这种司法实务界与学界、业界共同探讨相关法律问题的形式，对我们高院统一全市法院的法律适用标准起到了非常好的铺垫作用，给我们提供了很多素材，也带给我们很多启发。我希望最终能够实现上海法院对上海金融市场的规范、良性、健康发展的正向推动效应，同时我也希望，通过我们多举行这样一些探讨，总结出上海的审判经验并将这些经验推广到全国。我想这是我们作为司法者所最为期待的两件事情。

一中院郭文龙：谢谢杨路庭长的点评。在我们沙龙活动开办之初的定位以及所追求的功能中，其中有一项功能就是积累一些素材和资料，以便为上级法院提供一些决策上的参考。看来这一点已经得到了杨路庭长的充分肯定。再次感谢杨路庭长的点评。下面有请参加本次沙龙活动的行业协会代表为本次活动点评。

上海市租赁行业协会副会长孙瑜：整个租赁行业在这两年的发展是处于一个井喷的阶段。上海租赁行业协会前不久刚发布了年报，数据显示上海目前的融资租赁公司达到了384家，占全国融资租赁公司总数的27.5%。其中，上海有三家融资租赁公司的资产规模已达到千亿，分别是远东租赁、招银租赁、交银租赁。但同时，我们的两级分化情况也相当严重，384家融资租赁企业中有296家企业的资产规模不超过两个亿。而现在很多小型的融资租赁公司并不知道如何开展融资租赁业务，觉得任何一种业务都属于创新业务，什么业务都敢去做，但是一旦其后发生经济纠纷，却不知道如何应对。我今天作为行业协会的代表来来参加本次沙龙，感觉受益匪浅，我想结束后同协会做一个交流，希望以后能定时请一些专家给我们协会的会员单位做一些法律指导和风险提示，否则，如果不在源头上给予他们一些帮助交流的话，经济纠纷大量产生，也会给司法机关增加很多不必要的麻烦。

一中院郭文龙：下面有请本次沙龙活动的联合主办方对本次活动做总结。首先有请来自上海财经大学的宋晓燕教授做总结。

上海财大宋晓燕：今天主要是抱着学习的态度来，整体今天收获非常大。如果说总结，我自己最强烈感受有这么几点：（1）从今天讨论的材料来看，我觉得选择的案例素材以及抽象出的问题非常具有代表性，也具有一定的争议性，确实反映了目前司法实践的一个现状。通过刚刚大家的讨论，不同的观点都已经清晰呈现出来，确实是为高院乃至最高人民法院相关指导意见的出台提供了很好的素材。（2）我觉得讨论的氛围很好，大家能够各抒己见，很自由，也很深刻，一方面，大家的观点出现了碰撞，真理不辨不明，尽管辩了现在也不一定明，但是对以后的“明”应该是有很大的帮助的；另一方面，从大家的讨论当中，我的感觉是，特别是在我们金融法领域，不管是在理论还是在司法审判实践之中，都会出现一个审判实践与社会现实之间的一些冲突，尤其是在我们现在金融深化改革这个大背景下，冲突可能会体现得越来越明显，如包括刚刚提到的有些案件的处理甚至受制于当事人不到庭。另外，像我们学者刚提到的一些观点，在我国诚信度尚且不佳的情况下，为什么人的保证运用得这么广泛，其实这些和我们的现实环境都是有关系的。现在一直在推金融创新，但值得反思的是，我们整体现实基础具备了没有。在条件或者说包括法律基础在内的各项措施尚没准备完备的情况下，是不是就会出现杨路庭长刚刚提到的制度变异的问题，这应当说是对我们提出的挑战，我们要不断攻克这些难题。今天是第一次参加沙龙，以后希望能在其他法律领域和我们的司法机关继续合作。

一中院郭文龙：下面有请上海一中院汤黎明副院长为本次沙龙活动做最后的总结。

一中院汤黎明：本次沙龙的专题，我自身有点体会。融资租赁并非新鲜事物，以前就有这类型的案件。但从争议的实质性内容来看，存在很大变化。原来的融资租赁纠纷案件比较典型，中规中矩，不会出现这么多的问题。而现在是非典型的融资租赁，就出现了很多新鲜的东西，涉及的问题也并不仅仅体现为个案中的具体法律问题，而是上升到了是创新还是规制，是开放还是干预，是风险还是防控等价值导向的层面，法官在办案过程中面对这些问题必须要作出选择，在发挥司法审判职能实现案结事了的同时，也要考虑到我们的解决方案是否符合目前市场的整体发展趋势。关于这一点，我同意杨路庭长的观点，法院应该持包容的态度，把握住市场发展和审判原则的大方向，而不能一味地从源头上将路径堵死。但另一方面，对于审判中发现的当前改革创新中出现的一些边界问题，法院也有义务和责任向行业或监管部门提出，通过司法的正面导向作用促进市场规则的进一步完善和行业的健康发展。在这一过程中，司法应听取各行业、各领域的声音，将更多的主体纳入到对市场改革创新过程中新情况、新问题的讨论中来，共同推进金融市场的良性健康发展。最后，还是要感谢大家的积极参与，同时也希望今后上海一中院的沙龙活动大家能继续给予支持。

“立案登记制的理解与实施”法官沙龙综述

党的十八届四中全会提出“改革法院案件受理制度，变立案审查制为立案登记制，对人民法院依法应该受理的案件，做到有案必立、有诉必理，保障当事人诉权。”这也意味着立案制度的变革，已进入正式启动阶段。最近，《最高人民法院关于实行立案登记制若干问题的意见》也在征求意见，该意见是比较原则性的规定，“立案登记制”后的案件受理制度如何具体操作，“立案登记制”与新修订的行政诉讼法如何衔接等问题，目前尚无明确具体的方案。

为此，2015年1月16日，上海一中院举办了“立案登记制的理解与实施法官沙龙”，邀请了最高人民法院、上海市三级法院部分法官代表以及部分律师代表共计50余人参加本次研讨。现将研讨情况综述如下。

一、“立案登记制”后的具体案件受理模式与选择

（一）立案登记制的具体操作模式选择

目前关于立案登记制如何具体落实主要有以下三种观点：

第一种模式：登记代替审查。具体方案：只要是当事人来法院起诉的案件，一律全单照收，进行登记，而且只要登记即为正式立案。这种模式，也被称为“一步到位式立案登记制”。

第二种模式：登记＝出具收据。具体方案：除当场受理的案件外，均应向当事人出具书面收据，作为登记的方式。并在出具收据后的七日内作出受理或不予受理的决定。

第三种模式：接收＋登记受理。具体方案：在受理制度中分出接收与登记受理两个阶段。当事人递交诉状后，除当场登记受理的案件外，对当事人提交的材料一律接收，并编立“收字号”。这一案号非为起算审限的正式案

号，但应纳入审判流程监督管理。符合受理条件的七天内自动转为正式案件字号。不符合受理条件、需补正材料的均由立案庭在上述“收字号”中所给定的期限内，依法予以处理。

观点荟萃：关于第一种模式，与会嘉宾认为，十八届四中全会的决定中，将“对人民法院依法应该受理的案件”作为“有案必立、有诉必理”的前提。既然中央提出要“依法”，那么现有法律关于立案方面的规定还是要坚持。中央提出改革现有案件受理制度，实行立案登记制，强调的是一种观念上的转变。立案登记制最主要的目的，就是要求人民法院在法律规定的范围内不要再设定其他门槛，坚决废除法律之外的“土政策”。如果把登记立案简单理解成，所有的案件不经审查就照单全收，则就走向了另一个极端。老百姓对法院司法职能分工的认识还有偏差，无理滥诉的现象也时有发生，案多人少的客观矛盾还会一直存在。国外都有防止滥诉的制度设计，法国对滥诉可以处以罚金，日本将滥诉直接认定为侵权行为。我国并没有相应的滥诉预防制度，所以人民法院还是要有一定的审查权，对当事人的起诉进行区分。因此，实行立案登记制应着重考虑两个方面的价值定位：一方面是以保护当事人诉权为主，适当兼顾法院审判承受力；另一方面是以形式审查要件为主，适当兼顾诉的合法性审查。故绝大部分同志认为，法院不是包打天下、无所不能，一些诸如历史遗留问题纠纷也无法依靠审判途径予以解决。而第一种模式虽然可以对当事人的起诉权做到最大限度的保护，但在当前法律并未修改，且亦无完备的审前准备程序的情况下，不是现有司法环境中立案制度改革的最佳选择。

关于第二种模式，少数嘉宾认为，通过出具收据，可以对当事人提交到法院的材料予以固定，做到有迹可查。现在很多案件都有律师代理，真正没有任何理由就来诉讼的案件很少，没有必要再去单独创设一个新的字号，从而增加法院的工作量。因此，第二种模式足以解决现有问题，而且也不会过多增加法院的工作负担。

多数嘉宾认为，第二种模式，对于法院是否出具收据，因为没有纳入审判管理流程，缺乏监管抓手。而且司法实践中，各法院执行的标准不一，当事人对“立案难”的投诉一直居高不下，该模式并没有彻底解决现有立案制度存在的、对当事人诉权保障的救济不充分、导致不受理也不出具裁定的情况较为普遍的问题。

关于第三种模式，多数嘉宾认为，对于当事人提交的材料，除当场可以登记立案的案件外，均通过“收字号”的形式将接收诉状时间、诉讼材料清单予以固定。材料接收后，法定期限内难以决定可否登记受理的，应登记受理；不符合受理条件的依法作出裁定不予受理、告知等决定。这种模式的优势在于，对内可以为法院横向上有序管控、纵向上有效监督提供抓手，对整个登记立案过程做到痕迹管理，有效防止外部干扰；对外可以确保当事人全程查询，整个立案流程公开透明，真正做到司法公开。

（二）法院是否可以拒绝接收起诉材料，拒绝接受的标准是什么

虽然与会嘉宾大部分均同意以相关字号管控起诉材料接收的方案，但上述方案也存在工作量明显提升的问题。以某法院为例，该法院一年受理案件约104000件，其中民商事案件7万余件。从立案统计来说，有60%的案件基本可以当场立案，有20%的案件需要补正材料后才予以立案，还有20%的案件是完全不能立案的。如果法院不加区分全部纳入接收范围，然后对这些完全不符合起诉条件的案件再以裁定的形式确定不予受理，该法院一年要出不予受理裁定的案件大概有20000件以上。对于不予受理的裁定，当事人还可以上诉，那么不论是对基层法院还是中级法院来说，都会导致法院的工作量大幅度增加。对当事人向上海一中院递交的材料是否只有出具裁定一种处理方式，是否在某些情况下可以拒绝接收当事人的起诉材料，则成为研讨的第二个主要问题。

观点荟萃：综合上述模式的讨论，大家一致认为，对当事人的起诉出具裁定并非唯一的处理方式，在对某些形式上有明显欠缺的起诉，如缺乏必要记载事项的起诉，法院完全有拒绝接收起诉材料的处理权限。但为防止这一权限的滥用，有必要明确标准，规范操作。

1. 在拒绝接收材料的具体标准上，一种观点认为，法院拒绝接收坚持的标准还是民事诉讼法的119条和124条的规定。但法律规定的线条相对较粗，对119条把握的程度没有一个限制。因此，法院可以通过制定负面清单的形式，对于一些明显不符合立案规定的案件予以明确，除了清单之外的案件均应当予以受理，而且这个标准并不是法院内部掌握，应对社会公开。

还有一种观点认为，就当事人提交的诉状而言，只能以起诉状的形式要件不符合条件为由拒绝接收起诉材料，具体应作以下四个方面的限制：（1）适用标准仅限于诉状本身及其记载事项形式上不符法定条件的情形；（2）对起诉要件不符合的案件必须予以释明，只有经释明不予补正或补正后仍不符条件的案件才能出具形式不符告知书；（3）告知必须通过书面形式，并应告知相关理由；（4）出具形式不符告知书的案件，法院内部仍应做好登记记录，

以便监督检查。最后，当事人如不服上述告知可向上级立案部门投诉，上级法院认为告知不当的可以责令下级法院改正。

2. 在拒绝接收材料的操作模式上：一种观点认为，对以当事人递交诉状的内容或形式上不符合要求而拒绝接收诉状的案件，不必再编立相关字号。但有必要对法院出具收据进行强化，严格按照现有法律规定，对当事人要求出具收据的，必须在收到材料当日出具收据。否则，当事人可以向上级法院进行投诉，由上级法院进行监督。

另一种观点认为，即使拒绝接收材料，也要以“收字号”的形式载明拒绝接收的理由，以便留痕可查。

二、普通民商事一审案件中，立案庭和审判庭的具体职权分工

（一）立案庭与审判庭都需对诉的合法性要件进行审查，如何界定二者的权限

观点荟萃：少数嘉宾认为，如果立案庭仅对立案起诉材料进行形式审查的话，那么当事人为了诉讼保全或者恶意诉讼，可以随意伪造材料先将案件诉进法院，这类案件进入实体审理后，审判庭发现案件立案有问题后再驳回起诉，造成诉讼资源的极大浪费。因此，立案庭如果完全不对案件进行实体过滤的话，可能给审判庭带来较大的压力。

多数嘉宾认为，不能对立案阶段有太多苛求，立案庭仅仅负责对案件进行形式上的审查，而不是实体的审查。按照中央关于立案制度改革的要求，目的就是为了充分保障当事人的起诉权，而立案庭的具体职责也决定了，在立案阶段不能太多苛求。立案庭仅仅负责对案件进行形式上的审查，而不是实体上的审查。在整个立案的层面来讲，有的立案法官考虑太多，考虑到这个案件能不能审理、能不能执行。立案法官不要想太多，只要从形式上审查，实体上不要审查。立案审查中过度审查等种种原因导致立案难的问题，主要还是认识上的偏差。这一条的规定是扭转大家在理念上的偏差。因此，案件材料接收后，立案庭应根据起诉人（申请人）提交的相关证据材料作形式上的审查。立案人员基于所收到的相关材料，对主体资格、主管与管辖等相关起诉条件未发现存在明显缺失的，则应认为相关案件已符合受理条件。立案审查阶段对案件是否受理虽存在疑问，但在法律规定的期限内不能确定是否符合受理条件的，应当在期限届满之日立案受理。

三、立案庭对行政案件是否符合规定的起诉条件难以把握的情形有哪些及如何应对

案例：2010年8月2日，某法院收到某公司的起诉状，称：2006年10月25日，某住房局作出了沪房地某拆许字（2006）第009号《房屋拆迁许可证》的具体行政行为。因该证核准拆迁范围内包括该公司享有合法所有权的房屋，故该具体行政行为与该公司有法律上的利害关系。该公司认为某住房局作出该具体行政行为缺乏事实依据、适用法律错误且严重违反法定程序，故请求撤销核发的上述《房屋拆迁许可证》。

某法院认为，根据《最高人民法院关于执行〈中华人民共和国行政诉讼法〉若干问题的解释》（以下简称“司法解释”）第41条第1款的规定，该公司的起诉显然已超过法定期限，且无正当理由，遂裁定对其起诉不予受理。该公司不服，上诉至二审法院。

观点荟萃：一种观点认为，原、被告是否适格、是否过起诉期限、新类型案件以及政策性案件等是否立案难以把握。新修订的行政诉讼法已经明确规定了立案登记制，旨在解决行政案件立案难的问题，故立案庭就行政案件着重进行形式审查，放宽起诉人的主体资格等要求，防止过度抬高门槛，如确实存在难以把握的情形，则先立案，由行政庭再行审查并作出裁定。就上述案例而言，应当由行政庭审查比较合适。起诉期限给当事人的感觉是类似于诉讼时效的问题，必须要由行政机关提出抗辩。而且起诉期限在现实中会变动的，当事人在这个问题上双方是有交锋的，因而这种审查交给行政庭进行专业审查较为合适。

另一种观点认为，目前社会生活行政诉讼化，行政案由多样，被诉行政机关也多样，行政案件情形较为复杂，如立案审查环节放弃审查或仅形式审查，必然导致大量行政案件进入审理环节，易引发当事人不满并造成司法资源浪费。如某法院曾有一个当事人告了51个案件，涉及3个行政机关，但这51个案件没有一个是胜诉的。针对立案审查环节存在的难以把握情形，建议完善立案庭与行政庭的会商制度，从立案庭、审判庭以及信访等多角度看待行政案件立案问题，通过会商予以解决。就上述案例而言，起诉期限的审查由立案庭审查较好。第一，立案审查时可直接确定是否超过5年或20年起诉期限，是否超过其他起诉期限且有无正当理由问题也可通过对起诉人制作笔录的方式予以确定；第二，部分案件如立案审查无法确定是否超起诉期限时，

也可通过与行政庭等相关部门会商确定；第三，较多案件受理之后经过行政庭审理，最终被裁定驳回起诉，实际意义不大，且易引发起诉人对裁判结果的不满，以及行政机关对应诉成本等的抱怨；第四，立案庭对起诉期限等问题进行严格审查，可一定程度上控制行政庭裁定驳回起诉的案件数量。

第三种观点认为，对于一些比较容易判断的诉的要件，立案庭可以直接判断出不应当受理的案件，由立案庭来直接决定不予立案。但对于一些较为复杂、新类型案件或者立案庭在一定期限内无法判断出是否应当立案的，可以先立案，然后再交由行政庭负责审查。就上述案例而言，3 个月和 2 年的起诉期限由行政庭审查，5 年、20 年起诉期限由立案庭审查。第一，根据司法解释第 27 条第（1）项之规定，行政诉讼中，原告对证明起诉符合法定条件承担举证责任，但被告认为原告起诉超过起诉期限的除外。故起诉期限问题原则上应由行政庭审查，需要被诉行政机关对起诉是否超过法定起诉期限提出答辩并提供相应的证据材料。第二，起诉期限规定分为多种情形，存在 3 个月、2 年、5 年和 20 年不同的期限规定，且各期限的起算点也不尽相同，本身较复杂。第三，3 个月和 2 年的起诉期限在现实中也存在变动的可能，如知道作出具体行政行为之日超过 3 个月，但因未告知行政相对人相关诉权或起诉期限，起诉期限变为 2 年，故该情形由行政庭专门审查较为合理，而 5 年和 20 年的起诉期限相对固定，该期限可由立案庭审查。

四、在行政案件立案登记过程中，如何进一步落实立案庭与行政庭的会商制度

鉴于行政案件类型新，疑难复杂案件多，且行政案件数量呈逐年上升趋势，有必要完善现有行政立案会商机制，明确应予以立案会商的案件类型、会商未达成一致的后续处理流程等，并保障立案会商制度的有效落实，兼顾好维护当事人诉权和提高行政立案的准确性，从而提高案件审理质量和效率。

观点荟萃：根据与会嘉宾的介绍，现有立案会商制度存在三种模式：一是行政庭审核，立案庭程序操作。即由行政庭具体审核是否可以立案、立案庭负责后续具体操作；二是行政庭与立案庭就立案中出现的新类型、疑难复杂案件是否立案、如何适用法律等予以会商，行政庭提出立案审查意见，立案庭作出决定；三是遇有特大要案、疑难案件等难以把握的情形，立案庭发起与行政庭的会商，会商难以达成一致意见的，逐级上报予以确定。

与会嘉宾认为，立审会商制度还是应当要坚持的，但会商的形式和内容

要进行改变。具体来说，一是立审会商要仅仅围绕着保障当事人起诉权这一目的进行；二是会商的内容要严格控制在形式要件的审查，而非实体要件审查；三是要严格控制会商案件的具体范围，只有一些复杂、疑难或者新类型的案件才应纳入会商范围。

“非法证据排除规则适用问题研究”法官沙龙综述

2010 年 6 月，最高人民法院、最高人民检察院、公安部、国家安全部、司法部联合发布《关于办理死刑案件审查判断证据若干问题的规定》和《关于办理刑事案件排除非法证据若干问题的规定》，首次系统地构建了非法证据排除规则。2012 年修改后的《刑事诉讼法》和《最高人民法院关于适用〈中华人民共和国刑事诉讼法〉的解释》在前述两个证据规定的基础上，进一步完善了非法证据排除规则。2014 年，最高人民法院、最高人民检察院、公安部、国家安全部、司法部又联合制定了《关于严格实行非法证据排除规则若干问题的规定（征求意见稿）》。但在司法实践中，由于非法证据排除规则在适用上缺乏细化，以致具体应用上较易产生分歧。

2015 年 3 月 20 日，上海一中院与闵行区人民法院联合举办了“非法证据排除规则适用问题研究”法官沙龙活动。最高人民法院刑二庭苗有水副庭长、刑三庭罗国良副庭长、刘静坤审判长，最高人民检察院公诉厅王军副厅长、研究室卢宇蓉处长，江苏省高级人民法院周继业副院长，上海市高级人民法院王秋良副院长，上海一中院陈立斌院长、倪金龙副院长，闵行区人民法院黄祥青院长，上海二中院贺平凡专委，华东政法大学孙剑明教授，上海交通大学张绍谦教授，上海市纪委、市高院、市检察院、市检一分院、市公安局经侦总队、刑侦总队等部门相关领导及市三级法院的法官、检察院的检察官代表 80 余人受邀参与研讨。现就主要研讨内容综述如下：

一、采用引诱、欺骗等方法收集的证据认定

案例 1：检察机关指控，被告人王某受贿共计人民币 20 万元。庭审中，王某的辩护人申请启动非法证据排除程序。辩护人声称，在被指控的 20 万元中，只有王某主动坦白交代的受贿 7 万元一节属于事实。另受贿 5 万元和 8 万元两节事实均由非法取得的证据支撑，应当予以排除。具体理由是：（1）

侦查人员在侦查中采取了疲劳审讯方式，持续时间长达36个小时。其中，侦查人员会同纪委工作人员对王某先行询问8个多小时，王某供述了受贿5万元的事实；之后王某被带至检察院，侦查人员又接着讯问了28个小时，王某交代了受贿8万元的事实。该两次询问（讯问）前后长达36个小时，被告人没有得到正常休息。（2）王某是在侦查人员的利诱、欺骗下才供述受贿5万元和8万元的。侦查人员曾向王某承诺，若供述受贿犯罪事实，可以对王某予以取保候审或者认定为自首，但之后并未兑现。

经法院查实，王某系在下午1：45被带到所在单位纪委办公室谈话。经较长时间的政策教育后，王某交代了收受他人5万元的事实。晚餐时王某有吃饭和少许休息。当晚9点多钟王某被带到检察院。侦查人员讯问两小时余王某一直不语。之后王某趴在桌上休息至次日上午7时许，侦查人员继续讯问，并提醒王某还有受贿事实没有交代清楚，如果能够全部如实交代，认罪态度好的话，可以考虑取保候审等。之后王某又交代收受他人8万元的具体过程，与行贿人的先行交代基本吻合。整个讯问至晚上11时结束，期间只有吃饭时间允许王某短暂休息。

针对本案例，沙龙主要围绕自白书的性质，疲劳审讯和引诱、欺骗手段的认定等几个问题展开了讨论。

（一）自白书的性质

沙龙一致认为，依据《刑事诉讼法》及相关规定，纪委调取的书证、物证可以在刑事诉讼中作为证据使用，但言词证据不可以使用。对于被调查人在纪委阶段所写的自白书的性质，现有三种观点：

第一种观点认为，自白书是一种准书证，而不是言词证据，可以在刑事诉讼中作为证据使用，因为被调查人在纪委阶段书写的自白书在性质上类似于被告人的日记，应当视为书证。

第二种观点认为，自白书属于哪一种证据种类应根据不同情况来认定，如果自白书是被调查人忏悔时写就，那它与日记具有同样性质，宜认定为书证；如果自白书是在疲劳审讯、暴力、胁迫等非法手段下写就，应当视为与被告人供述具有同样属性，宜认定为言词证据，不能在刑事诉讼中作为证据使用。

第三种观点认为，自白书就是被告人的供述，自白书仅是一种载体，不能视为书证。对于言词证据，只有在证人已死亡、病重无法说话时，才可以作为证据使用。

沙龙倾向于第三种观点。

（二）疲劳审讯和八小时休息制度

一种观点认为，八小时休息制度在实践中不具有可操作性，对于涉恐、绑架等严重犯罪案件，被告人的口供十分重要，它对社会重大公共利益的保护和被害人的营救具有积极作用，所以应当平衡被告人权利和被害人利益、社会公益之间的关系，可以给予被告人必要的休息时间，但不宜设立刚性的八小时休息制度。

另一种观点认为，刚性的八小时休息制度是必要的，但是立法应当有例外规定。一方面，如果不规定刚性的时间，仅概括规定疲劳审讯取得的非法证据应当排除，实践中会造成这一规定被虚置及适法的不统一。另一方面，在涉恐、绑架等严重犯罪案件中，八小时休息制度可能会造成被害人利益和社会公益的巨大损害，因此需要对这一制度作出例外规定。

沙龙倾向于后一种观点。

（三）讯问策略与引诱、欺骗、威胁手段的区分

沙龙一致认为，排除引诱、欺骗、威胁手段取得证据的规则应当同样适用于证人证言和被害人陈述。对于讯问策略与引诱、欺骗、威胁手段的区分，沙龙有二种观点：

第一种观点认为，讯问策略与引诱、欺骗、威胁手段的区分应遵循三个标准：一是合法性标准，即许诺的利益、威胁的内容是否有法律依据，如以暴力威胁即违反此标准；二是合理性标准，即不能超出合理程度，不能违反社会公德和文明底线，如证据造假则违反此标准；三是真实性标准，或换位思考标准，即一般人受到被告人相同的待遇时，是否会作出虚假供述。对引诱、欺骗、威胁手段取得的证据分别阐述如下：引诱手段系指侦查人员以非法利益或不可能实现的利益相允诺，在此情形下取得的证据就应当被排除；如果向犯罪嫌疑人承诺，如实供述可以从宽处理，在此讯问策略下获取的证据可以被采纳。对于欺骗手段而言，如果侦查人员使用伪造的证据骗取被告人的供述，应当认定为非法证据；如果侦查人员以模糊证据和利用信息不对称促使嫌疑人供述的，可以认定为讯问策略下获取的证据。对于威胁手段而言，如果侦查人员使用暴力或者司法强制力等法律不允许的手段相威胁，或者以违反社会公德和文明底线相威胁的，应当认定为威胁手段；如果侦查人员使用依法从重、从严处罚等法律允许的方法相威胁的，可以认定为侦查

策略。

第二种观点认为，二者区分的关键在于引诱、欺骗、威胁手段的程度是否严重，是否会影响司法公正。基于侦查技术等的局限性和人的自我保护意识，多数犯罪嫌疑人只有面临一定压力时才会供述，对此应当区分引诱、欺骗、威胁手段和攻心术等侦查策略之间的不同。由于立法没有规定或者规定模糊，实践中引诱、欺骗、威胁手段与侦查部门常用的侦查策略、审讯技巧有重合之处。从立法角度而言，对刑讯逼供以外的非法方法的解释要采取等类解释和危害性相当的原则，即其他非法方法要与刑讯逼供具有相同的危害性，这意味着不是所有使用引诱、欺骗、威胁手段获取的证据都要启动非法证据排除程序。从司法可操作角度考虑，只能将最严重的、最极端的、突破法律和人类底线的引诱、欺骗、威胁手段取得的证据予以排除。

（四）指供问题

沙龙一致认为，单纯的指供不涉及非法证据排除问题，但是实施刑讯逼供、欺骗、引诱、威胁等手段后进行指供的，则应当予以排除。具体判断如下：一是看发问的形式。如果问题中已经包含侦查人员想要得到的答案，则构成引诱性指供，应当予以排除；二是分析被告人供述和证人证言、被害人陈述之间内容的契合程度。如果内容高度一致，或者存在先供后证情形的，被告人供述的真实性就值得怀疑，应当进一步审查被告人供述的合法性和真实性。

二、重复自白的认定

案例2：2013年11月，陈某因涉嫌受贿犯罪被“双规”，期间写下自白书，交代了自己的受贿犯罪事实。在侦查阶段初期，陈某推翻原有供述，拒不交代，侦查人员将其反铐双手，采用对着空调长时间吹冷风及疲劳审讯的方式，迫使陈某交代其受贿犯罪事实。在之后的讯问过程中，在侦查人员没有对陈某采取任何非法方法的情况下，陈某对其受贿犯罪事实作过多次重复供述。审查起诉阶段，陈某告知检察人员其遭受了刑讯逼供，检察人员排除了侦查阶段初期陈某所作的供述，并在充分告知和保障陈某诉讼权利的情况下，对陈某进行了多次教育，陈某再次供述了其受贿犯罪事实。提起公诉时，检察机关将陈某在双规期间、侦查阶段、审查起诉阶段的供述一并移送法院。审判阶段，辩护人提出陈某在侦查阶段初期因遭受刑讯逼供，其后的供述系在非法取证行为对犯罪嫌疑人的影响没有完全消除的情况下作出，故应当一并予以排除。

结合本案例，沙龙主要围绕审查起诉阶段已排除的非法证据是否随案移送法院，以及重复自白的认定和处置问题进行了讨论。

（一）审查起诉阶段已经排除的非法证据能否随案移送法院

一种观点认为，审查起诉阶段已经排除的非法证据不应移送法院。理由如下：第一，排除非法证据的主体不仅有法院，还有侦查机关和审查起诉机关，没有必要将在前两个阶段已经排除的非法证据再随案移送法院。第二，已经排除的非法证据再移送法院会“污染”法官的判断，违背非法证据排除的制度设计初衷和影响非法证据的排除效果。进言之，应当设立预审法官和审判法官，并由预审法官决定是否排除非法证据，以最大限度降低非法证据对审判法官的影响。

另一种观点认为，审查起诉阶段已经排除的非法证据可以随案移送法院。理由如下：一是移送全案证据是检察机关的职责，没有法律规定非法证据不需移送。二是法律规定法院全案审查，已经排除的非法证据移送法院，可以让法官对案件有更全面和更清晰的了解，有利于最后的下判。关于预审法官设置的问题，不符合当前立法及司法实践，尚需要立法的支持。

（二）重复自白的认定与处置

沙龙一致认为，重复性供述原则上应该排除，但有证据证明之前非法取证行为的影响已经消除的除外。具体判断可以考虑以下因素：一是非法取证行为的严重程度，即非法取证行为的程度越严重，影响越难以消除；二是非法取证行为持续时间的长短，即非法取证行为持续的时间越长，对被告人造成的影响越大；三是依法讯问的国家机关是否变换，被告人在侦查阶段、审查起诉阶段、审判阶段分别所作相同或者类似供述的，不能认定为重复性供述；四是庭审中的供述不能认定为重复性供述，依法进行的庭审已经完全保障了被告人的诉讼权利，应当认为之前非法取证手段的影响已经消除；五是辩护律师在场的供述不属于重复性供述，应当认为之前非法取证行为的影响已经完全消除。

三、毒树之果

案例3：2011年7月22日，公安人员在没有出具任何法律手续的情况下，将赵某带至宾馆谈话，期间没有制作谈话笔录，但根据谈话内容，取得了赵某犯罪的赃物、作案工具等实物证据，随后对赵某采取了强制措施。

针对本案例，沙龙主要围绕毒树之果是否排除的问题进行了讨论，并形成了两个观点。

一种观点认为，毒树之果严重影响司法公正的应当予以排除，但是应当设立补正原则和例外规定。具体而言，应当考虑程序违反的严重程度、被告人的权利侵害程度、证据自身的重要程度、涉嫌罪行的严重程度和对证据真实性判断的影响程度等具体因素，合理设置补正原则和例外情形。主要理由：第一，从立法例来看，很多国家也并非完全排除毒树之果，即排除毒树，但食其果。第二，从我国的国情来看，毒树之果排除时应当兼顾实体公正和程序公正、打击犯罪和保障人权的平衡。我国传统文化更重视实体正义，因此以是否严重影响司法公正为标准对毒树之果进行排除比较符合我国的司法实际。第三，毒树之果如果不排除，应当采取一定的补正措施予以补救，尽量降低毒树之果的毒性。第四，毒树之果排除规则的例外，美国的必然发现原则等可以为我国所借鉴。具体例外规则的设置，尚需要根据我国的司法实践具体论证。

另一种观点认为，如果以严重暴力等手段侵犯公民的基本人身权利取得言词证据，再以此取得物证和书证的，即使物证和书证对审判的公正性没有影响，也应当予以排除。主要理由是此类毒树之果取得的先行行为严重侵犯公民的基本人权，与宪法和刑事诉讼法保障人权的精神不符合。所以，把毒树之果是否排除落脚在是否影响公正审判上与法律保障人权的精神不相符合。

沙龙倾向于第一种观点。

四、证据合法性的证明

案例4：2011年3月25日，章某因涉嫌受贿犯罪被提起公诉。庭审中，辩护人提出非法证据排除申请，并向法庭提交了章某在侦查阶段所写的《冤案真相》《审讯过程及我的心路历程》《看守所日子》等书面材料，详细记载了何时、何地、何人对章某刑讯逼供、诱供等。法院启动非法证据排除程序，公诉人宣读了章某的供述笔录、自白书等，并且当庭播放了章某有罪供述的审讯录像片段，又提供了侦查机关盖章、侦查人员签名的情况说明，证明侦查人员依法、文明办案，不存在刑讯逼供、诱供等情形。辩方申请法院调取相关的证据，法庭根据章某提供的线索，至看守所提取了章某 2010 年 7 月 28 日的体表检查登记表，该表载明章某右上臂小面积的皮下淤血，皮肤划伤 2cm。章某和辩护人又多次申请法院要求控方提供章某的全程审讯录像并予以当庭质证。检察机关认为，审讯录像涉及机密问题，当庭播放不利于保密，故不能移送法院；如果一定要移送，只能法院查看，不能交与辩护人及被告人查看。辩护人又向法庭申请要求侦查人员出庭说明情况，检察机关认为，侦查机关已出具情况说明，没有必要到庭作证。

结合本案例，沙龙主要讨论了非法证据排除程序的启动标准、检察机关对证据收集合法性的证明方法及证明标准等问题。

（一）非法证据排除程序的启动标准

沙龙一致认为，只要被告人及辩护人提供的材料详细记录了非法取证的时间、地点、侦查人员的名单及其他具体情况的，法院就应当启动非法证据排除程序。在启动非法证据排除程序时要注意两点：一是注意非法证据排除程序的启动条件和标准，不能滥用启动权随意启动非法证据排除程序；二是充分发挥好庭前会议的作用，保证庭审活动的有序、有效开展，通过庭前会议组织控辩双方围绕非法证据排除等问题发表意见，从而保证庭审顺利、高效进行，提高诉讼效率。

（二）证据收集合法性的证明

沙龙一致认为，检察机关证明证据收集的合法性应从以下几个方面着手：一是播放讯问的全程录音录像，还原侦查人员的取证过程；二是提供被告人的健康证明，证明被告人未受到暴力等刑讯逼供；三是传唤相关侦查人员到庭作证，虽然法律规定侦查人员是“到庭说明情况”，但有必要让侦查人员在庭审中接受质疑，并回答问题；四是由讯问时在场的检察官或者律师出庭证实讯问过程的合法性。

（三）证据收集合法性的证明标准

沙龙一致认为，关于证据收集的合法性的证明标准只要达到优势证据即可。通过播放讯问的全程录音录像、相关侦查人员到庭说明情况等调查程序后，如果被告人及辩护人没有提出明显的反证，那么即可以认为已经达到了证据收集合法性的证明标准。需要特别注意的是：在进行非法证据排除程序时，要防止走极端，非法证据的外延不能过分扩大。

五、非法实物证据

案例5：公安机关经技侦发现曾某涉嫌驾车运输大量毒品来沪贩卖，并登记入住某宾馆8310房间。侦查人员遂前往该宾馆实施抓捕，在该8310房间抓获曾某时，未查获大宗毒品，但发现曾某随身有一把车钥匙。侦查人员遂兵分两路，三人带曾至停车场搜查其车辆，两人留在房间内继续进行搜查。留在房间的侦查人员经查找，从客房近房门床铺的床板下发现用塑料袋包装的大量毒品（后鉴定为毒品甲基苯丙胺4995克）。搜查车辆的侦查人员闻讯后，带曾某返回该房间。曾某否认该房间内查获的毒品系其所有。侦查人员在房间内搜查出毒品时，没有被搜查人曾某在场，也没有其他见证人，侦查人员对搜查情况也未制作笔录。侦查人员补充制作的《扣押物品清单》上载明的见证人，在搜查时并未在场。

辩护人遂据此提出该搜查程序不符合法律规定，查获的毒品不能认定，该物证应予排除。公诉机关则对实施抓捕和搜查的五名侦查人员均进行询问，并制作了询问笔录，以证明当时的搜查情况。公诉机关还提供了宾馆房间外的监控录像，证明从侦查人员带曾某出房间至返回房间期间，没有其他人进出过该房间。

案例6：公安机关经布控，于某日晚8时许对涉嫌毒品交易的洪某进行抓捕。抓捕过程中，洪某反抗强烈，并在挣脱时将其上衣丢弃，后上衣被侦查人员捡起放置于警车内并返回派出所。在抓捕现场，侦查人员从洪某的帽子中查获白色晶体（后经鉴定为毒品甲基苯丙胺4.83克）。当晚9时许，侦查人员开始对洪某进行审讯，洪某否认从事毒品交易，审讯至23时许，侦查人员突然想起之前放在警车上的洪某的上衣，随后由一名侦查人员前往车上查找，并发现上衣内藏有两包白色晶体（后经鉴定为毒品甲基苯丙胺49.47克），遂由该侦查人员将上衣及两包白色晶体带至审讯现场。洪某否认该毒品系其所有。侦查人员在抓捕现场扣押该上衣时，未制作笔录，系由一名侦查人员随手将上衣拾起后扔至车内。后经过近四小时后，又由一名侦查人员至车内搜查上衣发现毒品并带至审讯室，也未制作相应的搜查笔录。

辩护人遂据此提出上述扣押及搜查的程序不符合法律规定，搜查出的毒品 49.47 克应予排除。公诉机关则对发现上衣和在车上查找出上衣内毒品的侦查人员进行询问并制作询问笔录，说明当时的扣押和搜查情况。公诉机关还曾调取派出所车辆停放监控录像，但由于车辆停放位置系死角，无法调取相关录像。

结合本议题的两个案例，沙龙主要围绕非法实物证据排除的裁量标准展开了讨论，并形成了两个观点。

一种观点认为，如果非法实物证据是真实的，就不应当排除。理由如下：一是刑事审判既要注重程序正当，也要注重查明事实真相。我国的法律文化是社会公众更倾向于实体公正，如果非法收集的实物证据是真实的，予以排除后可能会严重影响定罪量刑，无法实现实体公正；二是实物证据具有不可替代性和不可再生性。由于实物证据的唯一性，实物证据被依法予以排除后，就无法再重新获取。

另一种观点认为，对于用技术侦查等严重侵犯公民基本权利的手段获取的非法实物证据应当予以排除。一方面，以未严重侵犯公民基本权利的非法手段获取的实物证据属于瑕疵证据，依法可以补正或者作出合理解释。另一方面，非法实物证据被依法予以排除的，具备重新提取条件的可以重新提取；不具备重新提取条件的，只有根据其他证据予以印证。严格的证据规则，可以从命案、重大案件做起，再推广至全部刑事案件。

六、非法证据排除制度设计与完善

沙龙经过一天的讨论，对非法证据排除制度的设计与完善达成了以下共识：理念先行，兼顾保障人权和打击犯罪的平衡。

第一，理念先行。非法证据排除首先是理念问题，其次才是实践规范问题。非法证据排除制度的适用不能仅局限于法院审理阶段，而是应当贯穿于侦查、审查起诉和审判的刑事诉讼全过程，公安机关、检察机关、法院在刑事诉讼的各阶段都应当树立非法证据排除的价值理念。

第二，兼顾实践。非法证据排除的制度设计应当兼顾先进理念与客观实践的平衡。制度的设计既不能太超前，也不能原地踏步甚至有所倒退，而是应当基于我国幅员辽阔、各地发展不平衡的国情，渐进式地推进司法变革并完善相关制度。在非法证据排除制度的设计上，尤其应当处理好三对关系：一是打击犯罪和保障人权的关系，二是程序正义和实体公正的关系，三是理论设计和客观实践的关系。

第三，价值平衡。非法证据排除制度的价值平衡应当考虑二个方面：一是我国非法证据排除规则基本的价值定位。我国传统的司法理念是打击犯罪和保护公民，在进行非法证据排除制度设计时，应当立足于我国实际，在打击犯罪和保护公民理念的基础之上，更加注重于对人权的保护。二是在价值定位确立的基础之上确定相关联的基本要素。保障人权主要是保护被告人的身体、精神健康权利，打击犯罪着重把握犯罪事实的真实性，因此非法证据排除制度设计时应重点考虑人权保护和犯罪事实认定中基本要素的关系。

第四，具体规则。我国非法证据排除制度设计当前可以考虑以下具体规则：（1）合适比例原则，即比例原则。如果非法证据是定案的关键性证据或者占有相当比重的证据，则应当予以排除；如果非法证据在整个证据链条中处于非关键性地位或者仅占有较小比重的情况下，则应当具体问题具体分析。（2）法益权衡原则。在被告人的人权和被害人权益、社会公益之间进行权衡，如果犯罪侵犯了被害人的生命等基本权益或者社会重大公益，非法证据的取得尚未侵害到被告人的基本人权的，就不宜予以排除；反之，应当予以排除。（3）定性与定量相结合的原则。在设置具体规则时，既要有定性规定也要有定量规定。从立法层面来看，可以在列举条款的基础之上设置概括性条款，概括性条款应当有程度表示。从司法指导层面来看，制度设计的规范之外还应有典型案例支撑。只有典型案例，没有法律规则，则合法性存在问题；只有法律规则，没有典型案例，则很多复杂问题难以解决。

《资深法官经验谈》访谈录专辑之十一

优秀审判长是如何炼成的

——周欣、唐震、庞闻淙法官经验谈

嘉　宾：上海市第一中级人民法院“十佳审判长”、原刑事审判第一庭审判长　周欣（以下简称：周）
上海市第一中级人民法院“十佳审判长”、原民事审判第五庭审判长　唐震（以下简称：唐）
上海市第一中级人民法院“十佳审判长”、原民事审判第二庭副庭长　庞闻淙（以下简称：庞）

主持人：宁博（以下简称：宁）
徐晟焱（以下简称：徐）

主持人：伙伴们，大家下午好！

宁：我是审管办的宁博。

徐：我是民四庭的徐晟焱。

宁：欢迎大家来到第十一期资深法官经验谈。刚才大家看到的视频是资深法官经验谈栏目前十期的精彩花絮。时光如飞，经验谈栏目走过了十期，感谢大家的支持与陪伴。今天的第十一期是我们改版后的第一期。

徐：我们这一期的经验谈较以往的规模要大一些，以往我们每期只请来一位老法师，今天一请就请来三位，是历届之最。

宁：没错，今天的三位是上海一中院 2011 至 2013 年度十佳审判长中的三位代表，他们虽然风格不同，但是无疑都能代表上海一中院优秀审判长这一杰出的队伍。

徐：他们在审判长这个神圣的岗位上，兢兢业业、孜孜以求，在不断完善自我的同时带领着他们的团队创造着傲人的佳绩。

宁：是啊，下面让我们有请本期节目的三位嘉宾，他们分别是刑一庭的周欣审判长、原民五庭唐震审判长以及民二庭庞闻淙审判长。

徐：让我们一同通过这期的经验谈领略他们的风采，有请三位十佳审判长代表。

宁：有请。

（三位老师登场就座）

宁：三位老师好，欢迎参加我们今天的资深法官经验谈栏目。其实一次节目请来三位嘉宾，这是我们资深法官经验谈栏目的第一次。今天三位老师坐在台上，这与平时开庭是相同的，但略有不同的是今天坐在台下的观众是青年法官，不是当事人，三位不用担心有找茬的情况。今天我们的话题是资深审判长是如何炼成的？这个话题对台下的青年法官来说好像蛮遥远的，但这却代表了他们未来的职业发展方向，所以关系还是很密切的。

徐：今天会把访谈分为三个部分，第一个部分是庭审把控，第二个部分是业务调研，第三个部分是人文素养，这个是和我们在座的青年法官息息相关的，也是年轻人私下谈论最多的话题。

宁：接下来就让我们进入优秀审判长是如何炼成的第一招，庭审把控。

第一个问题：凡事都有第一次，开庭也不例外。想必三位老师还记得自己第一次开庭时的样子，不知道在此是否方便和大家交流一下。女士优先，请周欣老师先说。

周：今天我坐在这里，心情是非常激动的，非常感谢院里给我们这样一个平台，把我们实践当中的一些体会、感悟和青年法官来交流，更让我感动的是我们的几位院长、各级领导能在百忙之中亲临现场给我们鼓劲，所以我也是非常的感动。刚才宁博提到第一次开庭的感受，现在回想起来，可以用忐忑两字来形容。实际上我们都知道，因为是第一个案件，我们在开庭审理之前，其实都做了充分的准备，比如说仔细地阅看了卷宗，把案卷当中的主要问题在庭前和审判长、合议庭进行过交流。可是大家知道，当我们跟着审判长听到书记员的那声“全体起立，请审判长、审判员入庭”，步入法庭，坐上审判席的那一刻起，我的心又开始紧张起来。在刑事案件中，在旁听席上有很多被告人、被害人的家属，那么多的旁听人员，连同我们审判区中的公诉人、被告人辩护人，大家众目睽睽盯着我们合议庭看，当时不知道我这样一名青年法官第一次出场到底会给我们的旁听人员、诉讼参与人留下什么印象。像我这样一个戴着眼镜，别人看上去文文弱弱的人，能不能担当起一个刑事法官的重任，能不能展现出一名刑事法官的风采，心里也打着小鼓。另外一方面担心的是，今天我的工作是要接受我们合议庭、审判长的检验，庭前我所做的工作是不是充分，都要接受检验。有时在这个过程中要担心我的发问是不是太细致了，没有抓住重点，我在不同阶段的发问，会不会打断了我们审判长的节奏等，自己心里始终都会有点小小的忐忑。当时我记得在整个庭审过程中，我始终正襟危坐着，努力保持一名刑事法官的威严，确实是精神高度集中、高度紧张，深怕遗漏了一个问题。所以整个庭将近三、四个小时开下来后，感觉非常的累，结束后如释重负地长长嘘了一口气，好在把第一次庭审比较圆满地完成了。这是我的第一次开庭的感受，我想我们在座的许多青年法官也有这样的感觉吧。

徐：唐老师、庞老师，刚才周老师讲的是刑庭法官第一次开庭，你们民庭法官第一次开庭和我们说说好吗?

唐：我首先纠正一下，我第一次开庭是在刑庭（笑声），还不是在民庭，而且时间比较久远，我当时2000年就被任命为助理审判员，从立案庭调到刑一庭，第一次开庭是一个刑事的二审庭。和周老师刚才讲的不一样，她说第一次开庭比较忐忑，我倒是不忐忑，主要是审判长很强。我当时的审判长是任德康老师，现在申诉庭的副庭长，真正的资深法官。我没调到刑庭去的时候，就已经听说他的大名了，语言表达能力强，庭审驾驭能力强，所以我背后有强大的靠山。审判长强，在庭审过程中对于合议庭成员的要求就不显得那么突出了。整个事实调查过程中，审判长帮我把问题全部问完了。最后审判长问我有问题吗，我说没有，是真的没有。整个庭审一下来以后，针对审判长归纳的问题和梳理出来的争议焦点，我基本上就能把握案件的裁判。所以真正的经验丰富的、法律适应能力强的审判长，在合议庭审理过程中是非常重要的，我的体会是这样的。我第一次庭审是在刑庭，后来对庭审的认识是我从研究室调任到民五庭担任审判长之后。民五庭审理的案件法律关系和案件事实都比较复杂，去之前我在研究室工作了八年。八年时间，庭审的武功都废了，突然调到知识产权庭，而且一去就是当审判长，确实没这个能力的，都不知道如何驾驭庭审。还好当时主要是刘军华庭长当我的带教老师。那个时候给我一个强烈的感觉就是刘庭长不仅法学功底好，而且庭审驾驭能力强，他的庭审非常细致。为什么这么说呢，来回环节比较多。首先当事人提诉请，原告诉请完了，被告提答辩意见，再问原告对答辩意见还有什么补充吗？完了以后被告对原告的补充意见还有什么补充意见吗？两轮询问，非常的细致。在证据的调查过程中，也同样是这样一个情况，原告举证、证据的名称、来源、待证的事项，被告围绕证据的三性发表质证意见，完了以后原告再说对被告质证意见有什么意见？被告对原告的意见还有什么意见？基本上是走两轮，这样一个庭审相当于其他的两个庭审，所以我感觉到知产案件庭审调查非常细致，根据庭审记录直接可以制作裁判文书。所以我们有机会把这些好经验总结出来，打造好法官队伍。

庞：听了周欣和唐震的第一次开庭，我就觉得他们是这么的幸福（笑声）。我的第一次开庭是我晋升审判员的考核庭。有三个比他们更加艰难的地方：第一个是晋升审判员的考核庭是我做法官后第一个公开开庭，所以压力可想而知。第二个不利的地方是我在晋升考核庭之前从事的工作，所任职的部门是执行庭和办公室。在执行庭的四年是没有开庭的，不要说作为主审法官，作为参审法官甚至作为书记员都没有机会上庭。考核庭前在办公室待了六年，那就离审判更远了。所以说在此之前是没有任何经验、甚至没有书记员的庭审经验丰富。第三个，考核庭审判长是不给你任何支持的，就是一头一尾，当中全部是你自己主持、自己发挥的。我记得那天的考核庭是在星期一，而之前的一周我在外地出差，没有天时；法庭是刑庭的第一法庭，没有地利，就靠人和，就靠事先的准备。自己回过头来想一想，这个庭质量其实是平平的，就是把程序走完。当时是一个宠物损害赔偿的案件，因为考核庭要提升难度系数，还专门请了鉴定人出庭。就好像练杂技一样，本身球还不知道该怎么接，就得接飞刀了（笑声）。所以我觉得能够把整个程序走完就可以了。虽然这个庭现在感觉开得平平，但是对我来说还是很重要。这毕竟是自己的第一个庭审，而且是自己的一个转折点。

徐：听完三位老师说他们自己的第一次庭审，宁博你还记得自己第一次的庭审吗？是不是也一样百感交集？

宁：我第一次庭审，有点惭愧，我是在调解室里开的庭（笑声），一方当事人缺席，虽然只有原告到庭，但我也是紧张得要死，当时只有一个感觉，就是赶快结束。这是独任庭，没有任何依托，好在这个庭比较平静的过去了，现在想想五味杂陈，但是回想起来觉得还是挺不错的，毕竟是第一次。

徐：我们在座的青年法官很多都已有了第一次开庭的经验，下面我们再来问问三位，还不为我们青年法官所知的，先从女士开始。周老师当您还是一名菜鸟法官的时候和现在作为一名资深审判长，对于开庭有什么不同的感受，以及在整个过程中的差异是什么？

周：刚才说是从一名菜鸟法官走到今天，在这个过程中我觉得最主要是离不开领导对我们的关心和支持，也离不开我们整个合议庭同志们的帮助。我在刑庭审判一线工作近十九年，担任审判长、审判长资格也有十余年了，觉得通过不停的开庭，学习、体验、积累，这一路走来，和当初相比，多了一份自信，这份自信体现在庭审中对于定罪量刑的把握更加趋于准确，对于庭审节奏的把握更加有度，对于各种突发事件的掌控更加趋于自如。另外一个变化是，在当菜鸟法官时比较年轻，爱憎分明，现在对于庭审、处理案件的效果、方式会更为平和。像我们刑事案件在庭审中会有很多突发事件。上海一中院刑事案件被害人基本都是已死亡的，被告人很多也是会被判处死刑的，双方家属的情绪是非常对立、非常对抗的，在法庭上很多时候就会发生这种突发事件。比如说前一阵子，有一个案件，被害人被杀了，在开庭之前书记员宣布了法庭纪律，在庭审中被害人家属的手机铃声就响了，我作为审判长进行了制止，重新声明法庭纪律，以及如果违反法庭纪律我们将要采取的措施。可是过了 5 分钟后，这名当事人的手机又响了。当时我很恼火，我就再一次重申了法庭的纪律，当事人也没有表示异议。我当时说如果你再有类似情况发生的话，我们会把你带出法庭，不允许参加旁听。可是不出 5 分钟，这名被害人家属的手机又响了起来，当时我已经非常的气愤，觉得他太无视法庭，太不尊重法庭了。如果按照以往的做法，我肯定是毫不客气地让法警把被害人的家属带出法庭，如果家属还有其他举措的话，我会进一步采取严厉的措施。可是当时我注意到被害人的家属情绪有一个小小的波动，他们家属开始有点失控，有一名家属提出你们上海法院偏袒上海人，这名上海的被告人明明把我们被害人都杀了，你们还让他坐着受审，对他太客气了，我们家属的手机不过是响了几次，你就要对我们的家属采取措施。我当时想了一下，如果坚持让法警把这名被害人的家属带出法庭的话，当然是可以的，是有法有据的，可是这样会产生什么样的效果呢？这会造成被害人家属和我们的对立，将来我们的附带民事诉讼工作怎么进一步开展下去？当时我马上调整了自己的策略，我让法警把被害人家属的手机予以暂扣，等庭审结束后发还，同时迅速控制了场面，让他们停止喧闹，并告知如果有什么意见，我们可以在庭审以后认真地交流，这就平息了一场风波。现在看来，我仍然是爱憎分明的，但是我在处理案件时更多了一份平和。

宁：感谢周欣老师的分享，其实我也注意到周欣老师刚才说的经验，这种转变看似举重若轻，但实际上这个其实是代表着一种职业上的成熟，一种经过无数庭审的历练达到的成就、水准，那么接下来还有一个问题，这个问题长久以来一直困惑着我们青年法官，就是审判长要主持庭审，那么一个好的庭审应该具有什么样的标准？为了达到这种好的庭审状态，法官在这之前要做什么样的准备？有请老师再继续说一下。

周：其实我们另外两位法官的经验也是很丰富的，我先起个头。说到什么样的庭审是好的庭审，每一位法官都有自己的庭审风格，不尽相同，但是好的庭审应该本质上是万变不离其宗的。好的庭审首先各方面都要符合规范，是一个规范的庭审，要充分体现我们上海一中院法官风采；第二个方面是高效、优质的庭审，合议庭的各个成员之间相互配合，共同把案件事实查明。像我们刑事案件，首先要有一个重点的把控，不能事无巨细都拿到法庭上，要围绕重点和争点，组织控辩双方展开法庭的事实调查、法庭的举证质证、法庭的辩论。尤其是一些死刑案件，我们也是注重细节的，有一些案件，一些重要的细节，我们还是必须要注重的，防止我们到了庭后写报告时会出现这个问题在庭审中没问或者没有注意到的情况，这样势必造成重复劳动，比如重新庭审，安排第二次开庭。第三个方面是审判长对庭审节奏的把控、对突发事件的应对，应该是非常得力的。如果在庭审中双方当事人吵起来了，审判长不能控制好局面，庭审就会失控。这也不能称之为一个好的庭审。第四个方面是一个好的庭审应该是充分体现人文关怀的庭审，虽然我们是刑事案件，大家都说刑事案件的法官应该非常的威严，但是我觉得威严也不是横眉冷对、铁石心肠。对于当事人来说，我们应该处处保障他们合法的诉讼权益。只有具备了人文关怀，才能仔细倾听被告人、辩护人的意见，才能真正体察被害人的心情，和他们进行沟通。我认为高质量的庭审应该是这样一个庭审。

徐：其他两位老师有什么也可以说说，传授一下。

唐：规范是评价一个好的庭审的重要指标，如果说整个庭审没什么节奏，东一榔头，西一锤子，这会影响当事人对法庭的信任。我们讲庭审是动态展示司法公正的载体，裁判文书是静态展示司法公正的载体，在动态展示的过程中，如何把公正司法的理念通过庭审的活动表现出来，规范、体现司法的人文关怀都是它重要的价值传递。刚才周老师的话也是一个学习的过程，也完全认同周老师的讲法，另外刚才讲的我们知识产权庭的庭审方法，庭审对于最终的裁决也是非常有效果的，我到了知产庭后，开始不知道写文书的套路，很辛苦，从原告、被告到他自己诉请的起诉状、答辩状，递交的证据材料一步步梳理、归纳，然后自己来写文书。后来刘庭长告诉我说你把庭审开好了，庭审笔录拿过来直接就在这上面改成文书，一点都错不了，而且所有的争议焦点、所有的证据都在上面有所体现。后来我尝试了这种方法，果然如此。从最初庭审诉请的主张、答辩意见的陈述，到证据的交换，一证一质，证明同一事项的合并举证，证据举证质证完了，案件事实就自然而然地能够梳理出来了，最后是争议焦点的归纳，我们审判长要归纳争议焦点，然后问原被告双方对法庭归纳的争议焦点有没有异议？没有异议的，就作为裁判文书中的争议焦点给确定下来，有的案件中当事人会有异议，有异议也没问题，我们根据你异议的内容决定是补充还是你的异议在其他的争议焦点中已经涵盖了，这样就把争议焦点明确下来，最后是辩论意见，辩论意见主要就是法律适用意见，最后我们说本院认为几个争议焦点、原告的辩论意见就是他所主张的意见，被告的辩论意见就是他的法律适用意见，最后法院是怎么认为的，这样一个逻辑过程非常的清楚，最后得出我们裁判的结论，我觉得一个好的庭审给一份好的裁判文书制作奠定了基础，应该说两者之间的有机衔接实现了，庭审的价值也就凸显出来，我觉得知产庭的这种庭审方式在将来是值得进一步提炼，进一步推广的。

庞：在前面两位讲的基础上，我做一个补充。就打一个比方吧。我个人可能从民事审判、商事审判的角度考虑，觉得庭审可以分为几个层面。第一个层面，就是火车在正常的轨道上从起点开到终点。所谓的轨道就是庭审程序，这是由法律规定的，诉请答辩、举证质证、事实辩论，各个环节都是有规范要求的；尤其是它对双方当事人都是平等的，就像轨道两边是对称的，不能偏废，缺少了一个环节，就像缺掉了一段轨道，程序是不完整的。作为审判长，你有时候就要对主审法官审理中万一出现的遗漏进行补正。第二个层面是，庭审的节奏、速度很顺畅，周欣前面也提到过，整个庭审中无论是法官还是合议庭成员，上诉人、被上诉人各方都能充分的表达自己的意见观点，而且配合得比较默契，互相气场相投，一个庭审开完之后，大家感觉很舒服，就像电影里火车上“吃着火锅唱着歌”（笑声）。这种庭审需要审判长有驾驭能力，但同时也需要双方当事人配合，是三方共同推进的，如果配合的比较好，这样的庭审就可以去参加评比了。还有第三个层面，就是火车有没有在该停的地方停下来。所谓该停的地方，火车的一个个站点，就是案件需要查清的、认定的、关注的问题，重要的站点就是重要的问题。庭审不仅是一个程序形式，就像唐震刚才所说，对案件实体处理要起到关键的作用。如果庭审结束，但该问的没问、该查的没查，问题都没解决，那这个开庭就没有实际意义，没有达到审理目的，可能还得重新开。就像火车一路开到底，但该停的地方没停，或者看上去停了，而且频繁地停，但是没有停在关键的节点上，而是纠缠在枝枝杈杈上。就像一个大站，应该在上海好好停一下，结果却在嘉兴、昆山这样的小站停了很长时间，那就是法官在实体把握上出了问题。当然，庭审的不同层面、不同的案件有不同的要求，如果碰到一些奇葩的当事人，可能就是要尽快把程序走完，但有的案件需要追求的不仅是程序还有实体的，这个可能大家就见仁见智了，就补充这一点。

宁： 谢谢三位老师对刚才这个问题的精彩回答。三位老师无形之中也在告诉我们青年法官，庭审应该怎么开，什么样的庭审才是一个好的庭审，也衷心希望在座的青年法官将来的开庭也能像庞老师说的像吃着火锅唱着歌一样惬意，那时候大家的功底就达到了炉火纯青。由于时间的关系，第一部分的访谈就先告一段落，我们这次改版以后，设置的环节有所变化，每一个环节在结束之前都要设计一个互动的环节，今天考虑到总体的风格，第一招是庭审把控，三位老师介绍了第一招的情况后，接下来进入切磋的环节，我们把时间交给下面的青年法官，是不是有什么问题要问一下三位老师？

青年干警： 谢谢三位老师的教导，我在开庭审理过程中有时会遇到这样的情况，有的辩护人、诉讼代理人在庭上滔滔不绝讲的内容与庭审的内容偏得很远，此时我们会予以纠正，纠正之后他继续讲下去，依然会偏题很远，此时我们该如何掌握庭审的节奏呢？如果说简单地打断或者给他简单的总结，这时候当事人往往会说剥夺他的权利。

周： 其实我们在庭审当中，经常会碰到这种情况。首先要充分保障辩护人的诉讼权利，要理解辩护人，因为他是受家属的委托，他来就是要把他的意见充分发表的，假如我们非常武断地打断他，会给当事人的家属造成不好的印象。比如说在法庭辩论阶段，我掌握这样一个分寸，在第一轮辩论中，他有什么意见，我会让他充分发表，在第二轮辩论的时候，我就要给他一个建议，即第二轮的辩论要围绕着哪几点，重复的地方不要在第二轮辩论中再次展开。这样就会让当事人觉得法官确实是在认真倾听他的意见，同时也把控了庭审的节奏。

徐： 还有哪位青年法官需要三位老师支招的？

青年干警： 三位老师好，我来自民事庭，下面的问题主要是想向唐老师、庞老师请教一下，刚才三位老师介绍的庭审控制的问题，我们在民事案件中，经常碰到一些“极品问题”，尤其我们民事庭可能一上午有两个案子，下午有三个案子，每个庭审之间的衔接都是非常紧凑的，没有很多时间让你去想辩论的方法。我曾经有一个印象非常深的庭审，上诉人是两个精神残疾人，他的法定代理人住院了，委托代理人是一个耳聋之人，而被上诉人也是耳聋之人，还有两个是文盲，他们有浓重的南汇口音，书记员是地道的上海人都听不懂，关键这个案件又是第一个案件，10点之后还有一个庭审，这个庭审我最终也是开下来了，但是我的合议庭成员包括我的审判长说我那一天都没有精神，我的嗓子都喊破了，所以我想问一下，我们青年法官如何来应对这种“极品庭”，同时在应对这种“极品庭”的时候，如何做到庭审的规范性，让庭审顺利开完，做到一个比较巧妙的平衡，谢谢。

庞：这样的当事人审判实践中我们也曾经碰到过。我觉得：（1）如果事先知道是这样的当事人，在庭审前就要做好准备，如果出现这种情况如何应对，审判长对庭审程序要有扎实的准备；（2）对诉讼能力差的当事人，他无法表达的程序权利不一定非要从他口中说出来，可以由法官说出、由他来确认；（3）碰上当事人情绪激动、无理取闹的情况，法官在庭上不能和当事人一样，法庭上不要表现出情绪，你可以在退庭之后回到办公室再发出来，但是在庭上不要发出来。我觉得这个还是比较重要的，像唐震在审管办就在盯着看这个呢。

唐：我觉得蒋法官不属于青年法官，审判的经历应该比我更加丰富点(笑声)，蒋法官审理案件的数量可能还比我多。蒋法官提到这类当事人的问题，所幸，知产庭的比较少，当事人的修养也可以，不过也碰到过特别执着于专利、知识产权的老知识分子，他上来不讲法律，就讲他的经过、他的辛苦。我觉得有时候也没有办法，就像周老师所言，我们要体现人文关怀，该听的还得听，有的时候会干扰到庭审的正常进行，比如说有一个案件涉及汇编权的保护问题，是两个关联案件，并案审理。前面那个案件已经完毕，接下来审第二个案件，原告不让我审理第二个案件，他说你第一个案件还没审完呢，事实还没调查完，还有一些问题会涉及案件审理，你问得不够细致。我没问题可问，就问他你有什么问题没有，他讲了一大堆，我说这些问题与本案有关联吗？他说都有关联，案件的背景情况，原被告双方之间关联历史全都和你说，我想这样的话两天都开不完，你不让他讲，他就不让你开接下来的庭审，不配合你，那我当中就休庭。他带着他的学生来旁听庭审，我采取迂回的方式，对他的学生开展工作，由他的学生去和他说，他是一位老人，讲话非常激动，他学生说他有高血压，如果我和他再交涉下去，我怕他高血压犯了，到时候场面失控，不可收拾。所以我当时就休庭，做了半个小时的工作，让他平息下来，再回来开第二个庭审。那也是一种应对的方法，避开他的锋芒，要保证庭审的正常进行。

徐：所以说日日在法院工作，也可谓是看尽了人生百态，遇到了很多奇闻异事，由于时间的关系，我们第一环节的发问，到此结束。接下来进入第二个环节业务调研。

宁：有请三位审判长说说第二招。刚才我们也提到很多这类当事人，庭审时就像乌云一样过去就过去了。我们接下来要谈调研的问题，实际上在座三位里面唐老师在这方面发言权更多一些，长期从事审判工作，且在此之前又很长时期在研究室从事调研工作，同时还获得过调研标兵的称号，所以我就有个问题想问一下唐老师，当然这个问题好像听起来不像是一个问题，但这个问题确实是长期以来在我们青年干警中比较困惑的，这个问题就是唐老师，您认为调研重要吗？

唐：刚才宁博问的这个问题，倒确实是个问题，但这个问题很宽泛，我们讲重要与否，总是相对而言的，是相对于某一事物来说，另一事物是否重要。单纯地说一个事物是否重要，可能也不太好回答，我们法院的工作，就审判和调研来说，审判是第一重要的，这一点始终要有一个清醒的认识。执法办案是人民法院的第一要务，这是最高人民法院的要求，在任何时候我们都要以审判工作为中心。二是调研工作能促进审判，它的重要性是不可忽视的，两者是相辅相成的，调研工作是对审判经验的总结和提炼，为审判工作服务，能促进审判工作。三是从目前司改方案来看，调研的重要性会越来越突出，可能将来评高级法官要更加强调其理论素养。我们说理论素养如何体现？调研的成果是其中一个重要的评价指标，将来有志于当上高级法官的，调研这块无论如何不能放弃。

徐：调研的重要性，相信大家听完唐老师这番话后，会有一番新的思考，我也有一个问题想问唐老师，平时审判业务这么繁忙，工作这么繁重，家中难免也有一些琐事需要您去付出一点，在这样的一个情况之下，你是如何协调当中的关系，怎么抽时间再去做这么多的调研工作？

唐：这个问题确实有不少人问过我，我自己想了想，一是我对调研工作始终保持了很高的热情，我喜欢这项工作并不像别的同志觉得要写文章、调研，觉得苦不堪言，我没有这种感觉，我觉得能够静下心来梳理一些问题，把这些问题通过文字表达出来，对我而言是乐在其中，苦中作乐。兴趣是最好的老师，自己有这方面的兴趣，所以也不觉得很辛苦，愿意把业余时间投入到调研活动中去。二要掌握方法，工作学习的矛盾始终是存在的，你要花时间去学习，做调研对工作的影响或多或少总是存在的。那如何解决工学矛盾，我觉得要工学结合，学以致用，一定要把自己的工作、学习、调研结合起来，有机地融为一体。比如在案件审理过程中，发现了什么问题，发现了问题去调研，调研的结果促进案件审理进而使案件得以解决。大家看我近几年到了知产庭后，我写的一些研究文章都是基于实务问题所产生的。那整个操作过程是如何的呢？首先要发现问题，你在案件审理过程中发现了哪些问题有待于解决，比如大家在法律适用意见上分歧较大，有些案件要上审联会讨论，上了审联会讨论还没有形成一致的意见，还存在多数意见和少数意见之分，这些问题为什么会产生？这就是实务中所产生的问题，首先你要把握好问题。第二就是要分析问题，这到底是真问题还是伪问题？这个问题的产生是不是因为自己业务能力不足，法学功底不够扎实，别人早就解决了，最高人民法院在相关案例的裁判中司法观点早就明确了，只是自己不知道而已，所以觉得挺难，其实不难，已经解决了，你还在这里孜孜以求，这就是伪问题，通过翻阅资料就能解决的。如果是真问题，大家都没有解决方案，或者意见严重分歧，那么接下来要进入第三环节即解决问题。解决问题要看大量的参考书，梳理大量现实案例，提炼其中的法律规则，结合自己的经验、自己的知识去形成自己的解决方案，形成的结果就是一项好的调研成果。所以我自己写的案例，基本上都能被《人民司法》《法律适用》刊物所采用。这和我们掌握这套工学结合、学以致用，问题来源于实际的调研方法是有关的。我觉得这样结合起来能够比较好地解决工学冲突的问题。第三还要注重学习，我们现在的时间比较碎片化，不能集中起来，你要利用碎片化的时间，比如乘地铁上下班，我一般总是准备一些材料，比如说某个月我选择一个专题，就专门看这个专题的学术论文，学术论文的内容少，学术论文一般看个 20 分钟至 30 分钟，基本的学术观点就能把握，利用碎片化的时间一个专题一个专题来积累，日久天长，你对某个问题就有发言权，就有自己的想法，时间久了，坚持三到五年，你不成为专家也成为行家，这是我的一些心得体会。谢谢大家。

宁：这是一些非常宝贵，但平时也很容易被我们所忽略的一些方法，刚才唐老师提到了搞调研要重视兴趣，然后要工学结合，同时要懂得利用碎片化的时间，说到利用碎片化的时间。我平时注意到唐老师有一个细节，就是大家在跑步机上跑步的时候，我好像经常看到唐老师在跑步机上带着耳机，跑步机上放的是一本杂志，可能当时唐老师看的应该就是一些论文一类的东西（笑声）。

徐：唐老师给我们说说您看的是什么书？

唐：好像是看 ipad 的时间多点（笑声）。当然 ipad 里面也下载了有关的书籍。我比较看重文字功底，裁判文书要写好离不开深厚的文字功底，怎么样用精炼准确的语言表达出来法律适用观点，这个其实非常考验人的，学术论文怎么写，我建议大家去看看黄祥青院长的学术论文，他的语言用得非常之精准、漂亮，没什么废话，这代表个人理论水平和文字修养。我喜欢看看古籍资料。不知道大家注意到没，最近微信上流传着台湾地区法院作出的陈水扁的判决书，有一千多页，我拜读了一下，但是没全部看完，他写得非常好，古风悠悠，说理透彻。把所有司法的观点通过精炼的语言表达出来，很有震撼力，我建议大家去好好学习一下。我觉得就我的文字修为而言，写不出这样的判决书，没有这个能力。我们内地和台湾地区的法官比较起来，单从一篇文书来看，差距还是挺大的。这不服不行。当然，这不代表我对我们法官的失望，只要我们司改成功，我们相信将来也是会有写出这样文书的法官的。

徐：就刚才如何提高调研能力的问题，唐老师也给我们支了好几招，我总结了一下，第一要培养调研的兴趣爱好，同时离不开天长地久的积累，要善于发现问题，找到问题，应对问题，解决问题，唐老师，我说得对吗？

唐：对的。

徐：唐老师，您同时有在业务庭和研究室工作的经验，在不同的条件下，做同样的调研工作，有没有什么差别？您是怎么应对的，因为在座的也有综合部门的同志，也有业务庭的青年法官，能不能和大家说一说？

唐：这个问题我觉得等会儿让庞老师补充可能比较妥当一点，我在研究室工作和审判一线接触可能更加密切一点，庞老师长期在办公室工作，写的大多是院长的发言稿，他后来如何结合起来，等一会儿也让他谈一下心得体会，可能更加全面一点。我总体觉得在综合部门和业务部门搞调研，两者还是有点差别。在综合部门，一是宏观性的，二是指令性的，领导要求你什么时间点写出一篇什么东西来，都是领导指令的，是命题式的作文，在业务部门则不一样，涉及法律适用的问题，有具体性，而且是兴趣性的。我在民五庭的时候，没有给我调研指标，审判长本身庭审也比较忙，庭里对我的调研指标没什么具体要求，鼓励各个合议庭写，但没有落实到具体的个人，所以完全是自己基于审判工作的爱好，基于解决问题的需要，自己凭兴趣研究的，两者之间还是有比较大的区别。关于审判调研和业务调研，我觉得正好院领导都在，借这个机会，给综合部门的同志要呼吁一下，综合部门的同志从某种程度上而言，是在为大家做奉献，长期在综合部门工作，积累的能力是宏观层面的，但对于自己具体的法律适用能力，对于解决个案的能力，你说会有长进吗？会有长进的，但是与其他长期在业务庭的法官比较起来，长进程度还是有差距的。业务庭的法官天天接触具体的个案，接触具体法条的适用，综合部门的同志对法律的适用、对法规的熟悉有业务庭这么熟悉吗？不可能，如果否认这点的话，我觉得这是违背我们认知规律的，还有一点我们人类的认知规律都是从具体到宏观的，从身边的到将来更宽广层面的。现在青年法官一下子到综合部门，突然让他接触宏观的，不接触具体的，你如何让他实现理论和实践的结合？就这点而言，我觉得综合部门的同志从他自己来说的话，是为大家做了奉献，为大家作出牺牲的。如果讲的对呢，请我们的同志拍拍手（笑声，掌声）。

徐：综合部门的同志掌声响起来。

唐：正好我们孙主任也在，将来如何让人事工作更加符合我们的成长规律，更加促进青年同志的成长，很值得研究。我觉得在司改以后，这个矛盾会更加突出的。

徐：那我们接着顺水推舟，有没有哪位青年法官就调研的问题想发问的？

唐：稍微等一下，还有庞庭长要补充。

徐：不好意思，庞老师请补充一下。

庞：唐震刚刚进来之前就说要使绊儿，这本来是他的问题（笑声）。确实，我在综合部门待的时间很长，在办公室工作了7年再到庭里。当时我在老大楼7楼办公室综合科，对门就是唐震的调研科。当时心里很不平衡，大家一样写东西，他写的都是他署名的、发表的、拿稿费的，我写的都看不出上面有我的痕迹（笑声）。等到了业务庭之后，确实也有一个转换角色的过程。调研方面，刚才唐震说得很多了，我也没有什么好补充的，因为唐震有一点确实是没法超过他的，刑事、民事、行政、知产，三合一的，什么都写过。

唐：为什么会形成这种现象，那和综合部门的锻炼也是分不开的，刚才提到过综合部门的论文都是命题式的，领导让你写什么，你就得写什么，而且是限时限点的，所以就会涉及刑事、行政等综合的，包括涉诉信访我也写过，只要领导有需求，我们就是要落实领导的要求。这一点也锻炼了我。

庞：大的理论或系统的专题调研，我这方面没有什么需要补充的。我的想法是，综合部门脱离审判一线时间比较长，要怎么接触、进入调研的状态，一是不要贪多求全，比如说我到审监庭，审监庭什么案件都有，刑民经的，你不可能事先把民法、商法全都看了再来回答案子的问题，就要把碰到的问题钻研进去，日积月累，就是一种成长。第二不要求高大全，不要非常大的题目，非常宏观的理论体系。实际上法院作为审判实务部门，法官更多的是希望能够解决实务中的一些疑难问题。比如我在房地产租赁专项合议庭，碰到问题记录下来做些研究，做点专题的整理，每年更新一下版本。它不像一篇调研文章或者一个案例课题，周期比较长，在审理案件时不可能等到高院的适用意见、指导性案例出来再判，肯定是即时解决。解决了以后把它沉淀下来，对你自己，包括之后的人员更新，新的初任法官，都是实务调研上一个很好的成果。

宁：三位审判长从事调研工作，其实也是给我们青年法官在积累着宝贵的财富，对于我们今后职业道路的开展很有帮助。关于调研问题，访谈就先告一段落。那么下面进入第二个环节，有哪位同志想提出问题？

青年干警：感谢三位审判长的经验分享，我有个问题想问一下唐老师，我有幸进入上海一中院之后，分到了唐老师的合议庭，然后没几天就办案子了，当时我记得很清楚，开庭时唐老师还问了一下书记员叫什么名字，您当时在法庭上是泰然自若，没想到刚刚听了您的讲解也是心里非常忐忑的。现在我的问题，原来是想问调研问题，但是之前您已说过了。我想问有没有对于现在仍在综合部门的一些青年法官，对我们的未来发展和现在要做的事情，有没有一些希望？

唐：首先有一个事实，就是你在哪个部门工作，都会从中积累到一定的经验，现在组织上派你到综合部门工作，要以工作为重，对单位职员来讲，这个原则是要坚持的。在以工作为重的前提下，自己也要有一个发展的规划，有一个想法，比如你将来想成为民商事、刑事专家型法官，你自己要有意识地去努力，我们说学习是必不可少的，学习使人进步，自己要利用点点滴滴的时间，提高自己的理论素养，我不知道你们是否回家会花点时间看看书？比如回家花一小时去看一些经典的著作，利用碎片化的时间去看一些最前沿的理论研究的成果，两方面结合起来，对于某一个问题，日积月累肯定会有自己的心得体会。将来如果有机会，孙主任可能会按照你自己希望的发展方向，把你安排到相应的业务庭。如果说自己的成长目标和工作环境能有机结合起来，自己又有心学习的话，一定会成为一名有价值的法官。这一点可能和我们将来整体的规划、个人的规划都是有关系的。我觉得这个问题由孙主任来解答更好。

宁：感谢唐老师的回答。其实无论是身在综合部门还是在审判一线，我们的职业道路或者职业规划，我们想怎么走，怎么去走，这才是我们真正应该去考虑的事情，但有一点很重要，就是日常自己经验、业务理论知识等方面的积累。由于时间的关系，我们第二部分就进行到此。现在让我们进入优秀审判长是如何炼成的第三招，人文素养的问题。谈到人文素养，其实我们刚才也注意到，包括筹备本期节目的时候，我们也和三位嘉宾都谈到过，周老师、唐老师对庞老师有一个很准确的评价，即这个人很安静，思考问题很深入，平时是一个很爱看书的人，我想在这方面可能会体现出他在人文素养方面是有一定的造诣。说到这儿，我就想先问庞老师一个问题，您认为对于一个法官而言，除了业务知识、审判经验非常重要以外，人文素养对于一名法官是否重要，它的重要之处体现在什么地方?

庞：法官的人文素养是一个非常大的话题，今天只能说是和大家随便聊聊。人文的理解有两层含义，如果我们把它理解成人类的文化或者说是人类社会的文化现象，实际上它是无处不在的，我们时时刻刻都身在其中。法官首先是一个社会的人，而人文素养最重要的作用就是对人的思想净化和精神的熏陶。这一次经验谈的时候，宁博问我要几张生活照，从一张生活照中大家就可以看出其中一些人文的信息。（屏幕照片）大家可以看到这张照片，是一张普通的生活照。这个地方不知道大家去过没有，是上海周边的一个古镇，叫同里。它是江苏省苏州市吴江县的江南水乡小镇，到现在大约有一千多年的历史了。我所在的这个地方，是同里最著名的一个景点——退思园。2001年的时候退思园被列入世界文化遗产。它是一家私家花园，是当地的一个画家设计的，取名退思园取的是《左传》中的“进思尽忠，退思补过”的意思，实际上寄寓了园主一生处世的原则。同里地处苏南，所以一直是非常富庶的地方，它本来不叫同里，叫富土。名字比较土豪一点，类似我们单位附近的黄金城道、红宝石路、蓝宝石路、荣华东路、富贵东路……本来叫富土，后来改成同里，一下子变得很低调、亲切。崔颢的《长干行》：停船暂借问，或恐是同乡。就是这种水乡的气息。富土和同里这两个名字看上去差别很大，但实际上关系非常紧密，不知道大家有没有想到它们之间的联系。我可以作一个提示：“富土”和“同里”，中国的古文字是从上到下竖排的，把“富土”的“富”字宝盖头的一点去掉，把下面的“田”和“土”连起来，上面就是一个“同”字，下面就是个“里”字，就是说富土和同里其实是一个名字。但是它这样一改以后，就变得非常低调、亲切。名字虽然改了，但不影响它还是一个很富足的地方。我就是借这个照片来说一下，大家平时看就是张平面的照片，但我讲完了这些，大家可能就会感觉到其中的人文气息。当然，这张照片对我来说有特殊的意义，因为同里是我的祖籍，我奶奶小时候曾经在退思园里读过书。我本人出生在上海，等再回到同里的时候，已经是2007年。我三十多岁的时候才第一次回到同里，所以拍了这张照片。这也是我为什么希望现在年轻的同志能够多一些人文传统的教育，因为文化是需要一代一代往下传承的，但是当过去很长时间，实际上有很多中断甚至灭失了，这是很可惜的。

讲到人文的另外一层面，主要是强调以人作为主体的价值、尊重和自由，就如我们平时所说的人文关怀、人文精神、以人为本。你如果仅仅只有文化知识，没有对人的一种关怀，刚才周欣也讲到，包括我们法律当中对人的关怀，你在人文素养上是很有欠缺的。法官这个职业，一边是法，一边是人；他掌握权力，能影响社会。而现代法治，本身就是人文思想、人文精神的产物。所以中国法治建设的推进，无论是从个人和社会的文明程度，还是从队伍职业化的需要，都必然需要法官这个群体人文素养的提高，它的重要性是不言而喻的。

宁：第一个问题回答得非常精彩，关于人文素养的问题，其实我们也能感觉到，人要想保证自己的素养或者保持立身处世的地位，首先要静下心来，多多接触相关的传统的人文方面的教育，还有很重要的一点就是要保持一种独立思考的精神，其实我们国家自古至今，独立思考的精神一直是很强调的，但是我们现在所处的一个时代比较特殊，因为现在这个时代是属于海量信息的时代，是一个信息爆炸的时代，在互联网时代的情况下，很多人他是对网上铺天盖地的小说、信息非常感兴趣，不知道庞老师平时是否关注过这个问题？您是否关注这些东西？

庞：对，这个是无法回避的，外面互联网的信息，本身时时刻刻都在接收。

宁：在这种环境下，这么一个海量信息、信息爆炸的时代，我们的独立思考能力、独立思考的坚定意志可能会受到一定考验。我想问庞老师的是，在这么一个环境下，如何坚持一种独立思考的精神？

庞：独立思考是我比较强调、看重的，如果法官培养人文素养的话，我觉得首先就应该强调独立思考的能力。我刚才说到的江苏吴江，江苏吴江出过一个人类学、社会学的名人，就是费孝通。大家应该都看过他经典的名著《乡土中国》。《乡土中国》原来是费孝通先生在西南联大和云南大学上课的讲义，后来逐步整理汇总编成一部书。这本书出版的时候，他才不过36岁。在座的大家也是35岁不到，所以这个年龄段其实既是思想非常活跃，但又在走向成熟的时候。

刚才宁博说到了，互联网上海量的信息，这种情况下如何保持独立思考的能力。我是这样想的，第一个我们接收外面的信息，是无法回避的，我觉得保持独立思考，并不是单纯地排斥外面的信息，而是要有自己看问题的态度和原则，既向各种可能性敞开，又不人云亦云。不是媒体宣传的就是好的，权威肯定的就是对的，市场流行的就是先进的。有句话叫做："不用自己的嘴去干扰别人的人生，不靠别人的脑子来思考自己的人生。”

在海量的信息里，知识的更新是我们所需要的。在单一的、灌输性的信息环境下，人往往很少有自己的想法；但如果知识更新迅速、视野开阔，思想自然就更加开放。我记得小时候老师一直说我们国家地大物博、有五十六个民族，所以极有自豪感，觉得这是独一无二的。后来才知道，老挝、马来西亚都有六十多个民族，印尼有一百多个民族。二百多年前全世界曾经只有二十多个国家，其他是大片的殖民地和自治领，但是却有近两千个民族。当然，这没有影响我的自豪感，但至少不再盲目。

如果说外部信息是外网，那么每个人的头脑就是一个内网。要形成你个人的思考，还需要内在的思维联系和贯通。如果我们能够将不同阶段、不同类别、不同层面的知识、经验、信息，包括疑问互相贯通融合，让它们发生对比和碰撞，就容易触发思考，而且是属于你自己的思考。同样是看书，20岁和30岁，30岁和40岁，不同年龄的理解和感受是完全不一样的。看上去是同一个人在看同一本书，实际上是两个不同的人在看两本不同的书。另外大家可以发现，很多作家常常好用比喻，比如钱钟书、纪伯伦、帕斯卡尔。这其实就是一种不同信息融合之后的通感。这里我举个自己的例子，我在初二、初三的时候，也就是1988、1989年的时候，中学举行书法比赛，题目是两句唐诗：春潮带雨晚来急，野渡无人舟自横。大家都知道，这是韦应物《滁州西涧》里的名句，写的很有意境，而且它既然被选出来作为书法比赛的题目，肯定对它字句结构、整体的美感是有特殊要求的。当时是我第一次听到这两句诗，觉得写的很好，之后的十几年甚至是二十几年里，我脑子里基本上都是这两句诗的意境和它所展现出的画面感。到了前几年，有一次到外面参加活动，换了一个酒宴上的场景。酒桌上的场面和散场后的对比，让我无意中突然想到了这两句。大家可以想象，酒桌上频频敬酒、觥筹交错，一波接一波地像潮水一样涌来，此起彼伏、应接不暇，可以说热闹非凡；而一旦曲终人散，醉酒的人身不由己，一片狼藉，回去以后谁也顾不上谁，深更半夜一个人独自躺倒，野渡无人嘛，就舟自横了。

当然，我只是举一个例子，意思是中性的，如果是套用刚才宁博的提问来说，我觉得也是可以相契合的。也就是现在在这种急功近利的、非常物质化、非常功利化的社会风潮的冲击之下法官如何在你的内心深处，去保有一份淡泊、宁静和自由，就像夜晚雨中渡口的那条小船一样。我觉得也是能够这样理解的，这是我讲的第二个。

第三个我想说的是，思考是有方法的，但决定你思考角度的，包括把哪些信息屏蔽掉，把哪些信息纳入进来，实际上是你的价值判断和价值选择。关于思考的方法，我们可以通过正向、逆向的思维，运用逻辑推理、举一反三、触类旁通。但在众多的因素当中，从根本上影响一个人思维和视角的，是他的价值观。因为是不同的人，他们看到的、想到的就是不一样。一个平凡普通的人，一样可以从他身上看到高贵的品质；一本高尚的书，也有人会把它当作低三下四的书来看。不同的人对网络信息的筛选，无非看你喜欢什么、相信什么、追求什么、抛弃什么。所以法官的独立思考，最重要的是坚持法官应有的价值判断：公正客观，激浊扬清，维护人世间的真善美。所以史尚宽先生说：法官的法学修养虽为切要，而品格修养尤为重要。一个人的价值导向错了，想的、做的就会出现偏差，甚至南辕北辙，能力越强、错误越大。我想这是年轻同志需要时时提醒自己的。

徐：刚才庞老师的一席话对现在可能在司改大背景下以及在生活物质方面有困惑、迷茫的同志给了一个很好的指引，那么我们想问出今天的最后一个问题，就是在现如今的这个大背景下，我们这些青年法官应该注意哪些方面的人文素质的提升，应该怎么去做？

庞：关于青年法官需要注意哪些问题，我是这样想的。青年法官有他们的优势和长处，比如说有法学理论功底、有现代知识结构和法律专业才能。需要注意的实际上是在优势和长处之下的另外一面。刚才关于价值选择方向我已经提到了，不再重复。第二个我想说的是，要有正义感，还要有正义力。法官当然要有正义感，这是一种职业的本能。但在当前复杂的社会环境里，很重要的一点，是要保持实现正义的职业理性。鲁迅曾经说过："我们的国民倘没有智，没有勇，而单靠一种所谓'气'，实在是非常危险的。"上海有个作家和画家木心也说过："有这样一种人，很不容易道破。试道而破之——只有正义感，没有正义。"远的不说，想想几年前那些借着爱国游行砸车砸店的人、想想网络上所谓的民意审判、舆论审判对司法指责的一哄而上，就是一种自认为的正义感，只是一股气，却没有带来正义。

法官在具体的办案实践中，同样也要注意有勇有谋，要讲法律，但更要有智慧，不要让你的正义感被别人所利用。法律是工具，但不仅仅是法官的工具。比如我们庭审理房地产案件，现在出现大量的虚假买卖现象，前不久高院为此专门召开全市的研讨会，讨论办案实践当中涉及房屋虚假买卖的几十个问题。今天上午院里还有通知，廉政监督员要排摸清理以房抵债虚假诉讼的问题。现在有一些利益团体或个人，把法院的诉讼和裁判作为工具，以图让一些不受保护的利益合法化。有时候，道高一尺，魔高一丈，在有的案件博弈中，法官甚至会产生一种无力感。尼采说："只有要求正义的冲动而没有裁判的能力，这是人类之所以遭受最大痛苦的原因。"我们要承认，法官实现正义，不是坐在云端看着，而是要真正踏进现实这条艰苦、泥泞的道路，深一脚浅一脚朝前走的。正义从来就是一件沉重的事情，没有理性的判断、务实的精神和科学的方法，维护正义就会变成一句空话。

我要说的第三个方面是，青年法官有法治理想、有发展愿景，但还要有成长的韧劲。我们和大家一样，曾经在学生时代憧憬法治的未来，羡慕大法官的睿智、博学和权威。而且，我始终觉得，选择进入法院想当法官的人，要比进入其他政法机关工作的更多一点理想主义。

我和唐震是同一年晋升助审员的，也就是现在的初任法官。当时正是上海一中院改革的启动阶段。我记忆犹新的是，当时这个选拔，几十个人里助审的名额只有 6 个，然后考试考了大概有三个多月，从冬天到春天，而且都是周末进行。首先要考计算机，也就是对审判流程管理系统的应用程度，兼顾打字速度；然后要考英语，我记得原来是说考翻译，但到了考试当天，发现是做阅读理解，而且一做 10 篇，我中学大学里也没做过那么多；第三项是考案例分析，不管你在哪个庭，都是做刑、民、经三道案例，比较痛苦的是我在执行庭；第四项是撰写裁判文书，也是刑、民、经各写一份一审判决书，它不像现在统一考审判员，只写本院认为部分，而是从头写到底，而且先看庭审录像，还要整理证据材料。早上第一个是刑事附带民事案件，听完庭审再写判决书，发现已经来不及了，到最后时间紧张得不得了。中午也没休息，下午吸取教训边听边写，两份判决书写完差不多晚上 6 点半，天已经黑了，整整一天的高度紧张。第五项是提交一篇 4000 字论文，第六项是进行论文答辩。那是真的请了高校老师周末到法院，三个人对着你提问。结合这些考核分数和你的工作实绩分数，最后确定 9 个人进入审委会面试。

审委会的面试同样紧张。一道非业务题还好应付，业务题就根本没有准备范围，什么专业都有可能。我抽到的是：请举例说明用益物权和担保物权的异同。在我读大学的时候，物权法的内容还没有进入本科教材。不能差这十年，我们 1996 年毕业，1997 年《刑法》修改，2000 年《合同法》才实施，至于《物权法》《侵权责任法》时间就更晚了。还好当时我看了研究生教材，对这两个概念还能有所反应。唐震那个时候不知道抽了什么题目？

唐：讲起来，我印象也是蛮深的，反正当时考得特别惨，写文书写得手都断了，这个写了一天，孙主任也参加的，当时也是这么考过来的。我当时抽了一道题目是刑事的，有三小题，其中两题答出来了，最后一道是驱逐出境措施的适用问题，我看都没看到过。当时陈旭院长主持审委会面试，旁边都是审委会的委员，我最后说很抱歉，术业有专攻，实事求是地讲我真不知道这道题目怎么回答，后来倒也过关了。反正竞争特别的激烈，考得特别折腾人。

庞：唐震那个时候出来跟我说起，有两点印象很深：一是他抽到专业题念出来以后，离他最近的是知产庭的庭长，在旁边咕哝了一句“这下完了”；第二个是唐震出来说他抽到题目后不知道怎么说，于是就在政治理论题上拼命地说，把时间全都挤掉，还有那道题一直不回答，直到审委会委员说你前面那题可以停下了，该回答后面的了。我要说的是，经过这次助审员选拔考核，非常艰苦、时间非常漫长，但是也让我深刻感受到了坚持的意义。因为来之不易，使我对法官的资格更加珍惜。我相信大家今天的想法也是一样的，希望自己的法官生涯能够有一个良好的职业环境和施展空间。不过，要实现法官的理想，大家还是要有准确的定位、合理的预期和足够的韧劲。在你长期的、重复的办案工作中，你有时候会心生厌倦，有时候会面临低谷，但只要你能够守住法官的职业自尊，相信自己的付出，它终究是会回报你应有的价值和地位的。

宁：非常深刻的解答。那么我们第三部分就在大家的掌声中先告一段落，第三部分也给我们青年法官留一个机会，有谁出招让三位老师来拆一下？

青年干警：谢谢刚才三位审判长的经验分享，尤其是刚才听了庞庭长有关人文素养的经验之谈，我感觉也非常受启发，我也觉得对于年轻人而言，可能很重要的一点就是通过提高人文素养，不断克服自己浮躁、短视的心态，不忘坚持理想，为实现自己的法官职业理想而努力。我个人从学校毕业到进入法院工作也已经有5年多的时间，在办案任务繁重、司法公信力不足这样一个现实环境下，我也发现周围有些法官不那么看重法官这个职业，甚至认为法官不过是流水线上的工人，在这里我就想请问庞庭长一个问题，如何始终保持对法官职业的热情、理想和长久发展的动力？谢谢！

庞：这个问题我想分两个方面讲，第一个是职业理想和现实环境的反差问题。对于职业理想和现实环境之间的差距，是每个青年人都要面对的。但法官职业的特殊性，让这种反差变得更为明显。法官、教师、医生这些职业，都是被视为负有“天职”的，它们的地位可想而知。我看了一下有的报纸文章对于法官职业的要求，夸张一点，那就是“圣人＋神人＋仙人。”圣人，就是道德上完美无缺；神人，就是工作上无所不能；仙人，就是生活上无欲无求。但现实当中，我们法官的职业压力和职业风险却是相当大的，而职业建设、职业保障却还没有跟上。不过，社会对法官这个职业的要求和标准，并不会因为时代的不同而改变。我们可以寄望司法体制改革的推进、可以呼吁法官职业保障的提高，但不可能因为它们现在还没有实现、未来还任重道远，社会就会降低对法官职业的标准。所以，只要从事法官职业，我们就应该努力让自己时时处处像一个法官，无论是工作也好，生活也好。

在这里，我们可以借鉴下前人的经验。胡适曾有一篇文章，谈到“在不健全的中国，如何能够不堕落”。虽然写在八十多年前的那个时代背景之下，但我觉得对大家还是很有借鉴意义的。在不健全的中国，如何能够不堕落？他开了三个药方：（1）“总得时时寻一两个值得研究的问题。”就是在专业上，在求知上要主动寻找和发现问题，通过解答实用上的疑难问题保持热情、充实自我。（2）“总得多发展一点非职业的兴趣。”在组织不健全的社会里，不能人尽其才，职业不容易适合人的性情，要想生活不痛苦不堕落，就需要多发展业余的兴趣。而且他还认为，一个人的前途发展往往就看他怎样利用他的闲暇时间。（3）“你总得有一点信心。”即使一个时代、一个社会让人悲观失望，但越是这样的时候，人越要培养信心和希望。要深信今天的失败痛苦，都只是过去的恶因恶果；而要收获将来的善果，必须努力种下现在的新的善因。

今天我们所处的时代，已经完全不是那个民族沉沦、屈辱的年代，而是一个国家日益强大、民族繁荣振兴的时代。虽然，再伟大的时代也会有它丑陋的地方，这一点我们不用回避。但是，既然前人在那样的时代条件下都能够做到，我们现在就更没有理由不能够做到。

第二个是关于法官职业自尊的问题。在这里，我并不想说“对法律的信仰”，个人觉得，现实条件下还谈不到“信仰”这个层次。中国社会历来讲求的是“实用理性主义”，而信仰，顾名思义，是抬头仰视，上帝也好、神明也好，或者康德说的“头顶的星空”，都是在你所处的俗世之上。人是卑微渺小的，所以心存敬畏之心。而中国的文化传统不一样，亚瑟·史密斯在《中国人的性格》里说：中国人对于不同信仰的融合，已经到了逻辑上自杀的地步。因为我们更关注现实生活，事事都强调实际、实用、实惠。所以当年蔡元培先生还曾经提出过在中国“以美育代宗教”的主张。其实，现在这种情况还是存在的，讲“德、智、体”，但德育的灌输性居多，智育和体育，看看现在学生的教育，急功近利的读书补课，体育为了争夺一块金牌付出的功利性成本。但他认为，人类对美的追求是带有广泛的普遍性，而且不像其他世俗追求那样掺杂了过多的人我关系，所以也会少掉很多现实的利害冲突。

我这里暂时不提法律的信仰，但要强调法官的职业自尊。如果你自己都不尊重自己，怎么可能指望别人尊重你。纪伯伦有一个比喻很富有寓意，他说：真怪，没有脊椎骨的生物却有着最坚实的硬壳。法官也是如此，只有依靠一种内在的职业精神，才能支撑他的自尊、自信和自律，而不再去依赖种种厚重的外壳保护。这里的保护，也包括现在各种各样的监督。当然，既然是脊梁，就是要负重，就是会承压。没有韧性，理想和热情就不会长久，遇到挫折和困境就会很脆弱。我在这里借一位资深法官的话，真正的资深法官，就是包公。包公有一句诗："秀干终成栋，精钢不作钩。"意思是好的树木、笔直的枝干终究会成为栋梁之材，而好钢、精炼的纯钢，不会甘于弯屈自己，仅仅去用在普通的钓钩上。前一句讲的是做人的、职业的自信，后一句讲的是做人的、职业的自尊。我想，我们今天讲为什么要提高法官的人文修养，实际上也是为了消除自己身上一些浮躁、功利、消极、短视的负面因子，保持青年人的职业理想和热情，同时提升自己在成长过程中的韧劲。

宁：谢谢。非常非常精彩的回答。那么访谈部分三个环节就先进行到这里，在我们这个节目进入尾声之前，我们还设置了第四个环节，就是情景问答，我们想用十分钟左右的时间，给三位老师设置这么一个情景，我们都知道我们的三位老师是资深的审判长、优秀的审判长，他们除了是审判业务方面的专家，他们所处的合议庭氛围也都是非常融洽的，而且与他们共事的法官以及书记员，他们在业务上都是非常强的。我想上述这些的形成是离不开三位老师平日的精心协调，以及对书记员和法官助理的精心培养。现在我们面临一个大环境，就是司法改革已经箭在弦上，在座的很多青年法官也许将来会成为法官助理，也许会有幸分到三位老师的合议庭里，我们就想问一下三位老师，如果有青年法官助理进入你们三位的合议庭，你们最看重的是他哪方面的素质？还有就是为了他的职业成长，你们三位会对他如何培养？周欣老师，您先请。

周：假如有青年法官到我们合议庭来，无论他是什么文凭、是否聪明，我觉得都不重要。对我们刑庭的法官来说，我觉得最应该具备三个特质，这也是我一直以来的要求。一要踏实勤奋。因为我们的审判经验来自于多办案，来源于对不同案件、案由的审理。我们只有多办案，举一反三，懂得归纳，才能形成自己的办案经验。另外在每个案件审理环节当中，千万不能偷懒。有些工作可能一时半会儿体现不出来结果，比如庭前阅卷工作，阅了没有，阅得怎么样，一时半会儿体现不出来，可是这些和庭审的质量、案件的质量都是紧密相关的。我的徒弟，我教出来的学生应该首先有勤奋踏实的品质。

二是我觉得应该要有严谨细致的品质。因为刑事案件，尤其是我们中院的刑事案件，都是事关当事人的生命、自由的案件，对我们法官而言，错案责任追究终身制，其实对我们也有一个很大的要求，对我们来说也是有很大的压力。所以说严谨细致既是对他人的生命、自由负责，也是对我们个人的前途负责。所以我希望我们的青年法官对待案件始终是像第一次办理案件，始终是以这种如履薄冰的、凝神静气的心态来扎扎实实地办理好我们的案件，尤其是办理好死刑案件，这样才能成为一名合格的刑事法官。第三，当然不一定准确，我觉得除了这两个特点以外，刑事法官比其他的法官更要有仁爱的心，要有真诚的心。大家不要以为刑事案件法官只是坐在法庭上和被告人、被害人的家属进行沟通，实际上在刑事案件中需要和很多方面沟通，比如和公诉人沟通，和辩护人沟通，和鉴定部门沟通。我们有些同志、青年法官有时会觉得自己是一名法官，高高在上，我觉得这是不可取的。我们在工作当中要学会沟通，要以换位思考的方式，加强自己的沟通能力，这样往往会取得一个事半功倍的效果。另外一方面，我为什么说要有仁爱之心，就像刚才提出的有些当事人，确实有这样的现象，但当事人本身可能对我们法官也有偏见，由于各种不了解，或者可能有情绪的发泄。我们要透过现象看本质，我们要去理解他，从他的角度来想问题，我们要耐心细致地听取他有什么样的意见，和他进行沟通。我觉得只有法官有仁爱之心，处理案件才能真正达到法律效果和社会效果的统一。到我们合议庭做刑事法官很简单，要有三个基本的态度，一是踏实勤奋，二是严谨细致，三是真诚仁爱之心，要求不高，其实这也是我对自己一直以来的要求，可能我自己做得也还不够。姑且将这个想法和大家共勉吧。

宁：要求不高，但也是做人之本。接下来唐老师。

唐：法官助理接下来可能就要任命第一批了，我记得上次在讨论改革方案的时候说，市里要求共和国的第一批法官助理产生在上海，所以我估计接下来法官很快就会被任命。对于审判长来说，对法官助理有什么样的期待，什么样的要求，和周老师基本相同。我总体感觉，第一要工作态度认真负责。法院的工作很严谨，而且事关司法权威的形象问题，所以无论是庭审、裁判文书，认真负责的态度是必不可少的，纵然是你有比较高深的法学理论功底，思维反应敏捷，但是如果没有扎实认真的工作态度，在工作当中出现瑕疵是难免的。二是孜孜不倦的求学精神，我们现在要应对越来越复杂的法律适用难题，越来越复杂的司法环境，如果你不保持一份求学上进的心态，你的能力将来会不足。对我来说，这是两个方面的期待。至于具体的培养，我觉得也受益于知产庭良好的氛围，第一个是审判长要以身作则，身体力行，因为我们讲培养法官完全是身教，法官助理配合主审法官工作、配合审判长工作，这是最好的教育方法，这是一种培养方法，这是对自己的要求，也是对培养法官助理方法的要求。第二个是明确目标，要稳步扎实地成长，我们不可能一口气吃成一个胖子，也不可能一口气成为一个技艺很娴熟、理论功底很扎实的资深法官。整个过程的培养，我们要分阶段、分目标，逐步推进，大家要有一个良好的心态，就像庞庭长所言自己要有一份坚守，要经过几年的积累，我们可能才成为某一方面的行家里手。第三个是要掌握方法，全面提高。既涉及你法律方面的适用能力，还涉及法官的人文素养，自己要有一定的方法。调研要有调研的方法，庭审要有庭审的方法，掌握方法以后可能会事半功倍，更有助于我们全面的发展。

庞：对于法官助理的要求，实际上我就三个要求，第一个正直。作为一个个体来说，从事法律职业，哪怕你现在还没有成为法官，将来你还是要朝法官这条路发展的，所以首先要正直。第二个要宽容。宽容分两种，首先作为法官助理，你要融入合议庭、融入你的团队，肯定要和不同的人相互配合协调，整个合议庭的工作不能完全由着你，很多是配合协助的工作，应该要有相应的宽容、包容能力，能够在这个团队中间凝聚起来。第二个是在法官助理的阶段，要培养案件当中如刚才周欣所说的人文素养，包括碰到案件的当事人，有些确实非常可气可恨，但是作为法官，你掌握着审判权力，决定他的命运，还是要有一定的宽容度，有一颗悲悯之心。第三个要有悟性。悟性和性格没有关系，每个人都有自己的不同的性格，悟性是指你对社会、对法院工作、对所从事的法官助理岗位如何去理解，如何去适应和应对。你不可能指望带教你的审判长、法官事事处处都带着你走，很多东西都靠自己去领悟、去适应。至于如何培养？简单的说，就是四句话，也是目标：第一个，能够保持和发扬你自己的长处和优点；第二个，能够在审判长和合议庭的氛围下克服自己的缺点；第三个，如果你是跟我学的话，能够学习到我身上优点和长处；第四个，能够克服和避免我身上的短处、弱点。具体的不说了，但这可以是一个目标。

徐：认真、踏实、严谨、好学、正直、宽容、悟性，刚才三位老师对我们提出的这些要求，就好比是一盏盏灯照亮了我们前方要走的路，告诉我们路在何方，将来要怎么去走。谢谢三位老师，谢谢。

宁：谢谢。

徐：也希望三位老师最后给我们留下三句青春寄语。

宁：要不女士优先，还是周欣老师。

周：我也没有很高深的话，其实我倒是想把我的座右铭赠送给大家："要老老实实地做人，认认真真地做事。"我想只要做到了这点，终将是会有回报的。

唐：我的想法和周老师是一致的。就是把自己的座右铭和大家一起分享，我们共同的成长。"为增长知识和才干刻苦学习；为服务国家和社会勤奋工作。"

庞：我的话也很简单，就一句话："人如果有了思考的自信，就不会在意一时的无话可说。"

宁：谢谢三位老师最后的青春寄语，非常精炼，非常鼓舞人心的三句话，至此我们节目的访谈就结束了，在节目结束之前，我们其实想给大家播放一段短片，其实三位老师之前也知道我们拍短片的事儿了，但是我们采访的人，他们说了什么，可能三位老师还不太清楚，那么就让我们来看一看与他们共事的这些同事，他们心目中对三位老师的印象是怎么样的。请看大屏幕。

（大屏幕播放短片）

徐：伙伴们的言语间能听出来满满都是对你们的尊敬和爱戴，也足以看出你们平时为人之坦诚、业务之纯熟，谢谢三位老师今天的传道解惑。谢谢你们。

宁：谢谢。那么本期节目就到此告一段落了，根据惯例，鲜花和青年法官良师益友的纪念牌是必不可少的，我们也是略备薄礼，请三位老师笑纳。

徐：有请工作人员。让我们掌声再次响起来送给三位老师，也送给我们院所有在岗位上兢兢业业、孜孜不倦，奉献着自己的十佳审判长以及所有的审判长们。

宁：谢谢，我们第十一期资深法官经验谈节目就到此结束了，谢谢大家的参与。

徐：我们第十二期资深法官经验谈再见！

《审判前沿观察》稿件技术规范

为遵守学术规范，统一《审判前沿观察》文章体例，特制定本技术规范。

一、基本要求

1. 来稿应在5000字以上，除本刊特约稿件外，请勿超过10000字。

2. 来稿请用A4纸打印，稿件正文应为宋体字（小4号，行间距1.5倍），并将稿件发至本刊电子信箱：spqygc@hotmail. com

3. 来稿篇名请勿超过16个汉字，必要时可以加副标题。

4. 在来稿文章标题下署作者姓名，多个作者之间用空格隔开，并以脚注说明作者基本情况，如姓名、单位及职务、职称等。

5. 稿件正文前请附不超过150字的内容摘要以及3至5个关键词。摘要应简要体现文章的主要观点，关键词应直接从文章中抽取。

6. 引用他人著作或观点必须遵守学术规范，注明出处。

7. 来稿应为未曾公开发表的作品。

8. 正文后请附作者的联系方法，包括详细地址、邮政编码、电话号码、电子信箱等。

二、注释体例

1.《审判前沿观察》文章注释采用脚注，全文连续注码，注码号为①、②、③等。

2. 注释中重复引用文献、资料时，应描述完整，不用“同上注”“前引……”等表示。

3. 非引用原文者，注释前加“参见”等词；引用资料非来自原始出处者，请注明“转引自”。